RMB EXCHANGE RATE

CREDIT CONSTRAINTS

AND

INTERNATIONAL TRADE

人民币汇率、信贷约束 与国际贸易

余淼杰 ◎ 著

  余淼杰，北京大学国家发展研究院副院长，北大博雅特聘教授，国家杰青基金获得者，教育部长江学者，国际中国研究联盟秘书长，黄廷芳/信和青年杰出学者，美国戴维斯加州大学经济学博士，全球经济管理类前 1% 高引论文经济学家。被联合国、亚洲开发银行、财政部、商务部、国务院参事室和多个地方政府聘为专家顾问。曾被专门邀请到联合国总部做中国经济发展报告，应非洲多个国家政府领导邀请做中非合作报告。主要研究领域为国际贸易和中国经济发展，曾在 Economic Journal、Review of Economics & Statistics、Journal of International Economics、Journal of Development Economics、《经济研究》等国内外顶级和一流期刊上发表论文百余篇，出版经济学专著、教材、时评随笔六部。发表论文曾被英国皇家经济学会评为年度最佳论文，并获英国皇家经济学会奖，是首位独立获得该奖的华人经济学家。曾获全国发展经济学研究最高奖——张培刚发展经济学奖、第 14 届北京市哲学社会科学优秀成果奖；四次获得全国国际贸易研究最高奖——安子介国际贸易研究奖。著作《加工贸易与企业生产率》获第七届吴玉章人文社会科学奖、第二届刘诗白经济学奖、第六届胡绳青年学术研究奖、第七届全国贸易发展研究奖。教学深得学生好评，曾获北京大学教学优秀奖、北京大学曹凤岐金融教学优秀奖。《人民日报》海外网、《每日经济新闻》专栏作家。

推 荐 语

新世纪以来,我国对外贸易迅速增长,目前已成为世界第一大贸易国、第二大经济体。同时,自2008年的全球金融危机以来,人民币汇率总体上不断升值,我国制造业企业面临较大信贷约束。余淼杰教授学养深厚、功底扎实,以规范的经济学研究方法,使用大型微观数据研究我国人民币汇率变化和信贷约束对我国企业的出口和对外投资的影响,结论严谨可靠。书中部分内容获得国内外经济学大奖,不仅具有较高的学术价值,同时也有助于企业的出口、"走出去"决策以及政府贸易政策的制定,对于其他发展中国家以贸易促增长亦有参考借鉴价值,是学界、业界、政策界都值得一读的好书。

——林毅夫

前世界银行首席经济学家,北京大学国家发展研究院名誉院长,新结构经济学研究中心主任

出口在中国经济的高速增长中发挥过举足轻重的作用,而人民币汇率在促进出口方面所扮演的角色仍然是一个值得深入研究的问题。本书收录的文章是余淼杰教授在这方面研究的代表作,极大增进了我们对中国出口导向发展战略的认识。

——姚 洋

北京大学国家发展研究院院长,中国经济研究中心主任,长江学者特聘教授

2005年汇率改革前,中国企业出口和绩效主要受到中国入世的影响。这方面已有很多研究。2005年汇改后,汇率的影响变得非常重要,但这方面研究不多。余淼杰教授的这本专著给我们提供了一个系统和全面的论述,对如何理解汇率的影响帮助极大,本人极力推荐。从余教授的分析、结论和对政策的讨论中,你一定受益匪浅。

——丘东晓

香港大学经济与工商管理学院副院长,经济与金融学院教授,钟瀚德基金教授

我早年的研究发现了如果人民币升值,许多在中国的外商直接投资就可能转移到东南亚地区甚至印度。余淼杰教授在本书中的研究则进行得更为深入。

书中运用海量微观数据,对中国制造业的企业异质性进行了细致可信的实证分析,并深入地分析了信贷约束如何分别影响企业的内销和出口、哪些企业受到的影响会更大等问题。本书还成功地把作者自身的研究和国家的"一带一路"战略有机地结合起来,让读者"见林又见树"。因此,我强烈推荐这本书。

——赵来勋

神户大学经济经营研究所教授

前　言

  在人类历史的长河中,可能很难找到一段时期能像中国在过去近40年来那样一直保持着中高速的经济增长。如何深刻理解、系统分析中国经济增长的原因、表现、成绩以及目前面临的挑战,不仅是每个中国普通老百姓关心的问题,更是摆在每个经济学者面前的一项紧迫的任务。诚然,导致中国经济起飞、发展的因素有很多,但归根结底,离不开经济改革和对外开放两项基本的国策。如果说,改革开放前20年,改革与开放对经济发展的促进作用是难分伯仲的,那么,进入新世纪后,特别是中国2001年加入世界贸易组织(WTO)之后,由于开放导致世界市场的扩大,甚至反作用倒逼对内改革,其对中国经济的推动作用应该是更明显的。因此,系统地梳理、深入地研究新世纪以来中国的对外开放对中国经济的影响就显得意义更为重大了。

  如果从宏观动态的视角来考察新世纪以来中国经济的几个重大经济事件,名列前茅的可能当数以下的几件:贸易自由化,人民币升值,全球金融危机。自2001年中国"入世"以后,我们的进口平均关税已经降低了50%左右,目前的简单平均税率只有8%左右,其他各类非关税壁垒也被大幅度地削减,贸易自由化的力度是相当大的。同时,自2005年7月始,人民币放弃对美元长达十年的固定汇率,开始灵活变动,有升有降,但总体上,人民币对美元是处在一个升值的梯队。毋庸置疑,贸易自由化和人民币汇率的变动对我国国际贸易的迅速发展是作用明显的。到2009年,中国超越德国成为全球最大的商品出口国,近年更是超越美国成为全球最大的商品贸易国。中国的进出口占全球的比重也上升到13%左右。不过,同世界其他大的经济体一样,受2008年开始的全球金融危机的影响,中国的对外贸易也受到很大的负面冲击,一直到2013年,中国的外贸总额才恢复到本次金融危机之前。所以,贸易自由化、人民币升值、全球金融危机对我国的国际贸易的影响是巨大的。

  那么,这些宏观外生冲击或者是经济大势的变化对我国工业企业有什么影响呢?如果从微观企业视角来研究新世纪以来我国工业企业特别是制造业企业的绩效,不难发现,中国的制造业企业绩效提高,全要素生产率提升明显,同时,对加工贸易的依赖程度下降,企业更多从事一般贸易业务。关于这些经验事实,在笔者的前两本拙作《加工贸易与中国企业生产率》和《贸易开放与中国经济发展》中已有大量的描述和论证。尽管如此,之前我们对一些相关的重要问题并未展开深入讨论。具体地,企业全要素生产率提升的途径、渠道和机制主要是什么?企业的产品特别是出口品的质量是否有提升?产品的附加值有没有提升?如果有,是否通过企业的成本加成(mark up)的提高来实现?人民币汇率的变化对企业的全要素生产率、产品质量、产品附加值、成本加成有何影响?力度有多大?同理,由于受金融危机的冲击,企业特别是制造业企业面临着严峻的信贷约束,融资不足又进一步影响其出口的竞争力。这些影响对不同绩效的企业的影响有多大?

  以上正是本书力图回答的问题。本书立足于中国当前国情,运用西方经济学规范系统的一般均衡理论,融入新世纪以来国际贸易最前沿的企业异质性理论,力图通过理论建模得出可供实证检验的理论预测,再使用中国工业企业数据库、中国海关产品进出口全样本的上亿条海量大数据进行严格的实证"结构式"检验。

  具体地,本书首先研讨了人民币升值对出口企业的盈利能力的影响,以及对企业出口产品决策的影响。其次,本书从出口质量的角度研究汇率变动与企业决策的关系,再通过理论建模和实证分析研究了汇率变动对加工贸易企业国内附加值比的影响。再次,本书发展了国际贸易理论中的引力模型,并使用新世纪我国各行业面板数据进行实证回归以考察人民币升值对中国向美国出口的影响。事实上,新世纪以来,我国企业的对外直接投资增速也很高。到2016年,中国已经成为全球仅次于美国的第二大对外直接投资国家。我们进一步研究汇率变动对异质性出口企业对外直接投资的影响及影响机制,尤其是汇率对贸易服务型投资的"出口传导"效应。全球金融危机后,中国倡导的"一带一路"发展模式是促进各国共同发展的重要举措。"一带一路"的建设为人民币国际化创造了历史机遇;同时,人民币国际化则为"一带一路"提供了流动性支持。接着,我们使用引力模型估算了货币互换协议对双边贸易的影响。2008年金融危机发生后,信贷约束和企业出口的关系成为国际贸易研究领域的热点问题。我们紧接着研究了企业的信贷约束如何影响它们的出口行为,不同类型企业的信贷约束是否不同。我们运用一般均衡建模,考虑了资金需求方,也考虑了资金供给方——银行的作用,从而有助于理解我国金融发展对贸易模式的影响机制。最后,既然融资约束对企业的出口有明显的影响,那对企业对外直接投资有没有影响呢?这些都是本书所涉及的研究内容。

为了便于读者更好地理解本书的内容梗概,下面逐一介绍各章的研究问题和主要的发现。

2008年全球性的金融危机爆发以来,外需一直不景气,国内的劳动力成本持续攀升,人民币的不断升值对出口企业的影响引起中国的广泛担忧。在第一章中,我们利用我国工业企业1998—2007年的微观面板数据,考察了2005—2007年间人民币的迅速升值对出口企业盈利能力的影响,并采用倍差法和固定效应模型进行回归分析。实证结果表明,2005—2007年人民币升值后,出口企业的权益回报率与非出口企业相比降低了超过5个百分点。我们采用杜邦分析法分解影响企业盈利能力的因素,发现出口企业盈利能力的降低主要来自创造收入的能力下降和销售利润率降低两个因素,且前者占主导。此外,对出口依赖度越高的企业,人民币升值对其盈利能力的负面影响越大。考虑到我国出口依赖型的经济发展模式,政策层或者应该给企业适当的"反应时间",放慢人民币升值"步伐",使政策尽可能达到多赢效果。第一章是与我以前的学生梁中华博士合作的成果,原文已发表在《金融研究》上。

第二章主要探讨人民币汇率变动对企业出口产品决策的影响。该章是与我以前的学生、现在中央财经大学工作的王雅琦博士合作的成果,原文已发表在《金融研究》上,该文有幸被评为"国际金融研究2015年最佳中文论文TOP 10",入选《世界经济年鉴》2016卷。第二章主要分析人民币名义有效汇率的变动对中国企业产品出口决策的影响。基于对中国企业数据的分析,我们发现人民币名义有效汇率的变动是解释企业出口产品决策的重要因子。人民币名义汇率的升值会带来企业出口种类的减少,同时也使得企业出口商品中核心产品的比重显著上升。我们还发现人民币有效汇率的变动对于企业出口产品决策的影响有明显的企业异质性。面对升值规模大或者高生产率的企业会更为明显地缩减产品线并集中生产其核心产品。

人民币升值如何影响出口企业决策,具体地,企业是更倾向于出口高质量高利润的产品,还是更依赖于薄利多销,更多出口低质量的产品呢?要深刻研究这个问题,得细致、深入、准确地衡量企业出口品的质量,这是第三章的研究目的。第三章是与我的博士生张睿合作的成果,原文已发表在《经济学》(季刊)上。新世纪以来,中国制造业出口质量如何变化?回答这一问题要求我们准确测算出口质量。目前广泛使用的出口质量测算方法在理论上仅考虑需求面而忽略供给面,其实证的关键价格变量存在测量误差,且得到的测算值跨时跨国不可比。为了解决这些问题,我们系统地考虑了供给面和需求面的因素,提出基于微观数据的新的出口质量测算办法。测算结果表明,2000—2006年中国制造业出口质量水平总体上升15%。我们又继续从不同角度全面刻画了我国出口质量的变化情况。

第四章从出口质量的角度研究汇率变动与企业决策的关系。第四章是与我的博士生张睿合作的成果,原文已发表在《管理世界》上。我们利用2000—2006年制造业企业和海关进出口贸易的数据库,修正了以往的出口质量测算方法(具体见上一章介绍的方法),更准确地测算出口质量。在此基础上,我们的实证证据表明,人民币升值带来的竞争压力促进了出口质量提升:10%的人民币升值使企业出口质量平均上升0.19%。我们进一步发现在质量差异化程度大的行业中,人民币升值对出口质量的提升效应为0.4%,而在质量差异化程度小的行业中该效应不明显。此外,人民币升值减少了出口企业数目,且升值对出口质量的提升效应在非核心产品及低生产率企业中更明显。本文发现了汇率变动影响企业决策的新渠道,同时也表明竞争强度是质量升级的重要决定因素。

第五章通过理论建模和实证分析研究了汇率变动对加工贸易企业国内附加值比的影响。第五章是与我的博士生崔晓敏合作的成果,原文已发表在《经济学》(季刊)上。一方面,本币贬值通过影响企业对进口和国内中间品的配置,导致其国内附加值比重提高。另一方面,它还影响出口企业的定价策略,促使其成本加成提高,使得加工贸易企业的国内附加值比提高。本文用2000—2009年中国工业企业和海关贸易数据对理论预期进行了实证检验,并发现按初始年进口份额加权的名义有效汇率通过这两个渠道使得加工贸易企业的国内附加值比显著提高。

在第六章中,我们使用规模以上企业大型数据库和典型调查的结果考察了2005—2008年人民币汇率升值对我国外向型企业经营的影响。我们发现:汇率升值对我国外向型企业的利润率有显著的负面影响;汇率升值对不同类型企业的影响是不同的。对从事一般贸易的企业、劳动力密集型企业的负面影响较大。对出口加工型企业,特别是进料加工型企业的影响较小。对进口原材料企业有正面影响。同时,我国企业对汇率升值也做出相应的反应。在短期,企业开始学习和使用各种措施来规避外汇风险。在长期,企业则多为调整经营方针和产品结构。第六章是与我的同事北京大学国家发展研究院张帆教授合作的成果,原文曾作为书的一章收录于中国发展出版社出版的《汇率博弈》中。

自2005年7月起,我国放弃人民币对美元的固定汇率制度转而盯住一篮子货币,并对美元升值。第七章在理论上发展了国际贸易理论中的引力模型,并使用2002—2007年间的我国各行业面板数据进行实证回归以考察人民币升值对中国向美国出口的影响。大量计量研究结果表明:人民币升值会显著减少中国对美国的出口。给定其他目录不变,人民币升值10%,中国对美国的出口将减少11%。这个发现对于不同计量方法和不同时期的估计均为稳健显著的。第七章是与对外经济贸易大学的田巍教授合作的成果,原文已发表在《中大管理研究》上。

事实上,新世纪以来,不只是中国的外贸增长很快,我国企业的对外直接投资增速也很高。到2016年,中国已经成为全球仅次于美国的第二大对外直接投资国家。在第八章中,我们旨在研究汇率变动对异质性出口企业对外直接投资的影响及其影响机制,尤其是汇率对贸易服务型投资的"出口传导"效应。将近一半的中国对外投资主要是以贸易办事处和进出口公司为代表的贸易服务型投资,以往的研究只关注汇率变化对制造业投资的"出口替代"影响,而忽略了出口与贸易服务型投资的"互补关系",因此用传统的对外直接投资理论研究人民币汇率对中国对外投资的影响会带来偏差。本文从理论建模和实证分析两个方向重新考察了汇率对贸易服务型投资的影响,理论上拓展了异质性企业对外直接投资的模型,区分了贸易服务型投资和生产性投资,并引入了真实汇率;实证上使用微观企业投资和贸易数据,定量分析了汇率对企业进行不同类型投资的影响大小。大量研究发现汇率上升显著地促进了企业对外直接投资概率,尤其是贸易服务型对外投资。据我们所知,本文是第一篇通过理论和微观数据研究中国贸易服务型对外投资的文章,在一定程度上填补了这方面研究的空白。第八章是与对外经济贸易大学的田巍教授合作的成果,原文已发表在《世界经济》上。

全球金融危机后,中国倡导的"一带一路"发展模式是一种新型的区域合作模式,是中国向西拓展贸易和投资的地缘战略,是促进各国共同发展、实现共同繁荣的合作共赢之路的重要举措。"一带一路"建设为人民币国际化创造了历史机遇,将促进中国的经济发展,造福沿线国家并为世界经济发展增加动力。同时,人民币国际化则为"一带一路"提供了流动性支持。本文回顾了"一带一路"对人民币国际化的影响渠道和一国货币成为估计货币的条件,估算了"一带一路"对人民币国际化的中期影响,并提出了有关政策建议。第九章使用引力模型估算了货币互换协议对双边贸易的影响,发现货币互换协议对双边贸易存在显著的正面影响。第九章是与我的同事北京大学国家发展研究院张帆教授以及中国发展和研究基金会俞建拖研究员合作的成果。

金融危机强烈地冲击了世界主要经济体,尤其是影响了全球国际贸易,并使得经济学家开始重新关注金融危机、信贷约束与国际贸易之间的关系。

为了理解金融危机是否影响了国际贸易,学术界需要回答一个根本的问题,即为什么出口企业会比非出口企业面对更强的信贷约束。企业在出口时面临额外风险,而在中国金融市场还不十分完善的情况下,金融市场上的信息不对称与出口活动的额外风险可能引起银行的惜贷行为,加剧出口企业的信贷约束。

人民币升值对中国出口的另一直接影响就是降低了中国工业企业出口的固定成本。而根据所谓的"新新国际贸易理论",异质性企业出口行为的一个普遍被接受的解释认为,生产率高的企业利润高,从而有能力承担进入出口市场的固定成本(Melitz,2003)。但该解释没有考虑企业在流动性和外部融资渠道上可能存在的金融摩擦。当存在金融摩擦时,企业将面对不同的信贷约束,这种信贷约束又将影响它们为进入市场所需的固定成本融资的能力。此外,外商直接投资有可能为企业节省市场进入的固定成本,从而降低信贷约束。本文将回答以下几个问题:企业的信贷约束如何影响它们的出口行为? 不同类型企业的信贷约束是否不同? 第十章我们研究了企业的信贷约束如何同生产率一起影响着它的出口决策。我们发现,给定其他条件不变,在以下情况下企业更容易进入出口市场:第一,项目成功率高使得企业更容易获得来自金融中介的外部融资;第二,外商投资企业享有较小信贷约束。我们用中国制造业的企业数据检测理论假设,发现了有力的证据支持我们的模型预测结果。第十章是与复旦大学的李志远教授合作的成果,原文已经发表在《经济研究》上。

不过,在真实的世界中,银行是没办法直接观察到企业的生产率的。之前的相关研究大多只考虑资金的需求方(企业)的要求,即只考虑出口企业需要付出更多的出口固定成本,但都忽略了资金供给方即银行方面的作用。在第十一章中,我们运用一般均衡建模,不仅考虑了资金需求方,更重要的是强调了银行的作用,从而有助于理解我国金融发展对贸易模式的影响机制。我们结合了中国经济发展的现状,同时考虑收入存在时滞、跨境支付、固定成本等三方面因素可能加剧信贷约束对出口企业的影响。

在第十一章中,我们首先构造了一个包含非对称信息与激励相容机制的异质性企业的一般均衡模型。激励相容机制的引入使得企业必须向银行汇报真实生产率信息,但也使银行对企业附加信贷约束以达到激励相容。银行利润最大化会使银行对出口企业比之非出口企业附加更强的信贷约束。这是因为相对于非出口企业,出口企业运输时间和回收资金的时间更长,而这些因素都会进入银行自主选择的信贷约束中。理论建模发现:当同一个企业既出口也内销时,银行信贷约束对它们的影响是一样的。而当出口和内销分离时,出口企业面临的时滞使得其比纯内销企业面临更紧的信贷约束。出口企业所面临的跨境支付风险也会影响银行贷款行为。固定成本则会在扩展边际上降低出口,但该影响随着出口企业抵押物的增加而减小。

为验证理论模型给出的机制,论文将上述理论模型应用于我国的工业企业。基于 2000—2008 年中国制造业企业数据,论文发现企业出口份额越高,出口运输和款项到账需要时间越长,企业面对的信贷约束也更强;而行业内的生产率分布越离散,企业所面对的信贷约束也更强。这些经验实证发现:银行面临的信息不对称会使出口企业面临更严重的信贷约束。

第十一章的研究具有明显的政策含义。2008 年金融危机发生后,信贷约束和企业出口的关系成为国际贸易研究领域的热点问题。该文在一定程度上填补了国际贸易研究中关于企业异质性和信贷约束方面中国实证研究的空白,对我国和其他发展中国家研究如何通过金融发展促进企业的出口行为具有一定的借鉴意义。值得强调的是,文章创新性地考虑到银行无法观测企业生产率,无法验证企业将贷款用于内销还是出口而存在的信息不对称问题,指出引起出口企业信贷约束的具体机制。这些特点使得该文的研究框架更加符合我国当前的经济现实,得出的结论和包含的政策深意也更加适用于我国的经济发展。

第十一章是与加州大学戴维斯分校经济系"布赖恩·卡梅隆"杰出讲座教授 Robert C. Feenstra、复旦大学经济学院教授李志远合作的成果,原文英文稿发表于经济学国际顶级期刊之一的 *Review of Economics and Statistics*。目前该文已引起国际学术界的广泛关注,在 2014 年正式发表之后,至本书完稿时,在 Google 学术引用数已超 300 次,成为研究出口和信贷约束这一热点领域的国际上最重要的论文之一。根据 2016 年基础科学指数(Essential Science Indicator,ESI)最新数据显示,该文入选全球"经济学与商学"领域前 1% ESI 高被引论文。该文也有幸获得第六届"张培刚发展经济学优秀成果奖"。

最后,既然融资约束对企业的出口有明显的影响,那对企业对外直接投资有没有影响呢?这是本书第十二章想要研究的问题。第十二章是与我的同事北京大学国家发展研究院黄益平教授和他的博士生谭语嫣博士、中国社科院王碧珺博士合作的成果,原稿已发表在《世界经济》上,该文有幸被评为"对外直接投资研究 2015 年最佳中文论文 TOP 10",入选《世界经济年鉴》2016 卷。我们通过采用浙江省制造业企业生产和对外直接投资的企业层面数据,在构造包括内源资金约束、外源资金约束、投资机会等在内的融资约束综合指标的基础上,考察了融资约束对中国民营企业海外直接投资决策的影响。基于 Heckman 两阶段选择模型的经验研究表明,融资约束一方面抑制了中国民营企业对外直接投资的可能性,另一方面对中国民营企业海外直接投资规模的扩张也有不利作用。第十二章进一步发现融资约束对于不同类型的对外直接投资具有差异性影响。本文为中国海外直接投资企业融资约束问题研究提供了微观层面的经验证据,同时也为进一步实施"走出去"战略提供了有益的政策启示。

如同我的其他作品一样,本书的写作和出版得益于我的很多同事、领导、师长的帮助和支持。特别是北京大学国家发展研究院名誉院长林毅夫教授、北京大学国家发展研究院院长姚洋教授、香港大学经济金融学院副院长丘东晓教授、神户大学经济经营研究所赵来勋教授一如既往地对我提供了许多帮助并慷慨地为本书写了推荐语。我也非常感谢北京大学经济学院的雎国余教授、北京大学原海外教育学院的黄道林院长多年以来对我的指导和关爱。本书的出版自然也离不开北京大学出版社的周月梅老师、林君秀老师、郝小楠老师、杨潇宇老师和其他同事的大力支持及认真校正。另外,感谢本书所有合作者的智力贡献,感谢我的硕士研究生周越、顾洋认真细致的校正工作。感谢国家自然科学基金委青年项目(编号:71003010)、面上项目(编号:71573006)、杰出青年项目(编号:71625007),国家社会科学基金委重点项目(编号:16AZD003),教育部人文社会科学重点研究基地重大项目(编号:15JJD780001)的资助。最后,我还要衷心感谢我的家人。没有他们无私的付出和无尽的支持,我不可能有时间和精力来完成这本书的写作。

当然,因成书仓促,本书肯定还存在着不少错漏。如有发现,也敬请读者通过电子邮件 mjyu@nsd.pku.edu.cn 联系笔者指正,不胜感谢。

余淼杰
2017 年 4 月 8 日于北大朗润园

目 录

第一章 人民币升值与中国出口企业盈利能力 ……………（1）
 第一节 引言 ……………………………………………（1）
 第二节 模型设定和数据选取 …………………………（3）
 第三节 实证结果 ………………………………………（8）
 第四节 结论 ……………………………………………（13）

第二章 人民币汇率变动与企业出口产品决策 ……………（14）
 第一节 引言 ……………………………………………（14）
 第二节 理论模型 ………………………………………（17）
 第三节 数据介绍和变量构造 …………………………（19）
 第四节 实证分析结果 …………………………………（23）
 第五节 结论 ……………………………………………（28）

第三章 人民币升值对出口质量的提升效应 ………………（30）
 第一节 引言 ……………………………………………（30）
 第二节 准确测算微观层面出口质量 …………………（33）
 第三节 数据描述 ………………………………………（36）
 第四节 实证分析 ………………………………………（39）
 第五节 结论 ……………………………………………（52）

第四章 中国制造业出口质量的准确衡量：挑战与解决方法 ……（53）
 第一节 引言 ……………………………………………（53）
 第二节 产品质量测算的理论框架 ……………………（56）
 第三节 数据来源和测算方法 …………………………（58）

  第四节 中国制造业出口质量情况 …………………………（63）
  第五节 结语 ………………………………………………（70）

第五章 人民币汇率和加工出口的国内附加值 ……………（72）
  第一节 引言 ………………………………………………（72）
  第二节 模型 ………………………………………………（75）
  第三节 数据 ………………………………………………（81）
  第四节 实证分析 …………………………………………（84）
  第五节 稳健性检验 ………………………………………（86）
  第六节 影响的经济维度和机制 …………………………（92）
  第七节 结论 ………………………………………………（96）

第六章 人民币汇率的调整对外贸相关企业和行业的影响 ……（97）
  第一节 汇率风险 …………………………………………（98）
  第二节 我国外向型企业的经营情况和汇率升值的影响 ……（99）
  第三节 2005—2008年汇率升值对企业经营的影响：一般分析
      ………………………………………………………（104）
  第四节 2005—2008年汇率升值对企业经营的影响：经济计量
      分析 ………………………………………………（109）
  第五节 结论与政策建议 …………………………………（112）

第七章 人民币升值与中美贸易 ……………………………（113）
  第一节 引言 ………………………………………………（113）
  第二节 人民币汇率改革进程 ……………………………（114）
  第三节 含汇率的引力模型 ………………………………（116）
  第四节 实证方法 …………………………………………（118）
  第五节 数据、计量与回归结果 …………………………（119）
  第六节 总结 ………………………………………………（126）

第八章 汇率、贸易服务与中国企业对外直接投资 ………（128）
  第一节 引言 ………………………………………………（128）
  第二节 背景和典型事实 …………………………………（134）

第三节　理论框架 …………………………………………（139）
   第四节　数据与度量 ………………………………………（142）
   第五节　计量模型和结果 …………………………………（147）
   第六节　小结 ………………………………………………（158）

第九章　"一带一路"与人民币国际化 ………………………（159）
   第一节　"一带一路"与人民币国际化 ……………………（159）
   第二节　"一带一路"对人民币国际化的影响 ……………（164）
   第三节　人民币国际化对双边贸易投资和全球经济的积极作用
   　　　　………………………………………………………（171）
   第四节　政策建议 …………………………………………（178）

第十章　生产率、信贷约束与企业出口 ……………………（180）
   第一节　导言 ………………………………………………（180）
   第二节　信贷约束对出口的影响探讨 ……………………（183）
   第三节　模型 ………………………………………………（184）
   第四节　数据及计量结果 …………………………………（191）
   第五节　回归结果 …………………………………………（193）
   第六节　结论 ………………………………………………（201）

第十一章　不完全信息条件下的出口与信贷约束：来自中国的理论
　　　　　与证据 ……………………………………………（203）
   第一节　引言 ………………………………………………（203）
   第二节　激励相容的贷款 …………………………………（205）
   第三节　实证模型与数据 …………………………………（211）
   第四节　估计结果 …………………………………………（218）
   第五节　结论 ………………………………………………（227）

第十二章　融资约束是否抑制了中国民营企业对外直接投资 ……（229）
   第一节　引言 ………………………………………………（229）
   第二节　文献回顾 …………………………………………（232）
   第三节　样本数据描述 ……………………………………（235）

第四节 企业融资约束指标的构建 …………………………（237）
第五节 估计模型及变量选择 ………………………………（241）
第六节 模型估计结果 ………………………………………（245）
第七节 结论 …………………………………………………（257）

附录 …………………………………………………………（259）
第二章 …………………………………………………………（259）
第三章 …………………………………………………………（260）
第五章 …………………………………………………………（264）
第六章 …………………………………………………………（266）
第七章 …………………………………………………………（267）
第九章 …………………………………………………………（270）
第十一章 ………………………………………………………（273）

参考文献 ……………………………………………………（284）

第一章　人民币升值与中国出口企业盈利能力*

2008年全球性的金融危机爆发以来,外需一直不景气,国内劳动力成本持续攀升,人民币的不断升值对出口企业的影响引起广泛担忧。本章利用我国工业企业1998—2007年微观面板数据,考察2005—2007年间人民币的迅速升值对出口企业盈利能力的影响,并采用倍差法和固定效应模型进行回归分析。实证结果表明,2005—2007年人民币升值后,出口企业的权益回报率与非出口企业相比降低超过5个百分点。我们采用杜邦分析法分解影响企业盈利能力的因素,发现出口企业盈利能力的降低主要来自创造收入的能力下降和销售利润率降低两个因素,且前者占主导。此外,对出口依赖度越高的企业,人民币升值对其盈利能力的负面影响越大。考虑到我国出口依赖型的经济发展模式,政策层应该给企业适当的"反应时间",放慢人民币升值的"步伐",使政策尽可能达到多赢效果。

第一节　引　　言

随着亚洲金融危机影响的逐步减弱以及中国经济金融体制改革不断深化,2005年7月21日中国再次完善人民币汇率形成机制,人民币对美元一次性升值2%,开始实行以市场供求为基础、参考一篮子货币进行调节、有管理的浮动汇率制度。人民币进入缓慢升值时期,仅从2005年7月到2008年7月,人民币对美元就升值了21%。人民币升值对国内企业,尤其是外贸企业的影响引起市场广泛的争论。2008年全球性的金融危机爆发以来,外需一直不景气,国内劳动力成本持续攀升,很多经济学家和业内人士认为人民币升值不仅影响企业出口,而且压缩企业的利润空间,或将成为压垮外贸出口企业的"最后一根稻草"。根据杭州海关外贸数据,2013年1—5月浙江省中小型外贸企业出口数量大幅减少,有外贸实绩的中小型企业减少0.15万家,进出口额大于等于1000万美元的大型外贸企业减少39家。另据测算,人民

---

* 本章是与我的学生梁中华博士合作的成果,原文发表在《金融研究》(2014年第7期,第1—13页)。

币每升值1%,棉纺织、毛纺织、服装行业利润率将下降3.19%、2.27%和6.18%。但是也有人士认为,人民币升值降低了企业的进口成本,有助于企业引进国外资源性产品和先进的技术设备,甚至形成"倒逼"机制,推动国内产业升级。有报道称假设人民币升值5%,造纸行业就可以节约成本11亿元。人民币升值对出口企业到底是利是弊,本章试图从企业盈利能力的角度探讨这一问题。

汇率变动和出口的关系一直是学术界讨论的焦点问题,但无论是在理论还是在实证上都没有得到一致的结论。很多文献指出汇率水平变动和出口呈负相关(如 Marshall,1923;Lerner,1944),但大量的实证研究使用发展中国家和发达国家的数据都发现出口和贸易余额的汇率弹性是非常小的。例如 Campa(2004)使用西班牙的宏观数据发现出口的汇率弹性仅为0.14。与此同时,也有大量研究发现汇率变动对企业有更大的影响。Berman et al. (2012)从理论和实证两方面证明了汇率变动对企业的定价策略和出口都有重要影响。关于汇率变动对中国出口影响的讨论也没有得出一致的结论。有研究指出,中国进出口需求弹性较低,汇率变动对中国进出口影响较小(强永昌、吴兢、陈爱玮、胡晓华,2004;金洪飞、周继忠,2007;王胜、陈继勇、吴宏,2007;贺力平,2008;Marquez and Schindler,2007;Thorbecke and Smith, 2010)。但也有部分学者的研究发现,中国进出口需求弹性较大,人民币汇率变动对中国贸易进出口有一定影响(戴祖祥,1997;卢向前、戴国强,2005;封思贤,2007;刘荣茂、何亚峰、黄烁,2007;刘尧成、周继忠、徐晓萍,2010;Yu,2012)。

研究结论的迥然差异主要来自数据和计量方法的不同。已有的研究主要使用宏观数据,这样可能会掩盖市场微观参与主体——企业的异质性行为。不同企业的进出口强度不同,贸易方式不同,生产技术亦不同,受人民币升值影响的强度差异也会很大。此外,影响宏观层面变量的因素较多,即使控制了再多的变量,使用最小二乘法进行估计也总是受到内生性问题的困扰。越来越多的研究开始使用企业层面的微观数据研究汇率水平变动对出口企业的影响。Head and Ries(1999)和 Forbes(2002)研究了汇率贬值对企业总销售收入、净利润、市场化程度、资产等指标的影响。Fung(2008)建立模型并使用中国台湾地区的企业数据研究了汇率升值对企业出口、规模和生产率的影响。Tang and Zhang(2012)使用中国海关出口交易数据考察了人民币升值对企业进入和退出出口市场、出口规模的影响,发现人民币每升值10%,企业出口的概率下降1%,企业退出出口市场的概率上升0.2%。

企业存在和经营的重要目的是为股东创造利润,进出口、定价等经营决策全部是基于盈利性的考虑,但现有的文献还没有从企业盈利性的角度考察人民币升值对企业的冲击。综上所述,本章将采用企业层面的微观数据,考察人民币升值在企业层面的异质性影响,重点分析企业盈利能力受到的冲击。本章的贡献主要有两个方面。第一,采用企业层面的面板数据分析人民币升值对企业盈利性的影响。李宏彬等(2011)首次使用这一数据就人民币升值对企业进出口的影响进行了讨论,但并没有考察企业层面的盈利状况受到的冲击。盈利状况是决定企业进出口决策以及长期生存和发展的关键因素。本章将从微观层面考察人民币升值对企业盈利性的影响,是对现有研究的有益补充。第二,采用倍差法(difference-in-difference)进行实证分析,在假设出口企业与非出口企业在进口方面没有显著差异的情况下[①],我们可以将非出口企业视为"对照组",将出口企业视为"实验组",考察人民币升值对出口企业盈利能力带来的"净"影响。两类企业相互对照,可以有效控制难以观测的因素对分析结果的影响,一定程度上解决了变量内生性问题。

实证结果表明,2005—2007年人民币升值后,出口企业的权益回报率与非出口企业相比平均降低超过5个百分点。在此基础上,我们采用杜邦分析法将影响企业盈利能力的因素分解为总资产周转率、销售利润率和杠杠化程度,发现企业盈利能力的降低主要来自于总资产周转率下降和销售利润率降低。对出口依赖度越高的企业,人民币升值对其盈利能力的负面影响越大。

本章后续的篇章结构如下:第二节介绍本研究所采用的模型和数据;第三节展示主要实证结果;第四节得出本章研究的主要结论。

第二节　模型设定和数据选取

本章采用倍差法对样本进行回归分析,使用这一方法最关键的是找到一个外生的"自然实验"。人民币自诞生以来,一直属于非自由兑换货币,其汇率由中国人民银行决定。我们认为人民币汇率变动具有相对的外生性。从图1-1可以看出,2000—2004年期间人民币对美元币值基本稳定,2005年以后币值缓慢上升,我们采用的数据范围为2001—2007年,人民币在2005—2007年期间的升值可以被看作一个"自然实验"。在剔除具有特殊性的加工贸易企业后,我们假定出口企业和非出口企业在进口方面没有显著差异,以出口企业为"处理组",以非出口企业为"对照组",采用倍差法进行回归分析。

我们采用评价企业绩效的常用方法——杜邦分析法,对企业的盈利能力变化情况进行分解。企业的权益回报率(净利润/权益)可以分解为权益乘

[①] 加工贸易企业的进口和出口具有关联性,与非出口企业的可比性较差,我们将剔除数据中所有加工贸易企业样本。使用剩余的出口企业和非出口企业,验证同趋势假设,结果符合倍差法的使用要求。

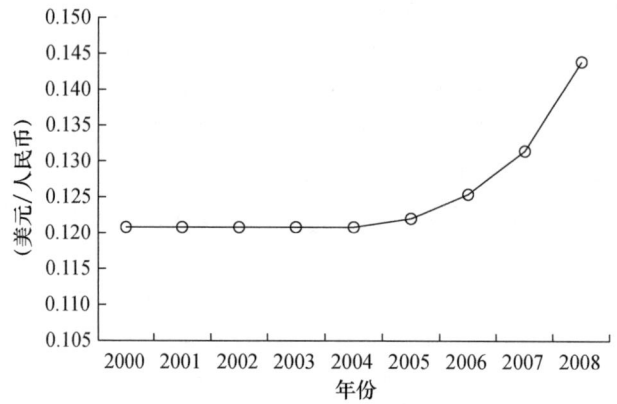

图 1-1　人民币平均名义汇率变化（美元/人民币）
资料来源：International Monetary Fund E-library。

数（总资产/权益）和资产收益率（净利润/总资产）的乘积。权益乘数反映企业的杠杆化程度，企业可以通过利用更多借贷资金来提高权益的回报率。资产收益率反映企业利用资产创造利润的能力，它又可以被分解为资产周转率（销售收入/总资产）和销售利润率（净利润/销售收入）的乘积。资产周转率是企业利用资产创造收入的能力，销售利润率是企业的毛利率。最终分解形式如下：

$$权益回报率 = 权益乘数 \times 资产收益率$$
$$= 权益乘数 \times 资产周转率 \times 销售利润率$$

下面的实证部分将对企业的权益回报率及其决定因素资产周转率、销售利润率、权益乘数分别进行分析，考察人民币升值前后企业盈利能力的变化。

一、模型设定

我们首先比较了出口企业和非出口企业在盈利能力上的差异，建立回归方程（1-1）如下：

$$y_{ft} = \beta_0 + \beta_1 \text{post}_t \times \text{exporter}_f + \beta_2 \times w_{ft}/\text{sales}_{ft} + \beta_3 \ln(\text{fix\_k}_{ft}) + \beta_4 \ln(\text{tfp}_{ft})$$
$$+ \beta_5 \text{age}_{ft} + \beta_6 \ln(L_{ft}) + \beta_7 \ln(\text{indus\_exp}_i) + \beta_8 \ln(\text{indus\_sales}_i)$$
$$+ \beta_9 \ln(\text{indus\_tfp}_i) + \alpha_f + \lambda_t + \varepsilon_{ft} \tag{1-1}$$

其中，因变量 y_{ft} 表示企业 f 在 t 年的盈利能力指标。exporter_f 变量为标示企业 f 是否出口企业的虚拟变量，若企业为出口企业，则 $\text{exporter}_f = 1$，若企业为非出口企业，则 $\text{exporter}_f = 0$。只要企业在 2001—2004 年期间从事过出口贸易，我们就认定该企业为出口企业。post_t 为标示企业所处的年份 t 在 2005 年前后的虚拟变量。之所以选择 2005 年，是因为在我们考察的样本期间内，2005—2007 年期间为人民币汇率升值期。若年份 t 在 2005 年之后（含

2005 年),则 $post_t = 1$,否则 $post_t = 0$。参照 Fung(2008),我们用工资支出占销售收入的比例 $w_{ft}/sales_{ft}$,控制企业的劳动密集程度。此外,我们还控制了反映企业层面异质性的相关变量,如企业固定资产 fix_k_{ft}、全要素生产率 tfp_{ft}、年龄 age_{ft}、员工人数 L_{ft} 等。与非出口企业相比,出口企业不仅会面临更强的汇率变动冲击,还会受到国际市场其他因素的影响,为了控制这些影响对两类企业带来的非对称冲击,我们控制了行业层面的变量,如行业总出口额 $indus\_exp_i$、行业国内销售额 $indus\_sales_i$、行业加权平均全要素生产率 $indus\_tfp_i$[①]。α_f 为公司层面的固定效应。为了剔除时间趋势对结果的影响,我们控制了年份固定效应 λ_t。

在计算企业层面全要素生产率 tfp_{ft} 时,为处理由普通最小二乘法所产生的同步偏差和样本选择偏差问题,本章采用了 Olley-Pakes(1996)的半参数估计方法。我们还参考 Brandt et al.(2012)构建的产出和投入平减指数,获得工业增加值、资本、投资、中间产品的实际值以估计全要素生产率。

如果人民币汇率升值对出口企业的影响不同于非出口企业,那么对于不同出口强度的企业影响大小也会不同。为了进一步验证结论的稳健性,我们采用倍差法的常用回归方程,考察人民币汇率升值对不同出口强度企业的影响,建立回归方程(1-2)如下:

$$y_{ft} = \gamma_0 + \gamma_1 post_t \times expt\_int_f + \gamma_2 \times w_{ft}/sales_{ft} + \gamma_3 \ln(fix\_k_{ft}) \\ + \gamma_4 \ln(tfp_{ft}) + \gamma_5 age_{ft} + \gamma_6 \ln(L_{ft}) + \gamma_7 \ln(indus\_exp_i) \\ + \gamma_8 \ln(indus\_sales_i) + \gamma_9 \ln(indus\_tfp_i) + \alpha_f + \lambda_t + \varepsilon_{ft} \quad (1-2)$$

其中,因变量 y_{ft} 表示企业 f 在 t 年的盈利能力指标。$expt\_int_f$ 变量为企业 f 的出口强度,我们将企业在 2001—2004 年期间出口销售额占总销售额比重的平均值定义为出口强度。其他变量同方程(1-1)。

我们使用的是面板数据,控制企业固定效应后,无须考察企业层面不随时间变化变量对结果的影响,所以没有像之前的研究那样考察企业的类别、所在地区、行业等变量。在方程(1-1)中,β_1 衡量了人民币汇率升值前后出口企业和非出口企业盈利能力的平均差异。若 $\beta_1 > 0$,表明人民币汇率升值提高了出口企业的盈利能力。若 $\beta_1 < 0$,表明人民币汇率升值降低了出口企业的盈利能力。在方程(1-2)中,γ_1 衡量了人民币汇率升值前后盈利能力随企业对出口依赖程度增加的变化趋势。若 $\gamma_1 > 0$,表明对出口依赖程度越大的企业,在人民币汇率升值后盈利能力越强。若 $\gamma_1 < 0$,表明对出口依赖程度越

[①] 仿照余淼杰(2010),行业层面的全要素生产率由企业层面 TFP 经过加权平均获得,权重为企业的总产值。因为四位制行业层面上的每个行业企业数量有限,使用 Olley-Pakes(1996)方法估计困难,我们对 TFP 的估计仅精确到两位制造业。

大的企业在人民币汇率升值后盈利能力越弱。

二、数据说明

本章使用的数据来源于国家统计局对规模以上企业的年度调查数据,我国制造业中的全部国有企业、年销售额在500万元人民币以上的非国有企业被收集进这个数据库,变量包括企业的基本信息和三大会计报表中的财务信息。利用这一数据集我们可以得到2001—2007年企业层面的指标。

在使用国家统计局对企业的调查数据时,我们发现企业层面的数据有一些异常值,这可能是因为统计失误,也可能是因为企业太小没有独立的会计核算人员所致。为了减小异常值对研究结果的影响,我们仿照李志远、余淼杰(2013)以及 Feenstra et al.(2013)的做法,剔除了以下几种类型的观测数据:① 就业人数少于8人的企业;② 总收入、就业人数、总资产、固定资产、流动资产、工业总产值、中间产品价值、本年应付工资总额中至少一项为负或为缺省值的企业;③ 流动资产超过总资产、总固定资产超过总资产、固定资产净值超过总资产的企业;④ 增加值和销售额的比率小于0或大于1的企业;⑤ 出口额占销售额的比重小于0或大于1的企业。

考虑到加工贸易出口的特殊性,我们剔除样本中的加工贸易企业,仅选择非出口企业和从事一般出口贸易的企业为研究对象。我们定义在2001—2004年期间从事过加工贸易的企业为加工贸易企业,这一期间之后企业从事加工贸易可以被看作由人民币升值导致的内生结果。经过剔除以后,总共剩余89 174个观测样本。主要变量描述性统计结果如表1-1所示。

表1-1 主要变量描述性统计量

变量	均值	标准差	最小值	最大值
权益回报率	0.157933	0.236863	−0.95118	2.793
销售利润率	0.043981	0.085637	−5.15650	3.309736
资产周转率	1.690496	1.679488	0.001657	122.7758
权益乘数	3.158662	23.58422	−6 464.33	1 254.767
出口强度	0.425276	0.375202	0	1
出口企业虚拟变量	0.900262	0.299652	0	1
ln(企业 TFP)	1.598044	0.296592	−3.56853	2.317590
工资/销售收入	0.092739	0.068794	0.000120	0.868341
企业年龄	9.884463	10.49976	0	169
ln(员工人数)	5.342501	1.142570	2.197225	12.14500
ln(固定资产)	9.080923	1.714744	0	17.97255
ln(行业出口额)	19.00193	0.849433	10.17462	20.86754
ln(行业国内销售)	19.71642	0.995669	13.27882	21.27744
ln(行业 TFP)	1.759170	0.209528	1.129802	2.023408

三、描述性统计

图 1-2 展示了出口企业和非出口企业主要指标在人民币升值前后发生的变化。在人民币升值前(2001—2004 年期间),出口企业和非出口企业的资产周转率、销售利润率差异较小,但人民币升值后(2005—2007 年期间),出口企业的这两项指标均落后于非出口企业。与非出口企业相比,出口企业受到人民币升值的冲击后,利用资产创造收入的能力降低,销售利润率也降低。非出口企业的权益乘数大于出口企业,即非出口企业利用了更多的负债创造收益,其杠杆率更高。在 2005 年以后,两类企业的杠杆化程度都明显下降,且二者之间的差距略有缩小,出口企业的权益乘数相对非出口企业上升。

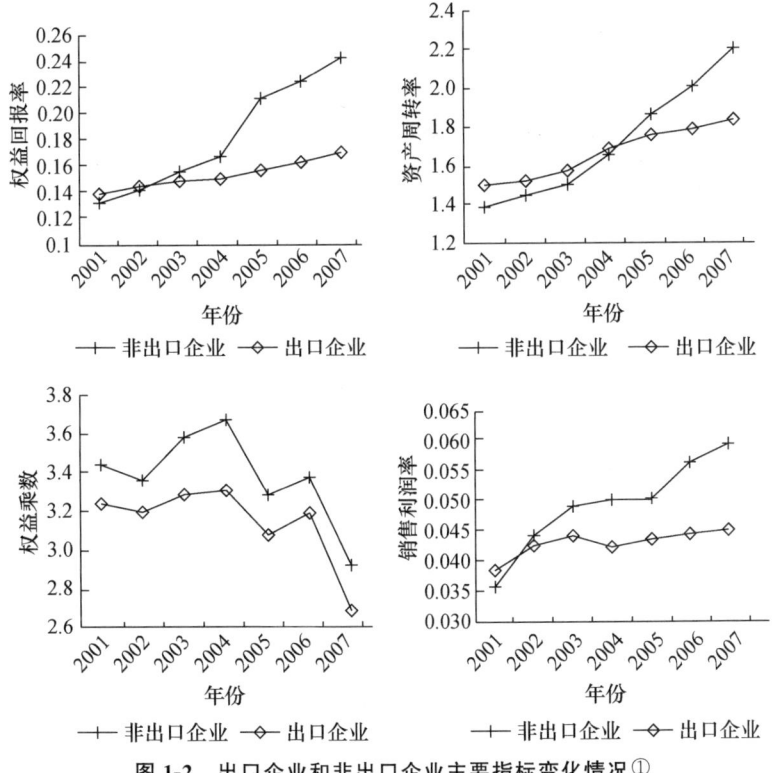

图 1-2　出口企业和非出口企业主要指标变化情况①

---

① 我们定义在 2001—2004 年间从事过出口业务的企业为出口企业。

第三节 实 证 结 果

使用倍差法时,我们对企业有两种分类方法,一是划分为出口企业和非出口企业,并使用方程(1-1)进行回归;二是按照连续的出口强度进行划分,使用方程(1-2)进行回归。我们还利用非平衡面板数据和平衡面板数据分别回归,可以有效控制企业进入和退出对回归结果的影响。

一、权益回报率

为分析出口企业的盈利能力在人民币升值前后的变化,我们对权益回报率进行回归分析(见表1-2)。表1-2第(1)、(2)、(3)栏按照是否出口划分企业,使用方程(1-1)进行回归。第(4)、(5)、(6)栏按照出口强度划分企业,使用方程(1-2)进行回归。

表1-2 人民币升值对出口企业权益回报率影响的回归分析结果

因变量: 权益回报率	方程(1-1)			方程(1-2)		
	非平衡面板		平衡面板	非平衡面板		平衡面板
	(1)	(2)	(3)	(4)	(5)	(6)
$post_t \times exporter_f$	−0.057***	−0.050***	−0.059***			
	(−7.19)	(−6.79)	(−4.96)			
$post_t \times expt\_int_f$				−0.027***	−0.021***	−0.029***
				(−5.57)	(−4.69)	(−4.43)
出口强度				0.012***		
				(3.02)		
出口企业虚拟变量	−0.006					
	(−1.00)					
工资/销售收入		−0.656***	−0.698***		−0.654***	−0.693***
		(−28.9)	(−19.7)		(−28.7)	(−19.5)
ln(固定资产)		−0.013***	−0.018***		−0.013***	−0.018***
		(−7.45)	(−6.25)		(−7.37)	(−6.20)
ln(企业 TFP)		0.128***	0.129***		0.128***	0.129***
		(23.9)	(15.0)		(23.9)	(15.0)
企业年龄		−0.000**	−0.001***		−0.000**	−0.001***
		(−2.31)	(−2.64)		(−2.25)	(−2.61)
ln(员工人数)		0.051***	0.045***		0.051***	0.045***
		(20.9)	(12.3)		(20.7)	(12.1)
ln(行业出口额)		−0.004	−0.006		−0.005	−0.006
		(−1.14)	(−0.98)		(−1.18)	(−1.02)

(续表)

因变量：权益回报率	方程(1-1)			方程(1-2)		
	非平衡面板		平衡面板	非平衡面板		平衡面板
	(1)	(2)	(3)	(4)	(5)	(6)
ln(行业国内销售)		0.009**	0.010*		0.009**	0.010*
		(2.23)	(1.66)		(2.30)	(1.74)
ln(行业 TFP)		−0.121***	−0.124***		−0.122***	−0.123***
		(−10.5)	(−7.28)		(−10.6)	(−7.24)
年度固定效应	是	是	是	是	是	是
企业固定效应	否	是	是	否	是	是
观测样本数量	89 174	89 033	35 899	89 174	89 033	35 899
R^2	0.01	0.05	0.05	0.003	0.04	0.05

注：圆括号内为回归系数的 T 检验统计量，且经过企业层面的聚类标准误差修正，***、**、* 分别表示参数的估计值在 1%、5%、10% 的水平上显著；$post_t \times exporter_f$ 表示企业所处年份处在 2005 年前后虚拟变量与是否出口企业虚拟变量的交互项，我们定义在 2001—2004 年间从事过出口业务的企业为出口企业；$post_t \times expt\_int_f$ 表示企业所处年份处在 2005 年前后虚拟变量与出口强度的交互项，我们将企业在 2001—2004 年间出口销售额占总销售额比重的平均值定义为出口强度。

使用非平衡面板数据和平衡面板数据得到的回归结果一致，与非出口企业相比，出口企业的权益回报率在人民币升值后显著降低超过 5 个百分点，且出口强度越大的企业在人民币升值以后权益回报率降低的程度也越大。考虑了企业的进入和退出市场后，结果依旧显著。这说明人民币升值导致出口企业的盈利能力降低，权益回报率下降。

我们还发现，企业全要素生产率与权益回报率呈显著的正相关关系，这是因为生产率高的企业在定价和控制成本方面更有竞争力。企业工资支出在销售收入中的占比反映了劳动密集程度，回归结果显示劳动密集程度提高会降低企业的盈利能力，我们推测这可能是因为劳动密集型企业生产产品的附加价值较低，利润空间也较小，而且我国的劳动力成本一直在不断攀升，也压缩了劳动密集型企业的利润。企业规模越大（员工人数和固定资产），盈利能力越强，符合规模经济理论。企业年龄和盈利能力呈负相关关系。控制了企业层面和年度固定效应后，结果依然稳健。

二、资产周转率

为探寻出口企业权益回报率下降的原因，本章采用与分析权益回报率相同的回归方程，分别分析决定权益回报率的因素在人民币升值前后发生的变化，我们先分析资产周转率。在人民币升值前，出口企业和非出口企业平均资产周转率没有显著差异，人民币升值以后，出口企业的资产周转率逐渐落后于非出口企业(见图 1-2)。利用回归分析结果如表 1-3 所示,人民币升值以后,与非出口企业相比,出口企业利用资产创造收入的能力下降,幅度达到 20%左右。越依赖出口的企业,受到人民币升值的影响越大,出口强度每上升一个单位,资产周转率下降 0.1 个单位左右。

表 1-3　人民币升值对出口企业资产周转率影响的回归分析结果

因变量: 权益回报率	方程(1)			方程(2)		
	非平衡面板		平衡面板	非平衡面板		平衡面板
	(1)	(2)	(3)	(4)	(5)	(6)
$post_t \times exporter_j$	−0.294***	−0.231***	−0.184***			
	(−5.78)	(−5.34)	(−3.13)			
$post_t \times expt\_int_f$				−0.124***	−0.079**	−0.120***
				(−3.56)	(−2.55)	(−3.19)
出口强度				0.650***		
				(23.4)		
出口企业虚拟变量	0.067*					
	(1.83)					
工资/销售收入		−5.886***	−5.500***		−5.877***	−5.482***
		(−33.9)	(−25.8)		(−33.6)	(−25.7)
ln(固定资产)		−0.319***	−0.347***		−0.319***	−0.346***
		(−22.0)	(−14.5)		(−22.0)	(−14.5)
ln(企业 TFP)		0.749***	0.673***		0.751***	0.672***
		(23.4)	(12.6)		(23.4)	(12.6)
企业年龄		−0.002**	−0.001		−0.002**	−0.001
		(−2.19)	(−1.26)		(−2.14)	(−1.20)
ln(员工人数)		0.359***	0.336***		0.358***	0.335***
		(21.5)	(13.5)		(21.4)	(13.5)
ln(行业出口额)		−0.02	0.024		−0.021	0.023
		(−0.76)	(0.71)		(−0.79)	(0.68)
ln(行业国内销售)		0.052**	0.019		0.053**	0.021
		(2.34)	(0.67)		(2.38)	(0.74)
ln(行业 TFP)		−0.701***	−0.596***		−0.702***	−0.594***
		(−11.8)	(−6.91)		(−11.8)	(−6.88)
年度固定效应	是	是	是	是	是	是
企业固定效应	否	是	是	否	是	是
观测样本数量	89 174	89 033	35 899	89 174	89 033	35 899
R^2	0.01	0.09	0.11	0.02	0.09	0.11

注:圆括号内为回归系数的 T 检验统计量,且经过企业层面的聚类标准误差修正,***、**、*分别表示参数的估计值在 1%、5%、10% 的水平上显著;$post_t \times exporter_j$ 表示企业所处年份处在 2005 年前后虚拟变量与是否出口企业虚拟变量的交互项,我们定义在 2001—2004 年间从事过出口业务的企业为出口企业;$post_t \times expt\_int_f$ 表示企业所处年份处在 2005 年前后虚拟变量与出口强度的交互项,我们将企业在 2001—2004 年间出口销售额占总销售额比重的平均值定义为出口强度。

我们认为这主要是出口受阻导致的,根据李宏彬等(2011)使用中国海关数据的测算,人民币有效汇率每升值1%,企业实际出口值将会减少0.99%,实际进口值也会降低0.71%,人民币升值不仅不会改善我国和全球贸易失衡的状况,对我国出口和进口贸易企业均会产生负面影响。人民币升值以后,越依赖出口的企业出口额度受到影响越大,而向国内转移市场不仅要付出高昂的成本,而且需要充足的时间,使销售收入在短期内降低。因此,我们认为资产周转率是影响企业权益回报率下降的重要因素。

三、销售利润率

表1-4展示了对销售利润率回归分析的结果。采用方程(1-1)回归的结果显示,人民币升值以后,出口企业相对非出口企业的销售利润率下降。人民币升值导致"中国制造"在国际市场的价格竞争力下降,出口企业销售面临困难,不得不降低价格或加大研发费用、销售费用等方面的支出,利润率会有所下降。中国商务部2013年调查了1 000多家企业,其平均出口利润率不足3%,其中26.8%的企业出现出口亏损,影响出口的主要因素中,多达73.4%的企业认为是人民币升值。这说明人民币升值确实降低了企业的利润空间。使用方程(1-2)进行回归的结果并不显著,销售利润率没有随着出口强度的增加下降。我们认为可能是出口企业的利润率本身就不高,本章利用所用数据样本计算出口企业销售利润率仅为4.3%,下降空间有限,所以人民币升值对不同出口强度企业的影响差异不大。人民币升值对企业销售利润率有影响,但影响有限,这种影响在出口企业和非出口企业之间表现更为明显,在不同出口强度的企业之间表现不太明显。

表1-4 人民币升值对出口企业销售利润率影响的回归分析结果

因变量: 权益回报率	方程(1-1)			方程(1-2)		
	非平衡面板		平衡面板	非平衡面板		平衡面板
	(1)	(2)	(3)	(4)	(5)	(6)
$post_t \times exporter_f$	−0.007***	−0.005**	−0.008***			
	(−3.02)	(−2.12)	(−2.64)			
$post_t \times expt\_int_f$				−0.002	0.001	−0.001
				(−1.55)	(0.47)	(−0.38)
出口强度				−0.014***		
				(−9.58)		
出口企业虚拟变量	−0.004					
	(−1.64)					
工资/销售收入		−0.162***	−0.145***		−0.162***	−0.145***
		(−7.33)	(−9.50)		(−7.33)	(−9.49)

(续表)

因变量：权益回报率	方程(1-1)			方程(1-2)		
	非平衡面板		平衡面板	非平衡面板		平衡面板
	(1)	(2)	(3)	(4)	(5)	(6)
ln(固定资产)		0.001*	0.001*		0.001*	0.001*
		(1.95)	(1.75)		(1.90)	(1.73)
ln(企业 TFP)		0.032***	0.030***		0.032***	0.030***
		(13.5)	(10.6)		(13.5)	(10.6)
企业年龄		−0.000***	−0.000***		−0.000***	−0.000***
		(−3.85)	(−3.54)		(−3.87)	(−3.58)
ln(员工人数)		0.012***	0.007***		0.012***	0.007***
		(7.35)	(5.62)		(7.34)	(5.57)
ln(行业出口额)		−0.001	0.001		−0.001	0.001
		(−0.44)	(0.68)		(−0.44)	(0.65)
ln(行业国内销售)		0.001	0.001		0.001	0.001
		(1.21)	(0.34)		(1.20)	(0.37)
ln(行业 TFP)		−0.032***	−0.030***		−0.032***	−0.030***
		(−7.26)	(−5.18)		(−7.27)	(−5.17)
年度固定效应	是	是	是	是	是	是
企业固定效应	否	是	是	否	是	是
观测样本数量	89 174	89 033	35 899	89 174	89 033	35 899
R^2	0.002	0.02	0.03	0.01	0.02	0.02

注：圆括号内为回归系数的 T 检验统计量,且经过企业层面的聚类标准误差修正,***、**、* 分别表示参数的估计值在 1%、5%、10% 的水平上显著；$post_t \times exporter_f$ 表示企业所处年份处在 2005 年前后虚拟变量与是否出口企业虚拟变量的交互项,我们定义在 2001—2004 年间从事过出口业务的企业为出口企业；$post_t \times expt\_int_f$ 表示企业所处年份处在 2005 年前后虚拟变量与出口强度的交互项,我们将企业在 2001—2004 年间出口销售额占总销售额比重的平均值定义为出口强度。

四、权益乘数

最后,我们对权益乘数进行了回归分析。我们构建的模型对权益乘数的解释能力很低,人民币升值前后,出口企业与非出口企业的权益乘数在统计上并没有显著的差异,不同出口强度企业的权益乘数也没有显著的差异。我们推测原因是,在我国企业外部融资渠道有限,企业的杠杆水平是相对稳定的财务指标,短时间内的波动率很小。我们测算样本中企业的权益乘数发现其基本维持在 3.3 左右,所以统计上回归的结果不显著。鉴于权益乘数的稳定性,我们可认为,人民币升值以后,出口企业相比非出口企业权益回报率的下降不是由权益乘数的变化导致的。

第四节 结 论

当前我国靠投资和贸易拉动的经济进入深入转型时期,人民币升值速度显著加快,考察人民币升值对企业盈利能力带来的影响很有必要。本章利用工业企业1998—2007年的微观面板数据,采用倍差法和固定效应模型,分析2005—2007年间人民币的迅速升值对出口企业盈利能力带来的影响。实证结果表明:2005—2007年人民币升值后,出口企业的权益回报率与非出口企业相比显著降低超过5个百分点。企业盈利性的降低来自于创造收入的能力下降和利润空间降低两个因素,而第一种因素占主导。此外,对出口越依赖的企业,受到人民币升值影响盈利能力下降幅度越大,资产周转率下降幅度也越大。

我国出口企业大多劳动密集度高、附加值低,在国外市场上议价能力低、利润薄,人民币升值势必对它们带来较大冲击。但人民币升值会导致进口成本降低,对企业也是一个机遇,政策层应该引导和鼓励企业进行产业升级,自主研发或引进国外先进技术,提高产品的质量和附加价值。但是产业升级的过程毕竟是缓慢的,政策层应该考虑到不同企业的特征和发展情况,给企业适当的"反应时间",放慢人民币升值的"步伐",使政策尽可能达到多赢效果。

第二章 人民币汇率变动与企业出口产品决策*

本章主要分析人民币名义有效汇率变动对中国企业产品出口决策的影响。基于对中国企业数据的分析,我们发现人民币名义有效汇率的变动是解释企业出口产品决策的重要因子。人民币名义汇率的升值会带来企业出口种类的减少,同时也使得企业出口商品中核心产品比重显著上升。我们还发现人民币有效汇率的变动对于企业出口产品决策的影响有明显的企业异质性。面对升值规模大或者生产率高的企业会更为明显地缩减产品线并集中生产其核心产品。

第一节 引 言

在过去二十年,中国保持着年均增速超过 10% 的出口额增长,并于 2009 年超越德国成为世界第一出口大国。在出口和外汇储备迅速增加的大背景下,人民币汇率制度的选择和币值的变动对出口的影响成了经济学家关注的焦点。对于人民币升值是否会帮助我国达到经常账户平衡,先前的研究并未得到一致的结论。[①] 其中的一个原因是这些研究基本都从宏观层面去分析,极少从企业或者是更微观的产品层面去讨论汇率变动对于出口造成的影响。然而很多研究(例如,Melitz,2003,2008;Berman et al.,2012;Lopez,2011)发现,即使在很细分的行业内部,不同企业在面临需求或成本冲击时调整出口产品策略也具有很强的异质性。因此,理解汇率变动对于出口的影响,应该从微观层面去进一步研究。然而,目前用企业数据探讨这些问题的研究,国内依然不多。

本章从企业产品层面分析了汇率变动对于多产品企业出口决策的影响。

---

* 本章是与我的学生王雅琦博士合作的成果,原文发表在《金融研究》(2015 年第 4 期,第 19—33 页)。

① 具体地,卢向前、戴国强(2005)、李宏彬、马弘等(2011)等发现人民币有效汇率的升值确实会带来企业出口减少,进口增加。而陈六博、刘厚俊(2007)以及海闻、沈琪(2006)等则发现这一现象不明显。

具体地,我们考察两个问题:第一,汇率调整如何影响微观企业主体调整其出口产品决策。具体地,我们估计了企业出口产品种类数目的汇率弹性以及在多大程度上汇率变动会影响企业的出口产品分布。第二,我们估计了企业出口产品种类数目的汇率弹性在不同企业间的差异性。我们发现,当人民币汇率增加10%(人民币贬值10%),企业的出口产品种类会增加2.4%。同时,企业的出口产品分布会向该企业的非拳头核心产品①偏移。而大规模以及高生产率的企业对汇率变动的反应更为明显。

本章的学术贡献有如下两方面:第一,本章是首篇人民币名义有效汇率变动对于中国多产品企业出口决策影响的文章。以往的研究大都集中在贸易自由化对企业出口种类的影响上,而这些研究结论也不尽一致。其中一支文献认为单边或双边贸易自由化会促进一国企业出口产品种类的增加。例如,Feenstra and Ma(2008)提出,企业的新老产品之间存在"竞食效应"(cannibalizing effect)。在贸易自由化后,由于消费者市场的扩大,这种"竞食效应"得到减弱,从而使得出口厂商生产的平均种类数目将会增多。Baldwin and Gu(2009)使用了20世纪最后20年加拿大制造业企业的数据发现:当对美国进口产品的关税减少时,小企业和非出口企业会减少产品种类,而大企业和出口企业则不会减少产品种类。Goldberg et al.(2010)发现与美国企业相比,印度企业在面临外生宏观冲击时,会更少地调整产品种类。他们将这个原因归结为印度政府对国内产品市场实行的行业管制。而这种行政上的管制,阻止了资源的有效分配。另外一支文献则持有不同意见。他们的一个基本结论是贸易自由化带来的竞争程度上升会减少企业的出口范围(Bernard et al.,2003,2011;Eckel and Neary,2010;Mayer et al.,2011)。

虽然国内不少学者都认识到了人民币汇率的变动会给全球贸易造成重要影响,但实证上对于人民币名义有效汇率如何影响出口企业产品生产决策的文献相对较少。缺少文献的一个可能是先前中国产品面数据的不可得性。关于汇率变动如何影响贸易的文献主要集中在两支:较早的一支主要集中于估算汇率变动时国家或者行业层面的出口/进口弹性(Dees,2001;Thorbecke and Smith,2010;Chatterjee et al.,2013;Berthou and Fontagne,2011;等等);较新的一支文献集中分析汇率变动对企业的出口行为影响(Berman et al.,2012)。例如,Berman et al.(2012)发现在汇率贬值时,更多的企业会进入出口市场。而高生产率的企业和低生产率的企业会有不同反应。高生产率的

---

① 文献指出(Baldwin and Gu,2009;Bernard et al.,2006),企业在生产时对于不同产品的效率不一样。即企业生产存在一个产品阶梯(product ladder)。我们对于核心产品的定义为企业出口价值最高的产品。这一定义与 Mayer,Melitz and Ottaviano(2011)以及 Chatterjee et al.(2013)一致。

企业会优先提价而非提量,而低生产率的企业则相反。Chatterjee et al. (2013)运用巴西海关数据发现在1997—2006年间巴西汇率贬值时,巴西的企业会增加产品种类并且同时导致出口企业生产更高比例的非核心产品。Berthou and Fontagne(2011)使用1995—2003年间法国出口数据,发现欧元区统一货币会使得区内出口者出口种类数目增多。而这种效应只对生产率较高的生产者才存在。然而,国内关于汇率变动对企业出口决策的影响的分析并不多。李宏彬、马弘等(2011)是唯一的一篇从企业层面估计进出口弹性的文章。与他们文章关注汇率变动对于企业出口的集约边际层面的影响不同,我们的文章关注的是出口企业的产品决策问题。据我们所知,这在文献中尚属空白。借助于丰富的数据,我们的文章有效地填补了这一空白。另外,值得强调的是,我们的文章构建了一个比以往文献更为准确的企业层面的人民币名义有效汇率的指标,用以精确度量人民币名义有效汇率变动对企业出口种类的影响。

第二,本章还考虑了我国多产品企业产品种类的决策,一定程度上填补了多产品企业相关文献的稀缺。之前的研究在分析出口扩展边际调整时,着重分析了单产品企业的决策问题,而忽略了多产品企业内生决定出口产品种类这一问题。最近国外文献指出出口企业主要为多产品企业,并且企业内扩展边际的贡献与企业间的扩展边际至少一样重要。例如,Bernard et al. (2010)发现在1997年的美国企业普查中,39%的企业为多产品企业,而这部分企业的产值占总产值的87%。而Goldberg et al.(2010)发现在1989—2003年间,大中型企业中印度的多产品企业占据47%。以产出衡量,多产品企业的比例上升到了80%。这份研究同时指出企业内扩展边际对样本期间印度制造业企业产出增长贡献比例为25%。而Bernard et al.(2010)对于1987—1997年间的美国制造业企业的研究发现企业内扩展边际对于产品增长的贡献和企业间扩展边际的贡献一样重要。Broda and Weinstein(2010)则通过详细分析美国企业数据,发现新产品的产生和消失主要是发生在企业的内生选择过程中,而并非企业间产品的变动。关于中国多产品企业的研究相对较少。与本章相对接近的文献是Manova and Zhang(2009)以及钱雪峰、王胜等(2013)。这两篇文章都指出多产品企业是出口贸易的主体。后者更进一步指出,在2000—2005年间,中国出口增长的大约44%来自企业内的扩展边际,以及集约边际并不是中国出口增长的主要力量。与他们着重分析中国多产品企业出口量的决定因素相比,我们着重估计了人民币汇率变动对于多产品企业出口种类以及产品分布的影响。

本章结构如下:第二节建立理论模型作为后面实证部分的分析基础;第

三节汇报数据描述和关键变量构建的过程;第四节给出了主要估计方法和基本结果;第五节小结并辅以政策分析。

第二节 理论模型

我们的理论模型是 Melitz and Ottaviano(2008)和 Qiu and Yu (2013)的一个多产品出口企业在考虑了汇率变动因素之后的一个拓展版本。考虑两个贸易国,分别为中国和其贸易伙伴国 f。市场上有一种同质品 O,是我们模型中的计价物。其余的为差异化产品 q,参与国际贸易。消费者都具有同质性偏好。具体地,我们采用了 Melitz and Ottaviano(2008)的拟线性偏好假设,如下:

$$U = Q_o + \alpha \int_{i\in\Omega} q_i \mathrm{d}i - \frac{1}{2}\beta \left(\int_{i\in\Omega} q_i \mathrm{d}i \right)^2 - \frac{1}{2}\gamma \int_{i\in\Omega} q_i^2 \mathrm{d}i \qquad (2\text{-}1)$$

其中 α、β 和 γ 都为正数。Q_o 是标准消费品 O 的消费量。Ω 是中国市场上所卖商品的种类全集。q_i 是种类 i 的消费量。代表性消费者根据预算约束最大化其效用。对(2-1)中的 q_i 求导,可得均衡时,商品 i 的市场需求曲线为:

$$P_i = \alpha - \frac{\beta}{Z}\int_{i\in\Omega} q_i \mathrm{d}i - \frac{\gamma}{Z} q_i \qquad (2\text{-}2)$$

其中 p_i 为商品 i 的价格。令 $M=|\Omega|$,M 为市场上所有行业总产品种类数目。Z 为消费者规模。$P = \int_{i\in\Omega} q_i \mathrm{d}i$ 为市场上商品的总价格指数。化简得到:

$$p_i = A - bq_i$$

其中 $A = \frac{\alpha\gamma + \beta P}{\beta M + \gamma}$,而 $b = \frac{\gamma}{Z}$。由上可知,市场需求函数中的斜率 b 是外生的,而 A 是由产品市场竞争程度所决定的。

本章的研究主题着重从供给面分析汇率变动对于企业出口种类的影响。为同大多数文献一致,我们假设国外与本国消费者的消费需求函数是同质的。通过最大化国外消费者的消费函数,可得:

$$p_i = A^f - bq_i^f$$

其中 $Af = \frac{\alpha\gamma + \beta P^f}{\beta M^f + \gamma}$,而 $b = \frac{\gamma}{Z}$。

现考虑中国企业在本土市场的生产决策。假设企业 j 的生产种类数目为 s_j。企业目标利润函数如下:

$$\max_{s_j, q_j} \int_0^{s_j} [(A - bq_j^i)q_j^i - \theta_j i q_j^i]\mathrm{d}i - \theta_j s_j F_k \qquad (2\text{-}3)$$

厂商每引进多一个品种,需要支付一笔固定费用 F_k。F_k 可以理解为企业为引入新市场所花费的研究费用或者广告费用。$\theta_j i$ 是企业 j 生产种类 i 的单位成本函数。其形式如下：

$$\theta_j = \frac{w}{\psi_j} \tag{2-4}$$

其中，w 为中国的工资。ψ_j 为企业 j 的生产效率。我们假设进入市场的企业生产每个种类 $i(i \in (0, s_j])$ 的成本函数是线性递增函数，具体形式为：$c_j = \theta_j i q_j^i$。而引入新产品种类涉及的固定费用为 $\theta_j s_j F_k$。即生产率越高的企业引入新产品种类的固定成本越低。

通过对 s_j、q_j^i 分别求一阶导，我们可以得到最优的生产种类数目为：

$$s_j = \max\left[0, \frac{A - 2\theta_j \sqrt{bF_k}}{\theta_j}\right] \tag{2-5}$$

相应地，每种产品的最优生产数目和价格分别为：

$$q_j^i = \frac{A - \theta_j i}{2b}, \quad p_j^i = \frac{A + \theta_j i}{2b}$$

企业 j 还需要做一个出口决策，最优的出口种类数目 e_j^f。企业 j 最大化出口利润：

$$\max_{e_j^f, q_j^f} \int_0^{e_j^f} [\varepsilon^f(A^f - bq_j^{fi})q_j^{fi} - g^f \theta_j i q_j^{fi}] di - \varepsilon^f g^f \theta_j e_j^f F_f \tag{2-6}$$

其中，ε^f 为中国企业出口到外国 f 面临的名义汇率。g^f（冰山成本）是企业出口到外国所需要的成本。一般来说，$g^f > 1$。这是因为企业出口到国外需要支付包括物流和通关费用在内的一系列成本。F_f 可以理解为企业为打开新出口品种市场所花费的广告费用。

将上述函数分别对 e_j^f、q_j^f 求一阶最优条件，可得：

$$e_j^f = \max\left[0, \frac{\varepsilon^f A^f - 2\varepsilon^f g^f \theta_j \sqrt{bF_f}}{g^f \theta_j}\right] \tag{2-7}$$

中国企业在外国的定价策略为：

$$q_j^{fi} = \frac{\varepsilon^f A^f - \theta_j i g^f}{2b\varepsilon^f}, \quad p_j^{fi} = \frac{\varepsilon^f A^f + \theta_j i g^f}{2}$$

接下来，我们分析外国企业的生产决策。在中国市场，外国企业的最大化问题为：

$$\max_{q_{fc}}(A - bq_{fc})q_{fc} - gq_{fc} \tag{2-8}$$

可得外国企业的最优定价策略为：

$$q_{fc} = \frac{A - g}{2b}, \quad p_{fc} = \frac{A + g}{2}$$

外国企业在外国市场的利润最大化问题为：

$$\max_{q_{fc}} (A^f - bq_{ff})q_{ff} \tag{2-9}$$

可得到:外国企业的最优定价策略为:

$$q_{dd} = \frac{A^f}{2b}, \quad p_{fc} = \frac{A^f}{2}$$

与 Melitz and Ottaviano(2008)一致,我们假设累积分布函数 $G(\theta)$ 满足帕累托分布函数:

$$G(\theta) = \left(\frac{\theta}{\vartheta_f}\right)^k$$

可以求得:

$$\vartheta_f = E(\theta) = \frac{k}{k+1}\overline{\theta_f}$$

我们接下来求解 A 和 A^f,详细过程见附录。

将生产种类 e_j^f 对 θ_j、ε^f 求导,我们有:

$$\frac{\partial e_j^f}{\partial \theta_j} < 0, \quad \frac{\partial e_j^f}{\partial \varepsilon^f} > 0$$

以及

$$\frac{\partial^2 e_j^f}{\partial \theta_j \partial \varepsilon^f} < 0$$

因此模型得到下面三个结论:

结论 1 当企业生产率(ψ_j)越高时,生产的产品种类越多,出口的产品种类也越多。

结论 2 当面临名义有效汇率贬值时,企业出口的产品种类会更多。而高生产率的企业在名义有效汇率贬值时表现更为突出。

结论 3 当面临名义有效汇率贬值时,企业出口的核心产品相对非核心产品产量会减小。

第三节 数据介绍和变量构造

从上一节我们得到了结论 1—3。接下来我们开始实证检验这些结论。在进行实证分析之前,我们首先介绍一下本章所用到的数据和构建的指标。我们的企业数据来自于国家统计局收录的 2001—2006 年工业企业数据库。工业企业数据库的数据描述与筛选过程详见第一章第二节。

我们从海关总署记录的企业出口交易记录来获得我们需要的以下企业信息:企业出口种类数目(即 Harmonized System,简称 HS 6 位码),企业出口贸易的类型(加工贸易或一般贸易)以及每笔交易对应的交易金额。由于海关交易数据和工业企业数据采用的是不同的编码系统,我们采用了田巍、余淼杰(2012)中的方法对两套数据进行了合并。最后合并得到的企业个数为106 782个,约占工业企业数据库观察值总数的24%。对比Bernard et al.(2009)对于美国数据和Wang and Yu(2012)对中国数据的处理结果,我们的合并结果与之相差不大。另外,有些企业可能存在于多个行业中。由于不同行业企业出口种类数目本身存在不可比性,我们的样本中去除掉了这样的企业。

在进行回归之前,我们先观察我们样本的关键变量统计值,出口种类数目和名义有效汇率(企业层面)。我们对出口种类数目的分类水平在HS 6位码。这样的分类水平使得我们对企业出口种类数目的变动既包括了从"手机"到"电脑"的跨品种变化,又包括了从"台式机"到"笔记本电脑"这样的垂直变化。表2-1给出了样本中企业出口种类分布的统计描述。表格中的百分比数值为观察值数占总样本比重。在总样本中,我们发现多产品企业是样本的主体,约占样本观察值总数的87.2%。将近40%的企业出口产品种类超过10个。另外,多产品出口企业的比重在逐年提高。我们在表2-1的列2和列3中分别列出了2001年和2006年的企业出口种类数目的统计描述。在2001年,多产品企业占总样本比重为81.3%。30%的企业出口产品种类多于10个。在2006年,多产品企业占总样本比重为88.1%。超过40%的企业出口产品种类超过10个。

表2-1 企业出口产品分布　　　　　　　　　　　　　单位:%

出口种类数	总样本	2001年	2006年
1	12.8	18.7	11.9
<5	38.3	46.1	36.3
<10	61.1	70.0	58.7
<20	81.9	87.2	80.1
<743	100.0	100.0	100.0

注:企业出口种类分类在HS 6位码水平。各百分比按照观察值数占对应样本观察值总数比例计算。

我们在基准回归中使用了名义有效汇率和非名义汇率。不同的企业与不同的国家和地区从事进出口业务,因此事实上面对着不同的人民币汇率变动。人民币对美元升值的同时,可能对日元和欧元在贬值。另外,在数据中,我们发现很多企业都存在同时出口到使用不同币种的国家的现象。我们对于企业f在t期面对的名义有效汇率的定义如下:

$$\text{NEER}_{ft} = \prod_{j=1}^{n} \text{NER}_{j,t}^{w_{fjt}}, \quad \sum_{j=1}^{n} w_j = 1$$

而 $w_{fjt} = \dfrac{x_f^j}{\sum_{j=1}^{n} x_f^j}$，其中 x_f^j 表示企业 f 出口到国家 j 的货物价值。

$\mathrm{NER}_{j,t}$ 表示的是以人民币表示的 j 国 t 年外币价格(基期为 2000 年，$\mathrm{NER}_{j,2000}=1$)。$\mathrm{NER}_{j,t}$ 数值增加表示人民币贬值。w_{fjt} 表示的是 t 年出口到国家 j 的货物价值占企业 f 总出口价值的份额。我们对于企业名义有效汇率的方法是基于李宏彬等(2011)的一个改进。李宏彬等(2011)在测算企业实际有效汇率时仅使用了包括美元、欧元和英镑在内的 14 种国家相对人民币的名义汇率，而将其余国家相对人民币的名义汇率以美元相对人民币的名义汇率给予替换。我们对于名义有效汇率的测算精确到了 190 个国家的每一个出口地的名义汇率。其中，各国货币的名义有效汇率来自世界货币基金组织的国际金融统计数据库(International Financial Statistics)。各国国内生产总值来自宾夕法尼亚大学的数据库 PWT(Penn World Table)第七版。

表 2-2 列出了回归所用的关键变量，出口种类数目、出口产品分布和名义有效汇率每一年的统计描述。企业出口产品分布偏度(skewness)为企业非核心产品出口量与企业核心产品出口量之比。① 分布偏度值的上升意味着企业出口向非核心产品偏移。出口产品分布偏度的定义如下：

$$\text{分布偏度} = \dfrac{\text{总出口值} - \text{核心产品出口值}}{\text{核心产品出口值}}$$

其中，$\mathrm{skewness} \in [0,1)$。核心产品为企业出口量最大的产品。从表 2-2 中可见，从 2003 年到 2006 年，企业的名义有效汇率一直在上升，幅度大概为 42%。而出口产品种类数目在 2006 年前一直在上升。核心产品占出口总值比重在 2004 年前一直在上升，而在 2005 年之后逐渐下降。

表 2-2 名义有效汇率和出口种类：企业层面(2001—2006)

年份	名义有效汇率		出口产品种类数		出口产品分布偏度	
	均值	标准差	均值	标准差	均值	标准差
2001	0.90	0.09	9.14	10.90	0.57	0.93
2002	0.92	0.12	10.45	12.20	0.58	0.91
2003	1.04	0.20	10.89	12.37	0.52	0.84

---

① 对于企业出口产品分布的刻画指标有两类：第一个指标为熵指标。Baldwin and Gu(2009) 和 Bernard et al. (2006)所使用的指标为熵(entropy)，定义为：$\mathrm{entropy}_{ft} = \sum_{k} S_{fkt} \ln(s_{fkt})$，其中 s_{fkt} 为 t 年商品 k 在企业 f 中的出口份额。由于这种定义并无理论基础，与 Mayer, Melitz and Ottaviano (2011)以及 Chatterjee et al. (2013)一致，我们采取第二个指标，出口产品分布。

(续表)

年份	名义有效汇率		出口产品种类数		出口产品分布偏度	
	均值	标准差	均值	标准差	均值	标准差
2004	1.11	0.28	10.95	12.78	0.50	0.8
2005	1.14	0.29	12.09	13.34	0.54	0.85
2006	1.10	0.30	12.02	13.26	0.54	0.83

注:企业出口种类分类在 HS 6 位码水平。出口产品分布偏度的定义如下:分布偏度=(总出口值-核心产品出口值)/总出口值,skewness$\in$[0,1)。核心产品为企业出口量最大的产品。

我们回归中还控制了企业层面的变量:全要素生产率、进口比例、员工总数以及进口国加权 GDP。文献指出生产率越高的企业出口表现越好(Melitz,2003;Bernard,Jensen,Redding and Schott,2007;等等)。为了精确得到 TFP 的值,我们采用了 Olley-Pakes(1996)文章中提到的方法来估计和测算企业 TFP。[①] 同时,受 Yu(2013)的启发,我们还部分修改了传统的 Olley-Pakes 方法,使之更贴近中国企业现实情形:使用产出和要素价格平减指数来得到企业的真实产出和要素投入水平;使用企业的真实资本折旧数据来构建投资数据;为了考虑中国 2001 年入世和企业加工贸易对于企业生产率的影响,我们在构建过程中还加入了相应的虚拟变量作为控制。进口中间品比例会从两个不同的方向影响企业的出口表现。一方面,出口企业的进口中间品比例越高,其受到汇率影响越小。另一方面,进口中间品增加了企业的中间品种类选择空间,可以增加企业的生产率(Schor,2004;Kasahara and Lapham,2013;等等),从而提高企业的出口表现。我们对于进口中间品比例的度量为:进口价值/(工资+中间品投入)。我们还控制了企业规模。企业规模的代理变量为企业雇佣人数的对数值。相关文献(Chatterjee et al.,2013;Kugler et al.,2012)指出,企业规模越大越有能力调整其出口产品。我们还控制了企业进口国加权 GDP 对数值[②]以控制来自需求方面对企业出口决策的冲击。

[①] 在企业生产率测算中,部分文献使用 Levinsohn and Petrin(2003)的方法(简称 LP 方法)。在此种 TFP 测算中,中间投入品被用作代理变量。然而余森杰(2010)指出,LP 方法并不适用于测算包括中国企业在内的大量使用进口中间投入品的生产率。

[②] 企业进口国加权 GDP 的度量为:$\log(\text{wgdp}_{ft}) = \sum_j w_{fjt} \log(\text{gdp}_{jt})$。$w_{fjt}$ 为企业 f 出口到国家 j 的份额。gdp_{jt} 为国家 j 的国内生产总值(以 2005 年不变价美元度量)。

表 2-3　样本中各主要变量的基本统计特征

变量	均值	标准差
名义有效汇率(对数值,企业层面)	0.05	0.24
出口产品种类数目(企业层面)	9.40	10.00
进口国加权 GDP 对数值(企业层面)	28.74	2.40
全要素生产率(对数值)	1.06	0.64
进口比例	0.19	0.80
员工数(对数值)	1.67	0.21

第四节　实证分析结果

在本章的实证研究中,我们希望回答的核心问题是:名义汇率的变动会在多大程度上影响企业出口产品的决策。我们采取的回归设定如下①:

$$y_{ft} = \beta \ln(\text{NEER}_{ft}) + \gamma Z_{ft} + \mu_f + \theta_t + \varepsilon_{ft}$$

其中 y_{ft} 为企业 f 的出口产品种类数目以及出口产品分布偏度。NEER_{ft} 为企业 f 的名义有效汇率。Z_{ft} 为企业 f 的一系列控制变量,包括进口国加权 GDP、全要素生产率、企业规模以及进口比例。μ_f 为企业 f 的固定效应。θ_t 为年份固定效应。

一、基准回归

我们的基准回归结果呈现在表 2-4 和表 2-5 中。在表 2-4 的列一和列二中,我们都采用固定效应回归模型进行估计。在第一列的回归中,我们只加入了人民币名义有效汇率。结果显示名义有效汇率对数的系数显著为正,说明人民币贬值(升值)会带来企业出口种类的增多(减少)。在第二列中,我们还控制了其他的企业层面的变量。结果显示,名义有效汇率对数之前的系数仍然显著为正,但系数大小略有减小。

表 2-4　人民币名义有效汇率变动对企业出口产品种类数目的影响

因变量： 出口产品种类	固定效应		泊松分布	负二项分布
	(1)	(2)	(3)	(4)
名义有效汇率	0.312***	0.075*	0.067***	0.189***
	(4.41)	(1.75)	(6.28)	(13.00)
全要素生产率		0.043	0.034***	0.064***
		(0.51)	(11.15)	(15.07)

---

① 我们的回归设定如 Chatterjee et al.(2013)与 Bernard et al.(2011)等类似。

(续表)

因变量： 出口产品种类	固定效应		泊松分布	负二项分布
	(1)	(2)	(3)	(4)
进口国加权 GDP		1.185***	0.112***	0.081***
		(29.12)	(29.12)	(71.86)
总雇佣人数		10.925***	0.914***	0.776***
		(13.76)	(44.24)	(32.63)
进口比例		−0.220*	−0.007*	−0.021***
		(−1.76)	(−1.80)	(−3.05)
企业固定效应	是	是	是	是
年份固定效应	是	是	是	是
R^2	0.021	0.058		
观察值	83 331	54 788	54 788	54 788

注：括号内数值为稳健误。该表中 * 表示 10% 水平上显著，** 表示 5% 水平上显著，*** 表示 1% 水平上显著。名义有效汇率、全要素生产率以及总雇佣人数均取对数值。全要素生产率为 Olley-Pakes(1996) 估计，并取滞后一期。① 中间品进口比例＝企业进口值/(中间品投入＋工资收入)。列一和列二为固定效应估计，且产品种类数目为对数值。第三列为泊松回归估计。第四列为负二项分布估计。

由于我们的回归因变量出口种类是一个非负整数，面板回归得到的结果是有偏的(Cameron and Trivedi,2005)。因此，在第三、第四列中，我们汇报了计数模型(count data)的回归结果。第三列呈现的是泊松回归结果：名义有效汇率每上升 10%，会带来企业出口种类 0.7% 的上升。考虑到我国企业出口品种的分布特征并不完全满足泊松分布的特征②，而负二项分布模型更拟合我国企业出口品种的分布特征。因此，我们又进一步对样本进行了负二项分布回归。结果报告在第四列中。我们发现，名义有效汇率上升(人民币贬值)每 10%，会带来企业出口种类 1.9% 的上升。③

接下来，我们对比人民币名义有效汇率变动与企业层面其他特征变量变动对于企业出口产品种类数目的影响。我们计算出名义有效汇率、全要素生产率、总雇佣人数、进口比例每变动 1% 对于企业出口产品种类数目的弹性变动分别为 0.19%、0.06%、0.78% 以及 −0.02%。相对企业层面特征变量

---

① 考虑到当期相关性，我们对全要素生产率取滞后一期。感谢匿名审稿人提出的建议。
② 泊松分布要求因变量的期望均值和方差相等。而我们的样本的分布特征(均值为 7，方差为 108)并不满足这一要求。数值检验的结果也显示样本的过度分散系数为 0.58，显著偏离泊松分布对应的零值。
③ 我们在回归中使用的泊松分布回归以及负二项分布回归均满足：$\mu_i = E(y_i \mid x_i) = \exp(x_i'\beta)$。由于我们的自变量都为对数值，因此 β 即相当于 y 对 x 变动的弹性。具体计算过程可参见 Cameron and Trivedi(2005)关于此部分的介绍(第 669—676 页)。

而言,人民币有效汇率变动对于企业出口产品种类数目的影响较大,仅次于企业规模对于企业出口产品种类数目的影响。

表 2-5 列出了名义有效汇率变动对于企业出口分布偏度的影响。第一列为 OLS 估计结果。我们发现名义有效汇率的增加(贬值)会带来企业出口产品分布向非核心产品偏移。名义有效汇率上升会导致企业的出口产品分布偏度值减少。第二列的回归采用了固定效应回归模型。名义有效汇率前的系数相对第一列有所减小。

表 2-5 人民币名义有效汇率变动对企业出口产品分布偏度的影响

因变量: 出口产品分布	OLS (1)	FE (2)	Tobit (3)
名义有效汇率	0.061***	0.025***	0.061***
	(10.11)	(3.29)	(10.15)
全要素生产率	−0.002	−0.000	−0.002
	(−1.04)	(−0.07)	(−1.04)
进口国加权 GDP	0.036***	0.032***	0.036***
	(49.42)	(27.26)	(49.46)
总雇佣人数	0.129***	0.035	0.129***
	(13.29)	(1.51)	(13.33)
进口比例	−0.006***	−0.004	−0.006***
	(−2.89)	(−1.10)	(−2.90)
企业固定效应	否	是	否
年份固定效应	是	是	是
R^2	0.071	0.033	
观察值	54 788	54 788	54 788

注:括号内数值为稳健误。该表中 * 表示 10% 水平上显著,** 表示 5% 水平上显著,*** 表示 1% 水平上显著。出口产品分布定义如前。名义有效汇率、全要素生产率以及总雇佣人数均取对数值。全要素生产率为 Olley-Pakes(1996)估计,且取滞后一期。中间品进口比例=企业进口值/(中间品投入+工资收入)。列一为 OLS 回归,列二为固定效应回归模型。列三为 Tobit 估计。

更进一步地,我们的回归因变量企业出口产品分布的对数值在零处大约有 10% 的比例。使用固定效应模型可能会导致有偏的估计。因此,我们在表 2-5 的第三列使用了 Tobit 回归进行估计。我们发现结果与第一列比较接近。名义有效汇率上升(贬值)10% 会带来企业出口产品分布值增加 0.6%。

接下来,我们对比人民币名义有效汇率变动与企业层面其他特征变量变动对于企业出口产品分布的影响。我们分别计算了名义有效汇率、全要素生产率、总雇佣人数、进口比例提高一个标准差对于企业出口产品种类数目的影响。与之前我们发现的一样,相对企业层面特征变量而言,人民币有效汇率变动对于企业出口产品分布偏度的影响较大,仅次于企业规模对于企业出口产品种类数目的影响。

二、内生性问题

至此,我们发现,人民币有效汇率贬值会增加企业出口产品数,并向非核心产品偏移。不过,企业在决策出口种类数目时,可能会涉及出口地的变更,从而影响到企业总出口中各出口地的相对出口份额,而这会反过来影响到企业面临的名义有效汇率。换言之,之前的回归结果可能会受到内生性问题的干扰。

为了解决这一可能的内生性问题,受 Topalova and Kandelwal(2011)和 Yu(2015)的启发,我们将各出口地的出口份额固定为 2001 年或者 2006 年的份额。这样,企业以后(或以前)各年的出口变化就不会影响到我们的出口加权汇率指标。我们发现,在固定了市场份额后,企业出口产品决策对于名义有效汇率的变动会有所增加。① 在表 2-6 的第一列中,当我们将市场份额固定在 2001 年的值时,人民币有效汇率增加(人民币贬值)10%会带来企业出口产品数上升 3%、出口产品分布偏度上升 0.1%。在第二列中,当我们将市场份额固定在 2006 年的值时,人民币有效汇率增加(人民币贬值)10%会带来企业出口产品数上升 3.9%、出口产品分布偏度上升 0.7%。

表 2-6 处理内生性后的回归结果

因变量	(A) 出口产品种类		(B) 出口产品分布偏度	
	(1)	(2)	(1)	(2)
汇率	0.317***	0.387***	0.009*	0.071***
	(13.74)	(18.43)	(1.88)	(8.12)
全要素生产率	0.054***	0.056***	−0.002*	−0.001*
	(11.18)	(11.73)	(−1.80)	(−1.71)
进口国加权 GDP	0.076***	0.074***	0.037***	0.040***
	(33.42)	(32.55)	(39.00)	(42.20)
总雇佣人数	0.829***	0.799***	0.130***	0.117***
	(27.90)	(27.32)	(10.33)	(9.53)

---

① 一个可能的解释是,当汇率变动时企业会相应更改出口地以规避汇率风险。因此回归在加总层面的估计系数会较小。

(续表)

因变量	(A) 出口产品种类		(B) 出口产品分布偏度	
	(1)	(2)	(1)	(2)
进口比例	−0.007	−0.044***	−0.011***	−0.006*
	(−1.07)	(−4.07)	(−4.25)	(−1.74)
企业固定效应	是	是	否	否
年份固定效应	是	是	是	是
观察值	34 560	35 706	34 560	35 706

注：括号内数值为稳健误。该表中 * 表示 10%水平上显著，** 表示 5%水平上显著，*** 表示 1%水平上显著。我们对于出口产品种类部分的估计采取负二项分布回归。我们对于出口产品分布的估计采取 Tobit 估计。列一、列二分别列出的是将企业出口份额固定在 2001 年和 2006 年值的回归结果。全要素生产率为 Olley-Pakes(1996)估计，且取滞后一期。

三、企业异质性反应

我们在理论分析中看到生产率较高的企业在面对汇率贬值时会增加更多的出口种类。我们在表 2-7 的列二中确认了这一结论。通过负二项分布回归，我们发现全要素生产率每上升一个标准差，人民币有效汇率增加（人民币贬值）10%对于出口产品数上升的影响幅度会增加 0.27%。这是因为在表 2-7 的样本中，TFP 的标准差是 0.9；企业规模的标准差是 0.2，所以，TFP 上升一个标准差，那么出口产品数上升比例为＝0.03（第二列负二项回归系数）×0.9×10%＝0.27%。另外，我们还发现大企业在面临人民币有效汇率增加（人民币贬值）时出口种类数目相对小企业增加更明显。企业规模每上升一个标准差，人民币有效汇率增加（人民币贬值）10%会导致出口产品数上升 0.21%。这是因为企业规模上升一个标准差，那么出口产品数上升比例为＝0.104（第二列负二项回归系数）×0.2×10%＝0.21%。而对于出口分布而言，大企业和生产率高的企业相对小企业以及生产率低的企业面临人民币有效汇率增加（人民币贬值）时非核心化相对小企业以及生产率低的企业更明显。我们发现全要素生产率每上升一个标准差，人民币有效汇率增加（人民币贬值）10%，对于出口产品偏度上升的影响幅度会增加 0.14%。企业规模每上升一个标准差，人民币有效汇率增加（人民币贬值）10%，对于出口产品偏度上升的影响幅度会增加 0.19%。这是因为当人民币有效汇率增加 10%时，TFP 上升一个标准差，那么出口偏度上升比例为＝0.016（Tobit 第二列系数）×0.9×10%＝0.14%。同理，企业规模上升一个标准差，那么出口偏度上升比例为＝0.097(Tobit 第二列系数)×0.2×10％＝0.19％。

表 2-7 企业异质性

因变量	(A)出口产品种类		(B)出口产品分布	
	(1) 固定效应	(2) 负二项分布	(1) 固定效应	(2) Tobit
汇率	4.768**	0.047**	0.072*	0.008**
	(2.48)	(2.41)	(1.74)	(2.16)
汇率×全要素生产率	0.287	0.030**	0.003*	0.016**
	(1.12)	(1.98)	(1.73)	(2.56)
汇率×总雇佣人数	2.267**	0.104*	0.071*	0.097***
	(2.16)	(1.66)	(1.89)	(3.82)
汇率×进口比例	−0.061	−0.039*	−0.005	−0.014
	(−0.16)	(−1.79)	(−0.62)	(−1.61)
企业固定效应	是	是	是	否
年份固定效应	是	是	是	是
R^2	0.022		0.007	
观察值	72 613	72 613	72 613	72 613

注：括号内数值为稳健误。该表中 * 表示 10％水平上显著，** 表示 5％水平上显著，*** 表示 1％水平上显著。全要素生产率为 Olley-Pakes(1996)估计，且取滞后一期。另外，全要素生产率、总雇佣人数与进口比例为样本期间平均值。

第五节　结　论

本章基于多产品企业异质性贸易理论框架，利用 2001—2006 年中国海关交易数据和中国工业企业数据库对期间中国企业的出口结构变动从企业和产品多层次地进行了细致的分析。基于对中国大样本企业进行的分析，我们发现人民币名义汇率变动对于中国企业的出口产品决策影响非常显著。

本章采用负二项分布模型估计了企业层面的人民币有效汇率变动对于企业出口种类的影响。结果表明人民币有效汇率的贬值会导致企业出口种类的扩张。人民币名义有效汇率每上升(人民币贬值)10％，企业出口种类上升约2％。此外，人民币贬值会显著导致企业出口向非核心产品转移。我们的其他稳健性检验也支持了我们的结论。

可见，人民币贬值一方面能增加企业出口产品的多元化，同时会导致企业出口产品向非核心产品偏移。另外，我们还发现面临人民币汇率变动时，出口企业之间的产品决策也具有很强的异质性。当人民币贬值时，规模大或者生产率高的企业能够更明显地扩张其出口品种。而规模大的企业其出口产品分布的非核心化也较为明显。而当人民币升值时,规模大或者生产率高的企业会更为明显地缩减产品线且会开始更集中生产核心产品。我们的这些发现对理解在全球经济一体化中,中国制造业企业如何在汇率波动时做出不同的最优出口决策,有着重要的借鉴意义。

第三章　人民币升值对出口质量的提升效应*

人民币升值如何影响出口企业决策？本章从出口质量的角度研究汇率变动与企业决策的关系。我们利用2000—2006年制造业企业和海关进出口贸易数据库，修正了以往的出口质量测算方法，更准确地测算出口质量。在此基础上，我们的实证证据表明，人民币升值带来的竞争压力促进了出口质量提升：10%的人民币升值使企业出口质量平均上升0.19%。我们进一步发现在质量差异化程度大的行业中，人民币升值对出口质量的提升效应为0.4%，而在质量差异化程度小的行业中该效应不明显。此外，人民币升值减少了出口企业数目，且升值对出口质量的提升效应在非核心产品及低生产率的企业中更明显。本章发现了汇率变动影响企业决策的新渠道，同时也表明竞争强度是质量升级的重要决定因素。

第一节　引　言

自2001年年底我国正式加入世界贸易组织之后，贸易自由化进程促进了我国出口行业的快速扩张，为我国的经济增长提供了重要动力。通常认为，我国的出口产品在全球市场的竞争力主要来源于低成本所带来的价格优势，但随着我国人口红利消减，劳动力成本持续上升，出口的低价优势正逐渐被其他低成本的发展中国家所侵蚀，而在这之中，人民币的持续升值也是关键的因素。在这一大背景下，转变以往依赖于低廉价格的策略，通过出口产品的质量升级提升产品竞争力，是我国出口企业保持可持续竞争优势的必然选择。人民币升值对于我国出口企业的影响是多方面的：一方面，升值提高了出口企业的生产成本，削弱了价格优势，降低了利润，因此对出口有不利影响；另一方面，也有观点认为，升值威胁了出口企业的生存，加剧了其面临的竞争压力，会迫使企业改变策略，转型升级，从而提高企业自身产品质量水平，从根本上增强企业的产品竞争力。因此，人民币升值对于我国出口企业

---

* 本章是与我的学生张睿博士合作的成果，原文发表在《管理世界》，2017(5)：28—40。

的影响方向是一个实证问题。对这一问题的回答具有很强的政策含义：从微观的角度上看，这有助于评估我国出口企业的经营状况，加深我们对汇率通过何种机制影响出口企业的理解；而从宏观的视角来看，在当今产业变革和我国经济加快转变发展方式的共同机遇下，我们的研究也有助于识别我国制造业实现"创新驱动、质量为先"这一长期目标的动力和来源，以最终实现产业优化升级和经济的可持续健康发展。

本章关注人民币汇率变动对于中国制造业企业出口质量的作用。一方面，在政策意义上，人民币汇率是我国对外贸易乃至对外关系中的焦点，人民币汇率是否被低估，从而使得中国出口企业从中得益，是经常引起争论的话题，近期汇市的大幅波动也使得人民币汇率问题更受瞩目；另一方面，在理论意义上，现有研究多关注汇率变动如何影响出口企业的出口量、出口价格、出口种类等（如 Berman et al., 2012; Li et al., 2015; 余淼杰、王雅琦, 2015; 等等），而少有研究探究汇率变动如何影响出口质量，本章从这一视角进行深入研究。此外，以往被广泛使用的测算出口产品质量的方法，如 Khandelwal et al. (2013)提出的需求信息回归推断法，在理论和实证上均存在问题，从而引起测量偏差：理论上该方法仅考虑需求面因素而忽略供给面因素；实证中关键变量价格存在测量误差，且质量测算值在跨时和跨国意义上不可比。为了克服这些问题，与以往的研究相比，本章依据 Feenstra-Romalis(2014)所提出的质量测算框架，使用余淼杰、张睿(2015)开发的微观层面出口质量测算办法，准确衡量出口质量，在此基础上从产品质量这一新视角探究汇率对于出口企业的影响，发现人民币升值会导致企业出口质量的提升。这一发现将汇率对于企业出口决策的影响拓展到出口质量层面，发掘了汇率对出口企业产生作用的新的机制。

人民币对于一国货币的相对升值如何影响中国企业出口到该国产品的质量呢？具体来说，人民币升值在国内市场和国外市场上均加剧了出口企业所面对的竞争压力：在国内市场上，国外企业更容易通过出口渗透到中国市场；在相应的国外市场上，中国企业则面临更大的成本劣势。在竞争压力加剧的情况下，企业的利润空间受到挤压，因此出口企业会通过提升自身的出口质量水平增强竞争力，以图生存。人民币升值通过加剧竞争，促使出口企业提升出口质量，驱动了中国出口总体质量水平的提升，这一发现也增进了我们对中国出口质量变化原因的理解。

我们的研究对两方面的文献有所贡献：第一个方面的文献是关于（进）出口产品质量的影响因素。如余淼杰、张睿(2016)指出，现有研究主要关注进口关税减免对企业产品质量的影响，如 Amiti and Khandelwal(2013)发现美国进口最终品关税的减免促进了高质量产品的质量升级，抑制了低质量产品的质量升级。Fan et al.(2015)发现中国进口中间品关税的减免提高了差异化产品的出口质量和单价,降低了同质化产品的出口质量和单价。Bas and Strauss-Kahn(2015)发现进口关税减免使中国出口企业可以使用更多高质量的进口中间品,从而提高了出口产品的价格和质量。余淼杰、李乐融(2015)也发现进口关税减免促进了中国企业进口高质量的中间品。另外 Hallak(2006)、Hallak and Schott(2011)与 Feenstra-Romalis(2014)均发现人均收入与进口产品的质量呈正相关。施炳展等(2013)以及施炳展、邵文波(2014)认为加工贸易、外资竞争、研发投入和生产效率等一系列因素均影响中国出口产品质量的变化。樊海潮、郭光远(2015)则发现出口产品质量与出口企业生产率呈正相关。我们的研究发现汇率变动也影响了出口企业的质量决策,拓展了文献中对于出口质量影响因素的认识。

　　第二个方面的文献是关于汇率如何影响企业决策。目前这一部分的研究主要关注汇率变动对于出口价格的影响,即出口企业的汇率传递行为(exchange rate pass-through)或因市定价行为(pricing-to-market),并同时考虑企业生产率异质性的特征。Berman et al.(2012)利用法国的出口企业数据,发现高生产率企业汇率传递程度更低。Rodríguez-López(2011)的理论模型则预测高生产率企业汇率传递程度更高。Garetto(2014)的实证结果支持了Rodríguez-López 模型的预测。Amiti et al.(2014)发现规模较大的出口企业往往也进口许多中间品,由于汇率变动对于进口中间品价格的对冲作用,这部分企业往往有着较低的汇率传递程度。关于中国情况的研究则普遍发现,与其他国家相比,中国出口企业的汇率传递程度极高,接近于所谓的"生产者定价"(陈学彬等,2007;陈斌开等,2010;胡冬梅等,2010;文争为,2010;等等),与此同时,出口企业的出口量受汇率变动影响很大(Li et al.,2015)。余淼杰、王雅琦(2015)的研究表明人民币升值使得企业出口的种类减少。Zhang and Zhang(2016)则发现汇率变动作为跨国经营的潜在风险来源之一,会显著影响中国跨国企业的资本结构选择。也有一部分研究将汇率传递行为与产品质量相结合。Auer and Chaney(2009)、Auer et al.(2014)、Chen and Juvenal(2016)和王雅琦等(2015)在实证上均发现汇率传递程度随着产品质量递减。但 Goldberg and Knetter(1997)在汇率传递相关研究的文献评述中指出,这方面的研究忽略了价格差别已包含了质量差别这一事实,因此这些研究发现的汇率变动导致的出口价格变动,有可能部分来自汇率变动引起的出口质量变动。Verhoogen(2008)发现在墨西哥比索贬值危机期间,墨西哥的高生产率企业增加了出口份额,提高了白领工人的相对工资,增加了 ISO 9000 的认证数目,他将这一现象解读为企业的质量升级。许家云等(2015)

发现人民币升值促进了出口产品质量的提升,一方面,他们采用 Khandelwal et al.(2013)提出的方法测算出口质量,如前所述,这种方法会造成对于质量的测量偏差,从而影响估计结果的准确性;另一方面,他们所研究的是企业层面加总有效汇率的变动对该企业出口到各国产品质量的作用,其结果可能受加总偏误的影响。我们在消除对出口质量的测量偏差,准确测算出口质量的前提下,估计人民币与一国货币之间的汇率变动对企业出口到该国产品质量水平的影响,所识别的效应更为清晰直接。我们发现汇率变动显著影响企业的出口产品质量,从而提出汇率影响出口企业决策的一个新的渠道。

我们在本章中综合利用需求和供给两方面的信息,在准确测算中国微观层面制造业出口产品质量的基础上,发现人民币升值加剧了出口企业所面临的竞争压力,促使企业提升了出口质量水平。具体来说,10%的人民币升值引起企业出口产品质量平均上升0.19%。我们进一步发现升值对出口质量的提升效应主要存在于质量差异化程度较高的行业中,10%的升值引起这类行业出口质量水平上升约0.4%,而对质量差异化程度较低的行业,该质量提升效应则不明显。人民币升值减少了出口企业数目,且升值对出口质量的提升效应在非核心产品及低生产率企业中更加明显,这都表明了升值通过加剧出口企业面临的竞争压力这一机制,影响出口企业的质量决策。我们的实证结果在考虑了2005年人民币汇率制度改革、ATC协议到期、加工贸易企业以及进口中间品等一系列潜在问题之后依然稳健。

本章行文安排如下:第二节简述目前广泛使用的出口质量测算方法及其存在的问题,并介绍我们所使用的微观层面出口质量的新测算方法,解决现有方法存在的问题,准确衡量出口质量;第三节简要刻画出口质量测算值的变化,并展现其与汇率变动之间的描述性关系;第四节进行实证计量分析,识别汇率变动对于中国制造业企业出口质量水平的影响,分析其作用机制,并进行稳健性检验;第五节总结本章内容。

第二节 准确测算微观层面出口质量

准确测算微观层面的出口质量,是本章分析的关键。这一部分首先简要介绍目前广泛使用的微观层面出口质量测算方法(Khandelwal et al.,2013)并指出其不足,之后介绍我们使用的新的出口质量测算方法,解决现有方法存在的问题,更为准确地衡量微观层面出口质量水平。

一、目前出口质量测算方法的问题

以往的研究多采用以 Khandelwal et al. (2013)为典型代表的需求层面信息回归推断法(以下简称 KSW 方法),这一方法的基本思路是在消费者的 CES 结构效用函数中加入质量因素,导出相应的需求函数,并将其线性化,得到与式(3-1)类似的表达式:

$$\ln q_{\omega j} + \sigma_g \ln p_{\omega j} = (\sigma_g - 1)\ln P_{jg} + \ln I_{jg} + (\sigma_g - 1)\ln z_{\omega j} \quad (3\text{-}1)$$

其中 $z_{\omega j}$ 为出口到 j 国的品种 ω 的质量,$q_{\omega j}$、$p_{\omega j}$ 为相应品种的销售量和到岸价格(CIF 价格),P_{jg} 为 j 国产品类别 g 的"质量调整后"综合价格指数,I_{jg} 为 j 国消费者花费在产品类别 g 上的总收入(支出),σ_g 为产品类别 g 内各个品种间的替代弹性。

在实际应用中,研究者一般将微观数据中企业 i 在 t 年出口到 j 国的产品类别 g 的出口数量 q_{ijgt} 代入 $q_{\omega j}$,将相应的出口离岸价格 p_{ijgt}^* 代入 $p_{\omega j}$,将 Broda and Weinstein(2006)估计得到的不同产品类别 g 所对应的替代弹性代入 σ_g,并利用目的地—年份和产品类别的固定效应 μ_{jt} 和 μ_g 去除 $(\sigma_g-1)\ln P_{jg}+\ln I_{jg}$,得到式(3-1′):

$$\ln q_{ijgt} + \sigma_g \ln p_{ijgt} = \mu_{jt} + \mu_g + \varepsilon_{ijgt} \quad (3\text{-}1')$$

估计式(3-1′),得到的回归残差 ε_{ijgt} 即为产品质量 $(\sigma_g-1)\ln z_{ijgt}$ 的测算值。进一步利用 Broda and Weinstein(2006)所估计的 σ_g,可计算 $\ln z_{ijgt}$ 作为出口质量的估计值。

KSW 方法富有直观的经济学含义:给定两个品种价格相等,销售量更大的品种,其质量应该更高。但该方法存在以下几个缺陷:① 其所依赖的理论模型将质量当作外生给定的,仅考虑需求面消费者的因素而忽略供给面企业的因素;② 实证测算中,如式(3-1′)所示,通常利用出口离岸价格(FOB 价格)代替到岸价格(CIF 价格),但在实际中,从量贸易成本(specific trade cost)广泛存在,造成了离岸价格和到岸价格之间的差异,因此利用出口离岸价格代替到岸价格会产生较大的测量误差[①];③ 由于 KSW 方法利用目的地—年份固定效应去除未知参数和变量 $(\sigma_g-1)\ln P_{jg}+\ln I_{jg}$,因此所得的质量测算值仅在同一目的地—年份组别内可以进行比较,而在跨时和跨国的意义上不可比。

---

① 这是因为若将到岸价格取对数,可将从价贸易成本(ad valorem trade cost)与离岸价格分离,但无法将从量贸易成本(specific trade cost)与离岸价格分离,具体可见式(3-5)。而 Irarrazabal et al. (2015)的测算表明,从量贸易成本平均占出口离岸价格的 14%,因此忽略从量贸易成本的影响可能导致较大的测量偏误。

二、准确测算出口质量：微观层面的新方法

为了解决现有方法的问题，准确衡量微观层面出口质量水平，我们借助 Feenstra-Romalis(2014)所构建的质量测算框架，采用余淼杰、张睿（2015）所提出的方法，构造企业—产品层面的出口产品质量。在需求方，消费者的偏好由式(3-2)的支出函数所刻画：

$$E_{jg} = U_{jg}\left[\int_{\omega}(p_{\omega j}/z_{\omega j}^{\alpha_{jg}})^{(1-\sigma_g)}\,\mathrm{d}\omega\right]^{\frac{1}{1-\sigma_g}} \quad (3\text{-}2)$$

对于 j 国的消费者，在每个产品类别 g 中均存在连续的品种（以 ω 表示）。其中效用 $U_{jg}>0$，$\alpha_{jg}=1+\gamma_g \ln U_{jg}$。$p_{\omega j}$ 和 $z_{\omega j}$ 分别为在 j 国销售的产品品种 ω 的价格和质量。参数 α_{jg} 反映了 j 国消费者对于产品类别 g 的"质量偏好程度"，α_{jg} 越大，则高质量产品为消费者带来的效用就越大。σ_g 为在同一产品类别 g 中，不同品种之间的替代弹性。需求函数可由式(3-3)得到：

$$q_{\omega j} = \frac{\partial E_{jg}}{\partial p_{\omega j}} = \frac{\partial E_{jg}}{\partial P_{\omega j}} \cdot \frac{1}{z_{\omega j}^{\alpha_{jg}}} \quad (3\text{-}3)$$

其中 $P_{\omega j} \equiv p_{\omega j}/(z_{\omega j})^{\alpha_{jg}}$ 为产品的"质量调整后价格"，可以看到，这一指标为价格与质量之比，因此"质量调整后价格"的下降可理解为企业产品的"性价比"上升。

在供给方，企业面临垄断竞争的市场结构。企业同时决定其生产产品的质量和价格。对于在 j 国销售产品类别 g 的企业 i 来说，p_{ijg}^* 为产品的离岸出口价格，z_{ijg} 为产品的质量。企业 i 的利润最大化问题以式(3-4)表示：

$$\max_{p_{ijg}^*,z_{ijg}}\left[p_{ijg}^* - c_i(z_{ijg},w)\right] \cdot \frac{\tau_{ijg}q_{ijg}}{\mathrm{tar}_{jg}} \quad (3\text{-}4)$$

其中 $c_i(z_{ijg},w)$ 为依赖于产品质量 z_{ijg} 和投入品成本水平 w 的单位生产成本，q_{ijg} 为企业 i 销往 j 国的产品类别 g 的数量，tar_{jg} 为 j 国对产品类别 g 所征收的进口关税。企业出口面临两种贸易成本：从价(ad valorem)成本 τ_{ijg} 和从量(per unit)成本 T_{ijg}，离岸出口价格（FOB 价格）p_{ijg}^* 和到岸出口价格（CIF 价格）p_{ijg} 之间的关系满足式(3-5)：

$$p_{ijg} = (p_{ijg}^* + T_{ijg})\tau_{ijg} \quad (3\text{-}5)$$

这一价格 p_{ijg} 为 j 国消费者所面临的价格。假设单位生产成本的函数形式为 $c_i(z,w)=w(z_{ijg})^{1/\theta_g}/\varphi_i$，企业在提高产品质量时面临边际成本递增，而 $0<\theta_g<1$ 则为在产品类别 g 中衡量这一成本递增效应大小的参数。φ_i 为企业 i 的生产率。最大化企业利润可得到：

$$w(z_{ijg})^{1/\theta_g}\left[1+\alpha_{jg}\theta_g(\sigma_g-1)\right] = \alpha_{jg}\theta_g(\sigma_g-1)p_{ijg}^*\varphi_i$$

等式两边取对数得到

$$\ln z_{ijg} = \theta_g \left[\ln \kappa_{1jg} + \ln p_{ijg}^* - \ln \frac{w}{\varphi_j} \right]$$

其中 $\kappa_{1jg} = \alpha_{jg}\theta_g(\sigma_g - 1)/[1 + \alpha_{jg}\theta_g(\sigma_g - 1)]$

对于不同的年份 t，我们可以将产品质量表达成为式(3-6)：

$$\ln z_{ijgt} = \theta_g [\ln \kappa_{1jg} + \ln p_{ijgt}^* + \ln \varphi_{it} - \ln w_t] \qquad (3-6)$$

给定其他因素不变，企业的生产率越高，则产品质量越高；所生产产品的离岸单价越高，则产品质量越高，这一点也说明了以往研究采用出口单价作为产品质量的代理变量有一定的合理性；另外，投入品成本水平越高，则产品质量越低。

我们利用式(3-6)计算企业层面的出口产品质量 $\ln z_{ijgt}$，所需变量为企业 i 在 t 年出口到 j 国产品类别为 g 的出口离岸单价 p_{ijgt}^*；企业 i 在 t 年的生产率 φ_{it}；t 年的投入品成本水平 w_t；以及不同国家 j 和产品类别 g 的参数值 α_{jg}、θ_g 和 σ_g。我们利用中国海关总署所统计和维护的 2000—2006 年中国企业层面的海关进出口贸易数据库，以及中国国家统计局所统计和维护的制造业企业数据库计算 p_{ijgt}^*、φ_{it} 和 w_t。我们也使用了 Feenstra-Romalis(2014) 所估算的 α_{jg}、θ_g 和 σ_g 的估计值。这些变量的计算和处理方法均参照余淼杰、张睿(2015)，详见本章附录。据此我们可以得到 2000—2006 年中国各个企业 i 在 t 年出口到 j 国的产品类别为 g 的出口产品质量测算值。①

与以往被广泛采用的 KSW 方法相比，我们使用的出口质量测算办法有以下优点：① 将产品质量内生化，充分考虑需求和供给两个层面的信息；② 所得估算式(3-6)直接利用出口离岸单价测算质量，避免了由于从量贸易成本的存在而引起的对到岸价格的测量误差；③ 避免采用目的地—年份固定效应去除未知参数，而是直接利用可得的参数值代入式(3-6)计算产品质量，保证所得的出口质量估计值在跨国和跨时的意义上可比。我们围绕测算得到的微观层面出口产品质量进行后续分析。

第三节 数据描述

我们首先呈现对于中国制造业出口企业总体出口产品质量的总体描述。

---

① 在本章的测算中，产品类别 g 以海关协调产品代码 6 位数(即 Harmonized System，简称 HS 6 位码)为依据进行定义。我们的数据期间为 2000—2006 年，其中 2000—2001 年数据的产品代码为 HS 1996 版本，2002—2006 年数据的产品代码为 HS 2002 版本。我们利用 WTO 关税数据库中提供的 HS 1996 版本 6 位产品代码和 HS 2002 版本 6 位产品代码的对应表，将不同版本的 HS 6 位产品代码进行了对应统一，以保证产品分类的一致性和结果的可比性。

由于加工贸易出口生产使用的全部中间品和部分资本品均来自进口,其投入品成本水平 w_t 与国内投入品的成本水平差别很大,难以获得。因此为了避免投入品成本水平不准确造成的产品质量的测算误差,引起分析上的困难,我们仅保留海关数据中一般贸易出口的样本进行测算和分析。我们将每个 HS 6 位码类别中低于 1% 分位数和高于 99% 分位数的观察值进行缩尾处理,以避免极端值的影响。我们得到的出口产品质量指标 $\ln z_{ijgt}$ 在同一产品类别内跨年跨国可比。为了使得不同产品类别的出口质量可比可加总,我们进一步将出口产品质量在每个产品类别内标准化,如式(3-7):

$$\text{qual}_{ijgt} = \ln z_{ijgt} - \ln z_{10\%,g} \tag{3-7}$$

其中 $\ln z_{10\%,g}$ 为特定产品类别 g 在样本内质量分布的 10% 分位数。标准化之后的质量指标 qual_{ijgt} 衡量了某个品种与同一产品类别 g 内 10% 分位数质量水平的差距,因而在一定意义上允许我们将产品质量进行跨产品类别的比较。我们可以据此描绘在 2000—2006 年期间,中国制造业出口产品质量的总体分布变化情况。

表 3-1 呈现了 2000—2006 年中国制造业微观出口质量指数 qual_{ijgt} 的总体分布变化情况。可以看到,在均值意义上,中国制造业出口质量在此期间上升了约 15%,中位数则上升了约 13%;25% 和 75% 分位数同样也上升了 13%—15%,因此在此期间,中国制造业的出口质量呈现总体上升的趋势,同时质量分布的离散程度也有一定的上升,从 2000 年的 0.853 上升到 2006 年的 0.886。

表 3-1 2000—2006 年中国出口产品质量总体分布

年份	观察值	均值	中位数	25% 分位数	75% 分位数	标准差
2000	35 855	0.722	0.553	0.184	1.060	0.853
2001	50 871	0.729	0.552	0.187	1.064	0.852
2002	62 337	0.719	0.534	0.174	1.038	0.859
2003	171 686	0.717	0.546	0.201	1.042	0.829
2004	293 182	0.780	0.603	0.253	1.103	0.844
2005	338 575	0.831	0.651	0.293	1.152	0.856
2006	434 599	0.873	0.687	0.310	1.219	0.886
总体	1 387 105	0.808	0.628	0.265	1.140	0.862

我们对于中国制造业出口质量的测算和描述显示,在 2000—2006 年期间,总体上中国制造业出口质量呈现上升的趋势。促进出口产品质量提升的可能因素很多,譬如企业的生产率进步、在此期间发生的贸易自由化等。本章则关注人民币汇率变动对出口质量的作用。图 3-1 描绘了中国制造业出

口到美国、日本、欧盟和印度的平均质量水平(实线)和人民币与这些经济体货币之间的双边真实汇率(虚线)在2000—2006年的关系。我们采用间接标价法表示双边真实汇率,因此真实汇率上升表示人民币真实升值。总体而言,人民币与一国货币之间的汇率与中国企业出口到该国的平均质量水平呈正相关关系,这一现象对于美国、日本和欧盟这三个发达经济体来说尤为明显。而人民币对卢比的汇率与中国出口到印度的质量水平在2001—2003年和2004—2006年也呈现较为明显的联动走势。这在某种程度上暗示人民币升值可能会提升中国制造业企业出口到该国的产品质量。

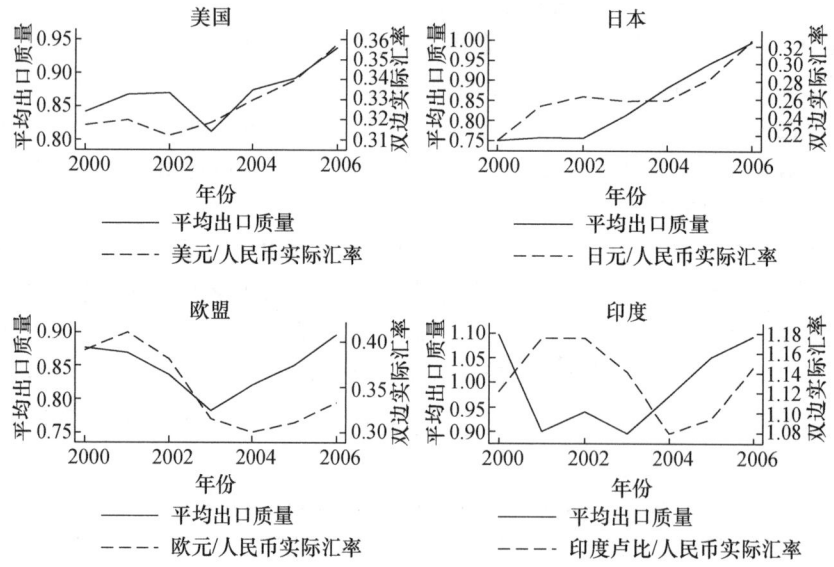

图3-1 平均出口质量与实际汇率

人民币对一国货币的相对升值如何影响中国企业销售到该国的产品质量水平呢?以对美国的出口为例,当人民币相对美元升值时,一方面,与美国企业以及出口到美国的第三国企业(如日本企业)相比,中国企业在美国市场面临更大的成本劣势,竞争压力加大;另一方面,美国企业也更容易出口到中国市场,从而在国内市场进一步与中国企业竞争。这两方面的效应都加剧了中国企业所面临的竞争,竞争的加剧迫使中国出口企业提升其产品质量,以维持原有的市场份额。因此人民币升值可能加剧了出口企业所面临的竞争,从而促使出口企业提升产品质量。

图3-1展示的双边实际汇率和出口质量之间的联动关系可能仅反映了二者之间的相关性,甚至反向的因果关系。举例来说,根据巴拉萨-萨缪尔森效应,一国可贸易部门的生产率相对进步越快,则其货币会相对升值越快,同

时生产率的进步又带来出口质量的提升,因此我们需要进一步控制其他变量,更加精确地识别汇率变动对于出口质量的影响。

第四节 实 证 分 析

在这一部分中,我们设定计量模型,通过数据验证人民币升值对于制造业出口企业产品质量的提升效应。我们通过区分质量差异化程度不同的行业,进一步验证人民币升值确实引起了出口产品质量的提升,发现升值对出口质量的提升效应在不同的产品和企业样本中存在异质性,并进一步验证了人民币升值主要通过竞争效应发挥作用影响出口质量。我们的结论也通过了一系列稳健性的分析。

一、回归设定和基准结果

为了研究汇率变动如何影响中国制造业出口企业产品质量决策,我们设定如式(3-8)的基准回归式:

$$\text{qual}_{ijgt} = \beta_1 \cdot \ln\text{RER}_{jt} + \beta_2 \cdot \ln\varphi_{it} + \theta \cdot X_{ijgt} + \mu_{ijg} + \gamma_t + \varepsilon_{ijgt} \quad (3\text{-}8)$$

我们所关心的是参数 β_1 的估计值,其代表的是人民币与 j 国货币之间的双边实际汇率变动对于企业 i 出口到 j 国的 g 类别的产品质量的影响。我们同时将企业全要素生产率 $\ln\varphi_{it}$ 作为控制变量:一方面,我们希望研究在给定企业生产率不变的前提下,产品质量如何随着汇率变动而变化,因此我们对企业层面的生产率加以控制;另一方面,根据以往研究,巴拉萨-萨缪尔森效应广泛存在,这意味着若一国生产可贸易品企业的生产率总体上升,则会带动该国货币真实升值,同时生产率的上升也带来产品质量的提升,因此从这一意义上,控制企业生产率也避免了巴拉萨-萨缪尔森效应所带来的潜在遗漏变量偏误。

我们还控制了一系列的控制变量 X_{ijgt}。Hallak and Schott(2011)、Feenstra-Romalis(2014)等均发现高收入国家倾向于消费高质量的产品,因此我们在回归中控制出口目的国的不变价人均 GNI, $\ln\text{GNI}\_pc_{jt}$。出口目的国的关税壁垒可能影响出口到该国的产品质量,同时本国的进口关税自由化进程也可能对相应产品的出口质量造成影响,因此我们控制了出口目的国和中国在 HS 6 产品层面上的平均实际进口关税(applied tariffs)f_tar$_{jgt}$ 和 h_tar$_{gt}$。我们还控制了企业层面的控制变量:企业的资本劳动比 $\ln\text{KL}_{it}$ 和雇员人数的对数值 $\ln L_{it}$,以及代表企业所有制性质的国有企业 SOE$_{it}$ 和外资企业 FIE$_{it}$ 虚拟变量(根据企业登记注册类型进行划分)。① 我们最后加入企业-目的地-产品层面固定效应 μ_{ijg} 和年份固定效应 γ_t。

双边实际汇率 RER_{jt} 根据式(3-9)计算得到：

$$RER_{jt} = \frac{LCU}{CNY_{jt}} \cdot \frac{P_{China,t}}{P_{jt}} \tag{3-9}$$

其中 $\frac{LCU}{CNY_{jt}}$ 表示人民币与目的地 j 国货币之间在 t 年的名义汇率，该汇率采用间接标价法，名义汇率上升表示 1 单位人民币可兑换的外币数量增加，即人民币升值；P_{jt} 和 $P_{China,t}$ 分别表示目的地 j 国和中国在 t 年的价格水平，以支出法 GDP 平减指数衡量。名义汇率和 GDP 平减指数数据均来自 Penn World Table 8.0 数据。因此 RER_{jt} 上升表示人民币对 j 国货币真实升值。

其他控制变量如人均 GNI 数据来自世界银行世界发展指数数据库，关税数据 f_tar_{jgt} 和 h_tar_{gt} 来自 WTO 关税数据库，企业层面的变量 $lnKL_{it}$、lnL_{it}、SOE_{it} 和 FIE_{it} 则来自工业企业数据库。

我们将包含上述变量的数据进行合并。表 3-2 展示了用于回归分析的合并数据中，各个变量的描述性统计，因此与表 3-1 相比，$qual_{ijgt}$ 的观察值相对较少。我们利用不同的回归设定估计式(3-8)。标准误的估计采用聚类标准误，聚类类别为 HS 6 位产品码，以允许同种 HS 6 位产品码类别内影响出口质量的残差存在相关性。结果列于表 3-3。

表 3-2 描述性统计

变量	观察值	均值	中位数	25%分位数	75%分位数	标准差
$qual_{ijgt}$	1 252 228	0.811	0.630	0.267	1.143	0.864
$lnRER_{jt}$	503	−0.567	−0.527	−0.876	−0.238	0.465
$ln\varphi_{it}$	93 864	1.045	1.019	0.784	1.317	0.667
SOE_{it}	93 864	0.017	0.000	0.000	1.000	0.129
FIE_{it}	93 864	0.550	1.000	0.000	1.000	0.497
$lnKL_{it}$	93 864	0.092	0.039	0.016	0.092	0.232
lnL_{it}	93 864	5.333	5.273	4.564	6.016	1.129
f_tar_{jgt}	319 778	0.077	0.050	0.010	0.118	0.108
h_tar_{gt}	21 715	0.115	0.100	0.063	0.151	0.073
$lnGNI\_pc_{jt}$	503	8.360	8.372	7.026	9.876	1.614

---

① 由于少数企业在样本期间内的所有制性质发生了变化，因此即便我们加入了固定效应 μ_{ijg}，SOE_{it} 和 FIE_{it} 的系数仍然可以被估计出来。

表 3-3 基准回归结果

因变量:qual$_{ijgt}$	(1)	(2)	(3)	(4)
lnRER$_{jt}$	0.045***	0.053***	0.020**	0.019**
	(0.012)	(0.009)	(0.009)	(0.009)
lnφ_{it}	0.427***	0.505***	0.573***	0.573***
	(0.012)	(0.007)	(0.006)	(0.006)
控制变量	是	是	否	是
企业-目的地-产品固定效应	否	是	是	是
年份固定效应	否	否	是	是
观察值	1 252 228	1 252 228	1 252 228	1 252 228
R^2	0.114	0.302	0.310	0.310

注:控制变量包括目的国人均 GNI,目的国以及中国 HS 6 层面上的平均实际进口关税,企业资本劳动比、雇员人数对数值及所有制虚拟变量。括号中为聚类标准误,聚类类别为 HS 6 位产品码。***、**和* 分别表示系数在1%、5%和10%的水平上显著。

基准回归结果显示,人民币升值对出口质量的提升效应假说得到了数据的支持,且这一效应对于不同的回归设定均稳健。表 3-3 的第四列呈现了对于式(3-8)的完整估计结果,结果显示,当控制了其他对于出口质量可能的影响因素之后,人民币对于 j 国货币真实升值 10%,会导致制造业出口企业对 j 国的出口产品质量平均提高 0.19%,这一效应在 5%的水平上显著。我们的基准回归结果支持了人民币升值对出口质量的提升效应的存在,人民币升值加剧了出口企业所面对的竞争压力,从而促使企业提高自身出口质量。

二、行业质量差异

我们进一步验证了人民币升值确实引起了出口质量的提升。在不同行业中,质量差异化的程度不同,有些行业的产品质量差异化较为明显,而有些行业则反之。在质量差异化程度高的行业中,企业有更大的空间实现质量提升。[1] 因此若人民币升值确实引起了质量的提升,则对于质量差异化程度高的行业,人民币升值的质量提升效应会更明显;而对于质量差异化程度低的行业,该效应应该较弱或不存在。因此,我们参考 Kugler and Verhoogen(2012)的方法衡量不同行业的质量差异化程度。[2] 具体来说,我们计算每个中国国民经济行业分类(Chinese Industrial Classification,CIC)中 4 位码行业 k 的质量差异化程度 v_dif$_k$,如式(3-10):

---

[1] 质量差异化这一概念与 Khandelwal(2010)所提出的"质量阶梯"(quality ladder)类似。
[2] 在 Kugler and Verhoogen(2012)中这一概念被称为"垂直差异化"(vertical differentiation)。

$$v\_dif_k = \frac{1}{T}\sum_t (R\&D_{kt} + Adv._{kt})/Sales_{kt} \quad (3\text{-}10)$$

根据 Kugler and Verhoogen(2012)的定义,行业 k 中 R&D 支出($R\&D_{kt}$)和广告支出($Adv._{kt}$)之和在销售额($Sales_{kt}$)中所占的比重越大,则该行业质量差异化程度越高。我们根据式(3-10)计算出不同 CIC 4 位码行业每年的 v_dif_k,并取不同年份的平均值。表 3-4 呈现了根据 v_dif_k 定义得到的质量差异化程度处于前十位和后十位的行业,括号中则为相应的 v_dif_k 值。可以看到,质量差异化程度最高的行业多来自化学原料及化学制品制造业(26)、通信设备、计算机及其他电子设备制造业(41)、饮料制造业(15),而质量差异化最低的行业则多来自有色金属冶炼及压延加工业(33)、皮革、毛皮、羽毛(绒)及其制品业(19)、木材加工及木、竹、藤、棕、草制品业(20)。这一划分结果和我们对于不同行业质量差异程度的直观认知相一致,也和 Kugler and Verhoogen(2012)利用哥伦比亚制造业数据得到的划分结果相似。

表 3-4 垂直差异化行业分类情况

	前十位行业	后十位行业
1	口腔清洁用品制造(10.11%)	煤核品制造(0.00%)
2	肥皂及合成洗涤剂制造(8.09%)	烟叶复烤(0.01%)
3	通信交换设备制造(6.82%)	金属废料和碎屑的加工处理(0.02%)
4	碳酸饮料制造(5.82%)	其他贵金属冶炼(0.02%)
5	化妆品制造(5.57%)	其他乐器及零件制造(0.03%)
6	电车制造(5.33%)	毛皮鞣制加工(0.03%)
7	中成药制造(4.83%)	银冶炼(0.03%)
8	茶饮料及其他软饮料制造(4.58%)	其他毛皮制品加工(0.04%)
9	瓶(罐)装饮用水制造(4.54%)	锑冶炼(0.04%)
10	雷达及配套设备制造(4.24%)	锯材加工(0.04%)

注:括号中数字为各个 CIC 4 行业相应 v_dif_k 值的大小。

我们所构造的指标 v_dif_k 是否真正反映了质量的差异程度呢?为了直观地验证这一点,我们计算每年不同 HS 6 位产品码内相应 $qual_{ijgt}$ 的标准差,并根据其所属行业,依据 v_dif_k 的中位数,将其划分为质量差异程度低/高的样本,逐年计算两个样本中标准差各自的平均值。图 3-2 展示了 2000—2006 年不同质量差异程度行业相应的 $qual_{ijgt}$ 平均标准差对比。可以看到,在样本期间,质量差异程度较高的行业,其出口质量的标准差(离散程度)一致地高于质量差异程度较低的行业,不同年份间的差距均在 0.1 左右。这说明 v_dif_k 这一指标较好地描绘了一个行业的质量差异程度。

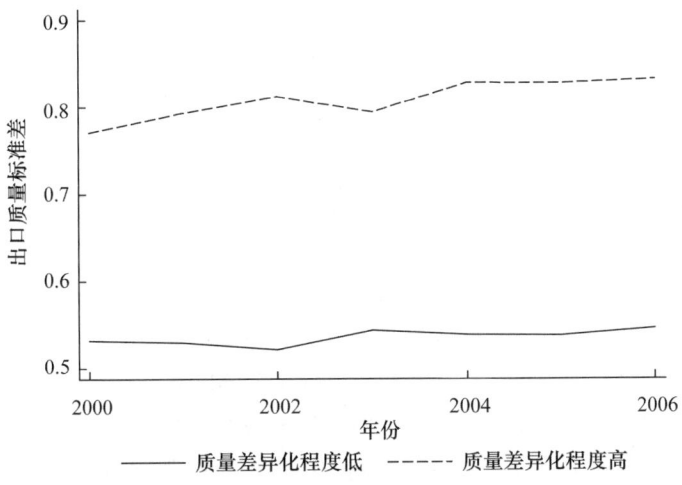

图 3-2　不同质量差异化程度行业的质量离散程度

我们进一步探究人民币升值对出口质量的提升效应是否在质量差异化程度更高的行业中更明显,我们依据 v_dif$_k$ 的高低划分子样本,并对子样本分别估计式(3-8)。为了保证结果的稳健性,我们分别采取 v_dif$_k$ 的 33%、50% 和 67% 分位数作为门限值进行划分。估计结果列于表 3-5。

表 3-5　质量差异化程度分样本分析

因变量: qual$_{ijgt}$	(1) v_dif$_k$ >33%	(2) v_dif$_k$ <33%	(3) v_dif$_k$ >50%	(4) v_dif$_k$ <50%	(5) v_dif$_k$ >67%	(6) v_dif$_k$ <67%
lnRER$_{jt}$	0.024**	0.017	0.040***	0.008	0.052**	0.010
	(0.011)	(0.015)	(0.013)	(0.012)	(0.024)	(0.010)
lnφ_{it}	0.579***	0.558***	0.583***	0.563***	0.613***	0.555***
	(0.006)	(0.015)	(0.007)	(0.009)	(0.009)	(0.007)
控制变量	是	是	是	是	是	是
固定效应	企业-目的地-产品、年份					
观察值	915 908	336 320	687 133	565 095	295 839	956 389
R^2	0.306	0.263	0.288	0.318	0.292	0.313

注:控制变量包括目的国人均 GNI,目的国以及中国 HS 6 层面上的平均实际进口关税,企业资本劳动比、雇员人数对数值及所有制虚拟变量。括号中为聚类标准误,聚类类别为 HS 6 位产品码。***、** 和 * 分别表示系数在 1%、5% 和 10% 的水平上显著。

我们发现,人民币升值对出口质量的提升效应在质量差异化较高的行业(第一、三、五列)中非常明显,均至少在 5% 的水平上显著;而质量差异化程度较低的行业(第二、四、六列)中,这一效果则均在 10% 的水平上不显著。

另一个发现是，随着门限值的升高，在质量差异化程度较高的行业中，人民币升值对出口质量的提升效应越来越明显：当门限值分别为 33％、50％和 67％分位数时，10％的人民币升值分别引起这类行业出口质量平均上升 0.24％、0.4％和 0.52％，即质量差异程度越高的行业，人民币升值引起的质量提升效应越大，这也与我们之前的论述一致。

我们还采用另一种差异化的划分方法以确保我们结果的稳健性：我们利用 Rauch(1999)的定义，将样本划分为异质品和同质品，分别进行式(3-8)的估计。事实上，Kugler and Verhoogen(2012)指出，Rauch(1999)对于异质品和非异质品的分类主要反映了产品的水平差异化程度，即"萝卜青菜，各有所爱"的偏好差异，而非可严格比较的质量优劣差异，因此利用这一指标代表质量差异化程度可能并不十分恰当。但为保持稳健，我们依然在表 3-6 中呈现基于 Rauch 分类的分样本回归结果。由于 Rauch(1999)提供了"conservative"和"liberal"两种产品的分类体系，因此我们也按照这两种分类体系对样本进行划分，并进行分样本回归①，结果与之前的实证结果一致：人民币升值对出口质量的提升效应在异质品中较为明显，在非异质品中则不明显。

表 3-6 基于 Rauch 分类的分样本结果

因变量： $qual_{ijgt}$	(1) 异质品 1	(2) 非异质品 1	(3) 异质品 2	(4) 非异质品 2
$lnRER_{jt}$	0.018**	−0.056	0.019**	−0.067
	(0.010)	(0.049)	(0.009)	(0.063)
$ln\varphi_{it}$	0.573***	0.583***	0.573***	0.569***
	(0.006)	(0.035)	(0.006)	(0.023)
控制变量	是	是	是	是
固定效应	企业-目的地-产品、年份			
观察值	1 242 235	9 750	1 235 577	16 408
R^2	0.309	0.481	0.308	0.547

注：控制变量包括目的国人均 GNI，目的国以及中国 HS 6 层面上的平均实际进口关税，企业资本劳动比、雇员人数对数值及所有制虚拟变量。括号中为聚类标准误，聚类类别为 HS 6 位产品码。***、** 和 * 分别表示系数在 1％、5％和 10％的水平上显著。第一列和第二列的划分方法根据 Rauch(1999)的"conservative"分类体系；第三和第四列的划分方法根据 Rauch(1999)的"liberal"分类体系。

---

① 具体来说，在"conservative"和"liberal"两种分类体系中，所有的产品均被划分为"differentiated"(异质品)、"reference-priced"(具有参考价格)、"open-market traded"(有公开交易市场)三种类型，我们将"differentiated"定义为异质品，其他两种定义为非异质品。

三、对竞争机制的探讨

以上的分析表明人民币升值确实引起了出口企业的质量升级。我们认为,升值主要通过加剧出口企业所面对的竞争压力这一机制,促进了出口质量的升级,这一节的分析通过实证证据为这一机制提供支持。我们首先从加总层面上分析升值对于出口企业数目的影响,考虑回归式(3-11):

$$\ln \text{num}_{jgt} = \beta_1 \cdot \ln \text{RER}_{jt} + \theta \cdot X_{jgt} + \mu_{jg} + \gamma_t + \varepsilon_{jgt} \quad (3\text{-}11)$$

其中 num_{jgt} 为 t 年向目的国 j 出口产品类别 g 的企业的数目,控制变量 X_{jgt} 包括了 $\ln \text{GNI\_pc}_{jt}$、f_tar_{jgt} 和 h_tar_{gt}。另外我们还控制了目的地-产品固定效应 μ_{jg} 和年份固定效应 γ_t。我们利用不同的回归设定估计式(3-11),结果列于表 3-7。

表 3-7 人民币汇率与出口企业数目

因变量:$\ln \text{num}_{jgt}$	(1)	(2)	(3)	(4)
$\ln \text{RER}_{jt}$	−0.641***	−0.439***	−0.112***	−0.087***
	(0.032)	(0.025)	(0.018)	(0.018)
控制变量	否	是	否	是
目的地-产品固定效应	是	是	是	是
年份固定效应	否	否	是	是
观察值	375 149	323 230	375 149	323 230
R^2	0.014	0.270	0.394	0.381

注:控制变量包括目的国人均 GNI,目的国以及中国 HS 6 层面上的平均实际进口关税。括号中为聚类标准误,聚类类别为 HS 6 位产品码。***、**和* 分别表示系数在 1%、5%和 10%的水平上显著。

估计结果显示,在不同的设定下,人民币对于一国货币的升值,均在 1%的水平上对出口到该国的企业数目造成负向影响。举例来说,完整式(3-11)的估计结果(表 3-7 第四列)显示,其他条件不变,10%的人民币升值使得出口到该国的企业数目减少了 0.87%,因此本币升值确实对于出口企业造成了显著的负向冲击,加大了出口企业所面临的成本劣势和竞争压力。这显示了人民币升值会加剧出口企业所面临的竞争压力。

进一步地,升值对于不同类型产品和企业的竞争压力作用会有差异,所导致的质量变化情况也会不同。我们首先关注在一个企业中,不同产品在面对升值时的质量表现差异。样本中既包含单产品出口企业,也包含多产品出口企业。对于多产品出口企业来说,存在所谓的"核心产品",多产品企业在生产其"核心产品"时能够发挥最大的优势,其生产成本低于企业生产非核心产品的成本,从而产生最大的销售额和利润(Mayer et al., 2014)。相比之下,非核心产品的竞争力相对较弱,利润空间较小,更易受升值的负面冲击,因此当人民币升值时,直觉上,非核心产品会首先受到竞争压力加剧的影响,更易呈现出质量提升效应。

我们因此定义虚拟变量 C_{ijgt}:若企业 i 在 t 年出口到 j 国的产品 g 在该年该国家为该企业贡献了最大的出口额,且非该企业该年出口到该国家的唯一产品,则定义该产品为核心产品,令 $C_{ijgt}=1$;否则定义该产品为非核心产品,令 $C_{ijgt}=0$。我们将样本分为非核心产品和核心产品,分别估计式(3-8),估计结果列于表 3-8。

表 3-8 核心产品 vs 非核心产品

因变量:qual_{ijgt}	(1) 全样本 $C_{ijgt}=0$	(2) 全样本 $C_{ijgt}=1$	(3) v_dif$_k$ 高 $C_{ijgt}=0$	(4) v_dif$_k$ 高 $C_{ijgt}=1$	(5) v_dif$_k$ 低 $C_{ijgt}=0$	(6) v_dif$_k$ 低 $C_{ijgt}=1$
$\ln \text{RER}_{jt}$	0.024**	−0.057	0.042***	0.008	0.019	−0.136*
	(0.010)	(0.047)	(0.015)	(0.067)	(0.012)	(0.071)
$\ln \varphi_{it}$	0.573***	0.592***	0.582***	0.604***	0.564***	0.573***
	(0.006)	(0.011)	(0.007)	(0.014)	(0.010)	(0.017)
控制变量	是	是	是	是	是	是
固定效应	企业-目的地-产品、年份					
观察值	1 023 735	228 493	562 615	124 518	461 120	103 975
R^2	0.343	0.226	0.320	0.212	0.354	0.225

注:控制变量包括目的国人均 GNI、目的国以及中国 HS 6 层面上的平均实际进口关税,企业资本劳动比、雇员人数对数值及所有制虚拟变量。括号中为聚类标准误,聚类类别为 HS 6 位产品码。***、**和*分别表示系数在1%、5%和10%的水平上显著。表中 v_dif$_k$ 高指 v_dif$_k$ 高于50%分位数,v_dif$_k$ 低指 v_dif$_k$ 低于50%分位数。

估计得到的结果与我们的预期一致:对于非核心产品,人民币升值带来的出口质量提升效应更明显:10%的升值引起非核心产品的出口质量平均上升 0.24%,这一效应在核心产品中则不显著;进一步地,在质量差异程度高的行业中,上述效应增强为 0.42%,仍然显著存在,而在质量差异程度低的行业中,人民币升值并不引起非核心产品的质量变化,甚至还引起核心产品的质量下降。分样本的分析结果支持了升值通过加剧竞争压力从而影响企业质量决策的作用机制:升值引起的竞争加剧效应主要威胁到边际上的非核心产品,促使这部分产品提高质量以应对竞争压力。

我们接着考虑不同生产率企业的差异。新新贸易理论强调了企业生产率异质性在解释不同企业行为差异方面的重要作用①,因此对于生产率不同的企业,人民币升值所带来的质量变化效应也可能不同。直觉上,升值的压力最先影响边际上的出口企业,即低生产率的出口企业,因为这部分企业有更强的动机提高出口产品质量以维持自身竞争力。因而升值对出口质量的提升效应,应该在低生产率的企业中更为明显,从而使得出口质量在生产率水平不同的企业间呈现收敛。我们计算企业生产率在相应行业(CIC 2 位码)-年份的中位数,根据中位数将企业分为高生产率和低生产率两个样本,分别估计式(3-8)。结果呈现于表 3-9 中。

表 3-9 人民币升值的收敛效应

因变量: $qual_{ijgt}$	(1)	(2)	(3)	(4)	(5)	(6)
	全样本		v_dif_k 高		v_dif_k 低	
	低生产率	高生产率	低生产率	高生产率	低生产率	高生产率
$\ln ERE_{jt}$	0.036**	0.020	0.060***	0.039*	0.028	−0.005
	(0.015)	(0.014)	(0.023)	(0.021)	(0.023)	(0.018)
$\ln\varphi_{it}$	0.581***	0.589***	0.601***	0.598***	0.604***	0.572***
	(0.009)	(0.007)	(0.016)	(0.009)	(0.012)	(0.010)
控制变量	是	是	是	是	是	是
固定效应	企业-目的地-产品、年份					
年份 FE	是	是	是	是	是	是
观察值	563 088	685 172	311 368	373 510	251 720	311 662
R^2	0.133	0.229	0.098	0.230	0.158	0.215

注:控制变量包括目的国人均 GNI,目的国以及中国 HS 6 层面上的平均实际进口关税,企业资本劳动比、雇员人数对数值及所有制虚拟变量。括号中为聚类标准误,聚类类别为 HS 6 位产品码。***、** 和 * 分别表示系数在 1%、5% 和 10% 的水平上显著。表中 v_dif_k 高指 v_dif_k 高于 50%分位数, v_dif_k 低指 v_dif_k 低于 50%分位数。

表 3-9 的第一列和第二列呈现了基于完整样本的回归结果,从总体上看,人民币升值在不同企业间呈现收敛效应:人民币升值 10%使得低生产率企业出口质量平均提升 0.36%,在 5%的水平上显著;高生产率企业出口质量平均提升 0.2%,在 10%水平上不显著。进一步的分析显示这一差异主要体现在质量差异化程度高的行业,在此类行业中,10%的升值引起低生产率企业出口质量平均提升 0.6%,在 1%水平上显著;高生产率企业出口质量平均提

---

① Melitz(2003)、Bernard et al. (2003)均证明当一个经济体由封闭经济变为开放经济时,经济体中生产率最高的企业能够同时进行内销和出口,其规模和利润都上升;而生产率最低的企业由于面临外国企业的竞争,最终退出市场不再生产。

升 0.39%，在 10% 的水平上显著。汇率对出口质量的作用在质量差异化程度低的行业中均不显著。这一收敛现象支持了升值通过加剧竞争压力从而影响企业质量决策的作用机制：升值的压力首先威胁到边际上的出口产品，即低生产率企业的出口产品，这部分企业因而更有动机提升出口质量以维持竞争力，导致升值对出口质量的提升效应在企业间呈现关于生产率水平的收敛。

四、稳健性分析

最后，我们从几个方面对我们的实证发现做稳健性分析，以确保我们的结果准确可信。首先，我们考虑实证结果是否受样本期间特定事件的影响。

在 2005 年 7 月 21 日，中国人民银行宣布人民币名义汇率决定机制由盯住美元的固定汇率制变为参考一篮子货币的、有管理的浮动汇率制。美国是中国重要的贸易伙伴，因此这一汇率制度的改革对于中国对外贸易有巨大影响。虽然我们关注实际汇率而非名义汇率变动的影响，而人民币盯住美元并不等同于在 2000—2005 年间人民币对美元的实际汇率不变，但为确保我们的结果不受汇率制度改革的影响，我们依然将 2000—2005 年中国内地出口到美国和中国香港的观察值剔除[①]，重新估计式(3-8)，结果列于表 3-10 的第一至三列。

表 3-10　汇率制度改革和 ATC 协议到期

因变量：$qual_{ijgt}$	(1)	(2)	(3)	(4)	(5)	(6)
	人民币汇率制度改革			排除受 ATC 影响的产品		
	全样本	v_dif_k 高	v_dif_k 低	全样本	v_dif_k 高	v_dif_k 低
$\ln RER_{jt}$	0.020	0.046**	0.007	0.018*	0.043***	0.004
	(0.012)	(0.018)	(0.018)	(0.009)	(0.014)	(0.012)
$\ln \varphi_{it}$	0.574***	0.585***	0.559***	0.576***	0.587***	0.565***
	(0.006)	(0.008)	(0.010)	(0.006)	(0.007)	(0.009)
控制变量	是	是	是	是	是	是
固定效应	企业-目的地-产品、年份					
观察值	703 523	387 931	315 592	1 137 288	621 350	515 938
R^2	0.340	0.314	0.346	0.310	0.286	0.322

注：控制变量包括目的国人均 GNI，目的国以及中国 HS 6 层面上的平均实际进口关税，企业资本劳动比、雇员人数对数值及所有制虚拟变量。括号中为聚类标准误，聚类类别为 HS 6 位产品码。***、** 和 * 分别表示系数在 1%、5% 和 10% 的水平上显著。表中 v_dif_k 高指 v_dif_k 高于 50% 分位数，v_dif_k 低指 v_dif_k 低于 50% 分位数。

[①] 香港金管局对港币实行盯住美元的固定汇率制度，因此人民币对港币汇率与人民币对美元汇率高度相关。

我们接着考虑 WTO 的《纺织品与服装协定》(Agreement on Textile and Clothing, ATC，其前身为《多种纤维协定》(Multi-Fiber Arrangement, MFA)，对于我们估计结果的影响。ATC 协议规定了发展中国家向美国、加拿大、欧盟和土耳其的纺织产品出口配额，该协议的有效期为 1974 年到 2004 年，2004 年 12 月 31 日之后协议废止，发展中国家出口到这四个国家的纺织品配额也相应被移除。Khandelwal et al. (2013) 利用这一自然实验研究了出口配额在中国的生产率错配问题，他们的结果表明，配额的存在和移除对于中国纺织出口企业有着很大的影响。特别地，若出口配额原先存在生产率错配，高生产率出口企业没有得到配额，那么当配额移除之后，高生产率出口企业进入出口市场可能引起总体出口质量的提升，从而影响我们的估计。为了确保我们的估计结果不受影响，我们在样本中剔除了出口到美国、加拿大、欧盟和土耳其这四个地区中受 ATC(MFA)规制的 HS 6 位码产品，利用剩余样本估计式(3-8)，结果列于表 3-10 的第四至六列。

结果显示，在考虑了汇率制度改革和 ATC 协议的可能影响之后，估计得到的结果和基准结果相当一致。在表 3-10 中，第一列和第四列所呈现的全样本估计结果均表明 10% 的人民币升值会带来平均 0.18%—0.2% 的质量提升效应，虽然在考虑汇率制度改革时该效应在 10% 的水平上不显著。更重要的是，当考虑行业的质量差异化时，我们发现在质量差异化程度较高的行业中，出口质量享有显著的提升效应(列二和列五)：10% 的人民币升值带来 0.43%—0.46% 的质量提升效应，且至少在 5% 的水平上显著，而在质量差异化程度低的行业中(列三和列六)该效应不显著。我们的分析表明在考虑了汇率制度改革和 ATC 协议的潜在影响之后，人民币升值对出口质量的提升效应依然稳健。

我们接着考虑加工贸易企业的可能影响。Yu(2015)和 Dai et al. (2016)均发现中国加工贸易和一般贸易企业在生产方式和关税待遇上存在很大区别，这些区别导致了这两类企业在贸易自由化进程中表现不同。虽然我们的样本仅包含了一般贸易出口的交易，但是由于许多企业是同时进行一般贸易和加工贸易出口的混合出口企业，因此人民币升值对于纯一般贸易出口企业和混合出口企业也可能会有不同影响。具体来说，由于加工贸易使用的中间品均来自进口，本币升值可能有利于混合出口企业进口更多的加工贸易中间品，这些中间品虽然不能直接用于一般贸易出口产品的生产，但是可能带来技术正外溢效应，使升值对出口质量的提升效应在混合出口企业中更加明显。我们将样本分为纯一般出口企业($PE_{it}=0$)和混合出口企业($PE_{it}=1$)，对分样本分别估计式(3-8)，结果列于表 3-11。

表 3-11 考虑加工贸易企业

因变量：qual_{ijgt}	(1) 全样本 $\text{PE}_{it}=0$	(2) 全样本 $\text{PE}_{it}=1$	(3) v_dif$_k$ 高 $\text{PE}_{it}=0$	(4) v_dif$_k$ 高 $\text{PE}_{it}=1$	(5) v_dif$_k$ 低 $\text{PE}_{it}=0$	(6) v_dif$_k$ 低 $\text{PE}_{it}=1$
$\ln \text{RER}_{jt}$	0.019*	0.037	0.032**	0.067*	0.020	0.032
	(0.010)	(0.026)	(0.016)	(0.037)	(0.014)	(0.040)
$\ln \varphi_{it}$	0.584***	0.601***	0.613***	0.580***	0.584***	0.594***
	(0.007)	(0.015)	(0.010)	(0.022)	(0.009)	(0.020)
控制变量	是	是	是	是	是	是
固定效应	企业-目的地-产品、年份					
观察值	1 011 934	236 326	543 396	141 482	468 538	94 844
R^2	0.198	0.279	0.151	0.262	0.239	0.186

注：控制变量包括目的国人均 GNI，目的国以及中国 HS 6 层面上的平均实际进口关税，企业资本劳动比、雇员人数对数值及所有制虚拟变量。括号中为聚类标准误，聚类类别为 HS 6 位产品码。***、** 和 * 分别表示系数在 1%、5% 和 10% 的水平上显著。表中 v_dif$_k$ 高指 v_dif$_k$ 高于 50% 分位数，v_dif$_k$ 低指 v_dif$_k$ 低于 50% 分位数。

表 3-11 中的第一和第二列展示了基于完整样本的回归结果。对于纯一般出口企业，真实汇率的系数为 1.9%，在 10% 的水平上显著；对于混合出口企业，真实汇率的系数为 3.7%，但并不显著。我们进一步将样本按照质量差异化程度高低进行划分，估计式(3-8)，第三和第四列显示在质量差异化程度高的行业中，10% 的人民币升值使得纯一般出口企业的出口质量平均上升 0.32%，在 5% 的水平上显著；而对混合出口企业这一效应为 0.67%，在 10% 的水平上显著。与此形成对比的是第五和第六列，在质量差异化程度低的行业中，上述效应均在统计意义上不显著。这一部分的实证结果表明，混合出口企业可能在人民币升值的进程中享受额外的加工贸易进口中间品外溢效应，从而得到更大的质量提升效应，这一效应主要体现在质量差异化程度高的行业中。

如上所述，除了加剧竞争压力，人民币升值也可能通过降低进口中间品成本这一机制促进出口质量提升。Amiti et al. (2014) 利用比利时数据发现规模较大的出口商通常也大量进口中间品，由于国外中间品的质量一般较高，进口中间品的增加也可能导致出口质量的提升。企业可以通过一般贸易进口中间品，进行一般贸易出口的生产，因此若升值通过进口中间品这一机制发挥作用，则对于使用进口中间品比例越大的出口企业，升值对于出口质量的提升效应越明显。我们计算每个企业一般贸易进口中间品占总中间投入的比例 im_input$_{it}$[①],在表 3-12 的第一至第三列中,我们将样本限制为 im_input$_{it}$=0 的观察值;在表 3-12 的第四至第六列中,我们在式(3-8)的基础上加入初期一般进口中间品占中间投入比例 im_input$_{i0}$ 与双边实际汇率的交互项。

表 3-12 考虑进口投入占比

因变量: qual$_{ijgt}$	(1)	(2)	(3)	(4)	(5)	(6)
	im_input$_{it}$=0			加入交互项		
	全样本	v_dif$_k$ 高	v_dif$_k$ 低	全样本	v_dif$_k$ 高	v_dif$_k$ 低
ln RER$_{jt}$	0.029**	0.040**	0.024	0.016*	0.035***	0.013
	(0.012)	(0.019)	(0.016)	(0.009)	(0.013)	(0.012)
lnφ_{it}	0.571***	0.577***	0.569***	0.573***	0.583***	0.563***
	(0.009)	(0.013)	(0.011)	(0.006)	(0.007)	(0.009)
ln RER$_{jt}$ × im_input$_{i0}$				0.087	0.162	−0.239
				(0.106)	(0.136)	(0.151)
控制变量	是	是	是	是	是	是
固定效应	企业-目的地-产品、年份					
观察值	681 856	346 399	335 457	1 252 228	687 133	565 095
R^2	0.310	0.278	0.314	0.310	0.288	0.318

注:控制变量包括目的国人均 GNI,目的国以及中国 HS 6 层面上的平均实际进口关税,企业资本劳动比、雇员人数对数值及所有制虚拟变量。括号中为聚类标准误,聚类类别为 HS 6 位产品码。***、** 和 * 分别表示系数在 1%、5% 和 10% 的水平上显著。表中 v_dif$_k$ 高指 v_dif$_k$ 高于 50% 分位数,v_dif$_k$ 低指 v_dif$_k$ 低于 50% 分位数。

表 3-12 第一至第三列显示,在不进口任何中间品的样本中,人民币升值对出口质量的提升作用依然存在,且仅在质量差异化程度高的行业中显著;而在第四至第六列中,随着我们加入 im_input$_{i0}$ 与双边实际汇率的交互项,对于不进口任何中间品的企业来说,10% 的升值使得出口质量提升 0.16%,在 10% 的水平上显著;这一效应在质量差异化程度高的行业中为 0.35%,在 1% 的水平上显著,在质量差异化程度低的行业中这一效应不显著。而交互项的系数均在 10% 的水平上不显著,意味着企业总中间投入中进口品的比例与升值的质量提升效应之间并无显著关系。我们的实证证据表明,人民币升值降低进口中间品的成本,并不是升值导致出口产品质量提升的主要机制。

---

① 中间品的分类按照 Broad Economic Category 的标准进行划分。

第五节 结 论

本章关注人民币汇率的变化如何影响出口企业的出口产品质量水平决策。以往被广泛使用的测算出口产品质量的方法,在理论和实证上均存在一定的问题:理论上该方法仅考虑需求面因素而忽略供给面因素;实证中关键变量价格存在测量误差,且质量测算值在跨时和跨国意义上不可比。为了克服这些问题,本章依据 Feenstra-Romalis(2014)提出的质量测算框架,利用余淼杰、张睿(2015)提出的微观层面出口质量测算办法,准确衡量出口质量。在此基础上,我们研究人民币升值是否促进了制造业出口企业的质量水平提升。人民币升值加剧了出口企业所面临的竞争压力,从而促使企业提高自身出口质量水平。在控制了其他可能影响出口企业质量决策的因素之后,基准估计结果显示人民币对于一国货币升值10%,则出口企业对该国的出口质量水平平均提高约0.19%。进一步的分析表明该质量提升效应主要存在于质量差异程度较大的行业中,10%升值引起这类行业的出口质量水平上升0.4%,而在质量差异程度较小的行业中这一效应不明显。人民币升值减少了出口企业数目,且升值对出口质量的提升效应在非核心产品及低生产率企业中更加明显,这都表明了升值通过加剧出口企业面临的竞争压力,影响出口企业的质量决策。我们的实证结果在考虑了2005年人民币汇率制度改革、ATC协议、加工贸易、进口中间品等一系列潜在问题之后依然稳健。

我们的分析结果拓展了对于汇率影响出口企业决策行为的认识,汇率变动通过影响出口企业所面临的竞争压力,导致企业调整自身的产品质量水平。随着人民币汇率的弹性和波动幅度逐渐增大,汇率对于企业出口质量的影响势必更加明显。在国内生产成本上升,外需不确定性增大,制造业企业在面临发达国家和发展中国家双重压力的形势下,我们的分析表明,竞争既是压力,也是驱使企业质量和竞争力升级的重要动力。如何应对日益激烈的竞争态势,将外在压力转化为质量升级、产业转型的机遇和内在动力,是中国制造业在今后的全球市场竞争中无法回避的命题和挑战。

第四章 中国制造业出口质量的准确衡量:挑战与解决方法[*]

新世纪以来,中国制造业出口质量如何变化?回答这一问题要求我们准确测算出口质量。目前广泛使用的出口质量测算方法在理论上仅考虑需求面而忽略供给面,其实证的关键价格变量存在测量误差,且得到的测算值跨时跨国不可比。为了解决这些问题,我们系统地考虑了供给面和需求面因素,提出基于微观数据的新的出口质量测算办法。测算结果表明,2000—2006年中国制造业出口质量水平总体上升15%。我们从不同角度全面刻画了出口质量的变化情况。

第一节 引 言

自2001年我国加入WTO之后,我国的出口呈现持续快速增长:自2002年到2008全球金融危机之前,我国每年出口额增长均保持在20%以上,在危机之后的2010年又迅速反弹至30%左右。快速增长的出口行业成为经济增长的重要动力,与此同时,中国出口产品的质量水平在此期间如何变化,则成为令人瞩目的重要问题。以往研究发现发达国家倾向于出口高质量的产品(Hallak and Schott,2011;Feenstra-Romalis,2014;等等),因此出口产品的质量水平被认为是一个国家经济发展水平的重要标志,也标志着一个国家的产业和企业在国际市场上的竞争力。而在我国当前面临劳动力成本上升、外需不确定性加剧等不利条件下,能否成功实现产品质量升级,从而提升中国制造业在全球价值链中的地位,是我国能否改变目前制造业普遍"大而不强"的现状,实现创新驱动、质量为先的产业转型升级,最终成功跨越"中等收入陷阱",提高人民生活水平的一个关键环节。因此,准确地描述新世纪以来中国出口产品质量水平的变化趋势,从各个角度对其进行全面刻画,具有重要的现实意义和政策含义。

然而,如何精确测算在跨时和跨国意义上可比的出口产品质量,一直是

---

[*] 本章是与我的学生张睿博士合作的成果,原文发表在《经济学(季刊)》,2017(2):463—484。

国际贸易研究中的一大挑战，相关研究最近才开始出现。[1] 在本章中，我们首先提出，目前较为广泛使用的出口质量测算方法（Khandelwal et al.，2013）在理论上仅考虑需求面而忽略供给面，其实证的关键价格变量存在测量误差，且得到的测算值跨时跨国不可比。为了有效解决现有方法存在的问题，准确测算出口质量，我们同时考虑供给和需求两方面因素，基于 Feenstra-Romalis(2014)企业内生化质量决策框架，提出新的适用于微观数据的企业-产品层面出口质量测算办法。运用这一方法，我们重新测算中国制造业一般出口企业在 2000—2006 年的出口质量水平，从总体、分行业、分国别、动态边际等方面对出口质量情况做了详细描述分析。我们测算所得产品质量所具有的特征，也与质量研究的一些经典结论一致。

在理论研究意义上，本章对于产品质量的测算方法论应做出贡献。在以往相关的文献研究中，出现了若干种测算产品质量的方法，可归结为以下几类：① 单价法；② 特定产品特征法；③ 以 Khandelwal et al.（2013）为代表的需求信息回归推断法，这也是目前最为广泛使用的方法；④ 以 Feenstra-Romalis(2014)为代表的供给需求信息加总测算法。这几种办法都存在其相应的不足之处，我们简要回顾现有方法并指出其优缺点。

单价法将产品出口或进口单价（unit value）作为质量的代理变量，其逻辑是高质量产品一般单价也较高。这种方法优点在于较为简便，因此为许多研究所采用。[2] 缺点是忽略了企业生产率异质性所导致的差异，将价格差异完全归因于质量差异，无法将质量与价格分离。

特定产品特征法将研究范围限定为某种特定产品，利用产品具体特征构造质量指标。典型做法如 Goldberg and Verboven(2001)，Auer et al.（2014）通过引入与汽车具体特征有关的指标（如引擎马力等）来控制汽车的质量差异；Crozet et al.（2012）和 Chen and Juvenal(2016)分别将香槟手册上对于不同品牌香槟的评级，以及专家对葡萄酒质量的打分作为质量指标。该方法优点在于对特定产品构造特定的质量指标，最大限度地量化质量；缺点则是对数据的要求很高，需要包含每种特定产品详细的个性化特征，研究方法和得到的结论难以推广。

需求信息回归推断法是目前最为广泛使用的方法。其中具有代表性的

---

[1] 部分研究并不直接研究产品质量的变化，而是通过其他变量的变化对出口质量的变化情况做推测。典型例子如 Verhoogen(2008)。他发现在墨西哥比索贬值危机期间，墨西哥的高生产率企业提高了出口强度和白领工人的相对工资，增加了 ISO 9000 的认证数目，他将这一现象解读为企业的质量升级行为。

[2] 采用单价法的研究包括 Bastos and Silva(2010)、Manova and Zhang(2012)等。

Khandelwal et al. (2013)(下称 KSW 方法)适用于测算一国微观企业-产品层面的出口质量,也被大量相关研究所采用(如 Fan et al.,2015;王雅琦等,2015;许家云,2015)。该类方法在需求方引入消费者对质量的偏好,将质量表示为销量和价格等需求层面的信息,然后利用这些信息估计需求函数和质量,其逻辑是:若两个品种价格相等,市场份额较大的品种,其质量也较高。该类方法提供了对产品质量更精确、一般化的测算,也富有经济学含义。其缺点在于仅考虑了需求面因素,将质量视作外生,忽略企业内生决定质量这一事实。在具体的方法上,由于数据可得性的限制,KSW 方法通常利用出口离岸价代表出口目的地消费者所面对的价格,在从量贸易成本广泛存在的情况下,这一做法会导致对价格这一关键变量的测量误差。另外在实证估计中,KSW 方法利用国家-年份固定效应去除难以观测的宏观价格和收入因素,导致所得的产品质量测算值跨时跨国不可比,从而为描述总体出口质量变化带来困难。

供给需求信息加总测算法以 Feenstra-Romalis(2014)(下称 FR 方法)为代表,在理论框架上与我们提出的方法最为接近。Feenstra-Romalis(2014)同时考虑供给和需求两方面的因素,将企业出口产品质量决策内生化,提供了另一种测算出口产品质量的分析框架。在此基础上,Feenstra-Romalis(2014)将企业加总得到宏观层面的测算式,利用宏观层面贸易数据测算国家-产品分类层面的平均进出口质量。FR 方法的优点是全面考虑了需求和供给对于质量的影响,使得对于质量的测算更加稳健。缺点是该方法主要适用于宏观层面的数据,得到的国家-产品层面进出口产品质量主要用于跨国之间的比较,而并未考虑微观数据的使用。

我们所提出的方法,具体来说,在以下几个方面做了创新和改进:① 采用 Feenstra-Romalis(2014)的理论框架,全面考虑供给和需求因素,并证明我们所用的理论框架实际上包含了目前广泛使用的 KSW 方法;② 提出适用于微观数据的测算办法,体现了企业生产率异质性的作用,测算企业-产品层面的出口质量;③ 消除价格的测量误差,同时避免使用固定效应去除宏观因素,从而保证测算得到的质量指标在跨时和跨国意义上可比。

在现实意义上,我们的研究对中国制造业出口产品质量的相关研究有重要意义。首先,中国制造业出口质量如何变化,一直是学术界内外所关心的问题。许多学者对中国出口产品质量做了测度和分析,得到的结论却不尽相同:施炳展(2013),施炳展、邵文波(2014)发现中国企业出口产品质量在 2000—2006 年呈上升趋势;李坤望等(2014)的研究却得到了相反结论;张杰等(2014)则发现中国出口产品质量在 2000—2006 年期间呈现先降后升的 U

形走势;樊海潮、郭光远(2015)则刻画了出口产品质量和出口企业生产率之间的正相关关系。在现有出口质量测算办法存在缺陷的情况下,目前对于中国出口质量水平的描述可能存在一定的偏差,我们在准确测算出口质量的基础上,从总体、不同类型企业、不同行业、不同目的国等角度对中国一般出口质量变化情况做详细描述,并从微观基础上进一步刻画我国制造业出口质量变化的主要来源。

其次,中国加入WTO这一贸易自由化进程对中国进出口产品的质量产生了深远影响。因此许多研究尝试运用现有方法测算产品质量进行相关研究。Fan et al. (2015)发现中国进口关税的减免使差异化产品提高出口产品的质量和单价,使同质化产品降低出口产品的质量和单价;Bas and Strauss-Kahn(2015)发现贸易自由化带来的进口关税减免使得中国出口企业使用更多高质量的进口中间品,从而提高了相应的出口产品价格和质量;余淼杰、李乐融(2015)也发现关税自由化使得中国企业进口更多高质量的中间品。我们所提出的质量测算方法,丰富了微观层面上方法论的基础,有利于相关研究的进一步深入开展。

利用中国制造业一般出口企业出口质量的测算结果,我们有以下主要发现:① 2000—2006年期间,中国制造业出口质量水平呈现分布总体右移、分布形态平稳的特征,出口质量水平总体上升约15%;② 大部分行业的出口质量水平有显著提升,出口到高收入国家的质量水平更高;③ 在贸易自由化进程中,持续出口品种的质量提升是最为重要的原因,退出品种和进入品种的产品质量相对较低,分别促进和减缓了总体质量提升的进程;在持续出口品种的质量提升中,品种自身质量水平提升和不同品种间的市场份额再分配效应之比大约为1∶3,市场份额再分配效应占主导作用。

本章结构安排如下:第二节介绍产品质量测算的理论框架;第三节描述研究所用的数据和质量测算的具体办法,并比较本章方法与广泛使用的KSW方法,以及FR方法的区别;第四节利用测算得到的中国企业出口产品质量,从各个角度详细描述2000—2006年期间中国出口质量水平的变化;第五节总结本章内容。

第二节 产品质量测算的理论框架

这一部分我们阐述如何在Feenstra-Romalis(2014)所构建的理论框架的基础上,构造可应用于微观数据的产品质量测度的新的方法。

在需求方面,消费者的效用不仅依赖于所消费产品的数量,还依赖于所消费产品的质量。对于 j 国的消费者,在每个产品类别 g 中(本章以 HS 6 位产品为依据定义产品类别)存在连续的差异化产品品种 ω,消费者的偏好满足式(4-1)所示的支出函数。

$$E_{jg} = U_{jg} \cdot P_{jg} = U_{jg} \left[\int_\omega \left(\frac{p_{\omega j}}{z_{\omega j}^{\alpha_{jg}}} \right)^{(1-\sigma_g)} d\omega \right]^{\frac{1}{1-\sigma_g}} \qquad (4-1)$$

其中效用 $U_{jg}>0$, $\alpha_{jg}=1+\gamma_g \ln(U_{jg})$。$p_{\omega j}$ 和 $z_{\omega j}$ 分别为在 j 国销售的产品品种 ω 的到岸价格和质量。参数 α_{jg} 反映了 j 国消费者对于产品类别 g 的"质量偏好程度"。σ_g 为在同一产品类别 g 中,不同品种之间的替代弹性。由于 α_{jg} 的值依赖于效用,因此该支出函数所对应的效用函数是非同位的。需求函数可由式(4-2)得到:

$$\begin{aligned} q_{\omega j} &= \frac{\partial E_{jg}}{\partial p_{\omega j}} = \left(\frac{\partial E_{jg}}{\partial \overline{p_{\omega j}}} \right) \cdot \frac{1}{(z_{\omega j})^{\alpha_{jg}}} \\ &= E_{jg} \cdot P_{jg}^{\sigma_g-1} \cdot p_{\omega j}^{-\sigma_g} \cdot z_{\omega j}^{\alpha_{jg}(\sigma_g-1)} \end{aligned} \qquad (4-2)$$

其中 $\overline{p_{\omega j}} \equiv p_{\omega j}/(z_{\omega j})^{\alpha_{jg}}$ 为产品的"质量调整后价格",可以看到,这一指标为价格与质量之比,因此"质量调整后价格"的下降可理解为企业产品的"性价比"上升。

我们接着考虑供给面以内生化的产品质量。企业在垄断竞争的市场结构中同时决定其生产的差异化产品品种的质量和价格。对于在 j 国销售产品类别 g 的企业 i 来说,p_{ijg}^* 为产品的离岸出口价,z_{ijg} 为产品的质量。企业 i 的利润最大化问题以式(4-3)表示:

$$\underset{p_{ijg}^*, z_{ijg}}{\text{Max}} \left[p_{ijg}^* - c_i(z_{ijg}, w) \right] \cdot \frac{\tau_{ijg} \, q_{ijg}}{\text{tar}_{jg}} \qquad (4-3)$$

其中 $c_i(z_{ijg}, w)$ 为依赖于产品质量 z_{ijg} 和投入品成本水平 w 的单位生产成本,q_{ijg} 为企业 i 销往 j 国的产品类别 g 的数量,tar_{jg} 为 j 国对产品类别 g 所征收的进口关税。企业出口面临两种贸易成本:从价成本 τ_{ijg} 和从量成本 T_{ijg},离岸出口价 p_{ijg}^* 和到岸出口价 p_{ijg} 之间的关系满足式(4-4):

$$p_{ijg} = (p_{ijg}^* + T_{ijg}) \tau_{ijg} \qquad (4-4)$$

这一到岸价格 p_{ijg} 为 j 国消费者所面临的价格。参照 Feenstra-Romalis (2014)的做法,我们假设单位生产成本的函数形式为 $c_i(z_{ijg}, w) = w(z_{ijg})^{1/\theta_g}/\varphi_i$,企业在提高产品质量时面临边际成本递增,而 $0<\theta_g<1$ 则为在产品类别 g 中衡量这一成本递增效应大小的参数。φ_i 为企业 i 的生产率。由企业优化问题的一阶条件可得到式(4-5):

$$\frac{w(z_{ijg})^{\frac{1}{\theta_g}}}{\varphi_i \theta_g} = \left[p_{ijg}^* - \frac{w(z_{ijg})^{\frac{1}{\theta_g}}}{\varphi_i} \right] \cdot [\alpha_{jg}(\sigma_g - 1)] \qquad (4-5)$$

等式两边取对数并整理得到

$$\ln(z_{ijg}) = \theta_g \left[\ln(\kappa_{1jg}\, p^*_{ijg}) - \ln\left(\frac{w}{\varphi_i}\right) \right]$$

其中 $\kappa_{1jg} = \alpha_{jg}\,\theta_g(\sigma_g-1)/[1+\alpha_{jg}\,\theta_g(\sigma_g-1)]$

对于不同的年份 t，我们可以将产品质量表达成为式(4-6)：

$$\ln(z_{ijgt}) = \theta_g[\ln(\kappa_{1jg}) + \ln(p^*_{ijt}) + \ln(\varphi_{it}) - \ln(w_t)] \quad (4\text{-}6)$$

我们利用式(4-6)计算企业层面的出口产品质量。式(4-6)有以下几个重要含义：① 企业生产率异质性对于产品质量有重要作用，企业的生产率越高，其生产产品的质量也越高；② 产品的质量与价格呈正相关，因此以往研究采用出口单价作为产品质量的代理有一定的合理性；③ 投入品成本水平越高，则产品质量越低，这是因为投入品成本水平 w_t 越高时，若企业质量水平不变，则提高质量的边际成本增加，而提高质量的边际收益不变。为了确保利润最大化，企业通过降低质量来降低该边际成本，保持边际成本等于边际收益。

第三节　数据来源和测算方法

我们在这一部分详细介绍如何将本章提出的基于 Feenstra-Romalis(2014)框架的新的出口质量测算办法应用到中国的微观数据，并详细对比本章的方法与两种目前较为广泛使用的出口质量测算方法——KSW 方法和 FR 方法的区别，进一步指出本章方法的创新之处。

一、出口离岸单价和企业生产率的计算及合并方法

出口离岸单价的数据来自 2000—2006 年中国企业层面的海关进出口贸易数据库，这一数据由中国海关总署所统计和维护。该数据库中记录了每个企业每笔进出口交易的交易价值、交易数量、HS 8 位的产品类别、出口目的地等详细信息。如 Yu(2015)所发现的，中国的加工贸易出口在出口总量中占相当的份额。由于加工贸易完全使用进口中间品以及部分进口资本品，其成本水平 w_t 与国内投入品的成本水平差别很大，难以获得。因此我们仅保留一般贸易出口的数据进行分析。

我们构造企业-目的地-产品-年份层面的离岸单位价值 uv_{ijgt}，将企业 i 在 t 年中出口到 j 国的所示产品类别 g 的离岸价值（数量）加总得到总价值（总数量），将总价值除以总数量即出口离岸单价，如式(4-7)：

$$uv_{ijgt} = \frac{\text{value}_{ijgt}}{\text{quantity}_{ijgt}} \quad (4\text{-}7)$$

其中 value$_{ijgt}$ 为企业 i 在 t 年向 j 国出口的属于产品类别 g 的出口离岸价值，quantity$_{ijgt}$ 为相应的出口数量，uv_{ijgt} 是出口离岸单价。产品类别 g 以 HS 6 位产品分类码为准，并在 HS 1996 和 HS 2002 两个版本之间进行了协调统一。

我们接着测算企业全要素生产率(TFP)作为 φ_{it} 的度量。传统上，企业 TFP 的度量采用索洛剩余方法，即假设企业的生产技术满足以下 Cobb-Douglas 形式：

$$Y_{it} = \varphi_{it} K_{it}^{\alpha} L_{it}^{\beta} M_{it}^{\gamma}$$

其中 Y_{it} 为企业的总产出，K_{it}、M_{it}、L_{it} 分别表示企业的资本存量、中间投入和劳动力投入。将上式两边取自然对数，即可通过最小二乘法估计上式，其残差值即为 ln(φ_{it})的估计值。然而，传统的最小二乘法存在瞬时偏差和选择偏误，因此会导致对 TFP 的不准确估计。因此我们参照 Amiti and Konings (2007)以及 Yu(2015)的做法，使用 Olley and Pakes(1996)所提出的半参数方法对 TFP 进行估计，以克服瞬时偏差和选择偏误。依照实际情况，我们在 OP 方法的基础上进一步考虑了中国入世、国有企业等问题，并分行业对企业的生产函数和生产率进行估计。[①]

我们利用 2000—2006 年的制造业企业数据库构造企业层面的 TFP。工业企业库数据描述与筛选过程，详见第一章第二节。

计算出企业的出口离岸单价和全要素生产率之后，我们需要对这两部分的数据进行合并。一方面，由于工业企业数据库的法人代码与海关数据中的法人代码编码系统并不一致，因此无法通过法人代码进行合并。我们参照 Yu(2015)的方法，采用海关数据和工业企业数据库中的企业名称和年份进行这两个数据库之间的匹配合并；另一方面，为了提高匹配度，我们也利用两个数据库内企业的邮政编码和电话号码的后七位数字进行匹配。

二、投入品成本水平

我们接下来构造式(4-6)中的投入品成本水平 w_t。Feenstra-Romalis (2014)假设企业在生产过程中只需要劳动力一种投入品，但实际上企业的投入品还包括中间投入和资本品。因此单纯使用表示劳动力成本的投入品成本水平代替 w_t 并不恰当。我们将 w_t 定义为包含有三种投入要素价格的"投入品成本水平"：

$$\ln(w_t) = \alpha' \ln(w^L_t) + \beta' \ln(w^K_t) + \gamma' \ln(w^M_t) \quad (4\text{-}8)$$

---

① 受篇幅所限，我们在正文中略去 TFP 的具体计算过程，感兴趣的读者可联系作者索取相关附录。

如式(4-8)，企业所面对的投入品成本水平实际上包含了劳动、资本和中间投入三部分的成本 w_t^L、w_t^K 和 w_t^M 以及其相应的份额 α'、β' 和 γ'。由于我们仅研究一般贸易出口，因此生产用的所有(或绝大部分)中间投入均来自国内市场。如前所述，我们对产出和中间投入均进行价格平减，且所有行业的产出同时作为本行业和其他行业的中间投入，因此在均衡中 $w_t^M=1$，有：

$$\ln(w_t) = \alpha'\ln(w_t^L) + \beta'\ln(w_t^K) \tag{4-8'}$$

α' 与 β' 分别表示劳动成本和资本成本在投入品成本水平中所占的比例。我们将每个 CIC 2 位码行业中每年出口企业的应付工资总额和应付福利总额加总并予以价格平减，除以该行业每年出口企业的总雇员人数，即得到 CIC 2 位码行业层面每年的劳动成本：

$$w_t^L = \frac{\text{Wage}_t + \text{Compensation}_t}{\text{Employee}_t}$$

我们将每个 CIC 2 位码行业中每年出口企业的折旧总额加总并予以价格平减，除以该行业每年出口企业的总真实资本存量，即得到 CIC 2 位码行业层面每年的资本成本：

$$w_t^K = \frac{\text{Depreciation}_t}{\text{Capital}_t}$$

在生产函数满足 Cobb-Douglas 形式 $Y_{it} = \varphi_{it} K_{it}^\alpha L_{it}^\beta M_{it}^\gamma$ 的前提下，α' 与 β' 的具体数值可根据生产函数的投入品弹性计算得到，具体如下：

$$\alpha' = \frac{\alpha}{\alpha+\beta+\gamma}, \quad \beta' = \frac{\beta}{\alpha+\beta+\gamma}$$

各个 CIC 2 位码行业的 α、β 和 γ 的估计值可以由估计企业全要素生产率的过程中得到，据此可以计算各种成本在投入品成本水平中所占份额，进而依据式(4-8′)计算每个 CIC 2 位码行业每年的投入品成本水平。

三、结构性参数

为了最大限度地保证产品质量估计值的完整性，以允许我们描述质量跨时和跨国的差异，我们利用 Feenstra-Romalis(2014)所估计出的每个国家每种 SITC 第二版 4 位码产品层面上的结构性参数 α_{jg}、θ_g 和 σ_g 的数值，依据式(4-6)计算产品质量。我们将 HS 6 位产品码与 SITC 第二版 4 位码匹配，从而得到每个 HS 6—国家层面的 α_{jg}、θ_g 和 σ_g 参数值。由于一部分 HS 6 位码所对应的 SITC 4 位码层面的参数值为缺失，我们将这些 HS 6 位码所对应的 SITC 3 位码内的平均 α_{jg}、θ_g 和 σ_g 参数值作为其对应的参数值，最大限度地保证样本的完整。

根据我们计算得到出口离岸单价 p_{ijgt}^*，企业生产率 φ_{it}，每个行业的

投入品成本水平 w_t，以及 HS 6—国家层面上的参数值 α_{jg}、θ_g 和 σ_g，我们可根据式(4-6)直接计算出口产品质量 $\ln(z_{ijgt})$（其中 $\kappa_{1jg} = \alpha_{jg}\theta_g(\sigma_g-1)/[1+\alpha_{jg}\theta_g(\sigma_g-1)]$）。

$$\ln(z_{ijgt}) = \theta_g[\ln(\kappa_{1jg}) + \ln(p_{ijgt}^*) + \ln(\varphi_{it}) - \ln(w_t)]$$

四、KSW 方法 vs. 本章方法

（一）理论方面

首先简要介绍 KSW 方法的理论框架。假设 j 国的消费者在产品类别 g 上的效用函数为 CES 形式如式(4-9)：

$$U_{jg} = \left[\int_\omega (z_{\omega j} \cdot q_{\omega j})^{\frac{\sigma_g-1}{\sigma_g}} d\omega\right]^{\frac{\sigma_g}{\sigma_g-1}} \quad (4-9)$$

其中 $q_{\omega j}$ 为 j 国消费者消费品种 ω 的数量，$z_{\omega j}$ 为相应 ω 的质量，σ_g 为产品类别 g 中不同品种间的替代弹性。在预算约束 $\int_\omega p_{\omega j} \cdot q_{\omega j} d\omega = I_{jg}$ 下，消费者对品种 ω 的需求函数如式(4-10)：

$$q_{\omega j} = z_{\omega j}^{\sigma_g-1} \cdot p_{\omega j}^{-\sigma_g} \cdot P_{jg}^{\sigma_g-1} \cdot I_{jg} \quad (4-10)$$

$$P_{jg} = \left[\int_s (p_{sj}/z_{sj})^{1-\sigma_g} ds\right]^{1/(1-\sigma_g)}$$

为产品类别 g "质量调整后"综合价格指数。将式(4-10)两边取对数整理得式(4-10′)：

$$(\sigma_g - 1)\ln(z_{\omega j}) = \ln(q_{\omega j}) + \sigma_g\ln(p_{\omega j}) - (\sigma_g - 1)\ln(P_{jg}) - \ln(I_{jg})$$
$$(4-10')$$

式(4-10′)有如下的经济学直觉：给定不同品种的到岸价格相等，则销量更大的品种应有更高的质量。在这一理论框架中，产品质量被视作外生给定，最大化消费者的效用即导出产品质量的表达式(4-10′)，因而仅考虑了需求面的因素。而在我们的方法中，若令式(4-2)中的 $\alpha_{jg} = 1$，也可得到式(4-10′)，因此从这一意义上说，我们所提出的方法本身即包含了 KSW 方法的思想。

但另一方面，产品质量也是企业的重要决策变量，因此我们通过考虑供给面因素，内生化企业的质量决策，导出产品质量的表达式(4-6)。Feenstra-Romalis(2014)指出仅依赖需求面因素进行产品质量估计，可能导致产品质量估算值更多反映了模型对供给方的假设。从这一意义上，我们的方法全面地考虑了供给和需求，相对来说更稳健可靠。同时，式(4-6)也强调了企业生产率异质性的作用，这和自 Melitz(2003)和 Bernard 等(2003)以来迅速发展

的新新国际贸易的理论基础紧密联系,而这一点在仅考虑需求面因素的方法中无法体现。

(二) 实证方面

在式(4-10)的基础上,由于现有数据普遍存在年份维度 t,因此式(4-10′)变为式(4-10″):

$$(\sigma_g - 1)\ln(z_{\omega jt}) = \ln(q_{\omega jt}) + \sigma_g \ln(p_{\omega jt}) - (\sigma_g - 1)\ln(P_{jgt}) - \ln(I_{jgt})$$
(4-10″)

考虑不同企业 i 不同产品类别 g 的出口,并进一步整理式(4-10″)得到式(4-11):

$$\ln(q_{ijgt}) + \sigma_g \ln(p_{ijgt}) = (\sigma_g - 1)\ln(P_{jgt}) + \ln(I_{jgt}) + (\sigma_g - 1)\ln(z_{ijgt})$$
(4-11)

目前普遍的做法是分别加入年份-国家固定效应 μ_{jt} 和产品类别固定效应 μ_g(Khandelwal et al.,2013;Fan et al.,2015)变为式(4-11′):

$$\ln(q_{ijgt}) + \sigma_g \ln(p_{ijgt}) = \mu_{jt} + \mu_g + \varepsilon_{ijgt}$$
(4-11′)

利用企业 i 在 t 年出口到 j 国的产品类别 g 的销量 q_{ijgt} 和到岸价格 p_{ijgt},以及 Broda and Weinstein(2006)对于不同产品类别 g 的需求弹性估计值 σ_g,可以估计式(4-11′),得到的 ε_{ijgt} 估计值即产品质量 $(\sigma_g - 1)\ln(z_{\omega j})$ 估计值。这一方法在实证上存在以下两个问题:

第一,由于在实际可得的微观数据中,往往只能观察到出口离岸价,因此 KSW 方法通常使用出口离岸价代替式(4-11′)中的到岸价 p_{ijgt}。但由式(4-5)可知,到岸价在离岸价的基础上,包含了可加的从量贸易成本,如运输费用和保险费用等。Irarrazabal et al.(2015)的测算结果表明,从量贸易成本平均占出口价格的 14%。因此利用离岸价代替到岸价的做法可能产生较大误差。

第二,由于一般 j 国产品类别 g 的综合价格指数 P_{jg} 和 j 国在产品类别 g 上的总支出 I_{jg} 难以观测,KSW 方法利用年份-国家固定效应 μ_{jt} 和产品固定效应 μ_g 将 $(\sigma_g - 1)\ln(P_{jgt}) + \ln(I_{jgt})$ 剔除。但由于固定效应 μ_{jt} 的存在,产品质量 $(\sigma_g - 1)\ln(z_{\omega j})$ 的估计值在出口目的地-时间维度上的均值也被减去。得到的 $(\sigma_g - 1)\ln(z_{\omega j})$ 的估计值,实际上是企业 i 在 t 年出口到 j 国产品类别 g 的质量,相对于该年出口到该国所有该类别产品质量均值的离差。这一估计值在同一年份-国家组别内依然可比,但是却无法刻画出口到不同国家 j 和 j' 的产品绝对质量差异,或出口到同一国家不同年份 t 和 t' 的绝对质量变化。

我们的方法则从两个角度解决以上问题:首先我们对出口质量的计算基

于估计式(4-6),其中的价格即为出口离岸价,可直接从数据计算得到,因此避免了 KSW 方法中由从量贸易成本引起的测量误差;其次,我们避免使用固定效应去除未知参数,直接利用 Feenstra-Romalis(2014)估算得到的相应参数值根据式(4-6)计算产品质量,得到的出口质量指标在跨时和跨国的意义上均可以直接比较。

五、FR 方法 vs. 本章方法

Feenstra-Romalis(2014)侧重于在提出理论框架的基础上,利用宏观的国家-产品层面贸易数据进行产品质量的测算。由于数据可得性的问题,他们并未使用各个国家的企业和进出口微观数据,而仅使用了 UN Comtrade 提供的国家-产品层面的贸易流数据,因此无法计算微观企业层面生产率 φ_{it} 等信息。结合出口企业的零利润条件和企业生产率符合帕累托分布的假设,Feenstra-Romalis(2014)对一国的所有出口企业进行加总,将生产率等信息从测算式中消去,得到适用于宏观贸易数据的加总层面测算式,最终得到国家-产品(SITC 第二版 4 位码产品)-年份层面上的平均相对进口和出口质量。因此 FR 方法主要适用于宏观层面贸易数据,得到的进出口产品质量主要适用于跨国之间的比较,而并未分析一国进出口质量的跨时变化,测算得到的结果也无法反映企业之间的异质性。

我们的方法虽然借鉴了 Feenstra-Romalis(2014)的理论框架,但从测算的具体办法,适用对象等上均与 FR 方法有所区别。我们关注中国这一出口大国的出口质量表现,而非不同国家间的比较。由于我们使用了 2000—2006 年制造业企业数据库以及高度细化的海关进出口贸易数据库,我们可以直接计算微观企业的生产率 φ_{it},各个行业的投入品成本水平 w_t,每个企业出口到各个目的国各种产品的出口离岸单价 p^*_{ijgt} 等信息,因此我们并不需要如 Feenstra-Romalis(2014)一样对所有出口企业进行加总,而可以直接利用式(4-6)测算企业-目的国-产品-年份层面的出口质量,体现不同企业之间的异质性,这也是我们这一方法的优势所在。我们所提出的方法适用于微观层面的数据,可用于分析一国出口到各个目的国各种产品的质量分布变化状况。

第四节 中国制造业出口质量情况

我们利用 2000—2006 年的海关进出口贸易数据,结合中国制造业企业数据和结构性参数的信息,依据式(4-6)计算产品质量。为了避免极端值的影响,我们将每个 HS 6 位码类别中低于 1%分位数和高于 99%分位数产品质量的观察值去除。得到的产品质量 $\ln(z_{ijgt})$ 在同一 HS 6 产品类别内跨时跨国可比。我们进一步对产品质量进行标准化,以允许不同产品类别的产品质量可加总可比,如式(4-12):

$$\text{qual}_{ijgt} = \ln(z_{ijgt}) - \ln(z_{10\%\_g}) \tag{4-12}$$

我们将企业 i 在 t 年出口到 j 国属于产品类别 g 的产品质量减去相应产品类别 g 内总体产品质量的 10%分位数,得到标准化的产品质量指标 qual_{ijgt}。这一指标衡量了特定品种的质量与其所属产品类别内参考质量水平(10%分位数)的差距,因此我们可以对标准化后的产品质量进行跨产品比较和加总。

一、总体情况

首先我们关注中国制造业出口产品质量(已标准化)在 2000—2006 年间的分布如何变化。表 4-1 呈现了每年出口标准化产品质量的分布情况。从均值和中位数水平上看,中国制造业总体出口质量在 2000—2003 年间维持在较为平稳的水平上,自 2004 年开始,总体的出口产品质量开始有明显增长。从 2000 年到 2006 年,总体出口质量的均值和中位数均增长了 15%左右,出口产品质量的 25%和 75%分位数的增长幅度也在 14%—16%左右。另外值得注意的是,产品质量分布的标准差在 2000—2006 年间非常稳定,仅增长了 0.036。因此总体上,中国出口产品的质量在 2000—2006 年期间呈现分布总体右移,分布形态平稳的特点。

表 4-1 2000—2006 年中国出口产品总体质量分布

年份	样本数	均值	中位数	25%分位数	75%分位数	标准差
2000	42 256	0.711	0.536	0.172	1.048	0.854
2001	57 551	0.720	0.540	0.176	1.054	0.856
2002	76 284	0.712	0.524	0.165	1.039	0.858
2003	205 935	0.710	0.535	0.192	1.034	0.834
2004	345 489	0.769	0.586	0.242	1.089	0.846
2005	392 192	0.826	0.643	0.287	1.149	0.859
2006	506 333	0.868	0.678	0.302	1.213	0.890
总体	1 626 040	0.800	0.617	0.256	1.132	0.865

我们接下来考察不同所有制企业之间的出口质量变化有何差别。我们将样本中的出口企业根据制造业企业数据库中的"登记注册类型"分为五个类别,分别为国有企业、集体企业、民营企业、港澳台资企业、外资企业五个类

别,结果列于表 4-2。

表 4-2 不同所有制企业出口产品质量情况(中位数)

年份	国有企业	集体企业	民营企业	港澳台资企业	外资企业
2000	0.469	0.304	0.472	0.525	0.709
2001	0.647	0.332	0.460	0.514	0.665
2002	0.501	0.413	0.437	0.534	0.638
2003	0.517	0.428	0.465	0.539	0.651
2004	0.545	0.485	0.529	0.586	0.677
2005	0.544	0.527	0.587	0.637	0.737
2006	0.654	0.511	0.627	0.664	0.773

表 4-2 和图 4-1 刻画了样本期间不同所有制企业出口产品质量中位数的变化。可以看到,在样本初期 2000 年,外资企业和港澳台资企业的出口产品质量最高,国有企业和民营企业次之,集体企业的出口质量最低。在整个样本期间,民营企业、集体企业和港澳台资企业的整体出口质量均有提升,提升幅度在 15%—20%;国有企业的出口质量波动较大,在 2001 年达到高峰之后又有回落,之后保持较为平稳的增长,总体有所上升;外资企业的出口质量在样本期间呈现轻微的倒 U 形特点,总体也上升了 7% 左右。截至到样本期末,国有企业、民营企业和港澳台资企业三种类型企业的出口质量已经非常接近,外资企业与内资企业之间的质量水平差距已大大缩小,内资企业整体呈现明显的质量追赶态势。①

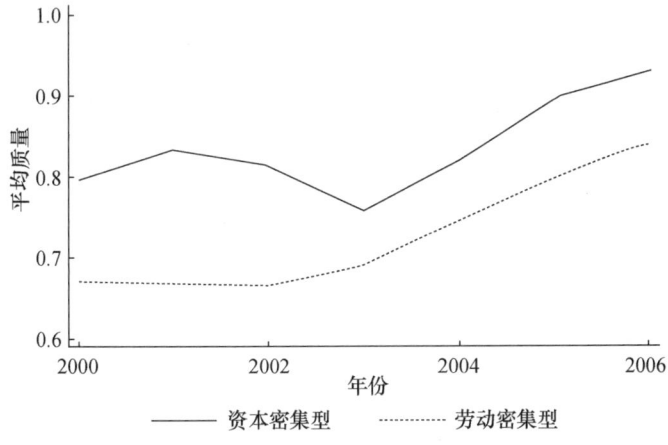

图 4-1 不同资本密集度行业出口质量水平变化

---

① 我们还对比了不同地区间的出口质量增长情况,限于篇幅未予汇报,感兴趣的读者可联系作者索取。

二、分行业情况

我们进一步细分行业,研究哪些具体的行业经历了最大幅度的质量升级和降级。我们根据中国国民经济行业分类(CIC)的 2 位码行业,计算不同行业在期初 2000 年和期末 2006 年的标准化出口产品质量均值,由于 2001 年年末中国加入 WTO 这一重大事件的发生,我们也同样计算 2002 年各行业的出口产品质量均值,结果列于表 4-3。

表 4-3　国民经济行业分类(CIC)2 位码行业出口产品质量情况

CIC 2 位码行业	总体	2000 年	2002 年	2006 年	2000—2006 年	2002—2006 年
农副食品加工	0.463	0.833	0.738	0.455	−0.377***	−0.282***
食品制造	0.849	0.949	0.909	0.844	−0.105***	−0.065**
饮料制造	0.697	0.750	0.521	0.722	−0.029	0.201***
纺织	0.498	0.304	0.329	0.545	0.241***	0.216***
纺织服装鞋帽制造	0.567	0.510	0.483	0.627	0.117***	0.144***
皮革毛皮羽毛(绒)及其制品	0.602	0.539	0.529	0.634	0.094***	0.104***
木材加工及木竹藤棕草制品	0.636	0.627	0.453	0.725	0.098***	0.273***
家具制造	0.733	0.409	0.523	0.900	0.491***	0.378***
造纸及纸制品	0.487	0.312	0.252	0.613	0.301***	0.361***
印刷业和记录媒介的复制	1.143	0.923	0.928	1.346	0.423***	0.418***
文教体育用品制造	0.894	0.717	0.767	0.976	0.260***	0.209***
化学原料及化学制品制造	0.703	0.627	0.571	0.753	0.127***	0.183***
医药制造	1.444	1.164	1.368	1.554	0.390***	0.186***
化学纤维制造	1.244	0.970	1.225	1.288	0.318***	0.062*
橡胶制品	1.517	1.215	1.430	1.641	0.426***	0.211***
塑料制品	1.095	0.847	0.945	1.193	0.346***	0.249***
非金属矿物制品	0.718	0.542	0.734	0.818	0.276***	0.084***
黑色金属冶炼及压延加工	0.259	0.216	0.341	0.262	0.046*	−0.079***
有色金属冶炼及压延加工	0.553	0.297	0.273	0.478	0.181***	0.205***
金属制品	0.730	0.808	0.911	0.737	−0.072***	−0.174***
通用设备制造	0.982	0.961	0.866	1.061	0.100***	0.195***
专用设备制造	1.455	1.137	1.256	1.547	0.410***	0.290***
交通运输设备制造	0.772	0.861	0.701	0.830	−0.031	0.129***
电气机械及器材制造	0.830	—	—	0.827	—	—
通信设备计算机及其他电子设备制造	1.245	0.783	0.566	1.415	0.632***	0.850***
仪器仪表及文化办公用机械制造	1.291	1.748	1.278	1.382	−0.366***	0.104***
工艺品及其他制造	0.642	1.153	1.118	0.632	−0.521***	−0.486***

注:***、**、*分别代表在 1%、5%、10%水平上显著。

表 4-3 显示,无论是 2000—2006 年期间还是 2002—2006 年期间,在全部 26 个制造业行业中,大部分行业的出口均呈现质量升级。以 2000—2006 年期间为例,质量增长速度最快的行业包括通信设备计算机及其他电子设备制造(63%)、家具制造(49%)、印刷业和记录媒介的复制(42%)、橡胶制品(42%)、专业设备制造(41%)、医药制造(39%)。呈现平均质量下降的行业则包括工业品及其他制造(52%)、农副食品加工(38%)、仪器仪表及文化办公用机械制造(37%)、食品制造(11%)。由于不同行业之间存在异质性,影响各个行业出口质量的因素也不同,我们的测算结果显示,中国大部分行业出口质量在 2000—2006 年和 2002—2006 年期间均有显著的提升。

三、目的地收入水平

我们比较中国出口到不同国家的制造业产品质量有何特点。我们首先按照式(4-13)对 t 年出口到 j 国所有产品类别的质量进行加权平均:

$$\text{qual}_{jgt} = \frac{\text{qual}_{ijgt} \cdot \text{value}_{ijgt}}{\sum_i \text{value}_{ijgt}} \tag{4-13}$$

若在 t 年的某一 HS 6 位码产品类别 g 中,出口到 j 国的 qual_{jgt} 为最高,则我们将这一产品定义为所谓的"质量领导者"(quality leader),构造相应的虚拟变量 leader_{jgt},如式(4-14):

$$\text{leader}_{jgt} = \begin{cases} 1, & \text{qual}_{jgt} = \max_l \text{qual}_{lgt} \\ 0, & \text{qual}_{jgt} \neq \max_l \text{qual}_{lgt} \end{cases} \tag{4-14}$$

依照 Amiti and Khandelwal(2013)的方法,我们将 j 国在 t 年所有类别 g 的 leader_{jgt} 加总,得到中国在 t 年出口到 j 国的"质量领导者"的数量,将其加 1 取对数得:

$$\ln(\text{num\_of\_leader}_{jt}) = \ln\left(1 + \sum_g \text{leader}_{jgt}\right)$$

因此 $\ln(\text{num\_of\_leader}_{jt})$ 反映了中国在 t 年对 j 国出口产品总质量的高低。在图 4-2 中,我们将 2000 年、2002 年、2004 年和 2006 年每个国家的 $\ln(\text{num\_of\_leader}_{jt})$ 指标对各国当年人均 GNI(不变价)做散点图和线性拟合,结果表明在跨国层面上,出口品质量与目的地收入水平有很强的正相关,且这一关系在不同年份间均相当稳定:四年内相应的相关系数分别为 0.53、0.56、0.61、0.59。Hallak(2006)、Hallak and Schott(2011)、Feenstra-Romalis (2014)等研究均发现进口国的收入水平与进口产品质量呈正相关,我们的描述性事实支持了这一现象的存在。

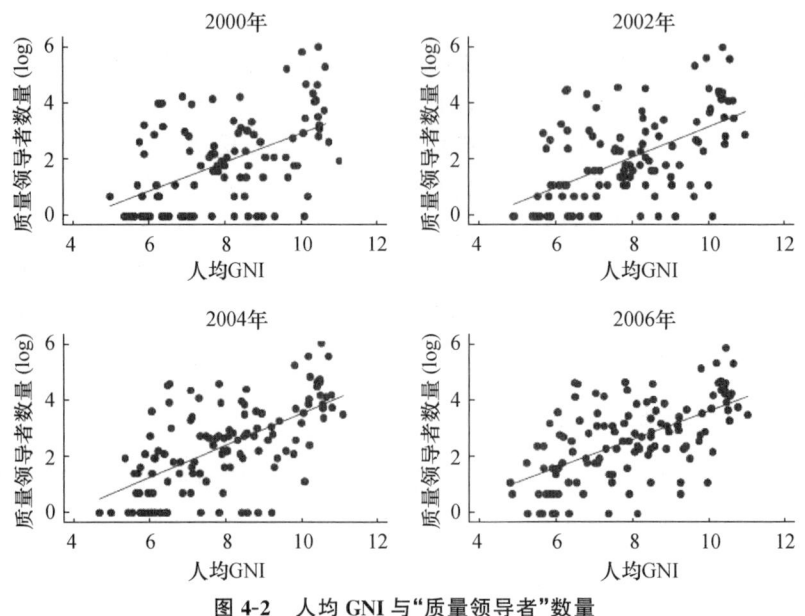

图 4-2　人均 GNI 与"质量领导者"数量

四、总体质量变化动态分解

我们进一步探讨在中国制造业总体出口质量的动态变化中，持续出口品种的效应和进入/退出品种的效应，即集约边际和扩展边际。利用 Melitz and Polanec(2015)提出的动态 Olley-Pakes(OP)分解方法，我们首先将样本期间出口质量的总体变化分解为持续出口品种的效应、新进入品种的效应和退出品种的效应；之后我们进一步在持续出口品种的效应中区分两种效应：一是品种自身的质量提升效应，即品种内效应；二是不同品种之间市场份额再分配的效应，即品种间效应。①

我们首先将一年作为区间长度做逐年分解。表 4-4 中 A 部分呈现了对总体质量变化的分解结果。总体产品质量在 2000—2003 年间逐年下降，降幅逐步收窄。这三年期间质量降级的主要来源有所不同：在贸易自由化前(2000—2001 年)，退出品种是质量降级的主要原因(−14%)，而在贸易自由化发生之后(2001—2002 年、2002—2003 年)，质量降级主要由进入品种导致(−4.8% 和 −8%)。这暗示在贸易自由化前，出口市场存在一定的错配现象：与持续出口品种相比，退出出口市场的品种质量反而更高；贸易自由化发

---

① 限于篇幅，我们略去动态 Olley-Pakes 分解方法的推导过程，感兴趣的读者可联系作者索取。

生之后，一部分相对低质量的品种开始进入出口市场，因此导致进入品种成为质量降级的主要原因。这三年期间持续出口品种的贡献由负转正。

表 4-4 出口产品质量动态分解：集约边际与扩展边际

样本期	持续出口品种	新进入品种	退出品种	平均
A：逐年分解				
2000—2001	−0.003	0.044	−0.140	−0.099
2001—2002	−0.013	−0.048	0.025	−0.036
2002—2003	0.067	−0.080	−0.009	−0.022
2003—2004	0.069	−0.029	0.032	0.073
2004—2005	0.091	−0.031	0.040	0.100
2005—2006	0.016	−0.005	0.016	0.027
B：贸易自由化前后对比（2000—2001 年 vs. 2001—2006 年）				
2000—2001	−0.003	0.044	−0.140	−0.099
2001—2006	0.387	−0.412	0.166	0.141

而自 2003 年之后，每年的总体质量逐步上升，在 2004—2005 年达到最高，为 10%。在这期间持续出口品种和退出品种对质量升级均有正向贡献，且均在 2004—2005 年期间达到最高，分别为 9.1% 和 4%，退出品种的正贡献表明一部分相对低质量的品种退出出口市场是质量升级的重要原因；进入品种的贡献持续为负，意味着在开放期间，另一部分相对低质量的品种进入出口市场，对总体质量的提升造成了负向作用。

我们对贸易自由化的前后两段时期（2000—2001 年和 2001—2006 年）进行动态 OP 分解。表 4-4 中 B 部分呈现了分解结果。其中贸易自由化前的分解结果与 2000—2001 年的结果相同，而 2001—2006 年的分解结果显示，贸易自由化发生之后，中国总体出口质量提升了 14.1%，其中持续出口品种贡献 38.7%，退出品种贡献 16.6%，进入品种贡献 −41.2%。因此，一方面，在贸易自由化进程中，持续出口品种是总体质量提升的主要驱动因素，而一部分相对低质量的品种退出市场也是总体质量提升的重要原因。另一方面，贸易自由化也使另一部分相对低质量的品种进入出口市场，其影响总体上大于退出品种的提升作用，减缓了总体质量提升的进程。

我们进一步探讨其中品种自身质量提升和不同品种间市场份额再分配两种效应的贡献，进行逐年分解和贸易自由化前后的分解，结果列于表 4-5。

表 4-5 集约边际动态分解:品种内/品种间效应

样本期	存活品种	品种内效应	品种间效应
A:逐年分解			
2000—2001	−0.003	0.019	−0.022
2001—2002	−0.013	−0.005	−0.008
2002—2003	0.067	0.006	0.061
2003—2004	0.069	0.031	0.038
2004—2005	0.091	0.039	0.052
2005—2006	0.016	0.013	0.004
B:贸易自由化前后对比(2000—2001 年 vs. 2001—2006 年)			
2000—2001	−0.003	0.019	−0.022
2001—2006	0.387	0.100	0.287

表 4-5 中 A 部分表明,在 2000—2001 年和 2001—2002 年两期,持续出口品种的质量降级主要来自市场份额再分配效应,这说明在此期间市场份额的错配导致了持续出口品种总体质量的下降,而持续出口品种自身质量则有所提高。2002 年之后,持续出口品种的总体质量水平持续上升,两种效应均为正贡献,说明在贸易自由化之后,品种自身的质量持续提升,同时相对高质量的品种也获得了更大的市场份额,从市场份额再分配这一渠道促进了持续出口品种总体质量的提升。表 4-5 中 B 部分呈现了在贸易自由化前后两种效应各自的贡献,可以看到,在贸易自由化发生之后,持续出口品种总体质量水平提升了 38.7%,其中 10% 来自品种自身质量水平的提升,28.7% 来自市场份额分配的改善,高质量的品种获得了更大的市场份额。两种效应的贡献之比大约为 1∶3,不同品种间的市场份额再分配效应占主导作用。

第五节 结　　语

中国制造业的出口质量在新世纪以来如何变化?回答这一问题要求我们准确地测算出口产品质量。在本章中,我们首先提出,目前较为广泛使用的出口质量测算方法(Khandelwal et al.,2013,即 KSW 方法)在理论和实证意义上分别存在局限性:① 理论上,现有方法仅考虑了需求面因素,将质量作为外生给定,忽略了供给面的重要因素;② 数据上,现有方法采用出口离岸单价(FOB 价格)代替出口到岸单价(CIF 价格)作为出口目的地消费者所面对的价格,引起变量测量误差;③ 估计上,现有方法在估计出口质量时使用固定效应去除不可观测因素的做法,会导致质量测算值跨时跨国不可比。为了解决现有方法存在的问题,我们提出新的出口产品质量测算办法,从以下几方面进行创新和改进:① 采用 Feenstra-Romalis(2014)的理论框架,全面考虑供给和需求因素,并证明我们所用的理论框架实际上包含了目前广泛使用的 KSW 方法;② 提出基于微观数据的测算办法,体现企业生产率异质性的重要作用,测算企业-产品层面的出口质量;③ 消除价格的测量误差,同时避免使用固定效应去除宏观因素,保证测算得到的质量指标在跨时和跨国意义上可比。

我们利用中国制造业企业数据和海关进出口数据,准确测算中国制造业一般出口企业出口质量,有以下主要发现:① 2000—2006 年期间,中国制造业总体出口质量水平呈现分布总体右移,分布形态平稳的特征,出口质量水平总体上升约 15%。② 大部分行业的出口质量水平有显著提升,出口到高收入国家的质量水平更高。③ 在贸易自由化进程中,持续出口品种的质量提升是最为重要的原因,退出品种和进入品种的产品质量相对较低,分别促进和减缓了总体质量提升的进程;在持续出口品种的质量提升中,品种自身质量水平提升和不同品种间的市场份额再分配效应之比大约为 1∶3,市场份额再分配效应占主导作用。

我们的研究结论表明,中国制造业出口质量水平呈现整体提升的趋势。而发挥市场机制、完善资源配置,能够通过减少市场份额错配这一渠道助推质量升级。在国际金融危机之后,全球产业竞争格局发生重大变革,发达国家开启"再工业化"进程,发展中国家也积极参与产业再分工,我国的制造业面临全球竞争加剧的格局,风险与机遇共存。世界市场一体化和竞争的日趋激烈会如何影响企业的产品质量和竞争力?这是我们在今后研究中希望进一步深入探讨的问题。

第五章 人民币汇率和加工出口的国内附加值*

本章通过理论建模和实证分析研究了汇率变动对加工贸易企业国内附加值比的影响。一方面,本币贬值通过影响企业对进口和国内中间品的配置,导致其国内附加值比重提高。另一方面它还影响出口企业的定价策略,促使其成本加成提高,使得加工贸易企业的国内附加值比提高。本章用2000—2009年中国工业企业和海关贸易数据对理论预期进行了实证检验,并发现按初始年进口份额加权的名义有效汇率通过这两个渠道使得加工贸易企业的国内附加值比显著提高。

第一节 引 言

改革开放以来,我国对外贸易突飞猛进,逐步成为世界性产品生产基地和区域性加工枢纽,并在全球产品供应链上占据重要位置。利用全球价值链,增加对国内中间品和服务的需求,提高技术水平,为我国创造了就业,实现了经济的高速增长(Gereffi and Memedovic,2003;Feenstra and Wei,2009)。根据联合国《工业发展报告(2013)》,1970—2011年我国中间品出口年增长率约为24%,远高于其他亚洲国家,而中间品进口年增长率约为13%,与其他亚洲国家基本持平。中间品进出口增长率的差异间接反映了我国出口国内附加值比重的提升。与此同时,加工贸易迅速壮大,并在我国对外贸易中占据重要地位。如图5-1所示,2000—2005年我国加工出口占总出口的比重一直稳定在55%左右(Kee and Tang,2016;戴觅等,2014),而2006年以后则稳步下降。2000—2004年,加工贸易出口和进口份额差值基本保持不变。2006—2011年,加工出口和进口的差额逐步拉大。加工进出口份额差值的拉大也间接反映了我国加工贸易国内附加值的提升。

---

* 本章是与我的学生崔晓敏博士合作的成果,原文发表在《经济学(季刊)》,2015(9):1—23。

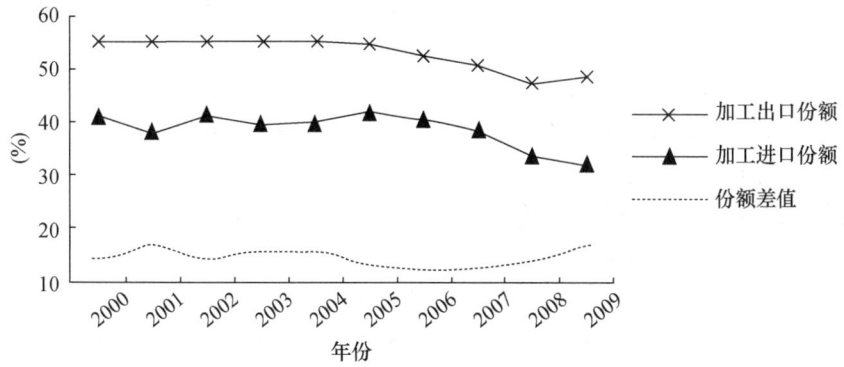

图 5-1　2000—2009 我国加工进出口分额

注：加工出(进)口＝加工贸易总出(进)口额/总出(进)口额。本章主要关注来料和进料加工贸易，而出料加工贸易的占比非常低。份额差值为同年加工出口和进口份额的差值。数据来自中国海关总署。

由于总出口中仅国内附加值部分与一国国内生产密切相关，因而出口附加值估算逐渐成为国际贸易实证研究中较为重要的话题。越来越多的研究开始关注要素价格变动、贸易自由化等对企业出口附加值的影响。Koopman et al.(2012)指出自加入 WTO 以来，我国加工贸易的国内附加值比重持续增加。Kee and Tang(2016)指出 2000—2006 年我国加工贸易企业国内附加值比平均增长 6 个百分点，且不同行业差异较大。木质纸浆及贵金属行业国内附加值比增加甚至超过 20 个百分点。随着加工贸易国内附加值比的提升，人民币双边汇率也显著变动。自 2005 年中国人民银行宣布建立有管理的浮动汇率制度，到 2009 年[①]，人民币对美元、英镑等升值，对捷克克朗和巴拉圭瓜拉尼等小幅贬值。汇率波动影响贸易品的相对价格，进而会对双边贸易造成重大影响。如图 5-1 所示，加工进出口份额差距逐步拉大的时期也是人民币汇率剧烈波动的阶段。人民币汇率波动和加工贸易企业国内附加值比存在怎样的联系？是否是人民币汇率变动带动了加工贸易企业国内附加值比的变化？

本章拓展了 Rodríguez-López(2011)和 Kee and Tang(2016)的理论模型，利用中国工业企业和海关产品层面的贸易数据，计算了按贸易份额加权的企业层面名义的有效汇率，并分析了人民币汇率变动对加工贸易企业国内附加值比的影响。给定其他要素不变，汇率变动一方面通过进口中间品相对价格

---

① 2009 年后，人民币对美元小幅升值，并逐步出现双向浮动甚至贬值的情况。然而受数据限制，后文的分析集中在 2000—2009 年的数据区间。

影响本国企业对生产要素的配置,另一方面则通过出口品相对竞争力,影响企业的进入退出和定价决策,最终引起国内附加值的变化。企业的国内附加值一方面和国内中间品行业的规模、技术进步、质量提升等密切相关,反映了本国企业对国内中间品的相对需求,另一方面它还与企业自身的技术进步、生产率等相关。企业附加值提升是我国实现经济转型升级的重要内容。考虑到加工贸易在我国占据重要地位,因而研究汇率变动对加工贸易企业国内附加值的影响具有重要意义。

本章主要和垂直分工与全球产品供应链、汇率变动与对外贸易这两支文献相关。已有大量的理论和实证研究关注垂直分工和全球产品供应链,并逐渐细化出加工贸易及国内附加值核算两个支流。作为垂直分工的一种特殊形式,加工贸易的研究一方面关注其与一般贸易的差别,如人均工业增加值、资本劳动比及生产率较低,外资依赖程度越高(余淼杰,2011;戴觅等,2014),生产波动性越大(Bergin et al.,2009)等。因此在研究加工贸易盛行的国家的企业行为时,应分别考虑加工贸易和一般贸易两种生产结构。另一方面则关注加工贸易在解释双边贸易平衡(Xing,2012)、中国对外出口产品复杂度(Wang and Wei,2008)等方面的作用。然而这些文章均未涉及加工贸易国内附加值计算问题,不能解释加工贸易国内附加值比上升这一现象。

在附加值计算这一分支文献中,按照计算方法分为两类:① 根据一国的投入产出表计算不同行业的国内附加值比(HIY 及 KWW 方法[①],Johnson and Noguera,2012);② 根据工业企业和产品层面贸易数据合并后的样本,计算加工贸易企业的国内附加值比(Kee and Tang,2016)。Koopman et al.(2012,2014)认为传统的 HIY 方法没有将投入产出表中加工贸易和一般贸易企业分开,高估了加工贸易盛行的国家的国内附加值比。尽管 KWW 方法对投入产出表做出了这一调整,但是忽略企业异质性也可能导致加总偏误。Kee and Tang(2016)根据纯加工贸易企业加工进口全部用于加工出口这一特征,提供了纯加工贸易企业国内附加值比的计算方法,并考虑行业层面汇率变动及贸易自由化等对行业内国内附加值比平均变动的影响,但他们发现汇率变动并不显著影响国内附加值比。

而汇率变动与对外贸易这一支文献主要关注汇率变动和进口品价格间的不完全关联性,并指出汇率变动可通过进口价格影响企业的出口行为(如 Campa and Goldberg,2005;Gopinath and Rigobon,2008;Rodríguez-López,2011;等等)。Berman et al.(2012)利用法国企业层面数据,分析了汇率变动

[①] HIY、KWW 方法分别指 Hummels et al.(2001)及 Koopman et al.(2012)提供的计算方法。

对企业出口行为的影响,发现本币贬值将导致高生产率企业的出口略微增加、出口成本加成显著提高。具体到人民币汇率层面,卢向前、戴国强(2005),刘尧成等(2010),戴觅等(2013)发现人民币升值将提高中国贸易逆差压力。

本章的贡献主要体现在以下两个方面。在理论建模方面,本章拓展了Rodríguez-López(2011)和Kee and Tang(2016)的模型,在替代弹性可变的消费者偏好下,考虑中间品在企业生产中的作用,并将汇率变动引入企业的生产决策,进而刻画了汇率变动影响加工贸易企业国内附加值比的理论机制。本章的理论模型指出汇率变动不仅通过进口和国内中间品配置(Kee and Tang,2016),还通过影响企业的进入退出和定价决策,进而影响加工贸易企业的成本加成和国内附加值比。在实证研究方面,本章从以下三个方面拓展了Kee and Tang(2016)的实证分析。首先,本章计算了混合贸易企业中加工贸易部分的国内附加值比,并研究了汇率变动对其影响。2000—2006年,混合贸易企业出口平均占我国总出口的36.2%、总加工出口的66.1%,因而研究汇率变动对其加工贸易部分国内附加值比的影响具有重要意义。其次,考虑到企业层面外汇风险暴露度的异质性,本章计算了企业层面按贸易份额加权的名义有效汇率。来料加工企业和外国公司签订合同并赚取加工费,汇率变动对其影响不大。而进料加工企业自主选择中间品来源地,外汇风险暴露度较大。最后,本章提供了汇率变动影响加工贸易国内附加值比及其影响渠道的企业层面证据。

本章结构如下:第二节建立汇率和国内附加值比的理论模型;第三节对实证分析使用的数据和变量进行说明;第四节由结构方程导出回归式,并进行计量分析;第五节对可能存在的进口资本品和内生性等影响因素进行稳健性检验;第六节讨论汇率变动对国内附加值比影响的经济显著性和影响机制;最后一节为结论和政策建议。

第二节 模 型

有关汇率和进口价格传递机制的文献已指出汇率变动可通过进口价格及要素成本影响企业的国内附加值。本章在替代弹性可变的消费者偏好下,将汇率冲击引入企业的生产决策,并在汇率传递机制模型(Rodríguez-López,2011)中考虑中间品的作用(Kee and Tang,2016),进而刻画了汇率变动影响加工贸易企业国内附加值比的理论机制。理论模型指出汇率变动除通过进口中间品相对价格外,还通过出口品相对竞争力,影响企业的进入退出决策,改变出口企业的相对平均水平的生产效率,进而影响其国内附加值比。[①]

一、需求方面

同 Rodríguez-López(2011),代表性消费者对最终产品的偏好是一个连续形式的超对数支出函数:

$$\ln E_t = \ln U_t + \alpha_t + \frac{1}{N_t}\int_{i\in\Delta_t}\ln p_{it}\,di + \frac{\gamma}{2N_t}\int_{i\in\Delta_t}\int_{j\in\Delta_t}\ln p_{it}(\ln p_{jt}-\ln p_{it})\,dj\,di \tag{5-1}$$

其中,N_t 表示 t 期本国代表性消费者偏好且真实存在的异质性产品集合 Δ_t 内的产品数目。E_t 表示代表性消费者为实现效用 U_t 所需支付的最低支出。p_{it} 为差异化产品 $i(i\in\Delta_t)$ 在 t 期的价格。外国代表性消费者的偏好与本国类似,相应变量均带上标 $*$ 加以区分,如 E_t^*、U_t^* 等。$\gamma(>0)$ 衡量了不同产品间的替代程度,γ 越大替代程度越高。α_t 为代表性消费者对数支出中随时间变化的固定效应。

代表性消费者的最优化目标为给定收入水平,消费者通过选择不同的消费组合来最大化效用水平。由消费者理论的对偶性可知,这一最优化目标等同于给定效用水平,消费者通过选择不同的消费组合来最小化支出。由于式(5-1)直接给出了支出函数的表达形式,则根据谢泼德引理,代表性消费者对异质性产品 i 的需求为:

$$q_{it} = \gamma\left(\ln\frac{\hat{p}_t}{p_{it}}\right)\frac{I_t}{p_{it}} \tag{5-2}$$

其中,$\hat{p}_t = e^{\frac{1}{N_t\gamma}+\overline{\ln p_t}}$, $\overline{\ln p_t} = \frac{1}{N_t}\int_{j\in\Delta_t}\ln p_{jt}\,dj$

$\hat{p}_t$ 是企业在本国市场所能定的以本币表示的最高价格。I_t 为以本币表示的本国代表性消费者的总消费支出。

二、供给方面

为计算企业的国内附加值比,本章拓展了 Rodríguez-López(2011)的理论模型,在企业的生产函数中同时考虑资本和中间品的作用。随着贸易自由化进程的加快,中间品在国际贸易中扮演着越来越重要的角色,并直接影响企业的国内附加值。本章在企业的生产函数中考虑劳动、资本、中间品三种要素。假设要素市场完全竞争,即要素价格不受单个企业生产决策的影响,且

[①] 由于文章的基本设定与以上两篇文献类似,为避免重复并突出文章的贡献,除必要的设定外,文章将直接引用这两篇文章的结论,并对进行拓展的地方做详细说明。如果读者需要模型部分结论的详细推导可向作者索取。

资本和劳动不能跨国流动。中间品和最终品可以相互贸易,且以最终品市场垄断竞争。每个企业可以使用本国资本、劳动、国内中间品 m_{it}^D 或进口中间品 m_{it}^I 进行生产,但仅能生产一种产品。企业需先支付进入成本,才能知道其生产率(Melitz,2003)。异质性企业 i 在 t 期的生产函数为:

$$y_{it} = \varphi_{it} k_{it}^{\alpha_k} l_{it}^{\alpha_l} m_{it}^{\alpha_m}, \quad \alpha_k + \alpha_l + \alpha_m = 1 \tag{5-3}$$

其中,y_{it} 为企业 i 在 t 期生产的最终产品 i 的数量。φ_{it} 为全要素生产率,并服从帕累托分布。k_{it}、l_{it} 和 m_{it} 分别为最终品生产投入的资本、劳动及中间品数量。α_k、α_l、α_m 依次为总成本中资本、劳动以及中间品投入份额。中间品 m_{it} 由国内和进口中间品构成:

$$m_{it} = \left[(m_{it}^D)^{\frac{\sigma-1}{\sigma}} + (m_{it}^I)^{\frac{\sigma-1}{\sigma}} \right]^{\frac{\sigma}{\sigma-1}}, \quad \sigma > 1 \tag{5-4}$$

其中,σ 为国内中间品 m_{it}^D 和进口中间品 m_{it}^I 间的替代弹性。本章在 Rodríguez-López(2011)基础上引入三种生产要素,拓展了汇率影响企业出口行为的渠道。汇率既可能通过最终品市场,又能通过投入品市场影响企业出口行为。

企业通过配置劳动、资本和中间品三种投入要素,来最小化其生产成本,即

$$\min_{l_{it}, k_{it}, m_{it}} (w_t l_{it} + r_t k_{it} + p_t^M m_{it})$$

s.t.
$$\varphi_{it} k_{it}^{\alpha_k} l_{it}^{\alpha_l} m_{it}^{\alpha_m} \geq y_{it} \tag{5-5}$$

由此,可得企业 i 在 t 期的成本和边际成本函数为:

$$c_{it} = \frac{y_{it}}{\varphi_{it}} \left(\frac{r_t}{\alpha_k}\right)^{\alpha_k} \left(\frac{w_t}{\alpha_l}\right)^{\alpha_l} \left(\frac{p_t^M}{\alpha_m}\right)^{\alpha_m} \tag{5-6}$$

$$\mathrm{mc}_{it} = \frac{\theta}{\varphi_{it}}, \quad \theta = \left(\frac{r_t}{\alpha_k}\right)^{\alpha_k} \left(\frac{w_t}{\alpha_l}\right)^{\alpha_l} \left(\frac{p_t^M}{\alpha_m}\right)^{\alpha_m} \tag{5-7}$$

其中,p_t^M 为中间品价格指数。① 企业的边际成本 mc 为其全要素生产率 φ_{it} 及要素价格(r_t, w_t, p_t^M)的函数。企业生产率越高,边际成本越低。

三、均衡条件

给定产品 i 的需求式(5-2)和边际成本式(5-7),则企业 i 在 t 期最大化

---

① 企业 i 在 t 期最小化生产成本,即式(5-5)。这一命题等同于 $\min\limits_{l_{it}, k_{it}, m_{it}} (w_t l_{it} + r_t k_{it} + p_t^M m_{it})$,s.t. $\varphi_{it} k_{it}^{\alpha_k} l_{it}^{\alpha_l} m_{it}^{\alpha_m} \geq y_{it}$。联立这两个命题,可得 $\min\limits_{m_{it}^D, m_{it}^I} (p_t^{DM} m_{it}^D + p_t^{IM} m_{it}^I)$,s.t. $\left[(m_{it}^D)^{\frac{\sigma-1}{\sigma}} + (m_{it}^I)^{\frac{\sigma-1}{\sigma}} \right]^{\frac{\sigma}{\sigma-1}} \geq m_{it}$。即给定最优中间品投入,企业自主选择国内和进口中间品从而使得中间品支出成本最小。则中间品价格指数为 $p_t^M = [(p_t^{DM})^{1-\sigma} + (p_t^{IM})^{1-\sigma}]^{\frac{1}{1-\sigma}}$。

生产利润[①]:

$$\underset{l_{it},k_{it},m_{it}}{\text{Max}} (p_{it}y_{it} - mc_{it}y_{it}) \tag{5-8}$$

可得其最优的定价策略为:

$$p_{it} = \frac{mc_{it}}{1+\dfrac{1}{\eta_{it}}} = (1+\mu_{it})mc_{it} \tag{5-9}$$

其中,η_{it} 和 μ_{it} 分别为企业 i 在 t 期面临的需求的价格弹性和供给的成本加成。由式(5-2),产品 i 需求的价格弹性为:

$$\eta_{it} = \frac{\partial q_{it}}{\partial p_{it}} \frac{p_{it}}{q_{it}} = \frac{-1}{\ln\left(\dfrac{\hat{p}_t}{p_{it}}\right)} - 1 \tag{5-10}$$

将式(5-10)代入式(5-9)可得:

$$\mu_{it} = \Omega\left(\frac{\hat{p}_t}{mc_{it}} e\right) - 1 \tag{5-11}$$

其中,e 为自然对数的底数。Ω 为朗伯 W 函数,是方程 $x=f(\Omega)=\Omega e^{\Omega}$ 的反函数,且 $\partial\Omega(x)/\partial x>0$,$\partial^2\Omega(x)/\partial x^2<0$,$\Omega(0)=0$,$\Omega(e)=1$。

国内和出口市场中生产率最低的企业成本加成为零且获得零利润。令

$$\phi_r = \inf\{\phi_{it} : \mu_{it}^r(\phi_{it}) \geqslant 0\}$$

$$\phi_r^* = \inf\{\phi_{it} : \mu_{it}^{r*}(\phi_{it}) \geqslant 0\}, \quad r \in \{D, X\}$$

分别为国内(记作 D)和出口(记作 X)市场生产率临界值。由于企业在目的国市场能定的最高价格为该市场的价格上限,故:

$$\varphi_D = \frac{\theta_t}{\hat{p}_t}, \quad \varphi_X = \frac{\tau\theta_t}{\varepsilon\hat{p}_t^*}, \quad \varphi_D^* = \frac{\theta_t^*}{\hat{p}_t^*}, \quad \varphi_X^* = \frac{\tau^*\varepsilon\theta_t^*}{\hat{p}_t} \tag{5-12}$$

联立式(5-7)、(5-11)和(5-12)可得:

$$\mu_{it}^r(\varphi_{it}) = \Omega\left(\frac{\varphi_{it}}{\varphi_r} e\right) - 1, \quad r \in \{D, X\}$$

$$\mu_{it}^{r*}(\varphi_{it}) = \Omega\left(\frac{\varphi_{it}}{\varphi_r^*} e\right) - 1, \quad r \in \{D, X\} \tag{5-13}$$

四、国内附加值

根据定义,企业的国内附加值等于其总产出中扣除进口中间品的部分,而国内附加值比为其国内附加值占总产出的份额(Kee and Tang,2016)。故

---

① 略去固定成本。由于企业面临的固定成本为常数,故它并不影响企业的最优定价策略。此外,本章考虑替代弹性可变的超对数支出函数,也不依赖于假设国内和出口企业固定成本差异来计算出口企业生产率的临界值。

企业 i 在 t 期的国内附加值为 $\text{DVA}_{it} = p_{it}y_{it} - p_t^{\text{IM}} m_{it}^I$，国内附加值比为 $\text{DVAR}_{it} = \text{DVA}_{it}/p_{it}y_{it}$。给定最优中间品投入，企业自主选择国内和进口中间品从而使得中间品支出成本最小。

$$\underset{m_{it}^D, m_{it}^I}{\text{Min}} (p_t^{\text{DM}} m_{it}^D + p_t^{\text{IM}} m_{it}^I)$$

s.t. $\quad [(m_{it}^D)^{\frac{\sigma-1}{\sigma}} + (m_{it}^I)^{\frac{\sigma-1}{\sigma}}]^{\frac{\sigma}{\sigma-1}} \geqslant m_{it}$ (5-14)

其中，p_t^{DM} 和 p_t^{IM} 分别为以本币标价的国内和进口中间品价格。① 由一阶条件可得：

$$\frac{p_t^{\text{IM}} m_{it}^I}{p_t^M m_{it}} = \frac{1}{1 + \left(\dfrac{p_t^{\text{IM}}}{p_t^{\text{DM}}}\right)^{\sigma-1}} \quad (5\text{-}15)$$

将式(5-6)、(5-9)和(5-15)代入国内附加值比的定义式可得：

$$\text{DVAR}_{it} \equiv 1 - \frac{p_t^{\text{IM}} m_{it}^I}{p_{it} y_{it}} = 1 - \frac{\alpha_m}{(1+\mu_{it})} \frac{1}{1 + \left(\dfrac{p_t^{\text{IM}}}{p_t^{\text{DM}}}\right)^{\sigma-1}} \quad (5\text{-}16)$$

由于企业的国内附加值与其生产规模呈正相关，因而本章在随后的研究中主要关注汇率变动对国内附加值比的影响，并由此进一步导出对国内附加值的影响。

由于缺乏一般贸易企业如何在出口和内销上配置国内和进口中间品的数据，本章难以计算一般贸易企业的国内附加值比。已有计算行业国内附加值比的文献均需假设在出口和内销上按生产额均匀分摊国内及进口中间投入(Hummels et al.，2001；Koopman et al.，2012，2014)。然而进口和国内中间品并非等比例替代。和国内中间品相比，进口中间品通常质量更高并包含先进的技术。而加工贸易企业的进口中间品全部用于出口，无内销部分。因此，本章将根据加工进出口额计算加工贸易企业的国内附加值比(Kee and Tang，2016)，进而分析汇率变动对其的影响。令 $p_t^{\text{FM}^*}$ 表示以外币标价的进口中间品的离岸价格，则 $p_t^{\text{IM}} \equiv \tau \cdot \varepsilon p_t^{\text{FM}^*}$。故加工贸易企业的国内附加值比为：

$$\text{DVAR}_{it}^{pe} = 1 - \frac{\alpha_m}{1+\mu_{it}^X} \frac{1}{1 + \left(\dfrac{\tau^* \varepsilon p_t^{\text{FM}^*}}{p_t^{\text{DM}}}\right)^{\sigma-1}} \quad (5\text{-}17)$$

其中，pe 代表加工贸易。μ_{it}^X 表示企业 i 在 t 期出口的成本加成。τ^* 为将商品

---

① 本章忽略国内(进口)中间品内部的异质性。

从外国运到本国的冰山成本,即外国运输 τ^* 单位产品才能保证 1 单位产品到达本国。ε 为 1 单位外币的本币价格,ε 增加表示本币贬值。

本章将基于式(5-17)探讨汇率变动对加工贸易企业国内附加值比的影响。首先,给定其他值不变,若本币贬值(ε 增加),则企业 i 在 t 期的国内附加值比增加。此时,进口中间品的相对价格上升,本国企业对其的配置下降,而对国内中间品的需求增加,因而国内附加值比提高。其次,汇率变动还将通过出口产品的相对竞争力,影响企业的进入退出和定价决策,进而影响其出口的成本加成和国内附加值比。本币贬值时(ε 增加),本国出口产品的价格优势增加,此时较低生产率的企业也可出口,故出口企业全要素生产率的临界值 ϕ_X 下降,即 $\partial\phi_X/\partial\varepsilon<0$。[①] 在位企业相对出口市场平均水平的生产率提升,并有动机提高其成本加成。

$$\frac{\partial \mu_{it}^X(\varphi_{it})}{\partial \varepsilon} = \left(-\frac{\varphi_{it}}{\varphi_X^2}\mathrm{e}\right)\frac{\partial \Omega(x)}{\partial x}\frac{\partial \varphi_X}{\partial \varepsilon} > 0$$

由式(5-17),$\dfrac{\partial \mathrm{DVAR}_{it}^{pe}}{\partial \mu_{it}^X}\dfrac{\partial \mu_{it}^X(\varphi_{it})}{\partial \varepsilon} > 0$。因而汇率变动对加工贸易企业国内附加值比的影响为:

$$\frac{\partial \mathrm{DVAR}_{it}^{pe}}{\partial \varepsilon} = \underbrace{\frac{\alpha_m}{1+\mu_{it}^X}\frac{(\sigma-1)\left(\dfrac{\tau^* p_t^{\mathrm{FM}^*}}{p_t^{\mathrm{DM}}}\right)^{\sigma-1}\varepsilon^{\sigma-2}}{\left[1+\left(\dfrac{\tau^*\varepsilon p_t^{\mathrm{FM}^*}}{p_t^{\mathrm{DM}}}\right)^{\sigma-1}\right]^2}}_{\text{中间品配置渠道}(+)} + \underbrace{\frac{\partial \mathrm{DVAR}_{it}^{pe}}{\partial \mu_{it}^X}\frac{\partial \mu_{it}^X(\varphi_{it})}{\partial \varepsilon}}_{\text{成本加成渠道}(+)}$$

(5-18)

假设本国和外国要素市场完全竞争,故单个企业的生产决策不影响 $p_t^{\mathrm{FM}^*}$ 和 p_t^{DM} 的取值,则汇率变动对加工贸易企业的国内附加值比有两方面影响:① 中间品配置渠道。给定其他要素不变,汇率变动改变本国进口中间品的相对价格,进而直接影响加工贸易企业对进口中间品的配置和其国内附加值比。本币贬值,以本币衡量的进口品的相对价格提高,进口中间品投入份额下降,因而加工贸易企业的国内附加值比提高。② 成本加成渠道。汇率变动还将影响本国出口企业的进入退出和定价策略,进而影响加工贸易企业的成本加成和国内附加值比。本币贬值,企业出口的成本优势增加,生产率低一些的企业也可出口,故出口企业的平均生产率降低。在位企业相对市

[①] $\partial\phi_X/\partial\varepsilon<0$ 的一般均衡推导详见 Rodriguez-López(2011)。尽管本章考虑了三种生产要素,但由于假设要素市场完全竞争,故这一基本结论仍然成立。

场平均水平的竞争力提高,这激励其提高出口的成本加成(Berman et al.,2012;Rodríguez-López,2011)。成本加成提高拉大了加工贸易企业总产值和总投入的比值,提高其利润率,进而提高其国内附加值的比重。值得强调的是,本章理论模型中的直接渠道虽与 Kee and Tang(2016)一致,但 Kee and Tang(2016)控制中间品的投入占总收益的比重不变,即产品的成本加成不变,因而未能刻画汇率变动通过成本加成影响国内附加值比的这一渠道。这也是本章的一个优势。

第三节 数 据

自 2005 年,我国加工贸易企业国内附加值比逐年提高,人民币对美元、澳元、英镑等升值,而对捷克克朗和巴拉圭瓜拉尼等小幅贬值。中国企业层面微观数据提供了分析汇率变动对加工贸易企业国内附加值比影响的良好样本。因而,本章在实证分析中采用中国企业数据来检验理论部分的基本结论。①

一、数据②

本章主要使用三套数据。第一套是中国海关总署提供的 2000—2009 年产品层面贸易数据,第二套是国家统计局提供的 2000—2009 年规模以上工业企业数据,第三套是国际货币基金组织 IFS 数据和世界银行 WDI 数据。本章在实证分析时需要使用企业层面特征变量,如劳动生产率、企业销售额等。而在计算国内附加值比、区分加工贸易和非加工贸易企业时则需要使用产品层面的贸易数据。因此本章采用将这两套数据合并后的样本进行实证分析。本章主要根据企业邮政编码和电话号码将工业企业和产品层面的贸易数据匹配起来,剔除了邮政编码和电话号码无效的企业。合并后的样本为非平衡面板,包含 35 420 家国内附加值比大于 0 小于 1 的加工贸易企业,共计 89 030 个观察值。IFS 数据库提供了双边名义汇率和消费者价格指数数据,而 WDI 数据库则提供各国的 M1 及 M2 数据。根据产品层面贸易数据,企业与不同国家的贸易往来差异很大。这使得根据贸易份额来计算企业层面的名义有效汇率显得十分必要。

---

① 本章假设企业只生产一种产品。关于汇率变动对企业出口产品种类的影响参见余淼杰、王雅琦(2015)。
② 文献中关于我国工业企业和产品层面贸易数据的介绍已经有很多,本章仅作简要概述。详细介绍参见余淼杰(2011)和戴觅等(2014)。

二、主要变量定义

本章将加工出口额大于 0 的企业定义为加工贸易企业。进一步按企业的加工出口占总出口的份额,将加工贸易企业可以分为纯加工贸易企业(加工出口率为 1)和混合贸易企业(加工出口率大于 0 但小于 1)。下文计算了加工贸易企业的国内附加值比,企业层面名义有效汇率,M1、M2 及其增长率等变量。所有本国变量均用下标 h 表示,但为使得变量标识更加简洁,本章通常略去这一下标。

由于政府难以监管企业内部的要素配置,因而混合贸易企业可能将加工进口的原材料用于一般贸易产品的生产。参照 Kee and Tang(2016),本章假设混合贸易企业将加工进口的原材料按照出口额均匀分配到一般和加工出口上,并得到国内附加值比,即 DVAR_{it}^{pe}:

$$\text{DVAR}_{it}^{pe} = 1 - \frac{\text{PIM}_{it}}{\text{PEX}_{it}}, \quad \frac{\text{PEX}_{it}}{\text{TEX}_{it}} = 1$$

$$\text{DVAR}_{it}^{pe} = 1 - \frac{\text{PIM}_{it}}{\text{TEX}_{it}}, \quad 0 < \frac{\text{PEX}_{it}}{\text{TEX}_{it}} < 1$$

其中,PEX_{it} 和 PIM_{it} 分别为加工贸易企业 i 在 t 期的加工出口和进口总额。TEX_{it} 表示加工贸易企业的总出口额。令 $\text{FVAR}_{it}^{pe} \equiv 1 - \text{DVAR}_{it}^{pe}$,表示加工贸易企业 i 在 t 期的国外附加值比。本章随后还将采用未对混合贸易企业加工进口进行均匀分配的国内附加值比进行稳健性检验。

文献中关于企业层面名义有效汇率的计算一般采用随时间变化的贸易权重。因而企业层面名义有效汇率的变动既可能来自国家层面双边汇率的变动,也可能来自贸易权重的变动。面临汇率冲击时,企业倾向于从本币对其升值的国家进口,而向本币对其贬值的国家出口。这使得采用传统企业层面名义有效汇率进行的实证研究存在内生性问题。因而本章采用企业在样本数据初年的贸易权重进行加权以解决因企业自主调整进出口贸易国所导致的内生性问题。按初始年贸易份额加权的企业层面名义有效汇率的计算公式如下:

$$\text{NEER}_{it}^{\delta} = e^{\sum_{\substack{j=1 \\ j \neq h}}^{C} \omega_{ijt_{i0}}^{\delta} \ln(\text{NER}_{jt})}$$

$$\omega_{ijt_{i0}}^{\delta} = \frac{(\text{EX}_{ijt_{i0}})^{1-\delta} (\text{IM}_{ijt_{i0}})^{\delta}}{\sum_{\substack{j=1 \\ j \neq h}}^{C} (\text{EX}_{ijt_{i0}})^{1-\delta} (\text{IM}_{ijt_{i0}})^{\delta}}, \quad \sum_{\substack{j=1 \\ j \neq h}}^{C} \omega_{ijt_{i0}}^{\delta} = 1$$

其中,j 表示国家,为大于 1 小于 C 的整数。C 为国家的总数。t_{i0} 表示企业 i

在样本中的初始年。NER_{jt} 表示 t 期 1 单位 j 国货币所能兑换的人民币。$EX_{ijt_{i0}}$ 表示企业 i 在 t_{i0} 期对国家 j 的出口额。$IM_{ijt_{i0}}$ 表示企业 i 在 t_{i0} 期从国家 j 的进口额。δ 表示进出口虚拟变量,当计算进口权重时 $\delta=1$,计算出口权重时 $\delta=0$。$\omega_{ijt_{i0}}^{\delta}$ 表示贸易权重。当 $\delta=0$ 时,$NEER_{it}^{\delta}$ 表示企业 i 在 t 期按初始年出口份额加权的名义有效汇率,而当 $\delta=1$ 时,则表示按初始年进口份额加权的名义有效汇率。

然而,即使采用初始年贸易权重仍可能存在内生性问题。规模较大的加工贸易企业可能会游说政府以寻求汇率政策优惠。因此文章还采用按初始年贸易份额加权的 M1 及 M2 增长率作为企业层面名义有效汇率的工具变量。一方面,根据相对购买力平价公式,本币贬值率等于本国和外国通货膨胀率的差值。而一国的通货膨胀率和其货币供给增长率密切相关。因此 M1、M2 增长率和双边汇率相关。另一方面,外国的货币供给量通常不受中国企业生产行为的影响。因而企业层面 M1、M2 增长率应满足工具变量外生的要求。此外,和 M1、M2 水平值相比,M1、M2 增长率有效避免了由于货币单位不同而造成的偏差。

$$M1G_{jt} = \frac{M1_{jt} - M1_{jt-1}}{M1_{jt-1}}, \quad M2G_{jt} = \frac{M2_{jt} - M2_{jt-1}}{M2_{jt-1}}$$

$$M1G_{it}^{\delta} = \sum_{\substack{j=1 \\ j \neq h}}^{C} \omega_{ijt_{i0}}^{\delta} M1G_{jt}, \quad M2G_{it}^{\delta} = \sum_{\substack{j=1 \\ j \neq h}}^{C} \omega_{ijt_{i0}}^{\delta} M2G_{jt}$$

其中,$M1_{jt}$ 和 $M2_{jt}$ 为按当地货币单位表示的国家 j 在 t 期的狭义和广义货币供应量。$M1G_{jt}$ 和 $M2G_{jt}$ 则分别表示狭义和广义货币供应量的增长率。当 $\delta=0$ 时,$M1G_{it}^{\delta}$ 表示企业 i 在 t 期面临的按初始年出口份额加权的狭义货币供应增长率。而当 $\delta=1$ 时,则表示企业 i 在 t 期面临的按初始年进口份额加权的狭义货币供应增长率。$M2G_{it}^{\delta}$ 的含义与 $M1G_{it}^{\delta}$ 类似。

三、统计描述

表 5-1 列出了主要变量的均值和标准差,并比较了 2000—2009 年和 2005—2009 年两个时期主要解释变量统计值的差异。由表 5-1 可知,主要变量的均值和方差在 2005 年前后大多发生了变化。对混合贸易企业进行调整的国内附加值比的均值在 2005 年之后上升,而方差则维持不变。2005 年之后,按初始年进口份额加权的名义有效汇率均值相较于全样本均值小幅提升,而按初始年出口份额加权的名义有效汇率均值相较于全样本均值则小幅下降。尽管 2005 年后人民币对美元升值,但同时对部分货币贬值。因而企业层面的名义有效汇率和国家层面的双边名义汇率变化可能并不完全一致。

此外,样本数据中按初始年进口和出口份额加权的名义有效汇率的均值相差较大,但全部贸易企业中这两个名义有效汇率的均值接近。按初始年进口份额加权的 M1 增长率在 2005 年之后有所下降,而按初始年进口份额加权的 M2 增长率则在 2005 年之后上升。这可能是因为基础货币存在乘数效应,政府往往对狭义货币供给的控制更为严格,而随着互联网金融的发展,广义货币供给则难以控制。

表 5-1 主要变量的统计描述

变量名	2000—2009 年		2005—2009 年	
	均值	标准差	均值	标准差
国内附加值比,DVAR	0.58	0.27	0.62	0.27
按初始年进口份额加权的名义有效汇率	1.05	1.70	1.10	1.77
按初始年出口份额加权的名义有效汇率	2.38	2.79	2.33	2.76
按初始年进口份额加权的 M1 增长率(%)	5.58	6.91	4.50	6.33
按初始年进口份额加权的 M2 增长率(%)	4.29	5.59	5.35	5.71
劳动生产率对数	4.84	0.96	5.09	0.96
国有企业虚拟变量①	0.03	0.17	0.00	0.05
外资企业虚拟变量②	0.57	0.50	0.62	0.48
企业销售额对数	10.32	1.32	10.66	1.31

注:表中统计值来自工业企业和产品层面贸易数据合并后且国内附加值比在(0,1)之间的加工贸易企业样本。

资料来源:国家统计局规模以上工业企业数据和中国海关总署产品层面贸易数据。

第四节 实 证 分 析

一、回归方程

企业的国内附加值与其生产规模呈正相关,因而在实证研究中本章主要分析企业层面名义有效汇率对其国内附加值比的影响,由此进一步导出对国内附加值的影响。对式(5-17)左右两边同时取对数得:

$$\ln(1-\text{DVAR}_{it}^{px}) = \ln(\alpha_m) - \ln(1+\mu_{it}^X) - \ln\left[1+\left(\frac{\tau^* \varepsilon p_t^{FM^*}}{p_t^{DM}}\right)^{\sigma-1}\right]$$

(5-19)

---

① 根据企业登记注册类型,广义的国有企业包括国有企业(全资)、国有联营企业、国有与集体联营企业及国有独资公司。

② 当外资持有股份大于 0 时,外资企业虚拟变量等于 1。

由于国内和国外附加值比总和始终为1,且为和理论模型保持一致,并避免可能存在的方程误设问题,本章在实证分析中采用国外附加值比对数作为因变量。事实上,与采用国内或者国外附加值比对数进行回归的结果十分类似。

$$\ln(\text{FVAR}_{it}^{pe}) \equiv \ln(1 - \text{DVAR}_{it}^{pe})$$
$$= \beta_0 + \beta_1 \ln(\text{NEER}_{it}^{\delta=1}) + \beta_2 X_{it} + a_i + \rho_t + \zeta_{it} \quad (5\text{-}20)$$

其中,$\ln(\cdot)$ 表示相应变量的对数。X_{it} 表示其他企业层面控制变量,包括按初始年进口份额加权的外国消费者价格指数①、国有和外资企业虚拟变量(私有企业为对照组)等。a_i 表示企业层面固定效应。ρ_t 表示时间层面固定效应。ζ_{it} 表示随时间变化的企业层面异质性冲击。由理论模型知 $\beta_1 < 0$,即本币贬值导致加工贸易企业的国外附加值比下降、国内附加值比提高。考虑到汇率变动对加工贸易企业的国内附加值比存在两方面影响,本章在实证分析中还将对这两方面影响渠道进行实证检验。

由于 $\text{FVAR}_{it}^{pe} \equiv 1 - \text{DVAR}_{it}^{pe}$,故:

$$\Delta \text{FVAR}_{it}^{pe} = -\Delta \text{DVAR}_{it}^{pe} \quad (5\text{-}21)$$

$$\frac{\Delta \text{FVAR}_{it}^{pe}}{\text{FVAR}_{it}^{pe}} = -\frac{\Delta \text{DVAR}_{it}^{pe}}{\text{FVAR}_{it}^{pe}} \quad (5\text{-}22)$$

由式(5-21)和式(5-22)可知,加工贸易企业国内附加值比和国外附加值比水平值变动方向相反、大小相同。而国外附加值比的百分比变化等于国内附加值比水平值变动和国外附加值比的比值的相反数。故可由上式导出名义有效汇率变动对国内附加值比百分比变动的影响。

二、基本结果

基本回归采用对混合贸易企业进行调整的国外附加值比,并关注按初始年进口份额加权的名义有效汇率对其的影响。表5-2中回归(1)仅控制了按初始年进口份额加权的名义有效汇率的对数,并发现其回归系数显著为负。即本币贬值导致加工贸易企业的国外附加值比下降、国内附加值比上升。在控制了其他企业层面特征变量及 CIC 3 分位②行业层面固定效应后,回归(2)中按初始年进口份额加权的名义有效汇率对数的回归系数依旧显著为负,数值略微减小。作为本章的基准回归,回归(3)在回归(2)的基础上进一步控制了企业层面固定效应。按初始年进口份额加权的名义有效汇率的对数的回

---

① 计算方法与按初始年进出口份额加权的名义有效汇率类似。
② CIC 3 分位指 3 分位国民经济行业分类。

归系数依然显著为负,且数值变大。按初始年进口份额加权的名义有效汇率提高10%,即本币贬值10%,加工贸易企业国外附加值比降低0.8%。文章将在所有稳健性回归之后深入讨论汇率对国内附加值比的影响机制,及其在经济意义上的显著性。

表 5-2 基本回归结果

因变量	ln(国外附加值比)		
	(1)	(2)	(3)
ln(按初始年进口份额加权的名义有效汇率)	−0.062***	−0.047***	−0.079***
	(0.002)	(0.002)	(0.014)
ln(劳动生产率)		−0.041***	−0.015**
		(0.007)	(0.006)
国有企业虚拟变量		−0.303***	−0.050
		(0.080)	(0.069)
外资企业虚拟变量		0.289***	−0.005
		(0.020)	(0.010)
ln(企业的规模)		0.039***	0.012**
		(0.005)	(0.006)
常数项	−1.303***	−1.723***	−0.948***
	(0.005)	(0.078)	(0.047)
时间固定效应	否	是	是
企业层面固定效应	否	否	是
CIC 3 分位行业层面固定效应	否	是	否
R^2	0.01	0.086	0.137
观察值	86 867	66 685	66 685

注:*、**、*** 分别表示在10%、5%、1%水平上显著。

此外,回归还表明:劳动生产率上升也使得加工贸易企业国外附加值比显著下降,而销售额增加则使得其国外附加值比上升。这可能是由于从事加工贸易的企业销售额通常较低,而规模大的外资比例通常较高。国有和外资企业虚拟变量的回归系数则均不显著。此外,基准回归中时间虚拟变量的回归系数均显著为负,且数值逐渐增大。这验证了我国加工贸易企业国内附加值比逐年显著增加的事实(Kee and Tang,2016)。

第五节 稳健性检验

基准回归给出了按初始年进口份额加权的名义有效汇率对加工贸易企业国内附加值比正向影响的有利证据。为检验基准回归结果的稳健性,本章还将考虑纯加工贸易企业、其他国内附加值比和名义有效汇率衡量方法、进口资本品及内生性等方面因素的影响。除内生性检验外,所有稳健性检验均控制了其他企业层面特征变量、时间和企业层面固定效应。

一、纯加工贸易企业、剔除间接进口及考虑其他国内附加值比衡量方法

为与 Kee and Tang(2016)的回归结果进行比较,本章利用纯加工贸易企业的子样本进行检验,并考虑间接进口问题。由表 5-3 回归(1),按初始年进口份额加权的名义有效汇率对加工贸易企业国外附加值比的负向影响依然显著存在,但和基准回归相比数值略微减小。此外,尽管海关能够识别产品的贸易方式,但加工贸易企业仍可能将加工进口的中间品转售给其他企业,或从其他加工贸易企业购进加工进口的中间品。这使得按贸易额估算的国内附加值比将低估转售企业的国内附加值比,而高估购置企业的国内附加值比。因此,参照 Kee and Tang(2016),本章限定加工贸易企业的国内附加值比应大于其附加值比,小于同行业一般贸易企业净出口占总出口比值的中位数。由回归(2),按初始年进口份额加权的名义有效汇率对数的回归系数依然显著为负,但数值变小。

表 5-3 纯加工贸易企业、剔除间接进口企业及考虑其他国内附加值比衡量方法

	纯加工贸易样本	剔除间接进口企业	全样本
	ln(FVAR)	ln(FVAR)	ln(FVAR1)
	(1)	(2)	(3)
ln(按初始年进口份额加权的名义有效汇率)	−0.059*** (0.015)	−0.031*** (0.010)	−0.068*** (0.013)
时间固定效应	是	是	是
企业层面固定效应	是	是	是
R^2	0.121	0.175	0.124
观察值	33 965	38 422	65 381

注:FVAR1 为未对混合贸易企业的加工进口进行调整的国外附加值比。同基准回归,回归(1)—(3)还控制了其他企业层面特征变量。*、**、*** 分别表示在 10%、5%、1% 水平上显著。

基准回归采用了对混合贸易企业加工进口进行调整的国外附加值比,即假设混合贸易企业加工进口的原材料按出口额均匀分配在一般和加工出口上,而事实上并不一定如此。因而本章还考虑了混合贸易企业将全部加工进口原材料用于加工出口的情况,并计算了国内附加值比1(即 DVAR1)。其中,$DVAR1_{it}^{px} = 1 - PIM_{it}/PEX_{it}$,$FVAR1_{it}^{px} = PIM_{it}/PEX_{it}$。由于国内附加值

比 1 未对混合贸易企业的加工进口进行调整①,故其样本均值略低于原国内附加值比的均值。和基准回归相比,表 5-3 回归(3)中按初始年进口份额加权的名义有效汇率对数的回归系数依然显著为负,数值略微变小。

二、其他企业层面有效汇率衡量方法

为检验基本回归结果的稳健性,本章还将考虑其他企业层面名义和实际有效汇率衡量方法。首先,表 5-4 回归(1)控制了按初始年出口份额加权的名义有效汇率的对数,其回归系数为正,但并不显著。本章还在其他稳健性检验中考虑了按初始年出口份额加权的名义有效汇率对加工贸易企业国内附加值比的影响。结果表明按初始年出口份额加权的名义有效汇率对数的回归系数并不稳定,且均不显著。这可能是因为加工贸易的主体为进料加工贸易,约占加工贸易总额的 77.5%(2000—2009 年均值)。而相较于来料加工企业,进料加工企业在进口原材料的选择上更具有弹性,因而对按进口份额加权的汇率的变化反应更加敏感。

表 5-4 其他企业层面有效汇率衡量方法

因变量:ln(FVAR)	(1)	(2)	(3)	(4)
ln(按初始年出口份额加权的名义有效汇率)	0.012 (0.014)			
ln(按每年进口份额加权的名义有效汇率)		0.088 (0.085)	−0.023 (0.089)	
企业从本币相对升值国家的进口份额			−0.081*** (0.015)	
ln(按初始年进口份额加权的实际有效汇率)				−0.078*** (0.014)
时间固定效应	是	是	是	是
企业层面固定效应	是	是	是	是
R^2	0.134	0.134	0.135	0.136
观察值	69 198	66 658	66 658	66 685

注:"企业从本币相对升值国家的进口份额"定义为企业从本币相对升值国家的进口量占其当年总进口量的比重。同基准回归,回归(1)—(4)还控制了其他企业层面特征变量。*、**、*** 分别表示在 10%、5%、1% 水平上显著。

其次,文献中关于企业层面名义有效汇率的计算一般采用随时间变化的

---

① 本章未考虑对混合贸易企业一般进口的原材料进行拆分。主要是由于加工进口的关税优惠通常高于一般进口,因而企业如果能够通过加工进口渠道获取原材料则不会采纳一般进口的贸易方式。

贸易权重。本章在表5-4回归(2)中控制了按每年进口份额加权的名义有效汇率的对数,其回归系数为正但并不显著。面临汇率冲击时,企业倾向于从本币相对升值的国家进口,而向本币相对贬值的国家出口,故贸易权重内生。表5-4回归(3)进一步控制了企业从本币相对升值国家的进口份额。由回归(3),"企业从本币相对升值国家的进口份额"的回归系数显著为负。① 而按每年进口份额加权的名义有效汇率对数的回归系数也变为负数,但仍不显著。这表明传统企业层面名义有效汇率确实存在贸易权重内生的问题。因此在考虑汇率变动对加工贸易企业国内附加值比的影响时,应采用初始年贸易权重进行加权。

最后,相对名义有效汇率,实际有效汇率剔除了物价水平变动的影响,能更好地反映本国出口产品的相对竞争力。因而,本章进一步讨论按初始年进口份额加权的实际有效汇率对加工贸易企业国内附加值比的影响。企业层面实际有效汇率的计算方法和名义有效汇率类似,但首先要根据定义对双边名义汇率做价格调整,得到双边实际汇率。② 由表5-4回归(4),按初始年进口份额加权的实际有效汇率对数的回归系数显著为负,数值和基准回归一致。

三、剔除进口资本品行业、控制外国消费者价格指数及差分回归方程

根据田巍、余淼杰(2014),企业进口的中间品中有一部分为资本品——用于设备投入而并非加工生产。这使得基于贸易额估算加工贸易企业的国内附加值比可能造成低估。根据他们的研究,中国工业分类(CIC 2位)编号为36和37的这两个行业进口资本品的份额较大。因而在表5-5回归(1)中剔除了36和37这两个行业的数据。③ 由表5-5回归(1),按初始年进口份额加权的名义有效汇率对数的回归系数依然显著为负,数值和基准回归一致。

为控制进口中间品离岸价格对加工贸易企业国内附加值比的影响,表5-5回归(2)控制了按初始年进口份额加权的外国消费者价格指数。按初始年进口份额加权的名义有效汇率对加工贸易企业国外附加值比的影响依然显著为负,但数值约减小一半。而按初始年进口份额加权的外国消费者价格

---

① "企业从本币相对升值国家的进口份额"对国内附加值比的影响方向并不确定,还取决于其从相对贬值国家进口额的相对变化。此外,值得说明的是回归(3)仅关注"企业从本币相对升值国家的进口份额"和国外附加值比的相关性而非因果性。

② 双边实际汇率的计算公式为 $RER_{jt} = NER_{jt} CPI_{jt}/CPI_t$,其中 CPI_{jt} 和 CPI_t 分别表示 j 国和本国的消费者价格指数。

③ 尽管其他CIC 2位行业也存在进口资本品问题,但36和37这两个行业的进口资本品现象最为突出。

指数的回归系数则显著为正,和理论预期并不一致。这可能由于消费者价格指数并非进口中间品离岸价格的合适代理变量。

表 5-5 剔除进口资本品行业、控制外国消费者价格指数以及差分回归方程

因变量	剔除进口资本品行业	控制外国消费者价格指数	差分回归方程
	ln(FVAR)	ln(FVAR)	Δln(FVAR)
	(1)	(2)	(3)
ln(按初始年进口份额加权的名义有效汇率)	−0.080*** (0.014)	−0.037*** (0.014)	
Δln(按初始年进口份额加权的名义有效汇率)			−0.028** (0.014)
按初始年进口份额加权的外国消费者价格指数		0.004*** (0.001)	
时间层面固定效应	是	是	是
企业层面固定效应	是	是	是
R^2	0.142	0.146	0.006
观察值	59 551	66 685	34 032

注:同基准回归,回归(1)—(3)还控制了其他企业层面特征变量。*、**、*** 分别表示在 10%、5%、1% 水平上显著。

此外,本章还进一步考虑了差分回归模型。由式(5-20)本章考虑以下差分回归方程:

$$\Delta\ln(\text{FVAR}_{it}^{pe}) = \beta_1 \Delta\ln(\text{NEER}_{it}) + \beta_2 X_{it} + a_i + \rho_t + \zeta_{it}, \quad \beta_1 < 0$$

由表 5-5 回归(3),按初始年进口份额加权的名义有效汇率对数差分值的回归系数也显著为负,但数值变小。若按初始年进口份额加权的名义有效汇率的增长率提高 1 个百分点,则加工贸易企业国外附加值比的增长率约降低 0.028 个百分点。

四、内生性

尽管本章采用按企业样本初年的进口份额加权的名义有效汇率,但依然可能存在内生性问题。国内附加值比较高的企业往往规模更大、生产率更高、出口更多、外汇风险暴露度也相对更大,因而更有动机游说政府以寻求汇率政策优惠。表 5-6 回归(1)—(4)采用面板工具变量回归方法,将按初始年进口份额加权的 M1、M2 及其增长率作为企业层面名义有效汇率的工具变量,并控制了时间和企业层面固定效应。由回归(1)—(4),按初始年进口份额加权的名义有效汇率对数的回归系数均在 1% 水平上显著为负,且数值均

远大于基准回归中的相应值。

表 5-6 还汇报了内生性检验、识别不足检验(Kleibergen-Paap rank LM Chi2 统计值)、弱工具变量检验(Kleibergen-Paap rank Wald F 统计值)和过度识别检验(Hansen J 统计值)的结果。值得说明的是,列(1)—(4)均通过了内生性检验,且其一阶段回归系数均显著,同时 Kleibergen-Paap rank LM Chi2 统计值均显著大于 1% 显著度水平上的临界值,故工具变量和内生变量显著相关,不存在识别不足的问题。列(1)—(4)的 Kleibergen-Paap rank Wald F 统计值均远超过 Baum et al.(2007)给出的经验临界值 10,因而亦不存在弱工具变量的问题。然而,回归(1)并未通过过度识别检验。但采用 M1 和 M2 增长率作为名义有效汇率的工具变量则不存在这方面的问题。综上,工具变量回归结果表明按初始年进口份额加权的名义有效汇率对加工贸易企业的国外(内)附加值比存在显著的负(正)向影响。

表 5-6 工具变量回归结果

因变量:ln(国外附加值比)	全部加工贸易企业			
	(1)	(2)	(3)	(4)
ln(按初始年进口份额加权的名义有效汇率)	−0.409***	−1.105***	−1.748***	−1.174***
	(0.034)	(0.174)	(0.319)	(0.182)
时间固定效应	是	是	是	是
企业层面固定效应	是	是	是	是
观察值	67 011	45 502	49 841	49 922
第一阶段回归				
IV1:ln(按初始年进口份额加权的 M1)	−0.152***			
	(0.007)			
IV2:ln(按初始年进口份额加权的 M2)	0.119***			
	(0.006)			
IV3:ln(按初始年进口份额加权的 M1 增长率)		−0.007***	−0.020***	
		(0.003)	(0.003)	
IV4:ln(按初始年进口份额加权的 M2 增长率)		−0.048***		−0.050***
		(0.006)		(0.006)
内生性检验	128***	68.6***	60.2***	77.5***
Kleibergen-Paap rank LM Chi^2	581***	73.4***	49.6***	72.7***
Kleibergen-Paap rank Wald F	424	38.3	50.5	74.5
Hansen J	63.5***	1.74	—	—

注:回归(1)—(4)均采用面板数据工具变量回归方法,并控制其他企业层面特征变量及企业和时间层面固定效应。*、**、*** 分别表示在 10%、5%、1% 水平上显著。

第六节　影响的经济维度和机制

一、经济显著性

尽管前文中所有回归的因变量均为国外附加值比,但本章更关心的是人民币汇率变动所引起的本国加工贸易企业国内附加值比的变动。由式(5-22)可知:

$$\frac{\Delta \text{DVAR}}{\text{DVAR}} \equiv \frac{\Delta \text{DVAR}}{\text{FVAR}} \frac{\text{FVAR}}{\text{DVAR}} = -\frac{\Delta \text{FVAR}}{\text{FVAR}} \frac{\text{FVAR}}{\text{DVAR}}$$

由表 5-1 可知 FVAR/DVAR = 0.42/0.58 ≈ 0.724,而从表 5-2 列(3)可知 ΔFVAR/FVAR = -0.08ΔNEER/NEER。所以,基于 2000—2009 年样本均值,按初始年进口份额加权的名义有效汇率每提高 10%(即本币贬值 10%),加工贸易企业国内附加值比平均将提高 0.58%(因为 0.8%×0.724≈0.58%)。由于本币贬值 10%,加工贸易企业的国内附加值比平均提高 0.58%,而在 2002—2006 年样本期间按初始年进口份额加权的名义有效汇率平均贬值了 15.2%,故国内附加值比平均提高了 0.88%。同时,2002—2006 年我国加工贸易企业国内附加值比平均提高 6.4%(Kee and Tang, 2016),这表明按初始年进口份额加权的名义有效汇率贬值贡献了该期加工贸易企业国内附加值比的 13.8%。① 此外,若采用工具变量的回归系数,则名义有效汇率贬值 10%,加工贸易的国内附加值比将平均提高 8.0%。综上所述,本章的发现不仅在统计意义上显著,在经济意义上也较为显著。

二、影响机制探讨

式(5-18)表明,汇率变动通过两条渠道影响加工贸易企业的国内附加值。首先,给定其他要素不变,汇率变动通过改变进口中间品以目的国货币衡量的相对价格,直接影响企业对进口和国内中间品的配置,进而带来国内附加值比的变化。其次,汇率变动还将影响本国出口企业的进入退出决策和定价策略,改变其出口的成本加成,进而影响其国内附加值比。本章根据 De

---

① 2000—2001 年期间,我国完成加入世贸组织的谈判,成功加入 WTO。加入世贸组织会对企业出口的国内附加值比产生较大影响。因而在分析汇率变动的经济意义时我们从 2002 年开始。事实上,如果考虑入世期间样本,汇率变动依然可以解释加工贸易企业国内附加值比变动的 6.8%。实证回归中通过时间虚拟变量控制了这一冲击的影响,因而回归系数的估计并不受影响。

Loecker and Warzynski(2012)[①]和 Ackerberg et al. (2006)测算了 2000—2006 年我国加工贸易企业的成本加成。[②] 由式(5-18),我们通过两步回归法来识别汇率变动通过成本加成渠道影响加工贸易企业的国内附加值比。首先,估计汇率变动对加工贸易企业成本加成的影响,考虑如下对数线性回归方程式:

$$\ln(1+\mu_{it}^X) = \gamma_0 + \gamma_1 \ln(\text{NEER}_{it}^{\delta=1}) + \gamma_2 X_{it} + \iota_i + \upsilon_t + \psi_{it} \quad (5\text{-}23)$$

其中,ι_i、υ_t 和 ψ_{it} 分别为企业层面固定效应、时间层面固定效应和异质性冲击。其次,将第一步估计的拟合值代入到式(5-19)中,并考虑和式(5-20)类似的回归方程式:

$$\ln(\text{FVAR}_{it}^{px}) = \beta_0 + \beta_1 \widehat{\ln(1+\mu_{it}^X)} + \beta_2 X_{it} + a_i + \rho_t + \zeta_{it} \quad (5\text{-}24)$$

其中,$\widehat{\ln(1+\mu_{it}^X)}$ 为出口成本加成对数的拟合值。

表 5-7 回归(1)和(2)汇报了两步回归法的回归结果。表 5-7 回归(1)考察了名义有效汇率对企业成本加成的影响。在控制了劳动生产率、企业退出虚拟变量、企业所有制类型虚拟变量、企业规模等变量后,名义有效汇率提高 10%,则加工贸易企业的成本加成提高 0.97%。但随着企业劳动生产率的提高,名义有效汇率对成本加成的影响则有所下降。[③] 由于样本期间,加工贸易企业的劳动生产率对数的平均值为 4.822。由此可以估算,名义有效汇率提高 10%,加工贸易企业的成本加成平均提高 0.247%(0.97%－0.15%×4.822)。表 5-7 回归(2)将回归(1)得到的成本加成对数的拟合值代入式(5-24)进行回归,同时控制回归(1)中除汇率外所有会影响成本加成的因素。因而回归(2)中成本加成拟合值的回归系数反映了汇率变动通过成本加成对国外附加值比产生的影响。由回归(2),成本加成的拟合值提高 10%则国外附加值比降低 13.9%。由此可估计,名义有效汇率贬值 10%,则其通过成本加成渠道使得国外附加值降低 0.343%(0.247%×1.390)。

表 5-7 回归(3)和(4)则是采用 2000—2006 年的加工贸易企业样本,检验了按初始年进口份额加权的名义有效汇率对企业国外附加值比的整体影

---

① 在估计企业的成本加成时,企业的资本投入根据 Brandt et al.(2012)的方法估算。

② 加工贸易企业生产的产品只能出口而不能内销,因此其企业层面成本加成也即其出口的成本加成。成本加成的详细估计方法参见附录。此外,由于 2007 年之后的数据并未提供企业中间投入和附加值,故无法估计企业的全要素生产率和成本加成。因而在验证影响机制时,本章仅采用了 2000—2006 年的数据。

③ 尽管也有文献指出面临汇率贬值时,生产率较高的企业提高其出口成本加成的幅度也较大。但对中国加工贸易企业的研究并没有得出这样的结论,且已有不少研究发现加工贸易企业存在生产率悖论。

响。由表 5-7,按初始年进口份额加权的名义有效汇率提高依然会导致加工贸易企业的国外附加值比显著下降。回归(3)表明名义有效汇率提高 10%,则国外附加值比下降 0.93%。故此时成本加成渠道约解释了汇率变动影响国外附加值比的 36.9%(0.343%/0.93%)。回归(4)则是在回归(3)的基础上还控制了名义有效汇率对数和劳动生产率对数的交互项,此时名义有效汇率对数的回归系数略微变大,且仍在 1% 水平上显著。由回归(4),成本加成渠道依然解释了汇率贬值带来国外附加值比变动的 27.7%(0.343%/1.24%)。① 综上所述,成本加成渠道约解释了汇率变动带来加工贸易企业国外附加值比变动的 1/3(27.7% 和 36.9% 的均值)。

表 5-7 影响机制

因变量	(1) ln(价格加成)	(2) ln(国外附加值比)	(3) ln(国外附加值比)	(4) ln(国外附加值比)
ln(按初始年进口份额加权的名义有效汇率)	0.097** (0.041)		−0.093*** (0.020)	−0.124*** (0.029)
ln(成本加成)的拟合值		−1.390*** (0.440)		
ln(按初始年进口份额加权的名义有效汇率)×ln(劳动生产率)	−0.015* (0.008)			0.007 (0.004)
时间层面固定效应	有	有	有	有
企业层面固定效应	有	有	有	有
观察值	21 914	21 914	30 150	30 150
R^2	0.052	0.081	0.088	0.088

注:*、**、*** 分别表示在 10%、5%、1% 水平上显著。

根据 Feenstra(2010),1/3 的影响水平已经是一个较大程度且十分重要的影响。Feenstra(2010)发现企业的外包行为解释了 1979—1990 年美国制造业技术工人相对工资上涨的 25%。他认为如果忽略了外包行为的影响,则不能全面并充分认识 20 世纪 80 年代美国技术工人相对工资上涨的事实。同样,尽管成本加成渠道仅解释了汇率变动带来加工贸易企业国外附加值比变动的 1/3,但如果忽略了成本加成渠道的影响,则难以全面并充分地理解本币贬值引起的国内附加值比提升的具体渠道和内涵。

---

① 由于名义有效汇率和劳动生产率交互项的回归系数并不显著,所以在估算回归(4)中名义有效汇率对国外附加值的整体影响时,并未考虑这一因素。如若考虑,则成本加成渠道的解释力度将进一步增大。

三、影响机制的稳健性检验

考虑到间接进口、进口资本品等方面因素的影响,本章对汇率变动影响加工贸易企业国内附加值比的机制也进行了稳健性检验。回归方法和前文"影响机制"章节类似,但受篇幅限制这里仅汇报第一和第二阶段主要变量的回归系数。表 5-8 中所有回归均控制了其他影响因素、时间和企业层面固定效应。回归(1)(2)(4)第一阶段回归均控制的是名义有效汇率,而回归(3)控制的则是实际有效汇率。首先,回归(1)考察了纯加工贸易企业样本的回归情况。名义有效汇率对加工贸易企业的成本加成依然有显著的正向影响,但成本加成对数拟合值在第二阶段的回归系数尽管为负但并不显著。其次,回归(2)则考察了限定加工贸易企业的国内附加值比低于同行业一般贸易企业净出口占总出口比值的中位数的情况。此时,成本加成对数拟合值的回归系数显著为负。最后,回归(3)考察了采用企业层面实际有效汇率进行回归的情况,而回归(4)则剔除了进口资本品较为显著的行业。二者得到的回归结果均与表 5-7 回归(1)和(2)基本一致——名义有效汇率增加和加工贸易企业的成本加成提升正向相关,而成本加成的上升又会带来其国外(内)附加值比的显著下降(上升)。综上,在考察了纯加工贸易企业、剔除间接进口等四方面稳健性检验后,汇率变动对加工贸易企业国内附加值比的两个影响渠道依然显著存在。①

表 5-8 影响机制的稳健性检验

自变量		(1) 纯加工贸易企业	(2) 剔除间接进口企业	(3) 实际有效汇率	(4) 剔除进口资本品行业
第一阶段回归	ln(按初始年进口份额加权的名义或实际有效汇率)	0.117* (0.068)	0.041 (0.055)	0.093** (0.042)	0.053 (0.048)
	ln(按初始年进口份额加权的名义或实际有效汇率)×ln(劳动生产率)	−0.024* (0.013)	−0.006 (0.011)	−0.015* (0.008)	−0.009 (0.009)
第二阶段回归	ln(成本加成)的拟合值	−0.338 (0.296)	−1.210*** (0.427)	−1.244*** (0.312)	−2.188*** (0.586)

注:*、**、*** 分别表示在 10%、5%、1% 水平上显著。

---

① 值得说明的是,表 5-8 中部分变量的回归系数并不是十分显著(部分 t 值已经十分接近 10%显著度水平下的临界值),这可能是因为 2000—2006 年仅有 2 万个成本加成数据的观察值,在额外控制其他约束后,回归样本数量减少了一半以上。

第七节 结 论

本章拓展了 Rodríguez-López(2011)和 Kee and Tang(2016)的研究,建立了汇率变动影响加工贸易企业国内附加值比的理论模型,并运用中国企业层面数据进行验证。汇率变动通过两个渠道影响本国加工贸易企业的国内附加值比:第一,给定其他要素不变,汇率变动通过改变进口中间品相对价格,影响企业对进口和国内中间品的配置,进而改变其国内附加值比。第二,汇率变动影响出口企业的进入退出和定价策略,并通过出口企业的平均生产效率影响加工贸易企业的出口成本加成和国内附加值比。中国企业层面数据验证了本币贬值对加工贸易企业国内附加值和国内附加值比的正向影响。2002—2006年,按初始年进口份额加权的名义有效汇率平均贬值15.2%,解释了加工贸易企业国内附加值比增加的13.8%。本章还用企业数据验证了汇率变动对加工贸易企业国内附加值比影响的两条渠道,并得到了有力的实证支持。第三,在考虑了纯加工贸易企业、其他企业层面名义有效汇率衡量方法及内生性等方面因素的影响后,汇率变动对国内附加值比及其两个影响渠道依然显著存在。

国内附加值比重的提升表明我国企业能够负责更多的生产阶段,且国内中间投入品的相对竞争力增强。而本章的研究表明了汇率贬值能够从两个渠道促进我国加工贸易企业国内附加值比重的提升。尤其重要的是,企业会自主地根据汇率变动来调整自己的定价策略,从而尽可能地降低汇率变动对企业利润的冲击。这意味着企业自身会消化一部分贸易政策对其盈利水平的影响,并在面对政策冲击时表现得更加灵活。因而,政府在制定贸易政策时需要考虑到企业的这种主观能动性,在调整汇率政策时采取较为审慎的态度,充分考虑政策对企业行为的影响,最终利用适当的政策引导企业对国内和进口中间品的配置,并促进企业竞争力和盈利能力的提升。我国当前正处在经济结构转型的重要时期,如果能够合理利用全球价值链,充分发挥后发优势,同时配以适当的宏观和产业政策,增加对国内中间品的需求,扩大出口产品的竞争优势,就应该能够提高企业的利润率和出口的国内附加值,实现经济的稳定快速增长。

第六章 人民币汇率的调整对外贸相关企业和行业的影响*

使用规模以上企业大型数据库和典型调查的结果,本研究考察了2005—2008年人民币汇率升值对我国外向型企业经营的影响。作者使用大型数据库计算了2005—2008年我国外向型企业的基本统计数据,发现:2005—2008年的汇率升值对我国外向型企业的利润率有显著的负面影响;汇率升值对不同类型企业的影响是不同的。对从事一般贸易的企业、劳动力密集型企业的负面影响较大。对出口加工型企业,特别是进料加工型企业的影响较小。对进口原材料企业有正面影响。我国企业对2005—2008年的汇率升值做出了反应。在短期内,企业开始学习和使用各种措施来规避外汇风险。在长期,企业调整了经营方针和产品结构,对汇率升值做出了反应。

本报告建议:银行需要提供更多的金融服务来帮助企业规避外汇风险;政府需要提供资金、信息和服务帮助企业在日益国际化的环境中转变经营方针和产品结构。

本研究通过分析2005—2008年汇率升值对企业的影响,考察汇率变动对我国外贸相关企业和行业的成本、利润、生产技术、投资规模、进出口的影响,从微观角度解释汇率水平变动对我国产业结构调整和升级的影响。

1994年1月1日,我国汇率并轨,开始实行"以市场供求为基础的单一的、有管理的浮动汇率"制度。此前,企业出口创汇收入的一部分必须上缴,同时按一定比例保留一部分外汇收入,即外汇留成。1994年1月1日起,对大部分中资企业实行强制结汇,企业外汇需无条件结售给外汇指定银行,得到相应的人民币收入。

---

* 本章是与北京大学国家发展研究院张帆教授合作的成果。感谢哈佛大学黄炜博士之前进行的数据处理和计量经济学分析。感谢温州市亚美信企业顾问有限公司董事长陶辉、温州市经委处长陈焕权,温州市外经贸局副局长潘平平,温州市委政研室副主任潘忠恭,东艺鞋业有限公司副总经理周耀华,温州市经贸委潘处长,冠胜汽车零部件集团总裁办主任倪贞贞,东方轻工实业有限公司财务部经理林娴,天龙集团有限公司总经理陈旭,凯奇集团有限公司总经理全宁。

1997年东南亚金融危机爆发,人民币面临严重贬值预期压力。由于我国资本市场没有全面放开,经济基本面的支持以及加工贸易盈余和外商直接投资受短期汇率预期影响较小,人民币对美元汇率成功坚守了8.27元的水平。2002年以后宏观形势变化,人民币贬值预期得到化解。但政府坚持保持汇率稳定政策。人民币汇率继续盯住美元。

2005年中国人民银行宣布,实行"以市场供求为基础、参考一篮子货币进行调节、有管理的浮动汇率制度"。人民币对美元的交易价格调整为1美元兑8.11元人民币,升值约2个百分点。每日银行间外汇市场美元对人民币的交易价在中国人民银行公布的美元交易中间价上下0.3%的幅度内浮动,非美元货币对人民币交易价在公布的该货币交易中间价上下一定幅度内浮动。2005—2007年人民币汇率升值近20%。这一时期的汇率升值是研究汇率对我国企业经营状况的影响的一个难得的时期。

本研究使用企业水平的大样本(2000—2008年,9年每年15万至30万个企业)资料,对汇率变动的影响进行分析。

本研究的基本结论是,汇率升值总体上对我国外向型企业的生产和经营活动产生了负面影响。然而,由于企业的生产技术和成本结构的不同,汇率升值对不同类型企业的影响是不同的,既有负面影响也有正面影响。对2005—2008年的汇率升值,我国企业对汇率风险做出了反应,有一定的承受能力。然而,企业对汇率风险的防范技术仍有待提高,政府在这方面需要提供更多的服务。

第一节 汇率风险

汇率风险是经济主体(企业和个人)持有或运用外汇因汇率变动而蒙受损失的可能性。汇率风险包括交易风险、经营风险和折算风险。

交易风险是指汇率变化使企业应收账款和应付债务的价值发生变化的风险,反映了汇率变化对企业交易过程中的资金流量的影响。交易风险的产生是由于企业签订以外币计算的交易合约,在交易尚未结束期间,一旦汇率变化,就会影响以本币计算的现金流量。对生产型企业而言,存在交易风险的交易类型包括:① 依据商业信用以外币计价的商品或服务的交易。这是企业在从事商品和服务交易时存在风险的最主要的形式。产生风险的主要原因是签订合同与实际交割之间存在时间间隔,交易以外币计价。② 企业借入或贷出外币资金。企业的外汇存款、用外汇向海外投资或贷款也存在外汇风险。

经营风险指未预料到的汇率变化使企业未来的纯收益发生变化的风险。这种风险是通过对企业产品的未来成本、价格和销售量的影响表现出来的。这种风险影响的是企业的长期现金流量。经营风险包括：① 对成本的影响。汇率变动通过对通货膨胀的作用来影响企业的国内采购成本。我国汇率升值由于对通货膨胀产生抑制作用，在长期会降低企业的国内采购成本。汇率变动还对进口成本产生影响。人民币升值会使我国企业以人民币表示的进口成本降低。如果国内外原材料的替代弹性较高，企业就会以进口原料代替国产原料。人民币升值如果加剧国外的通货膨胀，进口原材料价格在长期就会上升，部分抵消升值初期进口原料价格下降的影响。② 汇率变动对出口收入的影响包括：人民币升值后，以外币表示的出口产品价格会上升，出口数量会下降。如果中国企业调整产品的本币价格，使外币价格保持在原有水平上，企业的收入就会下降。人民币升值还会增强进口产品的竞争力，可能使中国企业的国内销售减少。

折算风险（或会计风险、换算风险）是汇率变动导致资产负债表中某些外汇项目的价值发生变化的风险。汇率风险主要对跨国公司的损益产生影响。跨国公司设在某国的子公司通常以所在国货币计算其资产负债和损益。一旦某期间所在国汇率变动，子公司以期末汇率将其资产、负债和损益折合成本国货币时，财务报表上就会发生收益或损失。在人民币升值的情况下，我国跨国公司在外国的子公司以人民币计算就会发生账面损失。

第二节 我国外向型企业的经营情况和汇率升值的影响

在我国公开出版的统计资料中，没有外向型企业的经营资料。本章使用国家统计局收集的 2000—2008 年企业数据库资料。该数据库包括所有国有企业和产值超过 500 万元的非国有企业。该数据库在不同年份有 13 万—39 万个样本企业的观察值（见表 6-1）。我们按出口值占总产值或销售额的比重，区分外向型和非外向型企业，计算经营情况的数据，并加以比较。

在尝试了出口的不同比例之后，本研究把外向型生产企业的基本型定义为出口额超过 50% 的生产企业。我们在附录中列出了其他两种定义（出口占销售额大于 10% 和大于 30%）的外向型企业的基本数据。其他定义的外向型企业的数据不影响我们的基本结论。

表 6-1 企业数据库中所有企业的平均值

年份	观察值	职工人数	工业平均总产值（万元）	人均增加值（万元）	利润（万元）	出口（万元）
2000	132 276	355	57 909	122	3 182	9 818
2001	145 270	325	60 426	60	3 216	10 007
2002	157 904	314	65 904	77	3 658	11 556
2003	174 792	300	77 284	82	4 705	14 103
2004	172 925	255	81 012	81	4 745	15 352
2005	248 870	257	95 477	121	5 753	17 492
2006	277 181	245	107 238	145	6 807	19 927
2007	310 990	236	122 998	172	8 292	21 454
2008	387 726	204	117 726	—	6 974	19 215

一、全部企业的经营情况

作为比较的参照系,我们先报告一下我们所使用的企业数据库中所有企业的情况。

由于数据库中的企业数量和规模随时间不断增加,利润等指标的增加可能是由于产值和销售额的增加。为了比较不同年份的经营情况,我们在表6-2中列出了利润率和出口占总产值和销售额的比率。

表 6-2 利润率与出口比例　　　　　　　　　　单位:%

年份	利润/销售额	利润/总产值	出口/销售额	出口/总产值
2000	1.20	1.20	14.97	14.38
2001	1.59	1.59	14.75	14.75
2002	2.14	2.11	15.77	15.23
2003	2.85	2.81	16.31	15.85
2004	3.78	3.78	18.02	18.02
2005	3.49	3.44	16.26	15.83
2006	3.79	3.73	15.43	15.03
2007	4.27	4.19	14.30	13.86
2008	4.56	4.46	12.64	12.28

从以上所有企业的基本统计资料中我们看到:

(1) 在2000—2007年期间,包括汇率升值的2005年,平均每个企业的总产值一直在增加;2008年由于经济危机,出口占总产值比重下降。

(2) 企业平均职工人数呈明显的下降趋势。

(3) 2000—2007年企业的平均利润上升。

(4) 但利润率在 2005 年下降,尽管其他年份利润率呈上升趋势。利润率的下降只出现在 2005 年一年中。2008 年,尽管利润额下降,但是由于总产值下降,利润率仍上升。

(5) 出口占销售额的比率和出口占总产值的比率自 2005 年开始一直下降。

二、外向型企业经营情况和汇率升值的影响

在介绍了全部企业的情况之后,我们来看外向型企业的情况。

(一) 外向型企业的基本情况

这里的外向型企业定义为出口占销售额 50% 或以上的企业。为了比较不同的外向型企业的定义,我们在附录中列出了其他两种定义(出口占销售额 10% 以上和 30% 以上)的外向型企业的基本统计资料(见表 6-3A、表 6-3B)。

表 6-3A 企业数据库中外向型企业的情况

年份	观察值	职工人数	总产值（万元）	人均增加值（万元）	利润（万元）	出口（万元）
2000	21 185	380	61 418	131	2 682	48 484
2001	23 336	365	62 147	45	2 468	49 419
2002	26 773	364	71 703	59	2 911	56 098
2003	30 631	366	81 994	59	3 270	66 015
2004	33 360	323	80 018	75	3 589	66 199
2005	42 907	364	106 655	91	4 530	84 298
2006	45 511	367	125 223	100	5 252	99 680
2007	47 865	367	145 122	108	6 321	115 449
2008	52 879	353	146 566	—	6 050	116 212

表 6-3B 外向型企业利润率与出口比例　　　　　　　　单位:%

年份	利润/销售额	利润/总产值	出口/销售额	出口/总产值
2000	2.01	1.97	85.64	82.20
2001	2.00	2.00	83.60	83.60
2002	2.30	2.28	85.59	82.59
2003	2.69	2.64	85.71	83.22
2004	2.81	2.81	86.13	86.13
2005	2.69	2.64	85.93	83.56
2006	2.88	2.82	85.49	83.19
2007	2.76	2.72	85.15	82.48
2008	2.20	2.16	84.43	81.97

外向型企业的情况与全部企业的情况类似：

(1) 2000—2008 年产值增加，职工人数总趋势下降。

(2) 2000—2007 年利润上升，但利润率在 2005 年、2007 年、2008 年下降。

(3) 出口占销售额和出口占总产值的比率自 2005 年以来一直下降。

为了比较全部企业和外向型企业，我们在下表中列出外向型企业与全部企业的差距(外向型企业—全部企业)（见表 6-4A、表 6-4B）。

表 6-4A 外向型企业与全部企业的差距：基本情况

年份	职工人数	总产值（万元）	人均增加值（万元）	利润（万元）	出口（万元）
2000	25	3 509	9	−499	38 666
2001	40	1 721	−15	−748	39 413
2002	50	5 798	−18	−747	44 541
2003	65	4 709	−23	−1 434	51 912
2004	67	−994	−6	−1 156	50 846
2005	107	11 178	−30	−1 222	66 807
2006	122	17 985	−44	−1 555	79 753
2007	131	22 124	−64	−1 970	93 995
2008	148	28 841	—	−924	97 087
2000—2008	99	11 840	−31	—	68 728

表 6-4B 外向型企业与全部企业的差距：利润率与出口比例　　　　单位：%

年份	利润/销售额	利润/总产值	出口/销售额	出口/总产值
2000	0.8	0.8	70.7	67.8
2001	0.4	0.4	68.9	68.9
2002	0.2	0.2	69.8	67.4
2003	−0.2	−0.2	69.4	67.4
2004	−1.0	−1.0	68.1	68.1
2005	−0.8	−0.8	69.7	67.7
2006	−0.9	−0.9	70.1	68.2
2007	−1.5	−1.5	70.9	68.6
2008	−2.4	−2.3	71.8	69.7
2000—2008	−0.9	−0.9	70.2	68.5

从以上比较中，我们可以看到，与全部企业比较，外向型企业：

(1) 总产值较高。

(2) 职工人数较多。

(3) 出口较多;出口占销售额或总产值的比重较高。

(4) (平均每一企业的)利润较少;以利润除以销售额或利润除以总产值表示的利润率在 2003 年以前高于所有企业的平均水平,从 2003 年开始低于所有企业的平均水平。

也就是说,外向型企业是一批产值较高、职工较多、出口较多的企业。其利润率在 2003 年以前高于平均水平,从 2003 年开始低于平均水平。

(二) 外向型企业的地区分布

三分之二以上的外向型企业位于沿海地区。这里沿海地区包括广东、江苏、上海和浙江。无论在沿海还是内陆,外向型企业的数量一直在增加。在沿海地区,截至 2005 年,外向型企业的比重呈上升趋势。从 2006 年开始大幅度下降。在内陆地区,外向型企业的比重从 2005 年开始大幅度下降。

表 6-5 外向型企业的地区分布

年份	沿海			内陆		
	外向型	非外向型	外向型比重(%)	外向型	非外向型	外向型比重(%)
2000	14 116	41 298	25.5	7 069	69 793	9.2
2001	16 141	47 442	25.4	7 195	74 492	8.8
2002	18 450	51 766	26.3	8 323	79 365	9.5
2003	20 923	59 001	26.2	9 708	85 160	10.2
2004	23 299	67 867	25.6	10 061	71 698	12.3
2005	30 282	85 862	26.1	12 625	120 101	9.5
2006	31 958	95 647	25.0	13 553	136 023	9.1
2007	33 854	108 684	23.8	14 001	154 441	8.3
2008	38 247	144 579	20.9	14 632	190 268	7.1

(三) 企业的存活率

规模以上企业数据库中,每年都有新的样本企业进入,同时也有相当数量的样本企业消失。企业的消失可能是由于企业关闭,也可能是由于企业的规模下降到 500 万元产值以下,也可能是由于其他原因,例如统计上的遗漏。我们列出企业的存活率表,作为企业因经营困难关闭或缩小规模的辅助证据。对由这一数据引申出的结论必须谨慎。

在表 6-6 中,第一列表示企业开始出现的年份,每一行表示某年开始出现的企业在后续年份存在的数量。例如,第一行表示,2000年开始存在的企业有146 234个,这些企业在2001年还有105 568个存在,在2002年还有93 285个存在。由于原始资料的原因,表中企业的总数与表6-1中的数据有出入。最后一行表示,能够确定起始年份的企业总数在2005年有所减少。

表6-6 企业的存活率

年份	2000	2001	2002	2003	2004	2005	2006	2007
2000	146 234	105 568	93 285	80 565	64 869	57 807	53 555	48 647
2001		47 872	38 913	32 879	26 051	23 975	22 243	20 697
2002			33 861	26 601	21 034	19 360	18 005	16 810
2003				42 450	31 222	29 055	26 939	25 221
2004					124 409	91 314	85 398	80 180
2005						33 756	29 891	27 463
2006							47 984	43 731
2007								55 039
	146 234	153 440	166 059	182 495	267 585	255 267	284 015	317 788

根据以上所有企业和外向型企业的基本数据,我们可以得到以下初步结论:

(1) 外向型企业仅占全部企业的一小部分,占企业总数的20%以下。

(2) 外向型企业的职工人数较多,总产值较高,出口较多,但利润和利润率较低。

(3) 外向型企业在地域上主要集中在东部沿海地区。

(4) 2005年,即人民币汇率升值的一年,所有企业和外向型企业的利润率都下降,但外向型企业下降的幅度更大。

(5) 2005年以来所有企业和外向型企业出口占销售额或总产值的比率都下降。

(6) 2005年有较多的企业从数据库中消失,因经营困难而关闭是可能原因之一。

第三节 2005—2008年汇率升值对企业经营的影响:一般分析

我国长期实际上实行盯住美元的固定汇率制度,企业面临的汇率风险较小。企业可能对汇率升值和经营环境的国际化不适应。下面我们对此作一些一般性的分析,并利用典型调查和其他研究的资料来说明。

一、各种外向型企业面临的外汇风险

由于产品结构和投入结构的不同,各种外向型企业面对的外汇风险是不同的。

(一)一般贸易企业

一般贸易企业面临的汇率风险包括交易风险和经营风险。交易风险是短期的,经营风险是长期的。

企业面临交易风险,是因为交易中使用外币结算,汇率一旦发生变化,就会使企业遭受经济损失。如果外汇汇率较签订合同时下跌,出口企业在收入外币货款后,兑换成的本币就会减少,从而受到经济损失。对既从事出口又从事进口的企业来讲,其风险仅为出口与进口的差额。对于仅从事出口(或进口)的企业,其全部出口(或进口)额都暴露在外汇风险之下。

一般贸易企业还面临长期的经营风险。汇率变动使产品的相对价格发生变化,可能影响产品的销售额和企业的收入。经营风险对不同类型的企业的影响是不同的。从价格弹性的角度看,产品价格弹性较大的企业所受影响较大。这是因为价格弹性大时,价格的变动会引起需求的较大变动。从原料来源看,原料取自国内,产品销往国外的企业,受本币升值的影响较大。原料进口、产品在国内销售的企业则从本币升值中获益。对原料进口、产品出口的企业,汇率升值增加的成本和收益会相互抵消,其程度取决于原料进口和产品出口的相对量。

(二)加工贸易型企业

加工贸易型企业与一般出口企业在汇率升值时受到的影响不同。一般出口企业由于原料来自国内,本币升值时原料和人工成本都上升,受到的影响较大。加工贸易型企业,由于原料来自国外,受到的影响较小。

加工贸易型企业又分为来料加工和进料加工。来料加工使用国外提供的原料、零部件组装成整机,收取加工费,没有用外汇购买原料。进料加工则用外汇购买进口的原料,加工成成品再外销出口。加工贸易型企业面临的交易风险与一般贸易企业一样,表现为已签订的合同收款时汇率变动造成本币收入的减少。经济风险对来料加工和进料加工企业不同。来料加工企业的原材料由外方提供,汇率变动对企业以本币计算的成本没有影响。但产品销售后的加工费收入会受到汇率变动的影响。如果本币升值,以外币计算的加工费不变,企业的本币收入会减少。进料加工企业,需要用本币兑换外币购买原材料,汇率变动对企业的成本和收入都会产生影响。人民币升值时,企业购买原材料的成本下降,产品出口的本币收入下降,两者相互抵消,进料加工企业的损失小于来料加工企业。

根据贸易方式来划分,我国 2008 年一般贸易和加工贸易几乎是各占半壁河山。在加工贸易中,进料加工是最主要的贸易方式。从事这部分贸易的企业受汇率升值的影响较小。

表 6-7　2008 年分贸易方式进出口总额

	出口(亿美元)	比例(%)	进口(亿美元)	比例(%)
一般贸易	6 629	46	5 721	51
来料加工	1 106	8	902	8
进料加工	5 646	39	2 882	25
对外承包工程出口	110	1		0
保税仓库进出境货物	285	2	574	5
其他	533	4	1 247	11
合计	14 307	100	11 326	100

资料来源:国家统计局贸易外经统计司,《中国贸易外经统计年鉴》,2009 年,第 671 页。

案例　东部沿海地区某网球制造商

该公司生产网球。年产值 1 亿元,工人 500 人,利润 10% 以上。

生产高中低档网球。原材料(橡胶等)大量进口。中低档产品主要在国内出售,高档和部分中低档产品出口。

劳动成本:加上加班费每个工人每月劳动报酬 2 000 多元。

汇率升值的影响:企业负责人认为,由于大量进口原材料,汇率升值对企业有好处。最近原材料价格大幅度上涨。由于该公司大量储存原材料,相对于不储存原材料的小企业,原材料价格上涨对该公司较有利。

(三)劳动力密集型企业

我国外向型企业中有很多劳动力密集型企业。由于近年来国内劳动力成本上升,这类企业的利润空间很小。同时,这类企业的原材料大部分来自国内。汇率升值可能减少这类企业本来就很少的利润。

案例　东部沿海地区某鞋业有限公司

该企业 1980 年成立。所有制从集体改变到合资又变成内资。厂房 8 万平方米。注资 5 000 万元。产值 10 亿元,职工 3 000 人。产品为国家知名品牌。95%以上产品出口,主要市场为俄罗斯、美国、德国。生产男皮鞋。全国鞋类出口前十名以内。

该企业95%用工外来。劳动成本一直上升。20世纪80年代一双鞋劳动成本占10%—13%。现在直皮靴10%,革单鞋30%,其余为材料费。平均劳动力成本17%—20%。工资总额7000万元,保底工资2010年由1350元上升到1600元。技术人员3000—4000元。工人多为计件工资。

该企业原材料不到10%进口。由于原材料价格上涨,2010年1—3月比2009年多付100万元。每双鞋多1元。

企业高层管理人员估计,汇率升值1个百分点,利润将下降1—1.5个百分点。

该企业的对应措施:① 美(元)来美(元)去。提升进口原料比例。② 银行结算锁定汇率。③ 即时购买原材料。④ 汇率一旦变动,和外商重新谈判价格。

(四)跨国公司

近年来我国一些企业开始到国外开设分公司。跨国公司遇到的外汇风险最常见的是折算风险,即汇率变动使海外子公司资产负债和损益表上的价值转换成母公司所在国货币时价值的变化。

人民币一旦升值,如果以外币衡量的子公司收入不变,折算成人民币收益就会减少。

案例 东部地区某汽车零部件集团

该公司生产汽车万向节和轮毂单元。1985年创立。2008年转为股份制,拟上市。年销售7亿元。净利润5%—10%。95%以上出口。美国销售30%,欧洲30%。自有品牌。进入美国AAP连锁销售网络。目前产品覆盖全球车系,产品仅提供给维修厂,尚未进入整车厂。1000名工人。

在美国有1个工厂,2个分公司;在德国有1个分公司。2007年收购美国南卡一厂,有工人100人,聘美籍台湾人管理,技术人员为总厂派去的中国大陆人。

劳动力成本:今年比去年上涨20%。计件工资,普工(例如搬运)3000元以下,技工3000元以上。日益完善的劳动者权益保护及劳动者工资的上升都使劳动成本上升。劳动力流动性高。今年招290人,离200人。老员工流失也很严重。原因:国家对农村的优惠政策,孩子需要在家读书。招大学生技校生很多,"90后"很难管理,流动性大。

企业高管估计,汇率升值1%,利润损失1%。措施:① 把损失转嫁客户,但须谨慎。② 降本增效。③ 运用金融工具。锁定汇率。美元借贷为零。远期结售汇。

二、各主要出口行业受汇率变动的影响

各出口行业由于产品的性质和成本价结构的不同,受汇率变动的影响不同。

(1) 纺织行业。谷任、吴海斌(2007)对中国纺织服装产业对美国的出口的研究发现,人民币实际有效汇率对中国服装类商品出口价格的影响最大,对棉纱类纺织品的影响次之。人民币实际有效汇率对这两类商品的传递系数均大于1,具有完全的传递作用。汇率升值可能削弱这两类产品的出口竞争力。棉机织物类纺织品的价格传递系数较小,汇率变动的影响较小。

(2) 机电行业。根据胡晓群(2007)对人民币实际有效汇率变动对我国机电产品进出口的影响的研究,我国机电产品出口对实际有效汇率的反应不如对国外实际收入的变化敏感。我国机电产品进口对实际有效汇率的敏感性比对国内实际收入的敏感性更强。就是说,人民币实际有效汇率对我国机电产品的进出口均有显著影响,但对进口的影响更大。作者认为,这可能是由于近年我国机电产品的技术含量和附加值提高,增强了国际竞争力。

(3) 农产品行业。宋海英(2005)用计量经济模型研究了人民币汇率对中国农产品行业的影响。研究发现,人民币汇率的变动对农产品出口贸易有影响。农产品出口与当年实际有效汇率呈反向相关关系。人民币官方名义汇率则对农产品出口贸易存在显著的滞后效应。

三、企业通常使用的风险规避手段

目前我国企业对外汇风险的承担能力有限,防范外汇风险的知识不足,手段有限。目前企业通常采取的外汇风险规避手段有:

(1) 企业尽量向银行结汇,保存尽量少的外汇头寸。

(2) 在汇率变动的情况下,与外商重新谈判销售价格。这是短期措施。

(3) 使用借款、现汇交易、投资等财务工具。其中借款—现汇交易—投资(BSI法)指企业签订进(出)口合同后,从银行借入本币(外币),期限与未来外币支出(收入)的期限相同,金额按现汇汇率折算与未来外币支出(收入)等值。然后将所借本币(外币)兑换成未来支付(收入)的外币(本币),投资于交易对方所在国(本国)货币市场,投资期限与未来支出(收入)的期限相同。结算日,用到期收回的外币(本币)支付银行贷款。

(4) 利用远期结售汇方式,对冲外汇风险。远期结售汇指我国外汇指定银行与境外机构签订合同,规定办理结售汇的外汇币种、金额、汇率和期限,到期按合同办理结汇或售汇。企业在出口时实现锁定未来汇率,可以防范人民币升值造成的损失。

四、企业对汇率升值的反应

我国企业对 2005—2008 年的汇率升值普遍做出了反应。在我们的典型调查和统计分析中都发现了这方面的证据。

我们所调查的企业都对汇率升值对企业利润的影响有所估计。很多企业采取了与外商重新谈判价格的做法(例如东部沿海地区某鞋业有限公司),并且得到外方的谅解。很多企业采取了降低成本、提高效率的措施,从企业内部挖掘潜力(例如东部地区某汽车零部件公司)。一些企业考虑到改变进口和本地原料结构的问题(例如东部沿海地区某鞋业有限公司)。一些企业采取了金融避险措施,例如锁定汇率(例如东部沿海地区某网球制造商)。

规模以上企业的统计分析发现,企业利润率的下降仅仅发生在 2005 年,此后利润率回归了上升轨迹。尽管企业做出了反应,但是对各种避险措施,特别是一些比较复杂的金融操作还不够熟悉,经验不足。

第四节 2005—2008 年汇率升值对企业经营的影响:经济计量分析

为了在控制其他变量的影响的情况下找到汇率变化的影响,我们进行了回归分析。表 6-9、表 6-10、表 6-11 为全部企业、外向型企业和非外向型企业的回归结果。第三行为被解释变量,第一列为解释变量。在不同的模型中我们分别使用了名义汇率和加权汇率作为主要的解释变量,加权汇率是以行业产值占总产值的比例加权的。其他解释变量的加入控制了这些变量的影响。

表 6-8 为使用全部样本进行的回归。第一、二列分别用汇率和加权汇率作为主要解释变量。汇率用美元/人民币表示,因此汇率值的上升表示汇率贬值。结果表明汇率和加权汇率对出口占销售额的比率有显著的影响。第三列表明汇率对销售利润率的影响不显著,第四列表明加权汇率对销售利润率的影响仅在 10% 的水平上显著,且符号错误。

表 6-8　回归结果 1:全部企业

变量	(1)	(2)	(3)	(4)
	全部样本			
	出口/工业销售额		利润/工业销售额	
汇率	0.0231***		−0.000341	
	(0.00507)		(0.00402)	
加权汇率		0.188***		−0.0124*
		(0.0414)		(0.00713)
利润	−5.73e−09	−5.71e−09		
	(4.46e−09)	(4.44e−09)		
外国资本金			−3.17e−10	1.36e−10
			(8.06e−09)	(7.98e−09)
固定资产	−6.59e−09	−6.51e−09	5.61e−09***	5.56e−09***
	(4.26e−09)	(4.23e−09)	(1.19e−09)	(1.18e−09)
职工人数	1.20e−05**	1.19e−05**	1.70e−07	1.81e−07
	(5.82e−06)	(5.77e−06)	(4.87e−07)	(4.92e−07)
常数项	−4.034	0.0926***	−6.929***	0.0484***
	(4.394)	(0.0218)	(1.139)	(0.00443)
观察值	2 007 919	2 007 919	1 620 193	1 620 193
R^2	0.100	0.100	0.045	0.046
产业编码的数量	40	40	40	40

注:括号中为 Robust 标准差,*** $p<0.01$,** $p<0.05$,* $p<0.1$。

表 6-9 是对外向型企业数据的回归,结果表明,汇率变动的影响在多数场合是显著的。第五列说明汇率对出口/销售额比率的影响显著。第六列说明加权汇率对出口/销售额比率的影响不显著。第七、八列表明汇率和加权汇率对销售利润率的影响都显著。但第八列的符号是错误的。

表 6-9　回归结果 2:外向型企业

变量	(5)	(6)	(7)	(8)
	外向型企业			
	出口/工业销售额		利润/工业销售额	
汇率	0.0136***		0.00653**	
	(0.00158)		(0.00316)	
加权汇率		0.00571		−0.0204***
		(0.0167)		(0.00424)
利润	−3.56e−08*	−3.59e−08*		
	(1.87e−08)	(1.86e−08)		
外国资本金			−2.76e−08***	−2.70e−08***
			(6.31e−09)	(6.28e−09)
固定资产	−2.74e−08	−2.73e−08	2.06e−08***	2.06e−08***
	(1.67e−08)	(1.67e−08)	(4.84e−09)	(4.80e−09)

(续表)

变量	(5)	(6)	(7)	(8)
	外向型企业			
	出口/工业销售额		利润/工业销售额	
职工人数	2.10e-07	2.12e-07	1.58e-06**	1.63e-06**
	(1.74e-06)	(1.74e-06)	(7.22e-07)	(7.26e-07)
常数项	−5.513***	0.763***	−2.809***	0.0469***
	(1.707)	(0.0421)	(0.804)	(0.00730)
观察值	324 447	324 447	271 568	271 568
R^2	0.045	0.046	0.018	0.019
产业编码的数量	39	39	39	39

注：括号中为 Robust 标准差。*** $p<0.01$，** $p<0.05$，* $p<0.1$。

表 6-10 表示对非外向型企业的回归，结果说明汇率变动对利润率的影响不显著。(9)和(10)说明汇率和加权汇率对出口/销售额的影响显著，(11)和(12)说明汇率和加权汇率对销售利润率的影响都不显著。显然，由于非外向型企业的出口较少，汇率对利润率的影响不显著。尽管对利润率的影响不显著，汇率贬值仍然对出口比率的增加有显著的影响。

表 6-10 回归结果 3：非外向型企业

变量	(9)	(10)	(11)	(12)
	非外向型企业			
	出口/工业销售额		利润/工业销售额	
汇率	0.00309***		0.000925	
	(0.000543)		(0.00450)	
加权汇率		0.0213***		−0.00276
		(0.00345)		(0.00779)
利润	−8.39e-10	−8.38e-10		
	(1.20e-09)	(1.20e-09)		
外国资本金			7.74e-09	7.97e-09
			(8.89e-09)	(8.86e-09)
固定资产	−4.28e-10	−4.15e-10	5.46e-09***	5.42e-09***
	(8.63e-10)	(8.65e-10)	(1.22e-09)	(1.22e-09)
职工人数	2.72e-06*	2.72e-06*	1.07e-07	1.11e-07
	(1.38e-06)	(1.38e-06)	(4.86e-07)	(4.89e-07)
常数项	−0.891*	0.0156***	−7.909***	0.0479***
	(0.523)	(0.00309)	(1.255)	(0.00491)
观察值	1 683 472	1 683 472	1 348 625	1 348 625
R^2	0.029	0.029	0.051	0.051
产业编码的数量	40	40	40	40

注：括号中为 Robust 标准差，*** $p<0.01$，** $p<0.05$，* $p<0.1$。

回归分析说明：

(1) 对所有企业来说,汇率贬值都会增加出口在销售额中的比例。

(2) 对全部企业和非外向型企业来说,汇率变动对利润率的影响不显著。

(3) 对外向型企业来说,名义汇率变动对利润率的影响显著,但加权汇率的符号错误。

第五节 结论与政策建议

2005—2008年的汇率升值对我国外向型企业的发展有负面影响。典型调查、规模以上企业大样本数据和回归分析都证明了这一点。

汇率升值对不同类型企业的影响是不同的,对从事一般贸易的企业、劳动力密集型企业的负面影响较大,对出口加工型企业,特别是进料加工型企业的影响较小,对进口原材料的企业有正面影响。

我国企业对2005—2008年的汇率升值做出了反应。企业开始学习和使用各种措施来规避外汇风险。在长期,企业调整经营方针和产品结构,对汇率升值做出反应。

政策建议：

银行需要提供更多的金融服务来帮助企业规避外汇风险。尽管已经开始使用各种规避风险手段,很多企业对这些工具仍然缺乏知识,缺乏经验,银行应当提供更多的信息,进行更多的培训。

政府需要帮助企业转变经营方针和产品结构。在长期,在日益国际化的经营环境下,企业需要不断适应新的情况。政府应当提供资金、信息、服务,帮助企业实现国际化经营环境下经营方针和产品结构的转变。

第七章　人民币升值与中美贸易*

自2005年7月起,我国放弃人民币对美元的固定汇率制度转而盯住一篮子货币,并对美元升值。本章在理论上发展了国际贸易理论中的引力模型,并使用2002—2007年间的我国各行业面板数据进行实证回归以考察人民币升值对中国向美国出口的影响。大量计量研究结果表明:人民币升值会显著减少中国对美国的出口。给定其他不变,人民币升值10%,中国对美国的出口将减少11%。该发现对于不同计量方法和不同时期的估计均为稳健显著。

第一节　引　　言

一国汇率的变化及其对国内价格变化的传导效应已广泛地引起经济学家的关注。尽管目前国内已有许多研究讨论汇率和贸易的关系(如谢建国、陈漓高,2002;梁琦、徐原,2006;等等),但从价格传递的渠道研究汇率变化与贸易流之间关系的研究却相对比较少。目前,中国是美国的第二大贸易伙伴。自2005年7月起,我国放弃人民币对美元的固定汇率制度转而盯住一篮子货币,并对美元升值。在此后的五年中,人民币对美元升值了约20%,从1美元兑8.3元升至1美元兑6.8元。与此同时,中国对美国的出口也从2006年的2034亿美元增加到2008年的2523亿美元。当然,观察到这一现象并不足以说明人民币的升值会导致中国对美国出口增加。因为除汇率外的其他因素也会导致我国对美国出口的增加。但无论如何,人民币升值对中国对美国出口的影响是一个值得深入研究的课题。

初看起来,道理似乎很直观:人民币升值使得我国的出口品变得更加昂贵,出口会相应减少,而进口会相应增加。但事实上,问题远非如此。如Feenstra(1998)所述,双边贸易量主要是受两个贸易国家的GDP、运输成本的大小和其贸易自由化程度影响的。由于汇率与关税对一国国内价格的影

---

* 本章是与对外经济贸易大学的田巍教授合作的成果,原文发表在《中大管理研究》(2012年第7卷第2期,第47—65页)。

响本质上是一致的(Feenstra,1989),因此汇率也可类似地归入与关税同类的双边贸易"冰山"运输成本。从这一角度上讲,汇率变动对双边贸易的影响仍然是一个实证问题。

正如 Anderson-van Wincoop(2003)指出的,引力模型也许是当今唯一能成功地解释双边贸易额的理论模型。在它最简单的形式中,引力模型意味着双边贸易额与贸易国的 GDP 直接成比例。本章因此采用一个一般均衡理论模型来研究人民币升值对中美双边贸易的影响。简单地说,人民币升值会对美国国内价格产生一定的价格传递作用,而这又会影响中美双边贸易额。换言之,由于美国是贸易大国,汇率变动如同征收关税一样会产生"贸易条件"方面的变化。

类似于本章的研究还有其他探索汇率和贸易方面的论文。正如 Goldberg-Knetter(1997)所介绍的,探索汇率与商品价格关系的文献主要集中在以下三个方面:汇率的传导,一价定律,根据市场定价(pricing to market)。Feenstra(1989)发现:利用日本和美国的行业数据可以很好地验证关税和汇率对进口价格的影响的确是对称的。最近,Bergin-Feenstra(2008)也研究了美国从采用固定汇率国(如中国)进口份额的变化会如何影响汇率对于美国进口价格的传递。在这篇文章中我们将进一步研究汇率变化如何通过使进口厂商的贸易条件改善和不完全的汇率传导来影响双边贸易。

本章首先构建了含有汇率在内的引力模型,并据此理论模型进行结构式的实证回归。本章发现人民币对美元升值显著地减少了中国对美国的出口。具体地,给定其他不变,人民币升值10%,中国对美国的出口将减少11%。该发现对于不同计量方法和不同时期估计均为稳健显著。因此,即使不考虑人民币升值对我国从美国进口的正面影响,人民币升值对降低中美双边贸易的不平衡,并避免相应潜在的贸易冲突的作用也是明显的。

本章安排如下:第二节简要介绍人民币汇率改革进程;第三节构建一个含汇率的引力理论模型;第四节描述如何估计这个含有汇率的引力理论的结构性回归模型;第五节是主要的回归结果和敏感性分析;第六节是小结。

第二节 人民币汇率改革进程

正如林毅夫(Lin,2003)所指出的,如同许多其他欠发达国家一样,在改革开放以前,中国采取了重工业优先的发展战略。由于重工业项目多为资本密集型,其项目所需要的仪器多半无法在国内生产,因而需要进口。然而其时由于我国出口量较少,且多限于出口低附加值的农产品和资源型产品,因而外汇资源也就非常稀缺。因此,中国政府不得不高估人民币汇率来降低为发展重工业项目所需进口的仪器成本。这样,在改革开放初期(1980年),人民币对美元的汇率定为1.5元兑1美元,政府严重高估了人民币。

随后,从1984年的十年中,中国则采用汇率双轨制(余淼杰,2009a)。一个是官方的固定汇率体系,另一个则是由市场决定汇率的外汇互换市场体系。在官方的固定汇率体系中,汇率于1986年固定在3.5元兑1美元的水平。而在非官方轨中,进口商与出口商以及其他有外汇供给或需求的市场参与者按照市场决定的汇率进行交易。非官方轨由于受到较少的监管,在这个市场中出口厂商能卖掉他们额外的储备,因而美元设定在一个更高的均衡价格。1994年1月,中国政府决定汇率并轨,并于1993年贬值30%。同时,允许经常账户可自由兑换。所以,1994年的汇率变化可视为人民币汇率的第一个结构性变化。

在随后的十年中,人民币对美元汇率被固定在8.3元兑1美元的水平。即使在东南亚金融危机(1997—1998年)中,许多国家都通过本币贬值来减轻危机带来的不利冲击(如日元贬值20%而泰铢贬值近40%)。而中国政府坚持汇率固定不变。但人民币汇率的第二个结构性变化则是发生在2005年6月,人民币对美元汇率升值了2%。同时,人民币不再仅仅盯住美元,而是盯住包括美元、日元等货币在内的一篮子货币。事实上,自2005年至今,人民币持续稳定升值。在五年内升值已超过20%。

为什么中国政府在2005年重估人民币汇率呢?一个重要的原因是中美双边贸易不平衡。在2002—2006年间,中美双边年贸易增长率平均超过20%。在2007年,当双边贸易额(包括从香港的再出口)达到3 180亿美元时,中国已经取代墨西哥成为美国的第二大贸易伙伴。同时,中国对美国保持了很大的贸易顺差额。2004年,中美贸易顺差已达1 610亿美元。更重要的是,在关贸总协定(GATT)中的第八轮乌拉圭回合谈判中,中美再一次达成关于纺织品的有关协议(ATC:the Agreement on Textile and Clothing),同意在十年内结束之前已存在的限制发展中国家向发达国家出口的纺织品及成衣协议(Multi-Fiber Agreements),即中国同意对每年出口到美国的纺织品额设定一个上限。由于MFA协定到2005年1月到期失效,随即导致中国向美国的纺织品出口急剧增长。双边贸易的失衡使得美国国内贸易保护主义重新抬头。来自美国工会等特殊利益集团通过国会向中国政府施压,如中国不"自愿"限制对美国的出口,美国国会则会对中国施加贸易制裁。为了避免潜在的双边贸易战,中国政府同意在2005年7月21日人民币对美元升值2%。同时,汇率允许在一定的区域内浮动。如图7-1所示,人民币自2005年开始进入升值轨道。

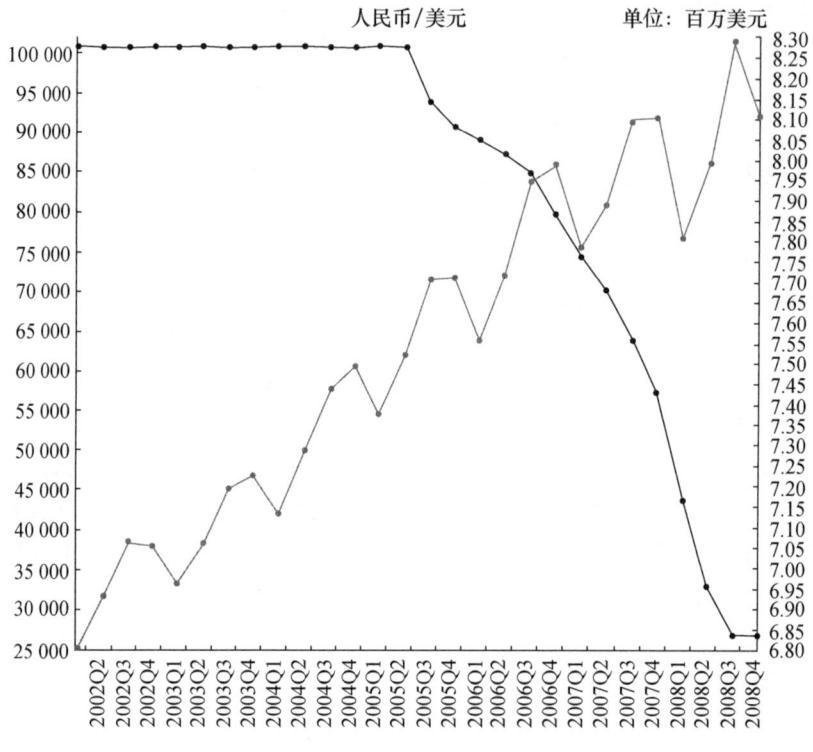

图 7-1 人民币 2005 年后进入升值轨道

资料来源：CEIC 数据库。图中浅色线代表中国向美国的月度出口量（百万美元），深色线代表人民币汇率（美元/人民币）。

可见，改革开放三十年来人民币汇率改革可大致概括为：十年双轨制（1984—1994 年）、十年固定汇率（1994—2004 年）和两次结构式调整（1994 年和 2005 年）。那么，近期的汇率调整对中国对美国的出口影响如何呢？为回答这一问题，先让我们用引力模型对之加以理论引导。

第三节 含汇率的引力模型

如余淼杰(2008，2010)所介绍的，Tinbergen(1962)是第一次使用引力方程来描述两国贸易模式。引力方程的最简式表示，双边贸易水平与贸易国的国内生产总值是呈正比例的。随后，Anderson(1979)运用一个常替代弹性的效用函数为引力方程提出了一个理论上的微观基础，并由此成为以后相关研究的标准模式。本章在理论上的创新之处则是把汇率引入引力模型，从而得以估计出汇率变动对中美双边贸易的影响。

为简化并与文献一致起见,假设每个国家生产唯一的产品种类,因而行业 k 中的产品类别 h 从 i 国出口到 j 国等于在 j 国消费该种产品种类 h。假设国家 $i=1,\cdots,I$,在行业 k 中生产 N_{ik} 商品,则有常替代弹性效用函数:

$$U = \int_{i=1}^{I}\int_{k=1}^{K}\int_{h=1}^{N_{ik}} (C_{ik}^{h})^{\rho} \mathrm{d}h \mathrm{d}k \mathrm{d}i, \quad \rho > 0 \tag{7-1}$$

其中,C_{ik}^{h} 是 j 国消费的 i 国生产的行业 k 中产品种类 h。替代弹性 σ 由 $\sigma = 1/(1-\rho)$ 给定。类似于 Anderson-van Wincoop(2003),假设给定 i 和 j,对于行业 k 中所有位于序列 $\{1,\cdots,N^{i}\}$ 中的 h 和 h' 来说,有 $p_{i,us,k}^{h} = p_{i,us,k}^{H}$。换言之,$j$ 国从 i 国进口的同行业的所有产品都有相同的价格 $p_{i,us,k}$。① 这样,对各种产品类别而言,j 国的消费量就会是一样的,即:$\forall h \in \{1,\cdots,N_{ik}\}$,$C_{ik}^{h} = C_{ik}^{h'} = C_{ik}$。因此,进口国 j 代表性消费者效用函数(7-1)可表示为:

$$U = \int_{i=1}^{I}\int_{k=1}^{K} N_{ik} (C_{ik})^{\rho} \mathrm{d}k \mathrm{d}i \tag{7-2}$$

该消费者根据其预算约束最大化其效用:

$$Y^{us} = \int_{i=1}^{I}\int_{k=1}^{K} N_{ik} p_{i,us,k} C_{ik} \mathrm{d}k \mathrm{d}i \tag{7-3}$$

其中,Y^{us} 是美国的 GDP 水平。求解该最大化问题,可得到每个产品类别的衍生需求函数 C_{ik}:

$$C_{ik} = (p_{i,us,k}/P_{k})^{\frac{1}{\rho-1}}(Y_{j}/P^{k}) \tag{7-4}$$

其中,总价格指数定义如下:

$$P_{k} \equiv \left[\int_{i=1}^{I}\int_{k=1}^{K} N_{ik} (p_{i,us,k})^{\frac{\rho}{\rho-1}} \mathrm{d}k \mathrm{d}i\right]^{\frac{\rho-1}{\rho}} \tag{7-5}$$

最后,美国从中国的进口额为:

$$X_{us,k}^{ch} = \int_{h=1}^{N_{k}^{ch}} p_{ch,us,k}^{h} C_{ch,us,k}^{h} \mathrm{d}h = N_{k}^{ch} p_{ch,us,k} C_{ch,us,k} \tag{7-6}$$

其中,第一个等式是进口值的定义,第二个等式则是根据不同品种商品等价的假设。联立式(7-4)、(7-5)和(7-6),得到了中国向美国的出口值:

$$X_{us,k}^{ch} = N_{k}^{ch} Y_{k}^{us} (p_{ch,us,k}/P_{k})^{\frac{\rho}{1-\rho}} \tag{7-7}$$

尽管如此,双边贸易也受出口国产品数量 N_{k}^{ch} 的影响,但问题是 N_{k}^{ch} 是难以观察的。为回归估计的需要,这里采用 Krugman(1979)首先使用的垄断竞争模型来帮助我们消去式(7-7)中的出口产品数量。

---

① 注意,虽然同一行业内产品价格不变,但我们允许不同行业间的价格可变。这个假设与以下事实是一致的:丰田车中皇冠型车与凯美锐型车的价格差别相对于其与一支铅笔的价格相比,前者基本可以忽略。

正如 Krugman(1979)、Baier-Bergstrand(2001)和 Feenstra(2002)指出,考虑一个典型的新古典追求利润最大化的企业 i。当给定商品的产量(y_k^{ch})及其固定成本(κ_k^{ch})和等边际成本(ϕ_k^{ch})时,劳动力(l_k^{ch})是该企业在行业 k 中唯一的投入:

$$l_k^{ch} = \kappa_k^{ch} + \varphi_k^{ch} y_k^{ch} \tag{7-8}$$

代表性企业的垄断竞争均衡意味着两个条件。第一,对于代表性厂商来说,边际收益等于边际成本。因为当国家 i 的产品种类数量 N_k^{ch} 很大的时候,需求弹性等于替代弹性 σ,可得到第一个均衡条件:

$$\rho p_k^{ch} = \phi_k^{ch} w_{ch} \tag{7-9}$$

其中,中国的工资用 wch 表示。

第二,由于企业可自由进出,每个企业得到零利润。因此中国行业 k 代表性企业的利润函数是

$$\pi_k^{ch} = p_k^{ch} y_k^{ch} - w^{ch}(\kappa_k^{ch} + \phi_k^{ch} y_k^{ch})$$

因此可算出中国行业的代表性企业的均衡生产水平 $\bar{y}_k^{ch}$:

$$\bar{y}_k^{ch} = \frac{\rho \kappa_k^{ch}}{(1-\rho)\phi_k^{ch}}$$

其中,给定 $\rho、\kappa_k^{ch}$ 和 ϕ_k^{ch} 都是固定参数后,$\bar{y}_k^{ch}$ 是常数。现记中美之间汇率水平($\$/RMB$)为 e,则中国的 GDP 用美元来计量为 $Y^{ch} = \frac{1}{s_k^{ch}} e N_k^{ch} p_k^{ch} \bar{y}_k^{ch}$,其中 s_{ik} 是行业 k 占 GDP 的比重,将此式代入式(7-7)中,可得:

$$X_{us,k}^{ch} = \frac{s_k^{ch} Y^{ch} Y_k^{us}}{e p_k^{ch} \bar{y}_k^{ch}} [p_{ch,us,k}/P_k]^{\frac{\rho}{\rho-1}} \tag{7-10}$$

因此,双边贸易量取决于汇率水平及贸易国的 GDP,出口代表性企业的产量,和各种价格指数。

第四节 实证方法

为估计引力方程(7-10),现先将两边取对数:

$$\ln X_{us,k}^{ch} = \ln(Y^{ch} Y_k^{us}) - \ln e - \ln p_k^{ch} + \ln s_k^{ch} + (1-\sigma)\ln p_{ch,us,k}$$
$$+ (1-\sigma)\ln P_k - \ln \bar{y}_k^{ch} \tag{7-11}$$

汇率对交易两国价格的影响起着同关税近似的"冰山"交易成本(Samuelson,1952)的作用。根据关税和汇率间的对称"传递"假说,如同一大国采用进口关税会降低世界价格一样,人民币升值也可视为降低出口国的产品价格。换言之,汇率对进口品价格起着一定的传导作用(pass-through)。这个

关系用式(7-12)来表示：$p_{ch,us,k} = e(p_k^{ch})^{\delta}$，其中 $\delta < 1$。注意 $p_{ch,us,k}$ 为含成本、保险、运输费在内的到岸价，而 p_k^{ch} 则为离岸价。取对数后，我们考虑以下形式①：

$$\ln p_{ch,us,k} = \alpha_k + \ln e + \delta \ln p_k^{ch} + \mu_k \tag{7-12}$$

其中，常数项 α_{jk} 表明其他所有具体化的边界影响。这样将式(7-12)代入式(7-11)可得下列估计式：

$$\ln X_{us,kt}^{ch} = \ln(Y_t^{ch} Y_{kt}^{us}) - \sigma \ln e_t + (\delta(1-\sigma) - 1) \ln p_{kt}^{ch}$$
$$+ [(1-\sigma)\alpha_k - \ln \bar{y}_k^{ch} + \ln s_{kt}^{ch} + (\sigma-1) \ln P_{kt} + (1-\sigma)\mu_{kt}] \tag{7-13}$$

在式(7-13)中，双边出口的对数值主要受贸易国的 GDP、汇率、中国的离岸价格指数($\ln p_k^{ch}$)以及进口厂商的对数总价格指数($\ln P_{us}^k$)的影响。此外，双边出口值也受不可观察的出口代表性企业产值 $\bar{y}_k^{ch}$ 的影响。

不过，式(7-13)中，除了其他未界定的边界效用(μ_{kt})，中国 k 行业中代表性企业的产值($\bar{y}_k^{ch}$)，中国各行业所占 GDP 比重(s_k^{ch})之外，进口国综合价格指数都是无法观测的，因为它取决于等式(7-5)中无法测量的出口类别数 N_k^{ch}。这样，根据 Feenstra (2003)，可把总价格指数项、确定的出口国生产水平、各种难以明确指出的边界效应都放入误差项 ε_{kt} 中：

$$\varepsilon_{kt} = (1-\sigma)\alpha_k - \ln \bar{y}_k^{ch} + \ln s_{kt}^{ch} + (\sigma-1) \ln P_{kt} + (1-\sigma)\mu_{kt}$$

最后，由于以前的汇率水平可能影响当期的汇率变化，仿照 Feenstra (1989)，每个季度的期望汇率都取当期汇率和其前三季度平均即期汇率的对数线性函数。② 相应地，有如下形式的估计：

$$\ln X_{us,kt}^{ch} = \beta_0 + \beta_1 \ln Y_t^{ch} + \beta_2 \ln Y_{kt}^{us} + \sum_{l=0}^{3} \beta_{3l} \ln e_{t-l} + \beta_4 \ln p_{kt}^{ch} + \varepsilon_{kt} \tag{7-14}$$

注意，这里并没有把两个贸易国 GDP 的系数限制为 1 个单位。相反，而是允许 β_1 和 β_2 具有一定的灵活性，并让数据来决定其大小。

第五节 数据、计量与回归结果

本部分首先描述数据，随后汇报分析主要的计量回归结果并讨论如何解决可能存在的汇率内生性问题。最后，梳理分析各种稳健性的回归结果。

一、数据

本章回归所用的数据涵盖范围为 2002 年第一季度到 2007 年第四季度。

---

① 注意采用不同形式来描述汇率的传导效用并不会影响回归结果。
② 这里先前季度数的不同选取不会影响估计结果。

之所以集中考虑这一时期是因为中美双边贸易自中国于2001年入世以后增长极其迅速。式(7-13)中因变量为SITC-2位码的美国从中国工业进口值的对数值。数据方面采用美国从中国的进口而非中国的出口数据以避免因忽略内地从香港再出口而造成的数据不准确问题(Feenstra-Hanson,2006)。而在自变量中,人民币对美元的即时汇率采用季度平均汇率来计量。之所以不采用每季度结束时的即时汇率则是为了避免该时日的随机波动误差(Feenstra,1989)。①

至于回归所用的价格数据,最理想的衡量方法无疑是使用美国进口产品的单位批发价来度量。可惜的是,目前尚无法得到这类数据。退而求其次,本章采用我国工业价格指数(PPI)来衡量出口价格(即离岸价格)。

表7-1给出各个变量的描述性统计。本章所用数据涵盖2002—2007年间62个行业的1482个季度观察值。文中所用的数据均是公开获得的。如无特殊指明,则数据可从CEIC数据库中获得。② 在该数据中,贸易伙伴国的GDP和人均GDP均用美元衡量。按部门分类的美国GDP数据(NAICS)则可从美国经济分析局(BEA)获得。中国工业价格指数可从国家统计局的《中国统计年鉴(2007)》中得到,注意1995年是基年。表7-2也提供了SITC-2位码和中国工业价格指数分类的对照。

表7-1 基本统计数据(2002—2007)

变量名	观察值数量	均值	标准误差	最小值	最大值
美国GDP对数(百万)	1 488	3.967	0.531	2.679	5.147
美国人均GDP对数	1 488	4.609	0.036	4.555	4.663
中国GDP对数	1 488	5.723	0.120	5.560	5.919
中国人均GDP对数	1 488	2.609	0.116	2.453	2.800
中国PPI对数(1995:100)	1 488	1.982	0.127	1.436	2.496
汇率对数($/RMB)	1 488	−0.888	0.102	−0.918	−0.398
滞后一期汇率对数($/RMB)	1 426	−0.909	0.012	−0.918	−0.889
滞后二期汇率对数($/RMB)	1 364	−0.911	0.010	−0.918	−0.885
滞后三期汇率对数($/RMB)	1 302	−0.913	0.008	−0.918	−0.889
中国基础货币(M1)对数	1 488	7.425	0.116	7.160	7.623
年	1 488	2.004	1.708	2002	2007
季度	1 488	2.500	1.118	1	4
中美贸易行业编码	1 488	31.500	17.901	1	62

① 也正如Meese-Rogoff(1983)指出并由Feenstra(1989)验证的,用季度远期汇率来代替即时汇率并不会改变估算结果。

② 资料来源:http://www.ceicdata.com。

表 7-2　SITC-2 位码和中国工业价格指数分类对照表

中国生产者价格指数编码	中美贸易 SITC-2 位码
冶金	20,42,43,44,45,66
煤炭	16,22
石油	23,24
化学品	19,28,29,30,32,33,34,35,36,38
装备制造	46,47,48,49,50,51,52,53,54
建筑材料	55,56
木材	15,39
食品	1,2,3,4,5,6,7,8,9,10,11,12,14,21,25,26,27,31
纺织品	18,41
服装	57,58,59
皮革	13,37
纸	17,40
文化教育与手工艺术	60,61

注：此处不包含电力行业，因为它不包括在中美双边贸易中。

二、回归估计

表 7-3 汇报了人民币对美元汇率变化对双边贸易流的影响。注意在所有的估计中，汇率都是以美元兑人民币标价的（$/¥）。因此，汇率的上升表明人民币的升值。第一列汇报基准的 OLS 结果。主要发现有三：第一，美国和中国的 GDP 对数值系数均为正，且在统计上显著。这一发现与标准的引力模型相一致：贸易直接与参与贸易国家的 GDP 呈比例。给定其他不变，贸易国规模越大，贸易量越多。第二，出口国（中国）价格指数系数为负。这也与传统认识相符：较高的出口价格会使出口下降。第三，汇率回归项为负号。这表明人民币的升值会在统计上显著导致中国向美国出口的减少。为更严格地验证这一发现是否稳健，由于以前各期的汇率水平可能会影响回归结果（Feenstra，1989），故在回归式第二列中将先前三季度滞后汇率分别纳入回归式。不过，回归结果表明这些变量系数均不显著。而当期汇率对数值的系数对双边贸易流的影响仍显著为负。

表 7-3　汇率变动对中美贸易的影响(2002—2007)

美国从中国的进口	OLS				IV	
	(1)	(2)	(3)	(4)	(5)	(6)
中国价格指数对数	−4.190**	−4.057**	−0.072	0.364*	−4.296**	−0.021
	(−9.31)	(−8.68)	(−0.39)	(1.66)	(−9.36)	(−0.12)
汇率对数($/¥)	−5.225**	−4.895**	−1.333**	−0.742**	−5.424**	−1.108**
	(−9.44)	(−7.47)	(−7.10)	(−3.12)	(−9.37)	(−5.57)
滞后一期汇率对数		−3.454		−0.500		
		(−0.15)		(−0.09)		
滞后二期汇率对数		−4.265		−2.29		
		(−0.13)		(−0.34)		
滞后三期汇率对数		2.913		2.62		
		(0.11)		(0.56)		
美国 GDP 对数	0.210**	0.202**	0.065**	0.059**	0.210**	0.065**
	(3.06)	(2.59)	(2.47)	(2.28)	(3.07)	(2.47)
中国 GDP 对数	2.297**	2.578**	−2.007	−1.663	2.363**	−1.993
	(7.12)	(3.70)	(−0.93)	(−0.42)	(7.22)	(−0.92)
年度特定固定效应	否	否	是	是	否	是
季度特定固定效应	否	否	是	是	否	是
行业特定固定效应	否	否	是	是	否	是
第一阶段 F 统计量					8 108.04†	57 238.34†
Anderson 似然 χ^2 统计量					3 242.64†	5 295.68†
Cragg-Donald χ^2 统计量					11 733.72†	57 726.17†
Anderson-Rubin χ^2 统计量					88.40†	31.03†
Prob.>F 或者 Prob.>χ^2	0.000	0.000	0.000	0.000	0.000	0.000
观察值	1 482	1 296	1 482	1 296	1 482	1 296
R^2	0.11	0.11	0.49	0.45	0.71	0.49

注:括号内的数字是 t 值。*、** 表明显著性为 1%、5%。† 表明统计量的 p 值小于 0.01。过度认定测试的 Hansen 统计量也是显著的。

更进一步地,从式(7-12)中可知,双边贸易流也受进口国的加总价格指数和代表性出口行业产出的影响,而这些又都是不可观察的。因此,我们采取以下形式的固定效应回归来控制这些因素:

$$\varepsilon_{kt} = \eta_k + \varphi_t + \nu_{kt}$$

其中,η_k 是未观察到的各行业时间不变的影响,φ_t 是随时间变化的固定效应,ν_{kt} 则代表其他模型中未涉及的其他特征。由于样本为季度性数据,年度和季度固定效应都被包括进来以完全刻画固定效应。第三、四列是式(7-13)相应的固定效应回归结果。第三列回归结果表明汇率的回归系数降低到−1.333,这意味着人民币升值 1 个百分点将会导致中美双边贸易降低 1.333

个百分点。第四列回归结果则发现,在控制了固定效用之后,汇率的各滞后期依然在统计上不显著。

三、内生性问题

值得强调的是,双边汇率并不是外生给定的,而是会受到双边贸易平衡的影响。如前所述,在 2005 年年初,纺织品及成衣协议(MFA)的到期导致中国纺织品向美国出口量剧增。结果,中美贸易(中方)顺差急剧增长。这反过来使得美国国内贸易保护主义的势力抬头。为避免与美国可能发生的贸易战,中国政府同意在 2005 年 7 月 21 日将人民币升值 2%。同时,人民币不再盯住美元,而是盯住一篮子货币。可见,双边贸易也会反过来影响汇率。因此,表 7-3 中第一至四列所得回归结果有因逆向导致性而产生的内生性问题。

工具变量(IV)估计法是控制汇率内生性的一个标准方法。这里我们选取中国的狭义货币存量(M1)作为工具变量来进行 GMM 估计。采用 GMM 估计的主要原因是它对误差项要求的假设较少,并且相对于最小一般二乘法,它有能力产生具有异方差的稳健标准误项(Hall,2004)。表 7-3 的第五、六列是运用 GMM 所得的回归结果。

之所以选择 M1 作为汇率的工具变量,其经济含义是明显的。如 Bergin-Feenstra(2008)所指出的:如果政府通过采取紧缩银根以降低货币供给,则会使利率上升。这样,外国对本国有投资愿望,因而对人民币的超额需求推动了汇率升高。人民币走强时,对美国的出口则可预期减少。当然,为充分评判该工具变量的有效性,我们进一步运用多种统计验检作最严格的验证。

首先,表 7-3 中还检查了回归方程式的第一阶段 F 统计量,以此来检验第一阶段的工具变量是否可以排除在回归外。我们在 0.1% 的水平上拒绝模型被误设这一零假设。其次,检验工具变量是否与内生的解释变量相关。按照 Anderson(1984)的典型相关似然比的检验方法来检验回归式是否是可识别的,我们发现在 0.1% 的显著性水平表明回归式是可被识别的。再次,我们进一步检验工具变量(M1)是否与内生的解释变量(汇率)是弱相关的。如然,则回归结果将不可信。Cragg-Donald (1993)提供的 F 统计量在一个很高的显著性水平上拒绝了第一阶段是被弱识别的零假设。最后,Anderson-Rubin (1949)的 χ^2 统计量拒绝了内生回归系数等于零的原假设。[1] 总之,所

---

[1] 注意 Hansen 检验也包括在我们的估计中,我们没有列出 Hansen 检验是因为等式相当一致。

有的统计检验充分表明 M1 在这个回归中是一个很好的工具变量。

表 7-3 的第五、六行汇报了用 M1 作为工具变量时所得的回归结果。第五行表明中美汇率对出口的弹性为 -5.424,这与第一列的基准回归结果相当接近。尽管如此,在第六行中,在控制了双向固定效用及内生性影响之后,汇率对出口的弹性估计值在绝对量上大大地减少了。不过,其经济含义却依然十分清晰:人民币升值会显著降低中国对美国的出口。

回归结果具有明显的政策建议。从回归(6)中可知,在控制了汇率的内生性后,人民币与美向华进口值的弹性为 -1.108。这意味着如果人民币升值 10%,则美国从中国的进口值将下降约 11%。所以,即使人民币升值不会增加中国从美国的进口,人民币升值也的确可以降低中美贸易逆差。

四、更多稳健性分析

如前所述,人民币对美元汇率是从 2005 年 7 月后才开始升值的。因此,如果在回归中包含大量在此之前的样本的话,则汇率对于双边贸易量的影响可能被低估。因此我们剔除 2005 年之前的样本并进行重新估计。

表 7-4 汇报了用 2005—2007 年间样本所估计的人民币与美元汇率对中国对美国出口的影响。结果虽然在量上与表 7-3 中所得的结果略有不同,但经济含义却是一致的:在控制汇率的内生性问题后,人民币升值显著降低中国对美国的出口。具体地,汇率对双边贸易的点弹性从第四列中的 -2.07 到第六列中的 -1.17 不等。其他如贸易伙伴国的 GDP 变量也与表 7-3 中的相应变量结果接近。

表 7-4 汇率变动对中美贸易的影响(2005—2007)

美国从中国的进口	OLS				IV	
	(1)	(2)	(3)	(4)	(5)	(6)
中国价格指数对数	-3.785^{**}	-3.611^{**}	-0.232	-0.872	-3.850^{**}	0.012
	(-7.00)	(-6.14)	-0.39	$(-.98)$	(-7.06)	-0.02
汇率对数($/RMB)	-4.655^{**}	-4.501^{**}	-1.412^{**}	-2.069^{**}	-4.770^{**}	-1.168^{*}
	(-7.22)	(-5.32)	(-2.41)	(-2.32)	(-7.23)	(-1.80)
滞后一期汇率对数		-18.375		-8.01		
		(-0.53)		(-0.71)		
滞后二期汇率对数		26.765		6.583		
		(0.68)		(1.06)		
滞后三期汇率对数		3.615		3.948		
		(0.13)		(0.32)		
美国 GDP 对数	0.217^{**}	0.268^{*}	0.062^{**}	0.056^{**}	0.215^{**}	0.027
	(2.00)	(1.80)	(2.42)	(2.03)	(1.98)	(1.38)

(续表)

美国从中国的进口	OLS				IV	
	(1)	(2)	(3)	(4)	(5)	(6)
中国 GDP 对数	1.296	-1.305	-3.203**	0.918	1.378	1.162**
	(1.40)	(-0.40)	(-0.64)	(0.29)	(1.48)	(4.63)
季度特定固定效应	否	否	是	是	否	是
行业特定固定效应	否	否	是	是	否	是
第一阶段 F 统计量					2 739.10†	1 858.70†
Anderson 似然 χ^2 统计量					2 124.56†	1 103.87†
Cragg-Donald χ^2 统计量					12 257.10†	2 767.59†
Anderson-Rubin χ^2 统计量					52.55†	3.21†
Prob. $>F$ 或者 Prob. $>\chi^2$	0.000	0.000	0.000	0.000	0.000	0.000
观察值	742	556	742	556	742	742
R^2	0.1	0.11	0.06	0.05	0.11	0.11

注：括号内的数字是 t 值。*、** 表明显著性为 1%、5%。† 表明统计量的 p 值小于 0.01。

最后，考虑到大多引力模型都把贸易国的人均 GDP 变量包含在回归元中，我们因此也在回归中控制贸易国的人均 GDP 变量以检验上述回归结果是否还稳健。表 7-5 汇报了这一结果。可以发现，我们先前的所有发现依然成立。人民币升值依然显著地降低了中国对美国的出口。有趣的是，两贸易国人均 GDP 变量回归系数均为负。这并不令人意外：一国的人均 GDP 并不是外生给定的，它事实上是受该国的制度所影响的（Anderson-Marcouiller，2002）。不过，这里由于该系数统计上并不显著，我们无须太在意这一点。

表 7-5 中国对美国出口的估计（2002—2007）

美国从中国的进口	OLS				IV	
	(1)	(2)	(3)	(4)	(5)	(6)
中国价格指数对数	-4.192**	-4.072**	-0.013	0.365**	-4.186**	-0.01
	(-9.40)	(-8.76)	(-0.07)	(-1.67)	(-9.30)	(-0.05)
汇率对数（$/RMB）	-4.969**	-4.917**	-1.126**	-0.762**	-4.957**	-1.122**
	(-8.49)	(-7.38)	(-5.62)	(-3.13)	(-8.23)	(-5.57)
滞后一期汇率对数		-1.392		-0.537		
		(-0.05)		(-0.09)		
滞后二期汇率对数		-5.26		-1.521		
		(-0.15)		(-0.22)		
滞后三期汇率对数		-0.077		-1.157		
		(-0.00)		(-0.19)		

(续表)

美国从中国的进口	OLS				IV	
	(1)	(2)	(3)	(4)	(5)	(6)
美国 GDP 对数	0.255**	0.231**	0.065**	0.059**	0.255**	0.066**
	(3.45)	(2.87)	(2.46)	(2.28)	(3.46)	(2.48)
中国 GDP 对数	43.929	74.845	—	—	44.339	109.139
	(0.56)	(0.38)			(0.57)	(1.29)
美国人均 GDP 对数	9.425*	8.987	−2.132	−2.581	9.429*	−2.12
	(1.68)	(1.55)	(−0.67)	(−0.39)	(1.69)	(−0.67)
中国人均 GDP 对数	−46.21	−78.312	−1.902	−1.806	−46.641	−111.047
	(−0.57)	(−0.38)	(−0.88)	(−0.45)	(−0.58)	(−1.28)
年度特定固定效应	否	否	是	是	否	是
季度特定固定效应	否	否	是	是	否	是
行业特定固定效应	否	否	是	是	否	是
第一阶段 F 统计量					19 674.01†	69 480.22†
Anderson 似然 χ^2 统计量					3 816.76†	5 295.68†
Cragg-Donald χ^2 统计量					17 986.6†	57 726.17†
Anderson-Rubin χ^2 统计量					67.61†	31.03†
Prob.$>F$ 或者 Prob.$>\chi^2$	0.000	0.000	0.000	0.000	0.000	0.000
观察值	1 482	1 296	1 482	1 296	1 482	1 296
R^2	0.11	0.11	0.49	0.45	0.71	0.49

注:括号内的数字是 t 值。*、** 表明显著性为 1%、5%。† 表明统计量的 p 值小于0.01。

总之,所得实证结论均表明人民币的升值显著地减少了中国对美国的出口。

第六节 总　　结

通过使用 2002—2007 年间的行业面板数据,本章研究人民币升值对中美双边贸易的影响。与先前其他简化式的回归不同,本章的结构性参数回归(structural-form parameters estimation)是严格以一个修正的引力理论模型为引导的。因此,我们得以在统计上和经济上来解释估计结果。估计结果清晰表明人民币对美元升值显著降低了中国对美国的出口。给定其他不变,人民币升值 10%,中国对美国的出口将减少 11%。而这些发现对不同计量方法的采用和不同时期的调查均是稳健的。

本章的发现也具有重要的政策含义。人民币的持续升值会造成中国对美国的出口减少。即使不考虑升值对中国从美国进口的正面促进作用,也可知人民币的升值会在一定程度上减小中美贸易顺差,这自然会缓解中美一度紧张的贸易关系,但是却会给国内出口商造成较大的压力,并可能会进一步影响到我国宏观经济的未来增长。因而,如果要继续保持我国经济的高增长,则宜把政策重心放在促进内需上。

最后是对本章一些可能的拓展。其一,如果数据可得的话,则宜用真实水平的离岸价来代替行业价格指数。这样,汇率的传导就能够得到更精确的识别。其二,也可考虑在模型中加入进口关税变量,以检验汇率和关税的对称假说。由于数据限制,我们在此先不探讨这些问题,但却不失为未来研究的可能方向。

第八章　汇率、贸易服务与中国企业对外直接投资*

本章旨在研究汇率变动对异质性出口企业对外直接投资的影响及影响机制,尤其是汇率对贸易服务型投资的"出口传导"效应。以往的研究只关注汇率变化对制造业投资的"出口替代"影响,而忽略了出口与贸易服务型投资的"互补关系",因此用传统的对外直接投资理论研究人民币汇率对中国对外投资的影响会带来偏差。本章从理论建模和实证分析两个方向重新考察了汇率对贸易服务型投资的影响,理论上拓展了异质性企业对外直接投资的模型,区分了贸易服务型投资和生产型投资,并引入了真实汇率;实证上使用微观企业投资和贸易数据,定量分析了汇率对企业进行不同类型的投资影响大小。大量研究发现汇率上升显著地促进了企业对外直接投资概率,尤其是贸易服务型对外投资。据我们所知,本章是第一篇通过理论和微观数据研究中国贸易服务型对外投资的文章,在一定程度上填补了这方面研究的空白。

第一节　引　言

本章研究汇率波动对异质性企业对外直接投资的影响,尤其关注汇率通过"出口传导"效应对企业对外直接投资的影响。2000 年以后,中国的对外直接投资快速增长,2005 年之后增幅尤其显著,2012 年中国对外直接投资占全球总投资流量的 6.5%,是世界第三大对外投资国家。[②] 同时从 2005 年开始,人民币对美元的汇率经历了大约 30%的升值,对欧元、日元和其他世界主要货币的汇率也处于波动状态。相关研究多集中在人民币汇率对外商直接投资的影响,而对中国企业对外直接投资的影响研究甚少。Tolentino (2010)用中国 1980—2006 年宏观数据发现汇率对对外直接投资没有显著影

---

* 本章是与对外经济贸易大学的田巍教授合作的成果,原文发表在《世界经济》(2017 年第 11 期)。

② 《中国对外直接投资统计公报 2003—2013》。

响,而另外一些研究发现人民币汇率升值促进了对外直接投资,但这些研究都是基于宏观数据与方法,没有区分人民币波动对不同类型对外直接投资的不同影响机制,并且缺乏汇率对微观企业投资行为的影响分析。[①] 这些不一致的发现,很可能是由于忽略了不同类型对外直接投资的投资差异造成的。本章从研究企业对不同类型的投资动机的角度出发,通过理论建模和企业层面的计量分析,探索人民币升值对中国企业出口以及对外直接投资,尤其是对贸易服务型对外直接投资的微观影响机制。

一般研究认为汇率对对外直接投资的影响具有以下几种途径:"成本节约"效应,即母国升值降低了企业在海外扩张和建厂的成本;"出口替代"效应,即母国货币升值阻碍了本国出口,从而企业有更大动机在海外生产销售;以及在不完全市场上,对外直接投资带来的融资效应。不同于以往的研究强调汇率对制造业投资的影响,我们关注汇率变动对服务业,尤其是与贸易相关的服务业投资的影响。根据商务部公开发布的最新信息,2016年,中国企业对制造业投资占对外投资总额的比重从2015年的12.1%上升为18.3%。按行业分,对制造业投资占对外直接投资总额的比重增速是最快的。而在制造业对外投资中,服务类型投资(下文简称"贸易服务型投资")又占投资总额的近一半,这些贸易服务型投资大部分是与进出口贸易紧密相关的服务业投资,如进出口代理、批发零售、市场开发与售后服务。而在以制造业投资为主的发达国家,水平投资与出口之间具有就近集中取舍关系(proximity-concentration trade off)[②],汇率变化使出口与投资之间具有替代效应,我们认为对贸易服务型投资,汇率冲击具有反向的出口互补效应,并且对行业垄断性异质的企业影响机制和效果不同,这意味着反映在宏观上,汇率变化对投资类型的结构和企业构成都会有影响。

以人民币的升值为例,我们考虑其对中国两种主要类型投资的影响:以在外国生产销售为目的的水平方向制造业投资,和以建立境外办事处方便出口为目标的贸易服务业投资。一方面,升值降低了以人民币计价的企业对外投资的固定成本,对促进投资具有"成本节约"的鼓励效应;另一方面,以美元标价的出口品价格提高,升值造成出口下降,是广为接受的结论,而出口量降低会继续传导到对出口企业的对外投资,进而对投资有"出口传导"效应。更重要的是,对这两类不同的投资影响完全不同。出口疲软会鼓励以在外国生产销售为主的制造业投资,以此弥补出口下降的损失;但是由于出口下降,却

[①] 例如,胡兵、涂春丽(2012),乔琳(2011),王凤丽(2008)等。

[②] 例如,Horstmann and Markusen (1992), Brainard (1993), Markusen and Venables (2000)。

有可能打击以贸易服务业为主的投资。且对不同行业和不同生产率的企业，汇率冲击在多大程度上会传导到出口品价格，多大程度上传导到出口量也不相同(Berman,Martin and Mayer,2012)，进一步通过出口传导到投资上的效果也不同。

本章基于 Berman,Martin and Mayer(2012)和 Helpman,Melitz and Yeaple(2004)，构建了一个分析汇率对企业进行不同类型投资选择的理论框架，并利用中国制造业企业对外直接投资和生产的微观数据进行了实证分析。

理论上,我们构建了基于 CES 效用函数的生产率异质框架,并且在 Berman,Martin and Mayer(2012)的基础上引入两种类型的对外投资：建立贸易服务型外国分支和在外国建厂生产。此外，我们在生产成本之外引入了出口企业的跨国销售与沟通成本，而企业在国外建立贸易服务型分支则不仅可以降低运输中的冰山成本，还可以免除跨国销售与沟通成本。① 这使得在外建立服务型分支有意义。同时，模型在 Helpman,Melitz and Yeaple(2004)的基础上引入真实汇率，汇率的变化会影响到在本国与外国生产销售的相对可变成本，也会影响在外投资的固定成本。当本币升值时，由于出口利润下降，建立服务型分支的生产率门槛提高，而建厂的生产率门槛下降。

实证上，我们合并对外直接投资企业统计名录、工业企业数据和海关贸易数据分析汇率变化对企业进入投资，以及选择投资类型的影响。我们构造了企业层面的汇率指标，控制了内生性问题、小概率事件问题带来的偏误，并依据行业垄断程度、行业出口强弱和加工贸易特性进行了一系列的分组回归。之后我们合并浙江省的对外投资企业数据和工业企业数据，在控制了内生性之后研究汇率变化对企业投资金额的影响。我们发现在广延边际上，人民币升值对企业参与贸易服务型对外投资的倾向具有显著的阻碍影响，而在集约边际上，人民币升值对两类企业的对外投资流量均没有显著影响。

本章与多个研究对外直接投资的文献分支紧密相关。第一，对外直接投资动机的研究文献。理论上关于企业对外直接投资动机的文献大多围绕制造业投资，包括水平投资(即在海外生产并销售)和垂直投资(将中间品生产转移到发展中国家)，与以往的研究不同，本章重点关注影响贸易服务业对外投资的因素。Markusen(2002)提出无形资产理论解释水平直接投资，Helpman,Melitz and Yeaple(2004)引入了企业异质性，发现只有高生产率的企业才会在外国生产销售。Helpman(1984)等文章解释了企业为降低成本将部

---

① Oldenski(2012),Keller and Yeaple(2009)等指出母国公司与外国子公司之间存在跨境信息沟通成本，这是企业进行对外直接投资的一个重要动因，尤其是服务业企业投资。

分生产环节转移到发展中国家的垂直直接投资行为,指出垂直投资与出口的互补关系,其发现被 Yeaple(2003)等实证研究证实。之后垂直 ODI 的研究集中在跨国公司边界,如 Antras(2003),Antras and Helpman(2004)。

第二,汇率变动对对外直接投资的影响机制的文献。汇率是影响对外直接投资水平的重要因素,反映在汇率水平、汇率风险和预期汇率变化三个方面。由于人民币的波动率处于央行管制之下,本章更关注汇率水平变动的影响,即汇率升值或贬值对对外投资的影响,这部分文献虽然丰富但没有统一的结论。以东道国汇率贬值(即母国汇率升值)为例,大部分研究认为会引起对外直接投资的上升,如 Blonigen (1997), Brainard (1993), Osinubi-Amaghionyeodiwe (2009), Lin and Chen(2009), Froot and Stein (1991),这些研究的主要观点包括:① 母国货币升值降低了企业在海外扩张和建厂的成本;② 母国货币升值阻碍了本国出口,从而企业有更大动机在海外生产销售,即"出口替代"效应;③ 当资本市场不完全时,企业更容易通过内部实现融资,从而促进了海外投资。还有一些研究发现母国货币升值反而降低了海外投资,比如 Görg and Wakelin(2001), Campa (1993)。[①] 关于汇率风险的研究一部分着眼于东道国汇率风险,另一部分着眼于母国汇率风险。前者发现东道国汇率波动上升增加了海外投资的风险,对投资有不利影响。[②] 后者发现母国汇率风险上升增加了出口风险,促进了企业的资产向海外转移(Goldberg and Kolstad,1995),以及海外建厂取代出口的动机(Cushman,1985)。着眼于预期汇率变动的文献发现预期东道国汇率贬值造成企业预期未来投资成本进一步下降,从而拖延企业投资行为,降低了对外直接投资水平。[③] 此外,近年来更多文献开始研究第三国汇率水平和波动对对外投资的影响。[④] 这些文献都没有指出汇率变化对出口互补型直接投资的影响,无法解释企业在海外建立贸易办事处或进出口公司的行为,对人民币变化对中国对外投资的微观影响缺乏解释力。

第三,服务业对外直接投资研究文献。服务业贸易与投资在国际贸易与投资中地位日益重要,近年来也受到越来越多的研究关注[⑤],如 Kimura and Lee (2006), Head et al. (2009) 以及 Ramasamy and Yeung (2010)研究了服

[①] 其观点是当本币升值时,企业会依据当前汇率预测未来本币继续升值,因此海外投资的预期收益降低,阻碍了企业对外投资。
[②] 主要包括 Campa (1993), Barrell, Gottschalk and Hall (2004), Cushman (1988)等。
[③] Campa(1993); Barrell Pain(1996)。
[④] 如 Lin and Chen(2009), Barrell, Gottschalk and Hall (2004)等都论证了第三国汇率的作用。
[⑤] Kato et al.(2007)发现在日本大型零售商通过 FDI 扩张速度加快; Bernard et al.(2011) 和 Tanaka (2013)研究了物流企业在国际贸易中的作用。

务行业中贸易和 FDI 的国家层面的决定因素。对服务业直接投资的研究主要集中在与制造业的异同点,并且大部分是实证研究,理论模型尚待完善。如 Breinlich and Criscuolo(2011),Buch et al. (2011)以及 Bhattacharya et al. (2012)研究了商业咨询、银行和软件等服务行业中企业异质性对贸易和对外直接投资的作用,并讨论了与制造业的异同。大部分文献发现,与制造业相同,大型、高生产率、高出口强度的企业有较高的概率进行对外投资,投资到吸引力较低的国家,并伴随更高的外国分支销售额。[①] 与制造业不同,Tanaka(2015)发现在制造业中地理距离会减少对外投资和贸易量,在服务业中反而会增加对外投资。Davies and Guillin(2011)研究了服务型对外直接投资的空间决定因素,发现在发达目的国,投资有更强的"出口平台效应"(export-platform effect),而在发展中目的国有更高的"复杂垂直分工效应"(complex-vertical effect)。Oldenski(2012)用美国行业数据发现造成服务业对外投资比重显著高于制造业的一个重要解释原因是,对于服务业的产品,消费者间的跨境信息沟通成本明显强于生产过程中的信息沟通成本,推动了服务业的对外投资。关于中国服务业对外直接投资的研究多集中在宏观层面,缺乏微观视角的考察与论证。Chen and Tang(2014)用企业层面数据研究中国对外直接投资企业,发现和以往的认识不同,超过一半的 ODI 交易是在服务行业的,其中大部分是与出口相关的服务业。

第四,研究出口与对外直接投资的相关性的文献。出口与对外直接投资是企业服务于外国市场的两种最重要手段,无论是理论还是实证研究,大部分发现水平直接投资与出口呈替代关系,垂直直接投资与出口呈互补关系。此外,近年研究还指出出口常常起到为投资试水的作用,也支持了二者的互补关系(Conconi,Sapir and Zanardi,2014)。然而现有文献也存在两个缺陷:首先,出口与投资的替代性被强调,互补性却被忽略。[②] 其次,研究出口与对外直接投资的关系没有区分出口的广延边际和集约边际。很多研究汇率传导的文献指出,汇率变化对企业出口在广延边际(出口企业数量以及出口量)和集约边际(出口品到岸价格)的影响是不同的,并且对不同企业的影响也是异质的。[③] 这意味着,从出口额的角度看,出口与对外直接投资的关系还取决于出口量和出口价格的组成。

[①] 如 Tanaka(2015)和 Chen and Tang(2014)等。
[②] 如 Brainard(1993)发现,汇率冲击的出口替代效应不一定总成立。他研究汇率如何影响美国 FDI 销售占境外总销售的比重,发现东道国汇率相对于美元升值时,该比重会下降,这意味着汇率水平的上升没有使企业从出口转而偏向投资。
[③] 如 Berman, Martin and Mayer(2012),Rodriguez and Lopez(2011)。

据我们所知,本章是第一篇用理论和微观数据研究中国贸易服务型对外投资的文章,并且首次提出了汇率对于贸易服务型投资和生产型投资的相反影响。本章从以下几个方面拓展了已有研究。第一,本章专注于汇率变动对企业对外投资的"出口传导"效应,并从理论和实证两个方面补充汇率变化对贸易服务投资的互补影响。研究汇率对投资影响的文献多集中在制造业投资,鲜有理论或实证研究指出其对贸易服务业投资的影响,而后者正是中国和很多发展中国家存在的现实,这意味着经典文献中汇率对投资的结论在中国未必成立。第二,本章丰富关于人民币汇率变化的研究。以往关于人民币的研究多集中在其与进出口和就业[1],以及人民币和外国直接投资方面(FDI)[2]。研究人民币对中国对外直接投资的文献很有限,且几乎都是使用宏观数据以及宏观研究方法进行分析,如胡兵、涂春丽(2012),乔琳(2011),王凤丽(2008)等。[3] 本章将研究人民币在对外直接投资领域的影响,对理解人民币变动的影响和意义提供了更全面的分析。第三,本章补充了关于服务业对外投资研究的理论模型和微观证据,区分了对制造业的出口替代效应和对贸易服务业的出口互补效应,提供更多关于中国贸易服务业投资的研究结论。第四,本章拓展了汇率波动对企业的异质性影响的结论。大量研究发现汇率波动对不同企业的影响是有差异的,体现在生产率、贸易开放度、行业等多方面。如 Ekholm, Moxnes, Ulltveit and Moe(2009)发现挪威克朗 2000 年年初汇率的快速升值,对不同贸易开放度企业的生产率影响不同,虽然出口企业和进口企业都面临更高的竞争压力,但只有前者生产率有所提高,并且提高来自于企业内部,企业之间的生产率分布并没有受到影响。Berman, Martin and Mayer(2012)研究了汇率变化对出口企业的异质性影响,发现汇率贬值时绩效好的企业倾向于显著提高产品成本加成而较少地增加出口量,绩效不好的企业则相反。

本章具有鲜明的现实意义。第一,有助于理解汇率变动下中国制造业和服务业的投资结构,对改善和调整投资结构、管理汇率有一定的参考价值。第二,有助于理解汇率对企业"走出去"的微观影响和机制,理解汇率波动下对外直接投资的企业分布变化。研究汇率变化对企业投资的影响,揭示二者的因果机制,在当下汇率波动以及全球经济放缓的环境下非常重要。

本章结构安排如下:第二节简要介绍人民币汇率和中国对外直接投资的情况,并从宏观角度探索二者关系;第三节构建了理论模型,解释汇率变化如

---

[1] 如戴觅、徐建炜、施炳展(2013),李宏彬等(2011),刘尧成、周继忠、徐晓萍(2010)等。
[2] 如孙雷、杨舜贤(2005)。
[3] 这些文章多使用国家层面投资数据,以及 VAR 和 ECM 模型等宏观分析方法。

何影响企业参与出口、贸易服务型投资和生产型投资的决策；第四节解释数据和关键变量的度量；第五节根据理论模型的结构得到计量模型，并介绍计量方法和分析结果；第六节是小结。

第二节　背景和典型事实

人民币汇率改革经历了几个阶段，1994年汇率并轨以后，我国实行以市场供求为基础的单一的、有管理的浮动汇率制，2005年中国人民银行宣布实行以市场供求为基础、参考一篮子货币进行调节、有管理的浮动汇率制度，人民币汇率不再盯住单一美元，货币篮子及权重的选择，主要考虑经常项目、外债来源和外商投资的主要币种。闭市后央行公布当日人民币汇率收盘价，并规定了每日银行间外汇市场人民币交易价的浮动幅度。同时中国对外直接投资也经历了快速增长的过程；从2004年的54.9亿美元增加到2013年的1078.4亿美元。如图8-1所示，人民币实际有效汇率和对外直接投资都呈现增长趋势，即汇率贬值同时伴随着对外直接投资的增加。

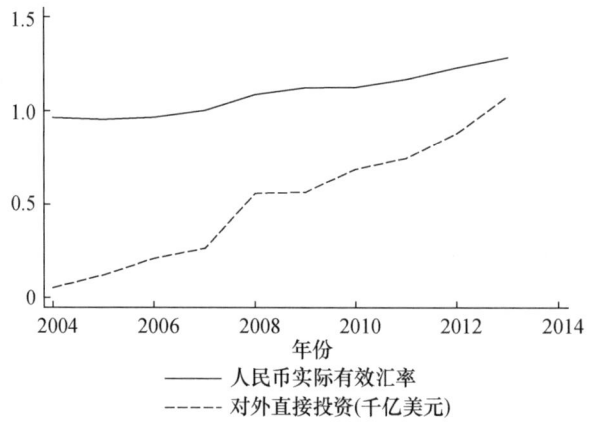

图8-1　中国历年实际有效汇率和对外直接投资

注：对外直接投资为流量数据，人民币汇率为实际有效人民币汇率指标，以2000年为基年。上升表示贬值。

资料来源：《中国对外直接投资统计公报2013》以及UNCTAD数据。

汇率上升（即人民币贬值）和中国对外直接投资上升的同向变动与已有理论相悖：通常认为汇率贬值促进了出口，降低了企业在外国投资生产的动机。这是因为忽略了中国对外直接投资的特殊性，即将近一半的中国对外直接投资集中在与贸易相关的服务业领域，而非制造业行业。租赁和商业服务、采矿业、金融业、批发零售业和制造业等是我国对外直接投资的主要行业。2013年中国对外直接投资存量共6 604.8亿美元,其中租赁和商业服务排名第一,共1 954.7亿美元,约占总存量的30%,金融业和采矿业分列其后,批发和零售业排名第四,共876.5亿美元,约占14%,制造业排名第五,共419.8亿美元,约占6%。租赁和商业服务以及批发零售业是我国服务业对外直接投资的最重要的组成部分,在本章中为了简便我们称这两类投资为贸易服务型对外直接投资。租赁与商业服务主要以贸易办事处等形式存在,批发零售业主要指进出口贸易公司。① 表8-1显示了2004年到2013年中国对外直接投资的分类数据,其中批发零售业以及租赁和商业服务两类投资的总额占比接近50%,尤其是租赁和商业服务,约占总投资的三成,这两类投资均与进出口紧密相关。而制造业所占比重只有不到10%。当汇率贬值时,出口增加,虽然企业海外生产的动机因此下降,但却提高了在外建立贸易办事处和进出口公司的动机,因此整体上投资呈现增长趋势。

表8-1 批发零售、商业服务与制造业对外直接投资　　单位:万美元

年份	批发零售业		租赁和商业服务		制造业		其他产业	
	金额	比重(%)	金额	比重(%)	金额	比重(%)	金额	比重(%)
2004	79 969	14.55	74 931	13.63	75 555	13.74	319 344	58.08
2005	226 012	18.43	494 159	40.30	228 040	18.60	277 906	22.67
2006	111 391	5.26	452 166	21.36	90 661	4.28	1 462 178	69.09
2007	660 418	24.92	560 734	21.15	212 650	8.02	1 216 807	45.91
2008	651 413	11.65	2 171 723	38.85	176 603	3.16	2 590 978	46.34
2009	613 575	10.85	2 047 378	36.22	224 097	3.96	2 767 849	48.96
2010	672 878	9.78	3 028 070	44.01	466 417	6.78	2 713 766	39.44
2011	1 032 412	13.83	2 559 726	34.29	704 118	9.43	3 169 148	42.45
2012	1 304 854	14.86	2 674 080	30.46	866 741	9.87	3 934 678	44.81
2013	1 464 682	13.58	2 705 617	25.09	719 715	6.67	5 894 357	54.66

资料来源:《中国对外直接投资统计公报2013》,对外直接投资为流量数据。

理论上讲,真实有效汇率贬值对制造业投资有阻碍作用,对服务出口类型的投资有促进作用。图8-2显示了2004—2013年人民币真实有效汇率、贸易服务类投资以及制造业占对外直接投资的趋势图。制造业投资的增长非常缓慢,而贸易服务类投资呈现快速增长趋势,这与我们的观察大体一致。但是国家水平的真实有效汇率并不能反映对不同国家人民币汇率的不同变化。因此,我们分别考察了中国对几个主要出口目的国的汇率和投资的变化。

---

① 详细说明见《中国对外直接投资统计公报》,2013年。

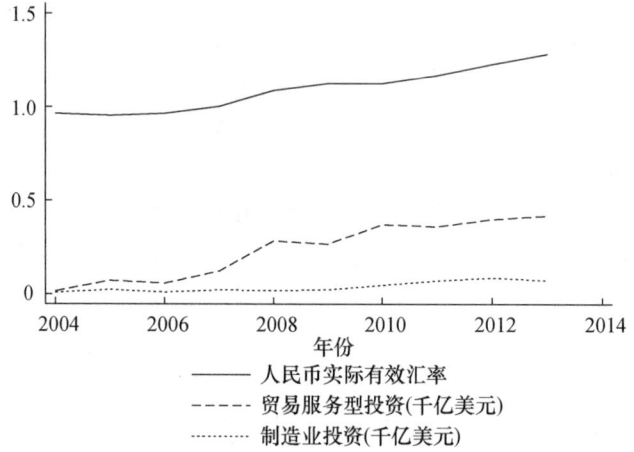

图 8-2 人民币汇率、贸易服务与制造业对外直接投资比重

注:人民币汇率为实际有效人民币汇率指标,以 2000 年为基年,贸易服务类投资包括批发零售业以及租赁和商业服务投资。

资料来源:《中国对外直接投资统计公报 2013》以及 UNCTAD 数据,对外直接投资为流量数据。

表 8-2 显示了 2003—2008 年中国内地对十大出口目的地的汇率、出口占总出口的比重,以及对外直接投资占总投资的比重。除欧元、新加坡元以外,人民币相对于其他货币呈现升值趋势。并且除了英国,对其他几个国家和地区而言,人民币升值均对应出口比重下降,贬值则对应出口比重上升。但是人民币和对外直接投资比重的关系则较为复杂,对美国、日本、英国、新加坡而言,人民币汇率与对外直接投资同向变动,即升值伴随投资比例下降;对中国香港、德国和欧盟而言,人民币则与对外直接投资反向变动,即升值伴随投资比例上升;而对其他国家和地区二者之间没有显著关系。

表 8-2 中国内地十大出口目的地汇率、出口与对外直接投资

中国内地前十大出口目的地	汇率		出口额所占比例(%)		对外直接投资额比例(%)	
	2003 年	2008 年	2003 年	2008 年	2003 年	2008 年
美国	8.264	6.944	21.10	17.64	2.28	0.83
中国香港	1.063	0.892	17.41	13.33	40.25	69.12
日本	0.071	0.067	13.56	8.12	0.26	0.10
韩国	0.006	0.006	4.59	5.17	5.39	0.17
德国	9.346	10.204	3.98	4.14	0.88	0.33
荷兰	9.346	10.204	3.08	3.21	0.16	0.16
英国	13.514	12.821	2.47	2.52	0.07	0.03
新加坡	4.762	4.902	2.02	2.26	0.11	2.77

(续表)

中国前十大出口目的地	汇率		出口额所占比例(%)		对外直接投资额比例(%)	
	2003年	2008年	2003年	2008年	2003年	2008年
中国台湾	0.241	0.220	2.05	1.81	—	0.00
意大利	9.346	10.204	1.52	1.86	0.01	0.01
欧盟①	9.346	10.204	16.46	20.86	1.07	0.78

注:对外直接投资为当年对外直接投资流量。
资料来源:《中国统计年鉴》(2004,2009),《中国对外直接投资统计公报 2008》,UNCTAD 数据。

我们进一步将中国内地企业对中国香港、欧盟和美国的对外投资按行业分解,表 8-3 显示了 2008 年中国内地对三个地区分行业的投资存量。其中对美国的商务服务业和批发零售业投资存量占总投资存量的比重超过 40%,意味着到 2008 年贸易服务型投资在美国占据相当重要的分量,说明人民币对美元升值很可能因为出口的下降导致投资同时下降,与表 8-2 的数据吻合。表 8-3 中显示对欧盟的商务服务业和批发零售业投资约占 25%,而制造业和金融业占比接近 50%,人民币对欧元贬值因为促进了出口而阻碍了对制造业的投资,预期贬值同时减少了对金融业的投资,所以贬值很可能伴随着投资的下降,与表 8-2 的数据同样吻合。中国内地对中国香港的主要投资类型也是商务服务业和批发零售业投资,但是表 8-2 显示人民币对港币的升值伴随着投资份额的增加,这很有可能是因为 2003 年出台的《关于建立更紧密经贸关系的安排》(CEPA)②,以及随后出台的《关于内地企业赴香港、澳门特别行政区投资开办企业核准事项的规定》等促进两岸贸易和投资便利化的诸多政策,使得中国香港成为吸收快速增长的中国内地对外投资的最主要目的地。

表 8-3　2008 年中国内地与主要对外直接投资目的地的汇率和主要行业投资存量比重　　　单位:%

	中国香港	欧盟	美国
商务服务业	30.2	10.5	7.4
批发零售业	22.5	14.0	36.0
制造业	3.1	25.6	23.5
金融业	26.9	24.4	13.2

---

① 由于英国、瑞典和丹麦不属于欧元区,对外投资数值不包含此三国数据。
② 包括中央政府与香港特区政府签署的《内地与香港关于建立更紧密经贸关系的安排》、中央政府与澳门特区政府签署的《内地与澳门关于建立更紧密经贸关系的安排》,主要目标是促进贸易投资便利化。

	中国香港	欧盟	美国
交通运输、仓储、邮政	9.8	5.4	9.4
采矿业	1.9	7.2	1.3
房地产业	2.9	2.1	1.0
其他行业	2.7	6.4	8.2
合计	100.0	100.0	100.0

注：其他行业包括农林牧渔；电力煤气及水的生产供应；水利、环境和公共设施管理；建筑业；科研、技术服务、地质勘查；信息传输、计算机服务和软件；居民服务和其他服务业；住宿和餐饮；教育；文化体育和娱乐业等。

资料来源：《中国对外直接投资统计公报2008》，其中对欧盟的分行业投资统计包括英国和瑞典数据，批发零售业投资中瑞典在所有欧盟国家中排第二，英国排第三，制造业投资中，英国排第二，金融业投资中，英国排第一。

为了更直观地显示人民币汇率与不同类型对外直接投资的关系，我们拟合了人民币有效汇率与贸易服务型投资占全部投资比例的现行关系，以及与制造业投资比例的相关图。如图8-3显示，人民币有效汇率与贸易服务投资呈现微弱的正相关关系，而与制造业投资呈现微弱的负相关关系，与我们的预测基本吻合。

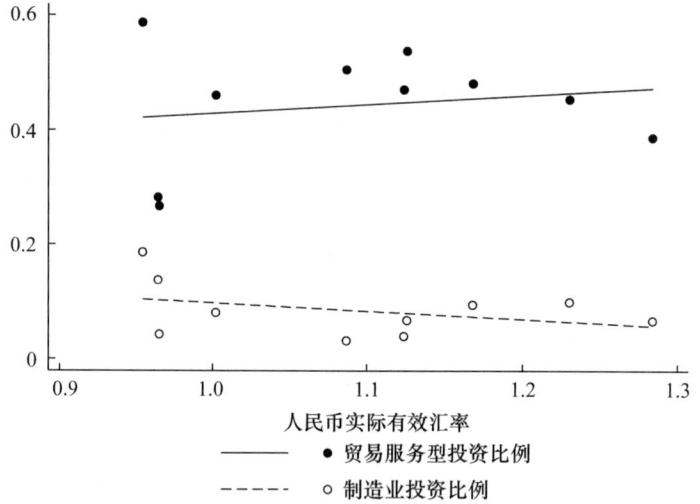

图8-3 商业服务、制造业对外直接投资与人民币汇率拟合相关图

资料来源：《中国对外直接投资统计公报2013》以及UNCTAD数据，对外直接投资为流量数据，人民币汇率为实际有效人民币汇率指标，以2000年为基年。

由于宏观和微观度量之间常常存在很大差异，人民币实际有效汇率的宏观指标难以代表每个投资企业面临的汇率水平①,用宏观数据研究汇率对对外直接投资的影响在对理解微观企业的行为上会存在偏误。在下面的理论和实证部分,我们将进一步从企业的角度度量以及考察汇率对投资的影响机制。

第三节 理论框架

我们在 Helpman, Melitz and Yeaple(2004) 和 Berman, Martin and Mayer(2012) 的基础上构建理论模型,分析汇率变动对不同生产率的出口企业投资决策的影响。我们分别构建消费者的效用与需求,生产者的利润最大化定价,并求出企业三种方案(出口,贸易服务型投资,生产型投资)的利润,以决定不同选择的生产率节点。模型框架如下。

一、消费者

假设每个国家的代表性消费者具有相同的 CES 效用函数,$x(\varphi)$ 为对产品 φ 的消费,其形式如下:

$$U = \left(\int_\Omega x(\varphi)^{\frac{\sigma-1}{\sigma}} \mathrm{d}\varphi \right)^{\frac{\sigma}{\sigma-1}}, \quad \sigma > 1, \alpha = \frac{\sigma-1}{\sigma}$$

二、厂商

假设本国(i 国)每个企业生产一种产品,厂商生产只需要劳动力一种投入,每个企业具有随机的生产率 φ,$1/\varphi$ 代表单位产出所需的劳动力投入,φ 满足帕累托分布。企业首先选择是否进入本国市场,假设注册需要固定沉没成本 f_E(单位劳动力,下同),在决定进入之后,企业可观察到生产率 φ。之后若企业继续在本国(i 国)生产,则需继续投入固定成本 f_D,用于在本国建厂生产。企业若想继续服务于外国市场(j 国),有三种方案:第一,若企业只出口,需继续投入固定成本 f_X,用于扩大本国生产能力。第二,若企业在海外建厂生产,需要投入在外国建厂的固定成本 f_{IM}。f_D、f_X 为本国劳动力,f_{IS} 与 f_{IM} 为外国劳动力,且 $f_{IM} > f_{IS} + \frac{f_X}{q_{ij}} > \frac{f_X}{q_{ij}} > \frac{f_D}{q_{ij}}$,其中 q_{ij} 是真实汇率,$q_{ij} = \frac{\varepsilon_{ij} w_j}{w_i}$,$\varepsilon_{ij}$ 为 i 和 j 两国的双边名义汇率,而 w_i 和 w_j 则为相应两国的工资水平。假设企业出口的运输中会产生冰山成本以及关税,其总和为每单位最终销售

---

① 这一点在第四部分介绍企业真实有效汇率时可以看到,我们构造的企业层面的真实有效汇率反映出来的是人民币的缓慢升值,而非贬值。

的产品共需要本国生产 τ_{ij} 单位产品($\tau_{ij}>1$)。

同时,如 Oldenski(2012)指出的,没有进行对外直接投资的出口企业要支付更高的与消费者的跨境信息沟通成本,因此,当企业出口但是不在外国投资时,需要支付额外的跨国沟通与销售费用。另外,每单位产品需要 η_j 个 j 国的劳动力。但若企业进行对外投资,无论是哪种形式,都可以在当地与外国客户直接联络,则省去了这笔费用。同时如果企业在外国建立贸易服务型分支,可以降低出口的冰山成本(比如进出口分支的作用)$\tau_{ij\mu}$,$0<\mu<1$。

第三,若直接在外国建厂生产并销售则完全没有运输成本,企业只在国内生产销售、出口、进行贸易服务型投资,以及在海外建厂投资的边际成本分别为 $\mathrm{MC}^d=\dfrac{w_i}{\varphi}$,$\mathrm{MC}^e=\left(\dfrac{\tau_{ij}}{q_{ij}\varphi}+\eta_j\right)w_j$,$\mathrm{MC}^{fs}=\dfrac{\mu\tau_{ij}}{q_{ij}\varphi}w_j$,$\mathrm{MC}^{fm}=\dfrac{w_j}{\varphi}$。注意,除了在国内销售的边际成本是用本币计价外,其他几类销售都是用外币来计价,这是因为出口和对外直接投资的产品都是国外消费者在消费的。

三、利润最大化

如果产品出口或投资到 j 国,假设 j 国人口 L_j,收入为 Y_j,$Y_j=w_j\times L_j$,工资为 w_j,物价水平为 P_j,

$$P_j=\dfrac{\sigma}{\sigma-1}w_j\left\{\sum_{h=1,h\neq j}^N L_h\left[\int_{\hat{\varphi}_{ehj}}^{\varphi_{fshj}}\left(\dfrac{\tau_{hj}}{q_{hj}\varphi}+\eta_j\right)^{1-\sigma}\mathrm{d}G(\varphi)+\int_{\hat{\varphi}_{fshj}}^{\varphi_{fmhj}}\left(\dfrac{\mu\tau_{hj}}{q_{hj}\varphi}\right)^{1-\sigma}\mathrm{d}G(\varphi)\right.\right.$$
$$\left.\left.+\int_{\hat{\varphi}_{fmhj}}^{\infty}\left(\dfrac{1}{\varphi}\right)^{1-\sigma}\mathrm{d}G(\varphi)\right]+L_j\int_{\hat{\varphi}_{dj}}^{\infty}\left(\dfrac{1}{\varphi}\right)^{1-\sigma}\mathrm{d}G(\varphi)\right\}^{\frac{1}{1-\sigma}}$$

若产品 φ 在 j 国的价格为 $p_j^c(\varphi)$,则 j 国消费者对其需求如下式:

$$X_j(\varphi)=Y_j P_j^{\sigma-1}\left[p_j^c(\varphi)\right]^{-\sigma}$$

其中,$c=d,e,fs,fm$ 分别代表只在本国生产销售、只出口、出口并进行贸易服务型投资,以及进行生产型投资。

进一步可计算边际收益:$\mathrm{MR}=p_j^c(\varphi)\dfrac{\sigma-1}{\sigma}$。根据企业利润最大化,可以解得四种情况的消费者价格

$$p_j^C(\varphi)=\dfrac{\sigma}{\sigma-1}\mathrm{MC}^c,\quad c=d,e,fs,fm$$

从而可解得四种情况下厂商利润,如下式:

$$\pi_i^d=\left(\dfrac{w_i}{\varphi}\right)^{1-\sigma}B_i-f_D w_i$$

$$\pi_{ij}^e=\left[\left(\dfrac{\tau_{ij}}{q_{ij}\varphi}+\eta_j\right)w_j\right]^{1-\sigma}B_j-\dfrac{f_X w_j}{q_{ij}}$$

$$\pi_{ij}^{fs} = \left[\frac{\mu\tau_{ij}}{q_{ij}\varphi}w_j\right]^{1-\sigma}B_j - f_{IS}\,w_j - \frac{f_X w_j}{q_{ij}}$$

其中，$B_j = \frac{1}{\sigma}\left(\frac{\sigma}{\sigma-1}\right)^{1-\sigma}Y_j P_j^{\sigma-1}$，$q_{ij} = \frac{\varepsilon_{ij}w_j}{w_i}$ 为真实汇率：

$$\pi_{ij}^{fm} = \left(\frac{w_j}{\varphi}\right)^{1-\sigma}B_j - f_{IM}\,w_j$$

其中，π_{ij}^e、π_{ij}^{fs}、π_{ij}^{fm} 以外币度量，π_i^d 以本币度量。根据 $\pi_i^d \geqslant 0$，$\pi_{ij}^e \geqslant 0$，$\pi_{ij}^{fs} \geqslant \pi_{ij}^e$，$\pi_{ij}^{fm} \geqslant \pi_{ij}^{fs}$，可分别求得企业在本国生产、对 j 国进行出口、贸易服务型投资以及生产型投资的生产率分界点 $\widehat{\varphi}_{di}$，$\widehat{\varphi}_{eij}$，$\widehat{\varphi}_{fsij}$，$\widehat{\varphi}_{fmij}$。

四、自由进入条件与一般均衡

由 $\pi_i^d = 0$，$\pi_{ij}^e = 0$，$\pi_{ij}^{fs} = \pi_{ij}^e$，$\pi_{ij}^{fm} = \pi_{ij}^{fs}$ 可以得到生产率分界点条件，最后，利用企业自由进出的条件，企业预期利润等于进入市场的固定成本($f_E w_i$)，就可以求出均衡条件，实现模型的闭合。具体展开见附录，并可得到下面两个命题。

命题 1 当所有国家对称，除 i,j 两国之外购买力平价成立，并且存在冰山运输成本 $\frac{\mu\tau_{ij}}{q_{ij}} > 1$，并且各项运输成本满足 $\frac{f_X/q_{ij}}{f_D} > \left(\frac{q_{ij}}{\tau}\right)^{\sigma-1}$，$f_{IS} > (\mu^{1-\sigma}-1)\frac{f_X}{q_{ij}}$，$f_{IM} > \frac{f_X}{q_{ij}} + f_{IS}\left[\frac{\left(\frac{\mu\tau_{ij}}{q_{ij}}\right)^{\sigma-1}-\mu^{\sigma-1}}{1-\mu^{\sigma-1}}\right]$ 时，存在以下生产率临界点的排序：$\widehat{\varphi}_{di} < \widehat{\varphi}_{eij} < \widehat{\varphi}_{fsij} < \widehat{\varphi}_{fmij}$。

换言之，如果模型参数满足了以上一些基本的要求，那么模型就能够解出有关企业生产率临界点的排序条件，并且具有鲜明的经济学含义。即生产率最高的企业进行生产型对外直接投资，次高的企业进行贸易服务型对外直接投资并出口，再次的企业只进行出口不投资，再低的企业只在国内生产销售，最低的企业退出市场。

命题 2 当其他国家真实汇率不变，当真实汇率 q_{ij} 小幅度下降时，$\widehat{\varphi}_e$ 上升，$\widehat{\varphi}_{fsij}$ 上升，$\widehat{\varphi}_{fm}$ 下降。即本币升值抑制了出口，促进了生产型对外直接投资，同时阻碍了贸易服务型对外投资。

证明：见附录第二部分。

命题 2 的结论可以用图 8-4 来表示。企业的生产率自左向右、由低到高排列，当汇率 q_{ij} 下降，本币升值，则有出口的临界点 $\widehat{\varphi}_e$ 右移，$\widehat{\varphi}_{fsij}$ 右移，但 $\widehat{\varphi}_{fm}$ 会左移。该命题同样具有很直观的经济学含义：一方面，本币升值通常会导致出口减少,为保证国外销售,企业会尽力去转而增加对外直接投资,正如命题1指出的,如果企业能够支付在外建厂的固定成本,那么出口与对外直接投资的替代关系一般就会成立。一个经典的案例是20世纪80年代,日元升值,日本对美国的出口减少,但对外直接投资会增加。另一方面,出口的减少也有可能会导致企业去努力在国外多建立自己的销售渠道;但由于出口额的总体减少,对在国外建立分销机构的需求也就相应地减少,所以这一方面的影响应该是比较弱的。正如模型所预测的,出口减少,总体会使国外贸易型投资也减少。

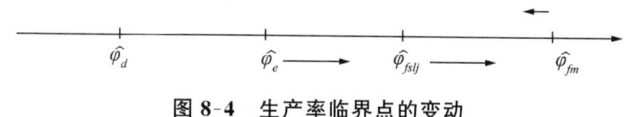

图8-4 生产率临界点的变动

第四节 数据与度量

一、数据描述与整理

本章实证分析所需要的变量和指标主要来自以下四套统计数据。其中企业是否进行对外直接投资的虚拟变量来自商务部提供的对外直接投资企业名录,企业对外直接投资流量来自浙江省大型制造业企业对外直接投资的数据。企业生产信息如劳动力数量、所有制属性、所属行业、省份等来自工业企业数据库。企业生产率根据工业企业数据库中的产出、中间品、资本、劳动力、出口等信息估算。企业层面真实有效汇率根据企业到不同国家出口比重加权计算,其中到不同国家的出口量包含在海关贸易数据库中,双边汇率来自于世界银行数据库。国家层面的控制变量如GDP、人均GNI和物价指数来自世界发展指数(WDI)数据库。

（一）中国工业企业数据库

本数据由国家统计局在每年的制造业年度调查中进行收集和记录,共计收录了从1998年至今,中国大陆地区各类型国有企业和年销售额在500万元以上的非国有企业微观数据,涵盖中国工业制造业40多个大类、90多个中类、600多个子行业的每年约230 000个制造业企业的生产信息,到2009年年底共收集了中国43万多家企业,企业数目从2000年的162 885家翻倍增至2006年的301 961家。工业企业库数据描述与筛选过程详见第一章第二节。

（二）海关企业产品面贸易数据

这套贸易数据来自中国海关总署的高度细分的数据,包括了2000年到

2006年产品层面交易的月度数据。① 每个产品都是在 HS 8 位码上,产品数量从 2000 年 1 月的 78 种增加到 2006 年 12 月的 230 种,每年平均的观察值数目由 2000 年的 1 000 万增加到 2006 年的 1 600 万,最终这七年的观察值总数约为 118 333 831 个,大约有 286 819 家企业参与了国际贸易。海关数据的描述与合并,详见第二章第三节。

(三) 中国对外直接投资企业名录

这套数据是目前国内唯一可用的全国范围企业层面对外直接投资数据,该数据由商务部提供,包括了 20 世纪 80 年代以来所有在商务部备案的对外直接投资企业境内企业名称、境外机构名称、投资地区、注册年份、投资类别等信息。样本涵盖所有行业所有非金融类对外投资企业的注册信息。根据这套数据我们可以获得每个中国企业的海外分支创立的信息,虽然这套数据没有提供具体投资额度,也不提供对同一海外分支追加投资的信息,但是对于研究企业开始投资与否,以及选择何种类型的投资分析已经十分充足。我们将这套数据与工业企业数据库的数据合并,可以得到投资企业的生产和会计信息。

(四) 浙江省企业对外直接投资数据

这套数据由浙江省对外合作厅整理提供,包含了上千家浙江省对外直接投资企业的名称、投资额、投资类别、所属行业、中方和外方国家乃至城市的信息等重要指标,涵盖了所有行业和投资类别,是国内唯一可用的提供对外直接投资金额的企业层面数据,并且是非公开数据。这套数据为本章分析汇率对投资的集约边际影响提供了不可缺少的信息。

我们对这几套数据库进行了合并。第一,为研究汇率对企业是否参与对外投资决策的影响,我们合并了中国工业企业数据库、海关贸易数据库,以及全国对外直接投资企业名录。首先根据海关数据构建企业层面的实际有效汇率,并与工业企业数据库合并。这两套数据没有通用代码,所以我们按照 Yu(2015)的方法,根据企业名称以及电话和邮编进行合并,之后与对外直接投资企业名录合并,由于仍然没有通用代码,我们根据企业名称进行合并。对外直接投资企业名录提供了企业注册批准年份,这意味着每个对外直接投资的境外机构只会在成立的年份出现一次,而今后是否撤销或者追加投资并不知晓。因此我们只使用合并后的样本分析企业进入对外投资市场的决策,而不考虑退出问题。对外直接投资企业名录提供的是中国所有行业对外直接投资企业的名单,与工业企业数据库和海关贸易数据库合并之后,只保留

---

① 我们将其加总到年度。

有对外贸易的制造业投资企业。合并后工业企业数据库中企业的观察值数目由 1 255 276 变为 80 121,对外投资企业名录数据由 3 590 变为 345。

第二,为研究汇率对对外投资企业投资金额的影响,我们合并中国工业企业数据库(2006—2008 年浙江省子样本)、浙江省对外直接投资企业数据库,以及汇率和目的国 GDP 等宏观数据。中国工业企业数据库和浙江省对外直接投资数据也没有共用企业代码,因此我们依然根据企业名称匹配。浙江省对外直接投资数据提供了企业投资目的国,我们据此合并了目的国对中国的真实汇率和目的国 GDP 等经济指标,这套对外直接投资数据包括了所有行业的投资企业,合并前约有 1 207 家企业,合并后只剩下规模以上的制造业企业约 407 家企业。

二、关键变量与指标度量

(一) 对外直接投资变量

对外直接投资变量包括三个,第一是根据全国对外直接投资企业名录得到的企业是否参与投资的虚拟变量,如前所述,我们只考虑企业进入对外直接投资的行为,不考虑退出投资的行为;第二是根据浙江省对外直接投资数据得到的企业对外直接投资金额数据;第三是投资类别数据。在两套对外直接投资数据中都提供了企业投资类型的描述,我们根据数据中对企业投资类型的描述,以及外国投资指导性服务(Foreign Investment Advisory Service)机构发起的调查问卷所显示的中国企业投资动机,将企业投资按照投资动机分为以下几种:资源开采、工程承包、研发、生产、加工贸易、市场开发、贸易公司、经贸办事处、产品设计咨询。其中,贸易公司以及经贸办事处是我们特别关心的贸易服务类型的投资。关于企业投资以及投资类型的统计描述见表 8-4,

表 8-4 对外直接投资企业投资类型描述

企业数目	对外直接投资企业名录 2000—2007 年		浙江省对外直接投资企业 2006—2008 年	
	贸易服务型投资	其他投资	贸易服务型投资	其他投资
合并前	2 039 48%	2 205	967 76%	304
合并后	203 59%	142	337 83%	68

注:对外直接投资企业名录中投资类型的划定根据海外分支公司的经营描述确定,浙江省对外直接投资企业数据库中直接提供企业投资类型变量,包括贸易公司、经贸办事处、生产企业、加工贸易、研发机构、承包工程、资源开发、境外市场、农业、房地产开发、设计咨询等 12 个类别,其中我们将贸易公司、经贸办事处、境外市场归为贸易服务型投资,其中境外市场只有 6 个样本,指建立海外贸易商城、进出口中心等,对计量结果几乎没有影响。

在对外直接投资企业名录中,贸易服务型投资企业在合并前约占半数,合并后略有增加,占将近60%;在浙江省对外直接投资企业数据库中,合并前贸易服务型投资企业约占76%,合并后有所上升,占83%。合并后贸易服务型投资企业所占比例有所增加,原因是两套投资数据包括所有行业的国内企业的投资信息,而与工业企业数据库合并后只剩下制造业企业的投资信息,制造业企业是我国对外贸易的主体,因此贸易服务型投资比重会偏高。

(二)企业水平真实有效汇率指标(REER)

不同企业的出口和投资国不同,受到汇率波动的冲击程度也不同。因此我们构建企业层面真实汇率指标,度量一个企业出口或者投资到多个国家时,面临的平均水平的汇率变化。这样简化的优点有三:其一是大大降低了样本量,其二是突出了企业特征如生产率的影响,其三是避免了回归偏误。根据余淼杰、王雅琦(2015),以及Brodsky(1982),我们构造企业层面加权平均的汇率指标,以企业到不同国家的出口占当年该企业全部出口的比重作为权重(即下面的w),对不同国家的真实汇率进行加权平均。其中f为企业,j为出口目的国,t为年份,RER是以1999年为基年的CPI调整后的人民币对j国的真实汇率,$x^j_{f,t-1}$为企业f在$t-1$年出口到j国的出口量。之所以使用上一年的出口比例作为权重,是为了在一定程度上减轻投资对出口的内生性影响。类似地,我们也构造了以进口量加权的汇率指标(即下式中的w变成企业f在$t-1$年从j国进口占当年该企业全部进口的比重),用来度量企业进口(如果有)受到的平均汇率冲击。

$$\text{REER}_{ft} = \prod_{j=1}^{n} \text{RER}^{jt} w_{fj,t-1}$$

其中,
$$w_{fj,t-1} = \frac{x^j_{ft-1}}{\sum_{j=1}^{n} x^j_{ft-1}}$$

该指标的优点是可以度量企业面临的平均汇率冲击,但如果企业对一个国家出口为零,那么该国汇率对企业的投资行为就没有影响,但如Conconi,Sapir and Zanardi(2014)所指出的,大部分对外直接投资企业在投资之前都已经在东道国进行出口,出口往往是投资的先行。而我们考察的正是出口企业的投资决策,所以并不会受此影响。表8-5显示了2000年到2007年企业层面真实有效汇率指标,平均而言呈现逐渐升值的趋势,与国家水平的真实有效汇率趋势不同。

表 8-5　企业平均实际有效汇率(2000—2007)

年份		2000	2001	2002	2003	2004	2005	2006	2007
企业平均汇率	真实值	0.432	0.429	0.426	0.427	0.428	0.427	0.424	0.423
	名义值	0.429	0.426	0.425	0.426	0.427	0.426	0.425	0.424

资料来源:作者根据合并后企业数据计算所得。

(三) 全要素生产率

全要素生产率是本章中重要的控制变量。通过 OLS 计算索洛剩余估计全要素生产率会造成反向因果关系和选择性偏误。[①] 我们的处理方式是采用修正的 Olley-Pakes(1996)方法,利用半参数估计法,通过将投资决策内生化,估计全要素生产率。仿照 Yu(2014)和余淼杰(2010),我们在其基础上,根据中国现实进行了以下几个方面改进。① 分行业对企业的生产函数进行估计;② 利用行业层面上的产出价格平减指数对企业的产出进行平减,同时也对中间品投入进行价格平减;③ 我们将 2001 年中国加入 WTO 的虚拟变量包括到估计方程中,控制需求层面的正向冲击,避免估计上偏;④ 将国有企业虚拟变量包括到估计方程中,控制企业所有制的影响;⑤ 采用永续盘存法[②]对企业的真实资本存量进行估算,并使用企业的真实折旧额,而非对折旧率进行假设。表 8-6 汇报了关键变量的统计信息。

表 8-6　关键变量统计信息

	观察值数目	均值	标准差	最小值	最大值
与全国投资企业名录合并					
是否 ODI 企业	299 094	0.002	0.047	0	1
是否首次投资	1 410	0.473	0.499	0	1
投资类型	299 094	0.006	0.101	0	2
企业实际有效汇率	80 121	0.515	0.400	0.001	1.28
企业实际有效汇率(初期加权)	34 523	0.423	0.398	0.001	1.08
全要素生产率对数	299 094	3.40	1.11	−7.07	10.4
是否国有企业	299 094	0.025	0.157	0	1
是否外资企业	299 094	0.449	0.497	0	1
与浙江省对外直接投资数据合并					
投资金额	405	149	603	1	8 000
投资类型	405	0.167	0.374	0	1
真实汇率	405	4.39	4.50	0.000	27.7
全要素生产率对数	265	4.46	1.14	1.65	8.48
是否国有企业	392	0.010	0.100	0	1
是否外资企业	257	0.252	0.435	0	1

[①] 企业可能同时选择产量和资本存量,即资本存量的决定受到产量影响,造成二者间产生反向因果。由于生产率根据规模以上企业数据计算,只有高生产率企业才能留在样本中,造成样本选择性偏误。

[②] 永续盘存法,即指当期资本存量等于折旧后的资本存量加上当年投资。

第五节　计量模型和结果

在理论模型推导的基础上,我们建立用于计量分析的实证方程,根据理论推测汇率上升(即贬值)将导致企业出口上升,从而导致企业进行贸易服务型对外直接投资的概率上升,进行生产型(制造业)对外直接投资的概率下降。由于进行对外直接投资的企业样本有限,而贸易服务型投资是中国最主要的对外投资形式之一,也是本章的关注重点,我们将投资分为两类,即进行贸易服务型对外直接投资的企业,和进行其他类型对外直接投资的企业。由于其他类型中不仅包括制造业对外直接投资,还包括如资源开发、房地产、交通运输等行业的对外投资,所以我们预测汇率上升对其他类型的对外投资的影响不显著,或者影响的显著性和程度低于对贸易服务型对外投资的影响。此外,企业生产率作为重要的控制变量之一,应该对企业进行对外直接投资有正向的促进作用,对其他类型的对外直接投资的促进作用应该高于对贸易服务型投资的促进作用。

另外我们的研究关注汇率对实体经济的影响,因此所有对外直接投资企业的样本均是非金融行业的对外直接投资,我们的实证分析排除了汇率变动对金融业投资的影响造成的偏误。

基于以上分析,我们构建如下基准回归方程[①]:

$$\Pr(ODI_{ft}=1) = P(\beta_0 + \beta_1 \text{REER}_{ft} + \beta_2 X_{ft})$$
$$= \frac{\exp(\beta_0 + \beta_1 \text{REER}_{ft} + \beta_2 X_{ft})}{1 + \exp(\beta_0 + \beta_1 \text{REER}_{ft} + \beta_2 X_{ft})} \quad (8\text{-}1)$$

其中,ODI_{ft}为企业f在t年是否投资的虚拟变量,1代表投资,0代表不投资,REER_{ft}为企业f在t年的真实有效汇率指标,X_{ft}为企业层面的其他控制变量,包括企业全要素生产率、企业所有制属性、企业规模、所属行业虚拟变量、年份虚拟变量等。

$$\Pr(ODI_{ft}=j) = P(\gamma_0 + \gamma_1 \text{REER}_{ft} + \gamma_2 X_{ft})$$
$$= \frac{\exp(\gamma_0 + \gamma_1 \text{REER}_{ft} + \gamma_2 X_{ft})}{\sum_{k=0,1,2} \exp(\gamma_0 + \gamma_1 \text{REER}_{ft} + \gamma_2 X_{ft})} \quad (8\text{-}2)$$

其中,j代表企业进行对外直接投资的类型,0代表不投资,1代表进行贸易

[①] 其中第二个等号在 Logit 模型中成立,在 Probit 模型中等于标准正态的累积分布函数 $\int_{-\infty}^{\beta_0+\beta_1 \text{REER}_{ft}+\beta_2 X_{ft}} \Phi(t)dt$,其中 $\Phi(\cdot)$ 为标准正态分布。

服务型投资,2 代表进行生产型投资。

我们用企业实际有效汇率对企业投资与否的虚拟变量进行回归,结果显示在表 8-7 中。在控制了企业生产率、所有制属性后,我们发现第一列用线性概率模型估计的企业其实际有效汇率对对外直接投资没有显著影响,之所以会出现这一结果,可能有三个原因。第一,如许多文献(见 Feenstra et al.,2014)指出的,用 LPM 的优点是有利于控制企业的固定效用,不足之处是模型估计的概率值有可能大于 1 或小于 0,这显然不准确。第二,中国的企业对外直接投资是个小概率事件,在计量上称为"稀有事件",标准的 LPM 估计是基于事件发生与不发生,是对称收敛的假设,这会导致很大的误差。第三,企业的实际有效汇率是用当期的出口值来计算权重的,这会导致出口与汇率之间存在内生性——汇率贬值越高,出口越多。下文对这三个可能造成的计量误差逐一进行讨论,并一一修正回归结果。

表 8-7 企业平均真实汇率与对外直接投资:基准回归①

计量方法 企业是否参与 ODI	LPM (1)	Probit (2)	Probit (3)	Logit (4)
企业实际有效汇率	−0.001	0.24***	0.24***	0.65***
	(−0.18)	(4.48)	(2.72)	(4.36)
企业全要素生产率对数	−0.001**	0.08***	0.10***	0.22***
	(−2.13)	(3.31)	(2.69)	(3.46)
劳动力对数	0.001***	0.18***	0.19***	0.50***
	(3.20)	(10.35)	(7.05)	(11.03)
外资企业虚拟变量	0.00	−0.34***	−0.63***	−0.96***
	(0.66)	(−7.88)	(−8.48)	(−7.72)
国有企业虚拟变量	0.01**	−0.22	−0.29	−0.65
	(2.28)	(−1.39)	(−1.40)	(−1.59)
企业进口加权汇率			−0.05	
			(−0.48)	
年份固定效应	是	是	是	是
企业固定效应	是	否	否	否
行业固定效应	否	是	是	是
观察值	79 709	76 407	31 408	76 407

注:括号内为 t 值,***、** 代表在 1%、5% 水平上显著。

首先,为纠正第一个用 LPM 模型估计的概率值可能大于 1 或小于 0 的

---

① 用滞后一年企业实际有效汇率回归结果一致。

误差,表 8-7 的第二列与第四列用了 Probit 与 Logit 模型。虽然 Probit 与 Logit 模型在理论上存在着无法使用固定效应的不足,但这对本章的研究影响并不大,这是因为在商务部公布的对外直接投资企业的数据中,只汇报了企业对外初始年份的数据,如果一家没有向多个国家投资的话,在回归中只会出现一次,所以固定效用帮助不大(换言之,表 8-7 第一列的固定效用是控制了该企业向多国投资的情形)。相反,我们加入了 3 位码的行业固定效用,可以较好地控制不同行业的差异。回归结果均显示汇率上升即贬值促进了企业的对外直接投资,这意味着,汇率上升通过促进出口从而传导到贸易服务型对外直接投资的出口互补效应有可能存在。在第三列中,我们控制了根据企业进口权重加权的真实有效汇率指标,用来控制汇率上升通过影响进口对企业的投资动机造成的影响,结果仍然一致。同时回归还显示,生产率越高的企业进行对外直接投资的倾向越高,这也与我们的理论预测吻合。

我们进一步将企业对外投资按照类别分为贸易服务型对外直接投资和其他类型对外直接投资,考察汇率变化对企业投资类型的影响。表 8-8 显示了多重选择 Logit 的回归结果,第一列和第二列的结果显示在控制了企业生产率和企业所有制属性后,企业的真实有效汇率越高(即贬值冲击越大),企业进行对外直接投资的概率越高,对参与贸易服务型投资的作用显著高于对参与其他投资的作用。换言之,如果企业实际有效汇率升值,那么它将显著阻碍贸易服务型的对外直接投资,这与我们预测升值通过出口互补作用阻碍了贸易服务型对外直接投资的结论一致,但是不能解释升值对制造业对外投资的促进作用。造成这个发现的一个可能的解释是,其他类型中制造业投资只占一部分,而资源开采型投资也是我国对外直接投资的重要组成部分,当人民币升值时,进口成本降低,因此企业有更高的动机直接进口资源型产品而非进行对外直接投资,所以抑制了资源开采型投资,如此导致汇率对其他类型对外投资的影响的同方向变动。因此我们在第三列和第四列的回归中控制了进口加权的企业实际有效汇率,以控制汇率通过进口对投资的影响。回归显示汇率升值显著阻碍了贸易服务型的投资,而对其他类型投资没有显著影响,与我们的分析一致。

表 8-8 企业平均真实汇率与对外直接投资:投资类别选择

企业 ODI 决策	(1) 贸易服务投资	(2) 其他投资	(3) 贸易服务投资	(4) 其他投资
企业实际有效汇率	0.92***	0.51**	1.37***	0.42
	(4.61)	(2.17)	(3.85)	(1.09)
企业全要素生产率对数	0.10	0.49***	0.28*	0.39**
	(1.23)	(4.95)	(1.93)	(2.46)

（续表）

企业 ODI 决策	(1) 贸易服务投资	(2) 其他投资	(3) 贸易服务投资	(4) 其他投资
外资企业虚拟变量	−1.17***	−0.65***	−2.15***	−1.68***
	(−7.52)	(−3.51)	(−7.85)	(−5.88)
国有企业虚拟变量	−0.67	0.67	−1.02	0.03
	(−0.94)	(1.27)	(−0.99)	(0.04)
企业进口加权汇率			−0.49	0.38
			(−1.40)	(1.07)
年份固定效应	是	是	是	是
行业固定效应	是	是	是	是
R^2	0.05	0.05	0.06	0.06
观察值	79 697	79 697	34 768	34 768

注：括号内为 t 值，***、** 代表在1％、5％水平上显著。

在表 8-8 的回归中使用的企业实际有效汇率由当年企业到各国出口比重加权而得。但是汇率升值会对出口产生显著的抑制作用，从而减少了到该目的地的出口权重，削弱了汇率升值的实际影响程度，造成影响系数的高估。此外，不可观测的宏观因素、政策冲击等遗漏变量，可能同时影响企业的投资和出口决策，从而造成对外投资和企业实际有效汇率之间的内生性问题。为此，我们在表 8-9 的回归中，使用初始年份即 2000 年企业到每个国家的出口比例作为权重，构造企业真实汇率。第一列的线性概率模型和第二列的 Probit 模型的回归结果与表 8-7 的前两列一致，只是汇率对于是否投资的影响程度有所下降，从 0.24 下降到 0.2；第三列的 Logit 回归，第四列和第五列的多重选择 Logit 回归结果与表 8-7 和表 8-8 一致，并且汇率对于贸易服务型投资的影响程度从 0.92 下降到 0.73，而对其他类型投资的影响不再显著。由此可以估计企业实际有效汇率对投资概率的影响程度，在均值水平上企业实际有效汇率为 0.423，企业对外投资的平均概率为 0.2％。其对投资的边际影响率为 0.4198，对贸易服务型投资的边际影响率为 0.4234，意味着若企业实际有效汇率均值上升 0.01，那么企业对外投资的概率将上升 0.419％，进行贸易服务型对外投资的概率上升 0.423％。

表 8-9 企业平均真实汇率与对外直接投资:初始年份加权汇率

计量方法 企业 ODI 决策	LPM (1)	Probit (2)	Logit (3)	Mlogit	
				(4) 贸易服务投资	(5) 其他投资
企业实际有效汇率	−0.02	0.20**	0.48**	0.73**	0.15
	(−0.95)	(2.37)	(1.99)	(2.01)	(0.38)
企业全要素生产率对数	0.00	0.16***	0.46***	0.21	0.73***
	(0.03)	(4.53)	(4.53)	(1.39)	(4.41)
外资企业虚拟变量	0.00	−0.57***	−1.59***	−1.45***	−1.80***
	(1.35)	(−7.13)	(−6.96)	(−5.07)	(−5.53)
国有企业虚拟变量	0.00	−0.11	−0.23	−1.42	−0.09
	(0.70)	(−0.64)	(−0.47)	(−1.37)	(−0.12)
年份固定效应	是	是	是	是	是
企业固定效应	是	否	否	否	否
行业固定效应	否	是	是	是	是
观察值	34 398	27 043	27 043	34 394	34 394

注:括号内为 t 值,***、** 代表在 1%、5% 水平上显著,企业实际有效汇率使用初始年份加权。

由于中国企业对外直接投资是从 2005 年后开始迅速增加的,前几年的投资企业数目非常有限。为了避免稀缺样本对回归产生的偏误,在表 8-10 的前三列回归中,我们将样本控制在 2005 年之后的企业,同样使用初始年份加权的企业实际有效汇率,对投资决策进行回归分析。结果显示,汇率上升仍然促进企业投资概率,并且对贸易服务型投资的促进作用显著,而对其他类型投资没有显著影响,与之前的分析结果一致。

表 8-10 企业平均真实汇率与对外直接投资:不同子样本回归

计量方法 企业 ODI 决策	Probit (1)	Mlogit			
		(2) 贸易服务投资	(3) 其他投资	(4) 贸易服务投资	(5) 生产型投资
企业实际有效汇率	0.20**	0.78*	0.20	0.73**	0.59
	(2.07)	(1.95)	(0.47)	(2.01)	(0.94)
企业全要素生产率对数	0.13***	0.02	0.70***	0.21	0.47*
	(3.07)	(0.10)	(3.98)	(1.39)	(1.69)
外资企业虚拟变量	−0.61***	−1.45***	−1.83***	−1.44***	−0.55
	(−7.06)	(−4.63)	(−5.35)	(−5.06)	(−0.99)
国有企业虚拟变量	−0.12	−17.08	0.08	−1.42	0.44
	(−0.56)	(−0.01)	(0.10)	(−1.37)	(0.39)

(续表)

计量方法 企业 ODI 决策	Probit (1)	Mlogit			
		(2) 贸易服务投资	(3) 其他投资	(4) 贸易服务投资	(5) 生产型投资
年份固定效应	是	是	是	是	是
行业固定效应	是	是	是	是	是
样本	2005年后	2005年后	2005年后	服务/生产投资	服务/生产投资
观察值	13 998	15 334	15 334	34 366	34 366

注：括号内为 t 值，***、** 代表在1%、5%水平上显著，企业实际有效汇率使用初始年份加权。

在第四列和第五列的回归中，我们将其他类型的投资样本替换成只进行制造业生产的投资企业，年份是从2000年到2008年，回归结果显示汇率升值对于生产型投资的影响仍然不显著，而对贸易服务型投资的影响仍然显著，与之前一致。

由于大部分中国企业都是不进行对外直接投资的，这意味着在样本中，企业进行对外直接投资是小概率事件，换言之是"稀有事件"，这会造成回归结果的偏误。考虑企业有效汇率 REER 对不同生产率企业投资概率的影响，如式(8-1)中的 β_1。由于 REER 的升高导致企业投资概率上升，那么如图8-5所示，不投资企业(即 ODI=0)的 REER 的条件分布将位于 ODI=1 的条件分布左侧，由于大量样本为不投资样本，投资与否的生产率分界点估计值会比真实值向右偏，造成投资概率被低估。

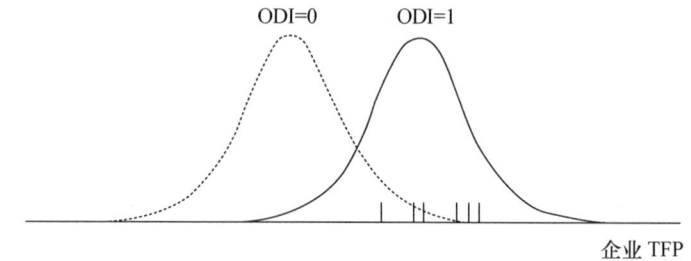

图 8-5　对外投资与不投资的分布示意图

为了解决这个问题，我们根据 King and Zeng (2001，2002)，使用稀有事件(Rare Event Logit)模型修正偏误，该方法基于传统的 Logit 模型，对稀有事件造成的小样本偏差 bias($\hat{\beta}_1$) 进行估计，并用原模型估计值修正，得到偏差修正估计，即 $\hat{\beta}_1$ − bias($\hat{\beta}_1$)。回归结果显示在表8-11中，第一列回归的被解释变量是企业是否进行对外直接投资的决策，我们发现结果与之前一致，汇率对企业是否进行对外直接投资没有显著影响；第二列中我们将样本限制在所有非投资企业和进行贸易服务型对外投资的企业,对企业是否投资进行回归;第三列中我们使用全体样本,对企业是否进行贸易服务型投资进行回归;结果与先前一致,汇率上升促进了企业进行贸易服务型对外投资。在第四列到第六列中,我们将样本限制在2005年之后的企业,重做第一列到第三列的回归,结果仍然稳健,并且汇率对贸易服务型投资的影响程度更大。

表 8-11 企业平均真实汇率与对外直接投资:稀有事件回归

企业 ODI 决策	(1) 投资与否	(2) 服务投资 与否	(3) 服务投资 与否	(4) 投资与否	(5) 服务投资 与否	(6) 服务投资 与否
企业实际有效汇率	0.40	0.83*	0.84*	0.38	0.97**	0.97**
	(1.26)	(1.93)	(1.94)	(1.09)	(2.14)	(2.14)
企业全要素生产率对数	0.35***	0.13	0.13	0.16	−0.08	−0.09
	(3.46)	(0.98)	(0.97)	(1.45)	(−0.60)	(−0.61)
外资企业虚拟变量	−1.50***	−1.35***	−1.35***	−1.58***		
	(−5.66)	(−3.88)	(−3.88)	(−5.43)		
国有企业虚拟变量	−0.52	−1.10	−1.10	−0.29		
	(−0.92)	(−1.07)	(−1.07)	(−0.45)		
企业集聚(Cluster)	是	是	是	是	是	是
样本	全部	非投资/ 服务投资	全部	2005年后 全部	2005年后 非投资/ 服务投资	2005年后 全部
观察值	34 398	34 349	34 398	15 337	15 293	15 337

注:括号内为 t 值,***、** 代表在1%、5%水平上显著,企业实际有效汇率使用初始年份加权。

为了进一步证明我们的观点,我们进行了几组分组回归。首先,我们按照企业所在行业的垄断程度将行业分为高垄断行业和低垄断行业两组,高垄断行业中的企业需求弹性更低,当面临相同的汇率升值冲击时,企业有更强的市场加价能力,出口需求下降幅度更小,出口收益相对受损更小,所以一方面,高垄断力量的企业有更低的动机进行生产投资,另一方面,因其出口受损较小,汇率升值对其进行贸易服务型投资的抑制作用也小。而对于低垄断力量的企业,出口受到汇率的影响较大,所以汇率对其进行贸易服务型投资的影响也更显著。我们计算每个 CIC 2 两位行业的 HHI 值,并按照高低排序,以中位数为分界线将样本分为两个组。表 8-12 汇报了回归结果,第一列和第二列显示,企业实际有效汇率升值对低垄断企业的投资有显著阻碍作用,而对高垄断行业则没有显著影响。第三列到第六列显示,汇率升值仅对低垄断组企业的贸易服务型投资有显著影响,而对低垄断组企业的其他类型投资以及对高垄断组企业的两类投资都没有显著影响,与我们的预期一致。

表 8-12 企业平均真实汇率与对外直接投资:按行业垄断性分组

计量方法	Probit		Mlogit			
ODI 类别	(1)	(2)	(3) 贸易服务投资	(4) 其他投资	(5) 贸易服务投资	(6) 其他投资
按行业垄断性分组	低	高	低	低	高	高
企业实际有效汇率	0.21***	0.02	0.76**	0.22	0.54	−0.69
	(2.69)	(0.09)	(1.97)	(0.52)	(0.51)	(−0.48)
企业全要素生产率对数	0.15***	0.26***	0.16	0.71***	0.53	0.95*
	(4.55)	(24.18)	(0.97)	(4.02)	(1.38)	(1.88)
外资企业虚拟变量	−0.53***	−0.91***	−1.26***	−1.72***	−2.51***	−2.58**
	(−3.40)	(−8.86)	(−4.07)	(−5.07)	(−3.34)	(−2.38)
国有企业虚拟变量	−0.08		−1.33	0.03	−15.34	−16.31
	(−0.64)		(−1.28)	(0.04)	(−0.00)	(−0.00)
年份固定效应	是	是	是	是	是	是
行业固定效应	是	是	是	是	是	是
观察值	63 352	7 814	64 443	64 443	15 254	15 254

注:括号内为 t 值,***、** 代表在 1%、5% 水平上显著,企业实际有效汇率使用初始年份加权。

接下来我们将行业按照出口占世界总出口的比重分为高出口行业和低出口行业,如果在一个行业中,中国的出口占世界出口比重很高,外国对中国该行业产品的需求弹性就较低,汇率对出口价和出口量的影响相对较低,对企业进行贸易服务型投资的影响就较弱,同时企业也没有太高的动机进行生产型投资。反之,如果中国在某行业上的出口占世界比重很低,汇率升高时,外国消费者很容易找到其他国家的替代品,因此对该行业中企业的出口影响较大,进而对贸易服务型投资的冲击也较大。根据 UN Comtrade 数据,中国出口占世界出口份额排序,前四位分别是 HS 2 位序号 61、62、84 和 85 的行业,对应 CIC 2 位是 17、18、36、37 和 39。① 这些行业的样本构成高出口组,其他则是低出口组。回归结果汇报在表 8-13 中,第一列和第二列的结果显示,汇率变化只对低出口行业组有显著影响,对高出口行业组没有显著影响;第三列到第六列分投资类别的回归显示,汇率升值只显著阻碍了低出口行业组的贸易服务型投资,而对其他投资无显著影响,对高出口行业组没有显著影响,符合我们的推测。

---

① 分别对应的行业是纺织业,纺织服装、鞋帽制造业,专用设备、交通运输设备制造业,电器机械及器材制造业。

表 8-13 企业平均真实汇率与对外直接投资:按行业出口特性分组

计量方法	Probit		Mlogit			
企业 ODI 决策 ODI 类别	(1) 全部	(2) 全部	(3) 贸易服务投资	(4) 其他投资	(5) 贸易服务投资	(6) 其他投资
所属行业出口	低	高	低	低	高	高
企业实际有效汇率	0.27***	0.09	1.79***	−0.38	−0.22	0.72
	(2.65)	(0.72)	(2.94)	(−0.69)	(−0.42)	(1.19)
企业全要素生产率对数	0.13***	0.21***	0.25	0.49**	0.16	1.06***
	(2.99)	(5.33)	(1.20)	(2.22)	(0.73)	(4.08)
外资企业虚拟变量	−0.35***	−0.85***	−0.43	−1.59***	−2.54***	−2.07***
	(−2.75)	(−2.60)	(−0.93)	(−3.81)	(−5.61)	(−3.74)
国有企业虚拟变量	−0.30	−0.05	0.06	−15.75	−17.39	1.01
	(−0.91)	(−0.17)	(0.06)	(−0.01)	(−0.01)	(1.22)
年份固定效应	是	是	是	是	是	是
行业固定效应	是	是	是	是	是	是
观察值	16 396	7 640	23 710	23 710	10 684	10 684

注:括号内为 t 值,***、** 代表在 1%、5% 水平上显著,企业实际有效汇率使用初始年份加权。

最后我们根据企业是否是加工贸易企业进行分组,加工贸易企业从外国进口中间品和原材料,加工后销售到国外。一方面,汇率升值虽然阻碍了出口,但是却促进了进口,另一方面,加工贸易企业往往是外资企业,与外国企业有紧密联系,相对于非加工贸易企业,有较稳定的进货渠道和销货渠道,所以汇率冲击对于加工贸易企业的影响不大,而加工贸易企业大多是生产率较低的企业(Yu,2015),进行对外直接投资的能力有限,所以可以预见,人民币升值对加工贸易企业的影响相对于非加工贸易企业应比较不显著。表 8-14 汇报了回归结果,第一列和第三、第四列显示,汇率升值对于非加工贸易企业的对外投资有显著的阻碍作用,尤其是对非加工贸易企业的贸易服务型对外投资。第二列和第五、第六列回归结果显示汇率对于加工贸易企业的对外直接投资没有显著影响,与预期一致。

表 8-14 企业平均真实汇率与对外直接投资:按加工出口企业分组

计量方法	Probit		Mlogit			
ODI 类别	(1) 全部	(2) 全部	(3) 贸易服务投资	(4) 其他投资	(5) 贸易服务投资	(6) 其他投资
加工贸易企业	否	是	否	否	是	是
企业实际有效汇率	0.28***	0.12	0.82*	0.76	0.69	−0.67
	(2.63)	(1.57)	(1.77)	(1.45)	(1.17)	(−0.97)

(续表)

计量方法	Probit		Mlogit			
ODI 类别	(1) 全部	(2) 全部	(3) 贸易服务投资	(4) 其他投资	(5) 贸易服务投资	(6) 其他投资
企业全要素生产率对数	0.09***	0.28***	0.13	0.36*	0.32	1.38***
	(2.96)	(5.07)	(0.68)	(1.70)	(1.26)	(4.54)
外资企业虚拟变量	−0.54***	−0.74***	−1.56***	−1.33***	−1.59***	−2.69***
	(−3.32)	(−3.36)	(−4.21)	(−3.17)	(−3.23)	(−4.97)
国有企业虚拟变量	−0.14	−0.05	−1.19	−15.36	−18.34	0.58
	(−0.69)	(−0.12)	(−1.13)	(−0.01)	(−0.00)	(0.66)
年份固定效应	是	是	是	是	是	是
行业固定效应	是	是	是	是	是	是
观察值	11 965	8 806	19 711	19 711	14 683	14 683

注：括号内为 t 值，***、** 代表在1%、5%水平上显著，企业实际有效汇率使用初始年份加权。

上述回归论证了汇率变动对企业投资的广延边际的影响，并发现汇率升值因为抑制出口而抑制了企业进行贸易服务型对外投资的概率，进一步地，我们考察汇率变化对企业投资流量的影响。我们使用基于浙江省对外直接投资企业的投资数据，与工业企业数据库以及海关贸易数据合并的数据分析，回归结果汇报在表8-15与表8-16中。表8-15的第一列中，我们使用全部样本，用中国与目的国的真实汇率(本币/外币)对中国企业对外投资流量进行回归，发现汇率对企业投资流量没有显著影响，而企业生产率和国有企业则对投资额度有显著促进作用。在第二列和第三列中，我们分别对贸易服务型投资和生产型投资的子样本进行回归，结果与之前一致。此外，汇率对企业签订投资协议的影响可能具有时间滞后性，我们使用上一年的汇率替换当期汇率重新回归，结果显示在第四列到第六列：滞后一年的汇率水平对企业投资流量依旧没有显著影响。

表 8-15 汇率与对外直接投资流量

计量方法	(1) FE	(2) FE	(3) FE	(4) FE	(5) FE	(6) FE
国家真实汇率	−0.01	−0.01	0.07			
	(−0.59)	(−0.60)	(0.98)			
国家真实汇率(上年)				−0.01	−0.01	0.07
				(−0.31)	(−0.40)	(0.92)
企业全要素生产率对数	0.28***	0.30***	0.31	0.28***	0.30***	0.31
	(2.84)	(2.97)	(1.25)	(2.84)	(2.97)	(1.23)

(续表)

计量方法	(1) FE	(2) FE	(3) FE	(4) FE	(5) FE	(6) FE
外资企业虚拟变量	0.14	0.15	−0.03	0.13	0.13	−0.04
	(0.67)	(0.66)	(−0.06)	(0.62)	(0.60)	(−0.06)
国有企业虚拟变量	3.44***		2.75***	3.45***		2.75***
	(15.73)		(3.87)	(15.09)		(3.88)
东道国 GDP	0.10*	0.12**	−0.08	0.11*	0.13**	−0.09
	(1.73)	(2.15)	(−0.45)	(1.84)	(2.37)	(−0.54)
年份固定效应	是	是	是	是	是	是
样本	全部投资企业	贸易服务型投资	生产型投资	全部投资企业	贸易服务型投资	生产型投资
观察值	255	214	41	251	210	41

注:括号内为 t 值,***、** 代表在 1%、5%水平上显著。

表 8-16 汇率与对外直接投资流量:工具变量

工具变量:M1 供给量	(1) IV	(2) IV	(3) IV	(4) IV
样本	全部投资企业	全部投资企业	贸易服务型投资	生产型投资
国家真实汇率	−0.07	−0.02	0.03	0.09
	(−1.27)	(−0.37)	(0.68)	(0.41)
企业全要素生产率对数		0.30***	0.32***	0.35
		(3.43)	(3.66)	(1.34)
外资企业虚拟变量		0.17	0.15	−0.01
		(0.79)	(0.70)	(−0.01)
国有企业虚拟变量		3.44**		2.73
		(2.34)		(1.53)
东道国 GDP 对数		0.11	0.06	−0.09
		(1.30)	(0.75)	(−0.29)
年份固定效应	是	是	是	是
观察值	378	246	207	39

注:括号内为 t 值,***、** 代表在 1%、5%水平上显著,使用 M2 作为工具变量结果类似。

然而遗漏变量如宏观经济走势等因素对汇率与对外直接投资可能具有共同冲击,造成内生性问题,我们使用货币供给 M1 作为汇率的工具变量进行回归。一方面,短期货币供给增加造成名义汇率贬值,而物价在短期的刚性造成真实汇率贬值,故货币供给与真实汇率高度相关。另一方面,货币供给的增加虽然直接增加了企业持有的本币量,然而企业是以外币投资,由于货币贬值,本币供给增加只能带来非常有限的可兑换外币量的增加。因此货币供给的增加对企业的影响主要是通过对汇率的影响实现的,可以作为较好的工具变量。表 8-16 的第一列汇报了基准工具变量回归结果,汇率变化对企业投资流量没有显著影响。且 KP LM、KP Wald、Anderson canon LM 和 Cragg-Donald Wald 检定量的 p 值都远小于 0.1,说明不存在检定不足的问题。Anderson-Rubin 检定量的 p 值也远小于 0.1,说明不存在弱检定问题。第二列加入企业生产率和属性等控制变量后结果不变,第三列和第四列区分了贸易服务型投资和生产型投资,影响仍然不显著。

这说明汇率对企业投资的影响更显著地体现在企业是否参与投资的广延边际,而不是投资额度的集约边际。这个结果说明汇率的成本节约效应十分有限,即汇率升值通过增加企业持有外币资产而提高企业对外投资流量的影响非常小。这个结果符合直觉:由于我们考察的是非金融性对外投资,不存在投机型投资,企业对投资额度的决策更多依赖于生产率和东道国的需求和成本等特征,而汇率水平变化并不会改变以外币计价的投资成本。

第六节 小 结

本章研究了汇率对出口企业对外直接投资选择的影响,尤其是在外国建立办事处或进出口分支的贸易服务型投资。研究发现贸易服务型投资和出口具有互补关系,当汇率升值时,企业出口下降,从而在外建立服务分支的动机下降。本章构建了一个异质性企业投资的理论框架,在其中引入了贸易服务型投资和生产型投资两种投资选择,同时引入了汇率的影响。之后我们利用微观企业的对外投资、生产和贸易数据进行了实证分析。研究发现,汇率上升(贬值)显著地提高了企业进行贸易服务型投资的动机,平均而言,当企业的实际有效汇率上升 0.01 时,企业的平均投资概率上升 0.419%,而进行贸易服务型投资的概率上升 0.423%。

据我们所知,本章是第一篇用理论和微观数据研究中国贸易服务型对外投资的文章,并且首次提出了汇率对于贸易服务型投资和生产型投资的相反影响。本章拓展了对外直接投资的理论文献和实证结果:提供了投资和出口互补关系的一个新的解释,从微观角度研究了服务业对外投资和制造业对外投资的不同,并提出了一个新的人民币汇率变化对中国对外投资的影响机制。贸易服务型投资是中国最主要的对外投资种类,本章对于理解人民币汇率变化和中国对外直接投资有重要的现实意义,有助于理解汇率对企业"走出去"的微观影响和机制,以及汇率变动下中国制造业和服务业的投资结构,对于改善和调整投资结构、管理汇率有一定参考价值。

第九章 "一带一路"与人民币国际化[*]

"一带一路"为人民币国际化提供了历史机遇,人民币国际化则为"一带一路"提供了流动性支持。本章回顾了"一带一路"对人民币国际化的影响渠道和一国货币成为估计货币的条件,估算了"一带一路"对人民币国际化的中期影响,并提出了有关政策建议。本章使用引力模型估算了货币互换协议对双边贸易的影响,发现货币互换协议对双边贸易存在显著的正面影响。

"一带一路"是中国倡导的新型区域合作模式,是中国向西拓展贸易和投资的地缘战略,是促进各国共同发展、实现共同繁荣的合作共赢之路的重要举措。"一带一路"建设为人民币国际化创造了历史机遇,将促进中国的经济发展,造福沿线国家并为世界经济发展增加动力。

第一节 "一带一路"与人民币国际化

"一带一路"与人民币国际化相互促进。"一带一路"为提高人民币在国际上的使用水平提供了历史机遇。人民币国际化为"一带一路"的顺利实施提供了便利。

一、"一带一路"概述

"一带一路"是"丝绸之路经济带"和"21世纪海上丝绸之路"的简称。"一带",指的是"丝绸之路经济带",采取陆路的形式,有三个走向,从中国出发,一是经中亚、俄罗斯到达欧洲;二是经中亚、西亚至波斯湾、地中海;三是中国到东南亚、南亚、印度洋。"一路",指的是"21世纪海上丝绸之路",重点方向是两条,一是从中国沿海港口过南海到印度洋,延伸至欧洲;二是从中国沿海港口过南海到南太平洋。

2013年9月7日,中国国家主席习近平在哈萨克斯坦纳扎尔巴耶夫大学作演讲,提出共同建设"丝绸之路经济带"。目前,已经有60多个国家和国际组

---

[*] 本章是与北京大学国家发展研究院张帆教授、中国发展研究基金会俞建拖研究员合作的成果,原文发表在《人民论坛学术前沿》(2017年第5期,第28—45页)。

织积极响应"一带一路"的倡议。表 9-1 总结了"一带一路"沿线国家的名单。

表 9-1 "一带一路"沿线国家名单①

东亚的蒙古,东盟 10 国:新加坡、马来西亚、印度尼西亚、缅甸、泰国、老挝、柬埔寨、越南、文莱和菲律宾
西亚 16 国:伊朗、伊拉克、土耳其、叙利亚、约旦、黎巴嫩、以色列、巴勒斯坦、沙特阿拉伯、也门、阿曼、阿联酋、卡塔尔、科威特、巴林、塞浦路斯
南亚 8 国:印度、巴基斯坦、孟加拉国、阿富汗、斯里兰卡、马尔代夫、尼泊尔和不丹
中亚 5 国:哈萨克斯坦、乌兹别克斯坦、土库曼斯坦、塔吉克斯坦和吉尔吉斯斯坦
独联体 7 国:俄罗斯、乌克兰、白俄罗斯、格鲁吉亚、阿塞拜疆、亚美尼亚和摩尔多瓦
中东欧 17 国:波兰、立陶宛、爱沙尼亚、拉脱维亚、捷克、斯洛伐克、匈牙利、斯洛文尼亚、克罗地亚、波黑、黑山、塞尔维亚、阿尔巴尼亚、罗马尼亚、保加利亚、希腊和马其顿

根据我们的粗略计算,2014 年"一带一路"沿线各国(不包括中国)人口占世界人口的五分之二以上,GDP 接近世界 GDP 的五分之一。表 9-2 描述了 2014 年"一带一路"沿线国家的基本经济情况。

表 9-2 2014 年"一带一路"沿线国家基本情况

"一带一路"沿线各国		各国 GDP(10 亿美元)	人口(百万)
东盟 10 国	新加坡	307.90	5.47
	马来西亚	338.10	29.90
	印度尼西亚	888.50	254.50
	缅甸	64.33	53.44
	泰国	404.80	67.73
	老挝	12.00	6.69
	柬埔寨	16.78	15.33
	越南	186.20	90.73
	文莱	17.10	0.42
	菲律宾	284.80	99.14
西亚 18 国	伊朗	425.30	78.14
	伊拉克	223.50	34.81
	土耳其	798.40	75.93
	叙利亚	40.41	20.16
	约旦	35.83	6.61
	黎巴嫩	45.73	4.55
	以色列	305.70	8.22
	巴勒斯坦		

---

① 这是一般认为的"一带一路"包括的国家。官方并未提出正式名单。

(续表)

"一带一路"沿线各国		各国 GDP(10 亿美元)	人口(百万)
西亚 16 国	沙特阿拉伯	746.20	30.89
	也门	35.95	26.18
	阿曼	81.80	4.24
	阿联酋	399.50	9.09
	卡塔尔	210.10	2.17
	科威特	163.60	3.75
	巴林	33.85	1.36
	塞浦路斯	23.23	1.15
南亚 8 国	印度	2 049.00	1 295.00
	巴基斯坦	243.60	185.00
	孟加拉国	172.90	159.10
	阿富汗	20.04	31.63
	斯里兰卡	78.82	20.64
	马尔代夫	3.06	0.40
	尼泊尔	19.77	28.17
	不丹	1.96	0.77
中亚 5 国	哈萨克斯坦	217.90	17.29
	乌兹别克斯坦	62.64	30.76
	土库曼斯坦	47.93	5.31
	塔吉克斯坦	9.24	8.30
	吉尔吉斯斯坦	7.40	5.83
独联体 7 国	俄罗斯	1 861.00	143.8
	乌克兰	131.80	45.36
	白俄罗斯	76.14	9.47
	格鲁吉亚	16.53	4.50
	阿塞拜疆	75.20	9.54
	亚美尼亚	11.64	3.01
	摩尔多瓦	7.96	3.56
中东欧 17 国	波兰	545.00	38.00
	立陶宛	48.35	2.93
	爱沙尼亚	26.49	1.31
	拉脱维亚	31.29	1.99
	捷克	205.30	10.51
	斯洛伐克	100.20	5.42
	希腊	235.60	10.96

(续表)

"一带一路"沿线各国		各国 GDP(10 亿美元)	人口(百万)
中东欧 17 国	匈牙利	138.30	9.86
	斯洛文尼亚	49.49	2.06
	克罗地亚	57.11	4.24
	波黑	18.29	3.82
	黑山	4.59	0.62
	塞尔维亚	43.87	7.13
	罗马尼亚	199.00	19.91
	保加利亚	56.72	7.22
	阿尔巴尼亚	13.21	2.89
	马其顿	11.32	2.08
东亚	蒙古	12.02	2.91
"一带一路"加总		13 286.80	3 161.46
世界		77 845.11	7 260.65
"一带一路"占世界(%)		17.10	43.50

资料来源：World Trade Organization，2016。

"一带一路"沿线国家和地区基本情况的历史数据见本章附录。

"一带一路"具有重要的战略意义。全球特别是发展中国家公共物品的匮乏，制约了世界经济的发展。在各种公共物品中，基础设施建设对发展中国家至关重要。通过"一带一路"的建设，中国可以帮助世界各国弥补全球公共物品供给的不足，促进世界经济的发展。

"一带一路"对中国经济的进一步发展也具有重大影响。"一带一路"将带动中国中西部多个省份的经济发展。中国中西部将成为国际物流通道的重要节点，吸引更多产业与资金，最终实现中国东部和西部的平衡发展。"一带一路"将推动中国国内交通基础设施的建设，加快产业结构升级。"一带一路"将消化目前中国一些行业的产能过剩，为中国的出口寻找新的市场，推动中国政府和企业的对外投资。"一带一路"将为中国的能源供应提供新的来源和输送渠道，为中国的能源安全提供保障。

"一带一路"建设将产生人民币使用的需要。人民币的广泛使用，有利于降低各国对华贸易成本，便利贸易结算，降低贸易和投资风险，促进地区和全球经济的发展。

二、人民币国际化概述

人民币国际化是人民币在国际范围内行使货币职能，逐步成为世界主要的贸易结算货币、金融交易货币和国际储备货币的过程。

从 2009 年跨境贸易人民币结算业务试点开始,人民币国际化已经经过了 6 年时间,在这段时间中,人民币国际化取得了显著的进展。2014 年人民币成为全球第五大支付货币,2015 年在全球支付交易中的市场份额平均超过 2%。①

2015 年,中国的银行累计办理跨境贸易人民币结算业务 7.23 万亿元。其中货物贸易结算 6.39 万亿元,服务贸易及其他经常项目结算金额 0.84 万亿元。这主要是由于中国与世界各国区域贸易合作进程加快,中国政府积极推进人民币跨境结算业务的便利化。近期美国降息和人民币汇率升值预期的变化,有可能影响跨境贸易人民币结算额,服务贸易规则稳定增长。

与此同时,人民币的国际金融计价支付功能也得到了加强。人民币在国际信贷、直接投资和国际债券交易中的作用继续扩大。人民币国际信贷全球占比从 2012 年第一季度的 0.25% 上升到 2014 年第四季度的 0.49%。2015 年人民币跨境直接投资结算业务 2.32 万亿元,其中对外直接投资 0.74 万亿元,外商直接投资 1.59 万亿元。② 2014 年中国境内投资者对全球 156 个国家和地区的 6 128 家企业直接投资,累计实现非金融类直接投资 6 321 亿元。③ 截至 2015 年年末,人民币国际债券和票据发行总额 797 亿美元。④

近年来,人民币的国际储备货币地位也不断上升,一些国家将人民币纳入其外汇储备。截至 2015 年 12 月,中国人民银行已与 33 个国家和地区的货币当局以及欧洲央行签署了货币互换协议,互换货币达 3.3 万亿元。国际货币基金组织(IMF)在北京时间 2015 年 12 月 1 日公布,将人民币正式纳入特别提款权(SDR)货币篮子,这代表国际货币基金组织对人民币充当国际储备货币的官方认可,是人民币进入主要国际货币行列的重要标志。

人民币离岸市场不断拓展,全球人民币清算系统布局基本形成。继港、澳、台地区之后,中国政府在新加坡、悉尼、伦敦、法兰克福、首尔、巴黎、卢森堡、多伦多等地各确定一家中资银行作为当地人民币业务的清算银行。通过境外人民币清算行的安排,中国开始构建全球人民币清算网络,为人民币国际化提供了技术保障。2014 年,人民币跨境支付系统(China International Payment System,CIPS)在上海建立,连接境内外参与者,处理人民币贸易类、投资类等跨境支付业务,为人民币的国际化提供了硬件支持。

---

① 资料来源:Wind 数据库(2)。
② 资料来源:中国人民银行,商务部数据中心。
③ 资料来源:商务部数据中心。
④ 资料来源:Wind 数据库。

2015年12月,亚洲基础设施投资银行(亚投行)正式成立。① 不少亚洲国家基础设施建设落后,制约这些国家的可持续发展。现有的国际和区域金融组织难以满足这方面的资金需要。为打破基础设施融资的瓶颈约束,中国在2013年倡议筹建亚投行。这一倡议得到世界各国的热烈相应。

第二节 "一带一路"对人民币国际化的影响

"一带一路"对人民币国际化有着积极的影响,这种影响是通过贸易、投资和储备货币等渠道实现的。本节将讨论"一带一路"对人民币国际化影响的传导机制并估算影响的规模。

一、区域货币选择的影响因素

"一带一路"是促进区域经济合作的一项举措。货币的选择对区域经济合作有着重要的意义。区域货币的选择既涉及贸易计价结算,又涉及金融计价结算。区域内频繁使用的货币的产生取决于以下因素:

第一,货币发行国的经济总量和经济发展水平。区域内频繁使用的货币往往是区域内经济总量较大的国家发行的货币。

第二,货币发行国的总体风险。货币发行国的总体国家风险越低,该国货币在区域经济中使用的概率越高。

第三,金融服务发展水平。金融交易结算的便利程度、资本账户的开放程度都对一国货币在区域内使用的频率有着重要的影响。

第四,贸易规模和开放程度。贸易量比较大,贸易开放程度比较高,会提高一国货币在区域经济中的使用频率。

"一带一路"通过国家间的合作,增加了区域内贸易和投资活动的规模,增加了区域内国家的开放程度,为人民币在区域经济中的更广泛使用提供了机会,也对中国的金融改革提出了更高的要求。

二、贸易渠道

"一带一路"促进了双边贸易和区域经济的发展,贸易的发展增加了使用人民币的需求。近年来,中国与"一带一路"沿线国家贸易额不断增加。人民币的使用为区域内各国提供了流动性支持,同时规避了使用第三方货币的风

---

① 截至2015年12月25日,包括缅甸、新加坡、文莱、澳大利亚、中国、蒙古、奥地利、英国、新西兰、卢森堡、韩国、格鲁吉亚、荷兰、德国、挪威、巴基斯坦、约旦等在内的17个意向创始成员国(股份总和占比50.1%)已批准《亚洲基础设施投资银行协定》并提交批准书,从而达到协定规定的生效条件,即至少有10个签署方批准且签署方初始认缴股本总额不少于总认缴股本的50%,亚洲基础设施投资银行正式成立(人民网,2015)。

险,为重大项目提供了资金支持。

沿线国家 GDP 的世界占比从 2005 年的 12.6% 上升到 2014 年的 16.9%,沿线国家与中国每年双边贸易额约 1 万亿美元,占中国外贸总额的四分之一。2005—2014 年中国与相关国家的贸易额年均增长约 17%。图 9-1 和图 9-2 分别描述了中国从"一带一路"沿线国家的进口和对这些国家的出口。

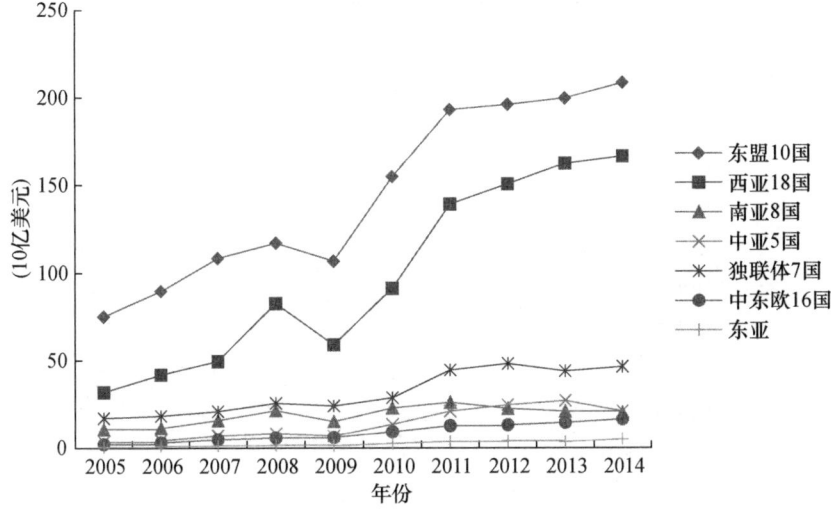

图 9-1　中国从"一带一路"沿线国家的进口(2005—2014 年)
资料来源:国家统计局,年度数据。

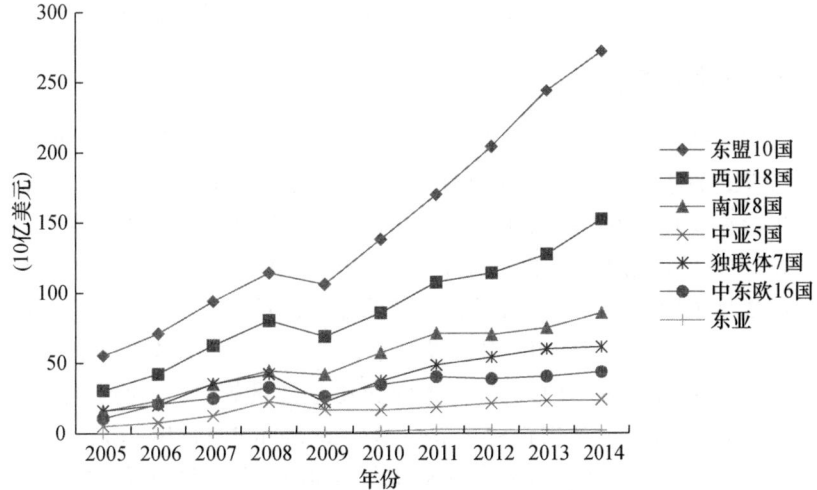

图 9-2　中国对"一带一路"国家的出口(2005—2014 年)
资料来源:国家统计局,年度数据。

大宗商品出口占沿线国家对华出口的较大比重。大宗商品出口带动了沿线国家的对华出口。中国期货市场的发展为以人民币计价结算的大宗商品贸易服务创造了条件。表 9-3 描述了"一带一路"沿线国家大宗商品对华出口分布。

表 9-3 "一带一路"沿线国家大宗商品对华出口分布　　　　　单位:%

能源类	
国家	占比
沙特阿拉伯	16
伊朗	8
印度尼西亚	6
泰国	23
印度	13
俄罗斯	11
马来西亚	11
印度	13
哈萨克斯坦	13
马来西亚	11

资料来源:中国人民大学国际货币研究所(2015),第 124—126 页。

区域内贸易的发展为人民币的使用提供了广阔的前景和机会,通过贸易渠道促进了各国经济的发展,同时也有助于人民币国际化的进展。

三、投资渠道

"一带一路"沿线国家基础设施严重缺乏,区域内互联互通程度较低,成为经济发展的瓶颈。例如,在亚洲和大洋洲,6.38 亿人缺乏改善的饮水,9.3 亿人生活在没有电力供应的环境中(IMF,2006)。只有 30% 的人口享受电话服务,53.4% 的道路不是土路(Asian Development Bank,2007)。中国过去十几年的发展说明,在经济起飞阶段,基础设施建设对经济发展特别是生产率的提高有着明显的拉动作用。基础设施建设需要大量资金支持。在国家内部投资中 49% 为能源基础设施,35% 为交通基础设施,13% 为通信基础设施,3% 为供水和卫生基础设施(Asian Development Bank Institute,2010)。表 9-4 描述了 2010—2020 年亚洲国家和大洋洲内部基础设施投资的需求。

表 9-4　2010—2020 年亚洲国家和大洋洲内部基础设施投资需求

地区	占亚洲投资需求的百分比(%)	预计投资需求（百万美元）	每年投资需求（百万美元）	人均需求（美元）
中亚	4.544	373 657	33 969	1 403
东亚和东南亚	66.553	5 472 327	497 484	2 886
南亚	28.829	2 370 497	215 500	1 756
大洋洲	0.073	6 023	548	625
总计	100.000	8 222 503	747 500	2 335

资料来源：Asian Development Bank Institute(2010)，第 15 页。

基础设施融资有着多种模式，正确地选择融资模式是基础设施建设成败的关键之一。基础设施的融资模式包括：第一，直接渠道，发行基础设施债券或其他证券融资，包括政府发行市政债券，企业发行债券，发行基础设施资产支持的债券，发行固定收益权益证券等。第二，间接融资，包括银行贷款和政府财政支持，包括政策性银行贷款，政策性金融机构通过向其他金融机构筹集资金，然后向基础设施项目发放政策性长期贷款；商业银行贷款；政府财政支持，例如政府提供贷款贴息，政府提供补贴或转移支付等。在实践中，直接融资和间接融资可以结合在一起。图 9-3 描述了 2005—2014 年中国对"一带一路"沿线国家的直接投资。

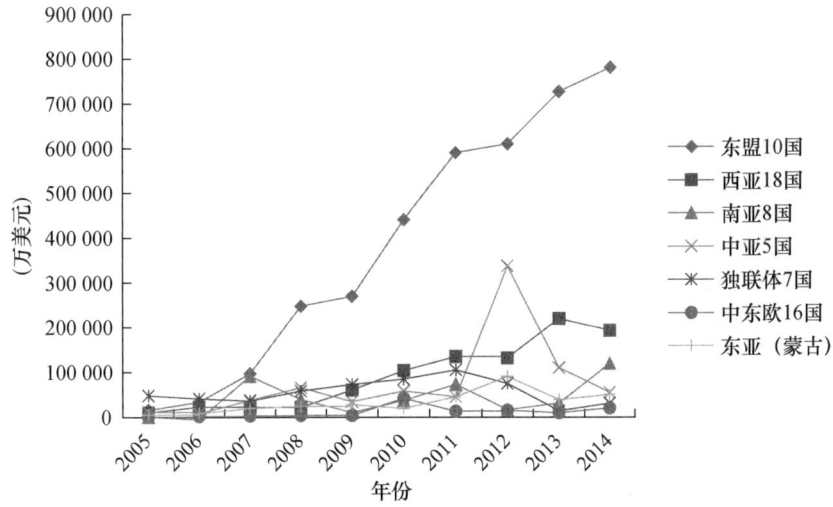

图 9-3　2005—2014 年中国对"一带一路"沿线国家的直接投资

资料来源：中国人民银行，《金融统计数据报告》(2013 年 1 月至 2014 年 12 月)；商务部数据中心。

根据亚行估计,2020 年前亚太地区每年基建投资 7 760 亿美元,若中国在沿线国家投资占比从目前的 13% 上升到 30%,未来 10 年总投资约 2 万亿美元。

"一带一路"沿线国家已经成为近年来中国企业对外投资的新热点,促进了中国企业"走出去"。同时,人民币债券和票据发行规模不断扩大。2014 年,人民币国际债券和票据发行量占国际发行量的 1.88%。人民币国际债券和票据余额 940 亿美元,占全球的 0.4%。人民币国际债券和票据发行的主要场所是离岸市场。2014 年世界多个金融中心开展了离岸人民币业务。香港、新加坡、伦敦、台北、首尔、法兰克福等地的人民币离岸市场规模扩大。随着中国金融市场的逐步开放,境外投资者可投资股票市场和银行间债券市场。外国投资者可以通过以下渠道投资人民币股票:合格境外机构投资者(QFII),人民币合格境外机构投资者(RQFII)和沪港通。银行间债券市场允许合格境外机构投资者、人民币合格境外机构投资者、境外银行和境外保险公司参与交易。2014 年年底,中国银行间债券市场包括 14 家合格境外机构投资者,66 家人民币合格境外机构投资者,97 家境外银行和 11 家境外保险公司。2014 年境外机构参与银行间债券市场现券交易成交 10.1 万亿元。此外,2014 年年末境内金融机构人民币境外贷款余额达到 1 990 亿元。中国金融市场的发展和开放为"一带一路"项目融资提供了便利(中国人民大学国际金融研究所,2015)。

四、储存货币渠道

人民币作为国际储备货币的功能用人民币官方储备余额占全球外汇储备余额的比重来衡量。近年来,人民币作为国际储备货币的地位持续上升。一些国家,例如南非、安哥拉、尼日利亚、坦桑尼亚、加纳和肯尼亚,将人民币纳入其央行外汇储备。人民币在 2016 年加入 SDR 货币篮子,标志着人民币国际化的重大突破,有利于扩大人民币的使用范围。

"一带一路"建设将提高人民币的使用,从而有利于人民币作为国际储备货币地位的提升。

五、"一带一路"沿线人民币金融服务的支持机制

人民币国际化需要一整套复杂多样的金融服务体系的支持。"一带一路"促进了人民币跨境支付系统的建设。目前在"一带一路"的经济带中,人民币国际化的支持系统已经具有一定的规模。在中国的资本账户仍然对资金流动实行管制的情况下,境外机构的设立为境外企业获得人民币资金提供了便利。表 9-5 描述了国有银行在沿线国家设立的境外机构。

表 9-5 国有银行在沿线国家设立的境外机构

银行	境外机构
中国工商银行	河内分行(越南)、卡拉奇分行(巴基斯坦)、孟买分行(印度)、金边分行(柬埔寨)、万象分行(老挝)、华沙分行(波兰)、悉尼分行(澳大利亚)、工银阿拉木图(哈萨克斯坦)、工银印度尼西亚、工银马来西亚、工银泰国、工银莫斯科(俄罗斯)
中国农业银行	悉尼分行(澳大利亚)、河内代表处(越南)
中国银行	亚联分行(哈萨克斯坦)、悉尼分行(澳大利亚)、中国城分行(澳大利亚)、珀斯分行(澳大利亚)、博士山分行(澳大利亚)、布里斯班分行(澳大利亚)、罗勇分行(泰国)、胡志明市分行(越南)、金边分行(柬埔寨)、五洲支行(柬埔寨)、麻坡分行(马来西亚)、槟城分行(马来西亚)、巴生分行(马来西亚)、新山分行(马来西亚)、蒲种分行(马来西亚)、古晋分行(马来西亚)、雅加达分行(印度尼西亚)、泗水分行(印度尼西亚)、棉兰分行(印度尼西亚)、哈巴罗夫斯克分行(俄罗斯)、滨海分行(俄罗斯)、俄罗斯中国银行、哈萨克斯坦中国银行、马来西亚中国银行、中银澳大利亚、中银泰国、乌兰巴托代表处(蒙古)、内罗毕代表处(肯尼亚)
中国建设银行	胡志明市分行(越南)、悉尼分行(澳大利亚)、建行俄罗斯有限责任公司
交通银行	悉尼分行(澳大利亚)、胡志明市分行(越南)

资料来源:中国人民大学国际金融研究所(2015),第 135 页。

在设立机构的同时,中资银行还推出了多种跨境人民币产品。在结算领域,包括贸易项下开立信用证、汇款、托收和 NRA 账户结算(Non-Resident Account)[1];在跨境融资领域,包括国际保理、保函、备用信用证、福费廷[2]等等。

汇率的稳定对区域结算货币的选择和使用有着重要的影响。自 2005 年人民币汇率形成机制改革以来,人民币对美元的汇率一直保持波动升值的态势。2014 年以来,受美国经济复苏、退出量化宽松政策和中国经济下行的影响,人民币对美元汇率结束单面升值状况,出现贬值。市场对人民币单面升值的预期已被打破,对人民币国际化的进程有一定影响。人民币有效汇率美元对离岸人民币汇率呈现明显双向波动态势。在长期,基于对中国经济运行的分析,我们认为不存在人民币持续贬值的基础。

---

[1] 中文全称为"境外机构境内外汇账户",指境外机构按规定在境内银行开立的境内外汇账户。人民币 NRA 账户则指以人民币为币种的境内银行为境外机构开立的境内外汇账户。

[2] Forfeiting,或称无追索权的融资,又称买断、包买票据。

六、"一带一路"对人民币国际化影响的总体估计

根据以上分析,本报告对"一带一路"对未来人民币国际化的总体影响进行了粗略估算。如上所述,区域主要货币使用的决定因素包括:一国经济总量(通常用GDP衡量)占区域经济总量的比重;一国金融的发展程度;贸易开放和发展程度以及使用本国货币的总体风险。

考察现实经济活动,在欧盟中,欧元使用比例约47%[1],英镑约16%;在东盟"10+3"国家中,日元使用比例约48%。在上海合作组织中,人民币的实际使用比例为31.95%;在东盟"10+3"国家中,人民币的实际使用比例为6.72%;在APEC国家中,人民币使用比例为4.28%(中国人民大学国际金融研究所,2015)。

本报告对2016—2020年贸易和投资中人民币的使用额进行了估算。计算公式为:

人民币使用增量＝贸易(或投资)增量×预期人民币结算比例

估算对2016—2020年双边贸易额的增长速度采用了比较保守的假设,"一带一路"各区域与中国的贸易增速分别假定约为2010—2014年的一半。对"一带一路"各地区对华贸易中人民币的结算比例,假设2015年的比例与2014年的实际比例相同。对人民币结算比例增速做了两个假设,情境Ⅰ假设人民币结算比例年增1%,情境Ⅱ假设人民币结算比例年增3%。假定未来5年人民币对美元汇率为6.5∶1。预测2016—2020年累计带动贸易人民币结算增加58 000亿—60 000亿元(2014年人民币,下同)。表9-6描述了"一带一路"对人民币贸易结算的影响。

表9-6 "一带一路"对人民币贸易结算的影响　　　　单位:亿元

假设	2016—2020年累计增加
Ⅰ	58 000
Ⅱ	60 000

注:情境Ⅰ假设人民币结算比例年增1%。情境Ⅱ假设人民币结算比例年增3%。假定人民币对美元汇率为6.5∶1。

根据分国别中国对外投资历史数据,2014年中国对外投资使用人民币结算1 866亿元。根据2014年中国对"一带一路"国家投资额和中国对外投资人民币结算比例,假定2016—2020年中国对"一带一路"沿线国家投资年

---

[1] 有文章说超过50%,见肇越等(2014)。

增长 10%—40%,其中人民币结算 60%,对外投资人民币结算额由于"一带一路"项目的带动,2016—2020 年累计将增加 5 500 亿—11 500 亿元。

2014 年对华直接投资主要来自中国香港、新加坡、中国台湾、日本等地,其中使用人民币结算的对华投资总计 8 620 亿元。"一带一路"国家对华投资较少,2011—2014 年"一带一路"国家对华投资占总投资的 5%—7%。根据"一带一路"国家对华投资的比例和 2015—2020 年年增速度的不同假设,"一带一路"项目 2016—2020 年累计带动人民币结算 3 400 亿—9 000 亿元。表 9-7 描述了"一带一路"对投资的影响。

表 9-7 "一带一路"对投资的影响　　　　　　单位:亿元

	2016—2020 年累计增加
中国对外投资	5 500—11 500
外商对华投资	3 400—9 000

此外,"一带一路"所带动的人民币债券和票据年发行额也将每年增加 100 亿—300 亿美元,合 600 亿—1 800 亿元人民币。

第三节　人民币国际化对双边贸易投资和全球经济的积极作用

"一带一路"促进了人民币国际化,人民币国际化促进了双边贸易和投资,进而对全球经济产生了积极的影响。

一、"一带一路"带动的人民币国际化对双边和全球经济贸易的积极影响

"一带一路"带动的人民币国际化将对区域经济产生积极的影响。第一,人民币国际化可以为双边贸易提供流动性支持,并带来便利。中国已与一些沿线国家签订了双边货币互换协议,使这些国家的企业和政府机构可以方便地获得人民币,用于支付从中国进口的商品。近年来,中国与丝绸之路沿线国家的贸易额增长较快,中国已经成为一些沿线国家最大的贸易伙伴(例如俄罗斯、哈萨克斯坦、土库曼斯坦等)。第二,人民币国际化可以为重大投资基础设施建设项目提供资金支持。这些重大基础设施项目将成为这些国家国民经济的支柱,但具有公共物品属性,资金需求大,建设周期长。人民币国际化有助于为这些重大项目提供资金支持。第三,人民币国际化有利于规避由于使用第三方货币结算所产生的风险。国际贸易计价结算货币受复杂因素影响,美元汇率也在不断变动。以人民币作为双边贸易的计价结算货币,

可以避免美元汇率变动的风险。近年来,国内外企业更多地使用人民币进行贸易结算。

二、计量经济分析:货币互换协议对中外间贸易影响

本章使用引力模型分析人民币国际化对双边贸易和投资的影响。模型使用了中国与各国贸易与直接投资的面板数据和中国与各国货币互换协定数据,控制 GDP、地理距离等变量。

(一) 数据来源与描述

本章参照 Yu(2010),依照国际贸易中经典的引力方程,运用 OLS 和固定面板中的 Between 估计量分别估计互换协议及其规模对中国与各国之间的贸易的影响。估计方程如下:

$$\ln X_{ijt} = \beta_0 + \beta_1 \text{Swap}_{ijt} + \beta_2 \ln Y_{it} + \beta_3 \ln Y_{jt} + \beta_4 q_{it} + \beta_5 q_{jt} + \beta_6 q_{ij} + \varepsilon_{ijt}$$

其中因变量为第 i 国从第 j 国在第 t 年进口值。由于本章关注的是中国与其他国家的贸易情况,因此第 i 国或者第 j 国中至少有一国为中国。各国间贸易的名义值数据来自 CEIC 数据库(https://www.ceicdata.com/),单位为百万美元。在具体估计中,本章利用美国的城市 CPI 对名义值进行了调整。

衡量互换协议的自变量 Swap_{ijt} 有两种度量方式,第一种是虚拟变量,即两国当年是否存在货币互换协议;第二种是互换协议相对规模,即该国与中国当年的互换协议签订的外币价值相对该国当年现金流通量(M1)的比例。对两种度量方式分别进行估计。各年互换协议及规模的数据来自中国人民银行发布的《中国人民银行和其他中央银行或货币当局双边本币互换一览表》(截至 2015 年 12 月)。在该数据中,共计 33 个国家或地区的央行与中国人民银行签订了货币互换协议。协议期限均为三年,到期后存在续签的和未续签从而失效的。每个协议都列出了分别以人民币和外币计价的互换规模。其中协议签订最早的是在 2009 年,同时考虑到 2015 年样本国家内的宏观数据仍然有很大比例尚未发布,因此我们估计的时间段是从 2009 年到 2014 年。在该时间段内,共计 28 个国家或地区的央行与中国人民银行之间发生过货币互换协议。

估计方程中的控制变量包括各年进口国和出口国的 GDP($\ln Y_{it}$ 和 $\ln Y_{jt}$),进口国的人均 GDP 和 CPI(q_{it}),出口国的人均 GDP(q_{jt}),以及贸易伙伴国之间的地理距离和是否交界的虚拟变量(q_{ij})。其中,GDP、人均 GDP 以及 CPI 的数据皆来自世界银行的 World Development Indicators 数据库,并进行了取自然对数处理。地理距离(distance)和是否交界的数据来自 Rose(2004)。

估计的样本国家依据选取标准不同分为两种。第一个样本是"一带一路"涉及的 65 个国家或地区。第二个样本是从 2009 年到 2014 年之间与中国发生过互换协议的国家或地区。

(二) 估计结果

表 9-8 列出了两组样本相应变量的基本统计量。从该表中可以看到,在较大的"一带一路"国家的样本中,在样本时间段内签订互换协议的比例为 15.9%;在较小的存在过互换协议的国家中,在样本时间段内存在协议的比例为 56.2%。在互换协议的规模上,"一带一路"国家样本中互换协议的规模占相应国家当年 M1 的平均比例为 3.49%,而互换协议国家则为 10.3%。从贸易量、GDP 和人均 GDP 的指标来看,互换协议国家的相应均值都要略微大于"一带一路"国家样本。从地理分布上看,互换协议国家与中国交界的比例(7.7%)高于"一带一路"国家(1.8%),互换协议国家与中国的平均距离则高于"一带一路"国家。两组样本的 CPI 并没有显著差别。

表 9-8 描述性统计

变量	"一带一路"				互换协议			
	均值	标准差	最小值	最大值	均值	标准差	最小值	最大值
进口值对数	7.168	2.530	−4.688	10.99	8.885	1.905	3.503	12.78
是否存在互换协议	0.159	0.366	0	1	0.562	0.497	0	1
互换协议相对规模	0.035	0.122	0	1.382	0.103	0.173	0	1.382
进口国 GDP 对数	26.880	2.534	20.87	29.29	27.54	1.905	21.90	29.29
进口国人均 GDP 对数	8.216	0.902	5.893	11.04	8.631	1.072	6.636	11.04
出口国 GDP 对数	26.800	2.549	20.86	29.29	27.50	1.934	21.90	29.29
出口国人均 GDP 对数	8.210	0.907	5.893	11.04	8.620	1.087	6.574	11.04
是否交界	0.018	0.133	0	1	0.077	0.267	0	1
进口国 CPI 对数	4.643	0.044	4.555	5.341	4.643	0.051	4.555	5.341
两国距离对数	7.946	0.450	6.632	8.419	8.053	0.643	6.632	9.375

表 9-9 呈现的是是否签订货币互换协议的虚拟变量对贸易量影响的估计结果。其中第一列为对"一带一路"国家作为样本的 OLS 回归估计,结果显示,在控制了 GDP、人均 GDP、距离、是否交界等因素之后,是否签订互换协议对于贸易量的提升具有显著的正面作用。是否存在互换协议的虚拟变量的系数接近 0.66,意味着在控制其他变量之后,"一带一路"国家与中国签订货币互换协议,其与中国的贸易量将提升 66%。表 9-9 的第二列在第一列的基础上进一步控制了年份效应。年份效应的控制基本没有影响是否存在互换协议项系数的大小和显著性。因此在 OLS 估计方法下得到的互换协议对于贸易的增进效应高达 60%以上。为了验证该结果的稳健性,该表的第五列进一步呈现了利用面板数据的 Between 效应估计的结果。结果显示虽

然是否存在互换协议项的作用的显著性略有下降,但是仍然在5%的水平上显著为正,并且这一作用效果超过了1,几乎为OLS估计结果的两倍。因此,我们可以认为,对于"一带一路"国家,与中国签订货币互换协议将显著提升该国与中国的贸易量。

表9-9 是否签订货币互换协议对贸易量的影响估计

因变量： 进口值	OLS				Between 效应	
	"一带一路"	互换协议	"一带一路"	互换协议	"一带一路"	互换协议
是否存在互换协议	0.659***	0.637***	0.364***	0.395***	1.100**	0.893*
	(0.158)	(0.163)	(0.111)	(0.134)	(0.500)	(0.506)
进口国 GDP 对数	1.037***	1.035***	1.003***	0.998***	1.029***	0.970***
	(0.0387)	(0.0387)	(0.0432)	(0.0437)	(0.0941)	(0.113)
出口国 GDP 对数	1.351***	1.355***	1.145***	1.147***	1.375***	1.167***
	(0.0391)	(0.0391)	(0.0418)	(0.0420)	(0.0962)	(0.106)
进口国人均 GDP 对数	−0.273***	−0.299***	−0.238***	−0.248***	−0.364*	−0.294*
	(0.0743)	(0.0751)	(0.0628)	(0.0636)	(0.187)	(0.169)
出口国人均 GDP 对数	−0.0727	−0.0814	−0.105*	−0.108*	−0.0705	−0.0996
	(0.0710)	(0.0713)	(0.0584)	(0.0588)	(0.171)	(0.148)
进口国 CPI 对数	−2.012	−3.056**	−1.407	−2.086*	−6.985	−6.315
	(1.348)	(1.445)	(1.148)	(1.211)	(4.864)	(4.820)
是否交界	1.251***	1.293***	1.077***	1.073***	0.982	0.891
	(0.441)	(0.443)	(0.234)	(0.237)	(1.069)	(0.613)
两国距离对数	−0.828***	−0.816***	−1.002***	−0.996***	−0.788**	−0.949***
	(0.152)	(0.153)	(0.0968)	(0.0972)	(0.365)	(0.246)
常数项	−38.29***	−33.56***	−32.96***	−29.82***	−15.29	−10.11
	(6.563)	(6.981)	(5.887)	(6.173)	(23.22)	(23.79)
年份效应	否	是	否	是		
观察值	671	671	316	316	671	316
R^2	0.695	0.697	0.760	0.763	0.723	0.777

注：***、**、*分别代表在1%、5%、10%的水平上显著。

对于签订过互换协议的国家样本,是否签订货币互换协议的作用也依然显著为正。表9-9的第三列显示了OLS回归下的基本结果:在控制了其他变量之后,对于这些国家,在互换协议生效期间的贸易量要比互换协议失效期间的贸易量显著提升36%。第四列呈现的是在第三列的基础上控制年份效应的结果,控制了年份效应之后签订互换协议项的系数略有上升,接近40%。相应的面板方法下的Between效应估计结果呈现在第六列,是否存在互换协议项的作用的显著性略有下降,但是作用的效果大小则高达89%,超过了OLS估计结果的两倍。由此,可以认为,对于发生过互换协议的国家,协议有效期内的贸易量相比于协议失效期内的贸易量有显著的提升。

从控制变量的效应上看,表9-9中所有列结果都显示,进出口国的GDP

的作用均显著为正,两国距离的作用均显著为负。这一结果也符合标准的引力方程模型的预测。

因此,表 9-9 的结果显示,与中国签订货币互换协议的国家在协议生效期间,其与中国的贸易量显著高于无协议国家和协议失效期间的贸易量。这一作用在控制了年份效应、在不同估计方法下均稳健。

为了进一步分析互换协议的签订对贸易量的影响,表 9-10 采取了互换协议规模的度量,用互换协议的外币计价额度相比于该国当年外币现金流通量(M1)的比值作为自变量,放入引力方程进行估计。

表 9-10 货币互换协议规模对贸易量的影响估计

因变量:进口值	OLS				Between 效应	
	"一带一路"	互换协议	"一带一路"	互换协议	"一带一路"	互换协议
互换协议相对规模	2.423***	2.408***	1.633***	1.640***	4.880***	4.117***
	(0.481)	(0.485)	(0.344)	(0.361)	(1.584)	(1.347)
进口国 GDP 对数	1.070***	1.066***	1.053***	1.045***	1.086***	1.089***
	(0.0375)	(0.0375)	(0.0437)	(0.0445)	(0.0884)	(0.113)
出口国 GDP 对数	1.386***	1.388***	1.193***	1.193***	1.437***	1.285***
	(0.0381)	(0.0382)	(0.0429)	(0.0433)	(0.0920)	(0.109)
进口国人均 GDP 对数	−0.311***	−0.341***	−0.235***	−0.249***	−0.461**	−0.299*
	(0.0746)	(0.0754)	(0.0619)	(0.0627)	(0.187)	(0.159)
出口国人均 GDP 对数	−0.105	−0.117	−0.107*	−0.113*	−0.158	−0.113
	(0.0716)	(0.0718)	(0.0586)	(0.0591)	(0.169)	(0.139)
进口国 CPI 对数	−2.184	−3.299**	−1.521	−2.263*	−8.291*	−7.322
	(1.342)	(1.439)	(1.132)	(1.194)	(4.784)	(4.490)
是否交界	1.216***	1.255***	0.941***	0.953***	0.802	0.546
	(0.437)	(0.437)	(0.234)	(0.236)	(1.042)	(0.591)
两国距离对数	−0.698***	−0.680***	−0.956***	−0.946***	−0.489	−0.824***
	(0.157)	(0.157)	(0.0963)	(0.0966)	(0.380)	(0.236)
常数项	−39.72***	−34.61***	−35.43***	−31.88***	−13.24	−12.71
	(6.488)	(6.894)	(5.794)	(6.082)	(22.52)	(21.84)
年份效应	否	是	否	是		
观察值	668	668	313	313	668	313
R^2	0.699	0.702	0.766	0.770	0.735	0.803

注:***、**、*分别代表在 1%、5%、10%的水平上显著。

表 9-10 的第一列呈现的是 OLS 估计方法下,对于"一带一路"国家,在控制了引力方程中的基本变量之后,互换协议的规模对与中国贸易量的影响的作用。互换协议相对规模项的系数为 2.4,并且在 1%的水平上显著为正。这意味着互换协议的额度相对于该国 M1 每提高 1%,相应的与中国的贸易

量将平均提升2.4%。这一作用在经济意义上也十分显著。表9-10的第二列进一步控制了年份效应,发现这一作用几乎不受影响。表9-10的第三列和第四列呈现的是对于存在过互换协议的国家样本的相应结果。同样,互换协议的规模增大将显著提升贸易量。这一作用相比于"一带一路"国家样本内的估计结果要略微小一些,但是仍然很高:互换协议的额度相比于M1提高1%,带来的贸易量将相应提升1.6%。这一作用在1%的水平上显著。

为了验证这一结果在不同估计方法下的稳健性,表9-10的第五列和第六列进一步列出了利用面板方法的Between效应估计得到的结果。与表9-9中Between估计量的结果的显著性下降不同,互换协议规模对贸易量的影响在Between估计结果下依然保持了在1%水平上的显著性。并且,与表9-9结果类似,作用的系数大小相比于OLS估计得到的系数显著上升:根据Between效应估计结果,互换协议额度相对于M1每增加1%,相应国家与中国的贸易量将平均提升4%以上。对于"一带一路"国家,这一作用接近5%。GDP和距离等控制变量的作用依然符合经典的引力方程的预测。

根据表9-10的估计结果,可以认为,在控制了其他因素的影响后,签订互换协议的规模越大,对于贸易促进的作用越大。这一作用对于互换协议国家略小(规模相对于M1提升1%带来1.6%的贸易量提升),对于"一带一路"国家更大(规模相对于M1提升1%带来2.4%的贸易量提升)。

综合表9-9和表9-10的估计结果,无论是否签订互换协议的虚拟变量,还是互换的规模,都对贸易量存在显著的正面影响,并且这一影响在面板估计方法和年份效应控制下均稳健。因此,我们可以得出结论:中国与相应国家的货币互换协议的签订显著提高了中国与该国之间的贸易值,并且,互换规模越大,相应提升贸易值的作用也越大。

三、有关案例

本节给出三个有关案例,以期给读者更多现实感。

案例一 大湄公河次区域交通基础设施融资渠道

大湄公河次区域(GMS)指湄公河流域的6个国家和地区,如表9-11所示,包括越南、老挝、柬埔寨、泰国、缅甸和中国云南省。除中国云南省外的五国的GDP合计6 400亿美元,财政收入1 300亿美元。

根据《GMS区域投资框架(2013—2022)》,2013—2022年大湄公河次区域优先推进210个投资项目,共计515亿美元。在这些投资项目中,交通基础设施项目96个,其中84个项目预计投资额434.95亿美元,见表9-11。

表 9-11　2013—2022 年大湄公河次区域交通基础设施计划投资项目

国家	中国	老挝	越南	泰国	柬埔寨	缅甸	技术支持	合计
项目个数	6	33	11	13	8	13	12	96
项目金额（亿美元）	166.90	131.70	49.59	48.73	23.52	20.36	0.15	434.95

资料来源：中国人民大学国际金融研究所(2015)，第 145 页。

据估计，除中国外，其他五国交通基础设施项目投资 274 亿美元，每年 27.4 亿美元，占 GDP 的 0.4%，财政收入的 2.1%。为拓宽融资渠道，96 个项目中已经有 30 个拟订融资计划，外部资金来源包括：

（1）国外优惠贷款。涉及商务金额约 78.5 亿美元。例如，中国进出口银行拟为 Vietnam-Boten 铁路项目提供优惠贷款 72 亿美元，拟为老挝 NR1A 公路改进项目提供优惠贷款 9 100 万美元。

（2）亚洲开发银行贷款。共约 23 亿美元。其中包括中国龙陵—瑞丽高速路 2.5 亿美元，Ha Noi-Lang Son 高速路 8 亿美元。

（3）政府间援助。共 1 亿美元。包括中国政府拟为老挝 NR13 公路改进项目提供援助 8 200 万美元。

（4）私人投资。涉及投资金额 4 亿美元。包括老挝 Luang Namtha-Xiengkok-Lao-Myanmar 友谊大桥项目中私人投资 1.5 亿美元。

案例二　人民币支付清算系统

很多"一带一路"沿线国家金融发展滞后，支付系统标准不一。在跨境支付的情况下，各国采取联系行制度，间接实现资金的拨付。各国央行的外汇支付清算通常采用本国的支付系统对接 SWIFT（清算支付系统）的方式，将双边贸易使用的本币转换为第三国货币，通过 SWIFT 系统进行清算支付。

中国 2013 年完成了人民币支付系统的升级，并在此基础上推出跨境人民币支付清算系统。中国人民银行 2012 年宣布将开发独立的人民币跨境支付系统（Cross-border Interbank Payment System, CIPS）。2015 年 10 月该系统正式启动。CIPS（一期）的主要功能：便利跨境人民币业务处理，支持跨境货物贸易和服务贸易结算、跨境直接投资、跨境融资和跨境个人汇款等业务。CIPS（一期）由跨境银行间支付清算（上海）有限责任公司负责运营。CIPS（一期）采用实时全额结算方式处理客户汇款和金融机构汇款两类业务，各直接参与者一点接入，集中清算业务。系统采用国际通用 ISO 20022 报文标准，支持中英文传输，在名称、地址、收费等栏位设置上更有利于人民币业务的自动处理。CIPS 报文设计充分考虑了与现行 SWIFT MT 报文的转换要求,便于跨境业务直通处理并支持未来业务发展需求。系统运行时间覆盖亚洲、欧洲、非洲、大洋洲等人民币业务的主要时区,为境内直接参与者提供专线接入方式。

案例三 人民币离岸市场

人民币离岸市场是在中国境外开展人民币相关业务的市场。2003年开始,中国人民银行在香港提供人民币清算业务。此后人民币离岸市场逐步发展。2013年之前,人民币离岸市场主要在中国香港、新加坡、中国台湾等地。2014年,中国人民银行与英格兰银行、欧洲央行签订了货币互换协议,分别给予英国、德国和法国800亿元人民币合格境外机构投资者(RQFII)额度。这使人民币回流数额增大。目前欧洲已经形成伦敦、法兰克福、巴黎、卢森堡和瑞士组成的人民币离岸中心格局。

人民币离岸市场可以使境外流动的人民币纳入银行体系,便于监管当局掌握人民币境外流动的规模。离岸市场可以形成市场化的人民币利率体系,反映商业风险,有利于金融决策和人民币市场化。

2014年年末,中国香港人民币存款总额达1万亿元,比上年增长16.6%。2014年中国央行宣布,中国香港占有53%的全球人民币离岸市场份额,主要由个人持有。新加坡、中国台湾、韩国和中国澳门人民币存款分别达到2770亿元、3023亿元、1940亿元和1034亿元。英国、卢森堡和法国的人民币存款分别达到190亿元、670亿元和200亿元。

离岸市场人民币债券的发行量有很大提高。中国香港"点心债"的发行达到5600亿元,中国台湾"宝岛债"、新加坡"狮子债"的规模超过千亿元。2014年10月14日,英国政府发行人民币主权债券30亿美元,期限3年。(中国人民大学金融研究所,2015)

第四节 政策建议

"一带一路"建设在复杂的多国环境中面临空前的挑战,也为人民币国际化提供了前所未有的机遇。我们需要认清形势,抓住机遇,迎接挑战。

一、面临的挑战

由于"一带一路"涉及沿线几十个国家,这些国家的历史、经济发展程度、政治制度、文化等方面存在较大差异,面临的挑战是空前的。"一带一路"沿线国家分别属于不同的区域联盟,受这些区域联盟的政治、经济诉求的制约。"一带一路"沿线国家的参与还受各国国内政治和党派轮替的影响。一些"一带一路"沿线地区存在军事冲突和极端主义活动。沿线地区存在各种不同的民族,这些民族之间的文化差异巨大。这些障碍的克服需要增强相互信任,弘扬包容精神,并及时公平处理遇到的各种问题。

"一带一路"一些沿线国家的相关法律不够健全,例如,一些国家对外商出资最大份额的限制,使外商独资模式无法实现。一些国家对私人经营的限制使 PPP 模式无法实现。一些"一带一路"国家的基础设施建设长期依靠政府财政拨款,政府垄断经营,效率低下。一些国家公众难以接受基础设施市场经营的观念。一些"一带一路"国家的政府在基础设施建设上缺乏配套措施,缺乏比较详尽的操作流程和政策。这些都使"一带一路"沿线基础设施建设的效率降低,风险增大。

二、政策建议

根据以上分析,本章对"一带一路"和人民币国际化提出以下政策建议:

(1)"一带一路"中更多使用人民币结算;将"一带一路"建设与人民币国际化统筹结合起来,协同规划。在规划和管理中,更加精细、具体,防止大而化之。

(2)扩大人民币在多边金融机构业务中的使用。与国际开发性金融机构加强合作,扩大人民币在多边金融项目中的联合融资,为"一带一路"基础设施建设提供多种形式的资金支持。

(3)更多地通过发行人民币计值的债券,直接为"一带一路"基础设施融资。债券的发行主体可以包括境内外投资者、企业、外国政府,或由各方组成的联合投资主体。发行地点可以在中国境内,也可以在离岸人民币市场。进一步完善与人民币债券发行有关的信用评级、监管等配套事宜。

(4)重视保险。为降低企业面临的风险,在"一带一路"建设中,发挥保险的作用,加强风险管控。防止各种形式的腐败。完善有关出口和海外投资保险的有关立法。在保持政策性保险机制的同时,引入竞争机制,放开商业保险公司对相关业务的准入。

(5)中国国内金融市场的发展和开放是人民币国际化的先决条件。要把人民币国际化与国内改革、金融市场开放衔接起来。通过"一带一路"和人民币国际化要求进一步深化国内金融和贸易方面的体制改革。

(6)在使用人民币结算时秉承自愿和互惠原则,促进人民币国际化的自然有序发展,鼓励沿线国家和非沿线国家的参与,争取人民币国际化得到世界各国的理解和支持,推进公正、包容的世界新秩序。

第十章　生产率、信贷约束与企业出口 *

Melitz(2003)提出的异质性企业贸易模型讨论了企业的生产率对其出口决策的影响。通过在 Melitz 一般均衡模型中引入了信贷约束,本章进一步研究了企业的信贷约束如何同生产率一起影响着它的出口决策。我们发现,给定其他条件不变,在以下情况下企业更容易进入出口市场:① 项目成功率高使得企业更容易获得来自金融中介的外部融资;② 外商投资企业享有较小的信贷约束。我们用中国制造业的企业数据检测理论假设,发现了有力的证据支持我们的模型预测结果。

第一节　导　　言

异质性企业出口行为的一个普遍被接受的解释认为,生产率高的企业利润高,从而有能力承担进入出口市场的固定成本(Melitz,2003)。该解释没有考虑企业在流动性和外部融资渠道上可能存在的金融摩擦。当存在金融摩擦时,企业将面对不同的信贷约束,这种信贷约束又将影响它们为市场进入的固定成本融资的能力。此外,外国直接投资有可能为企业节省市场进入的固定成本,从而降低信贷约束。本章将回答以下几个问题:企业的信贷约束如何影响他们的出口行为? 不同类型企业的信贷约束是否不同?

为解决以上问题,本章利用 Melitz(2003)的一般均衡模型来分析企业的外部融资能力对出口的影响。我们的理论模型预测:首先,企业的出口项目成功率不同,导致其从金融中介获得外部融资的能力不同。其次,不同类型的企业面对的信贷约束程度也不同。例如,跨国公司的分支机构可以利用其母公司的国外分销网络因而具有较低的信贷约束。

从理论预测出发,我们用中国制造企业从 2000 年到 2007 年的大量面板数据来估计企业的信贷约束对出口的影响。稳健的实证分析显示:在考虑了

---

* 本章是与复旦大学的李志远教授合作的成果,原文发表在《经济研究》2013 年第 6 期,第 85—99 页。

信贷约束的内生性后，信贷约束小的公司出口得更多。总体上看，在其他条件不变的情况下，企业利息支出每增加一个百分点，出口同时增加 1.068 个百分点。其中，企业利息支出通常被认为代表着其借款能力的大小。此外，中国的外商投资企业出口多，并且更不容易受外部融资难易程度变动的影响，这表明外国资本确实有助于减轻国内企业所受到的信贷约束。多个敏感性测试有力地支持了我们的实证发现。

本章对金融与贸易关系的研究领域有一定的贡献。目前这一领域主要的研究包括 Qiu（1999），Chaney（2005），Feenstra et al.（2013），Manova（2008），Muûls（2008），以及 Buch et al.（2008）。受 Melitz 的启发，Chaney（2005）第一次将流动性约束引入异质企业模型，并预测流动性高的企业所受信贷约束小，因此更容易进入出口市场。作为这一领域的早期研究，Chaney（2005）只从理论上关注了企业内部资金对出口的影响。随后，Manova（2008）进一步在企业异质性的框架下，考察了金融契约和有形资产对贸易的影响。她发现金融发达的国家更容易进行双边出口并进行大宗货物交易。Feenstra et al.（2013）则发现，出口企业所面临的信贷约束与其出口比重呈正相关，而且多用海运等耗时长的出口企业所面临的信贷约束更大。

此外，Muûls（2008）将流动性和外部金融引入理论模型，并以 Coface 信用保险公司所给出的信贷评级来衡量一个企业的信贷约束。Muûls 的理论模型继续沿用了 Manova（2008）关于外部融资成本相同的假设，即假定等额本金的偿还额对于所有企业都相同。另外，Buch et al.（2008）在局部均衡的框架下，引入企业借款成本的异质性，来研究信贷约束对出口的影响。总体来讲，这些研究都大大丰富了我们对企业的信贷约束对出口行为的影响的认知。

之前的这些研究假定除了各企业生产率和所需本金不同外，企业均是同质的。在该假定下，如果违约率相同，一旦给定本金，企业将支付相同的偿还额。本章的贡献在于引入了另两个导致信贷约束异质的因素：一方面是项目特有的风险，在该风险的存在下，不同企业的借款能力将产生差异；另一方面是来自企业的所有制类型，例如外商投资减小了企业对外部融资的依赖。这两个因素的加入使得模型更接近真实世界。本章的另一重要贡献为使用了最细分的中国企业数据来检测我们的理论预测。相比较而言，之前关于信贷约束的研究很大一部分都只是限定在国家和部门层面上的讨论。

在过去的几年中，中国出口飞速发展，但是中国企业却面临着严重的信贷制约，本章的研究对于这一现象的阐释有着重要的意义。从 2000 年到 2007 年，中国的年均出口增长率为 25%，然而根据 1999—2000 年的世界商业环境调查以及 1999 年和 2002 年的投资环境评估调查，中国是融资环境最差的国家之一(Claessens and Tzioumis,2006)。我们的研究结果显示更好的外部融资环境将有力地拉动中国的出口。图 10-1A 能够很好地证明这一点。从图 10-1A 中可以看到,中国企业层面的外国投资和出口呈正相关。而从图 10-1B 中可以看到,中国企业层面的利息支出与出口呈正相关。

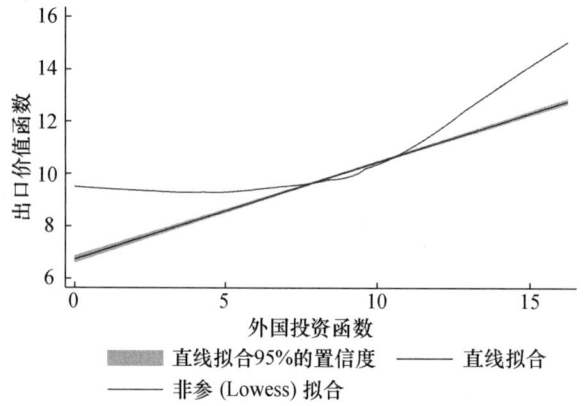

图 10-1A　企业层面出口和外国投资(2006)

资料来源:作者根据数据计算所得。

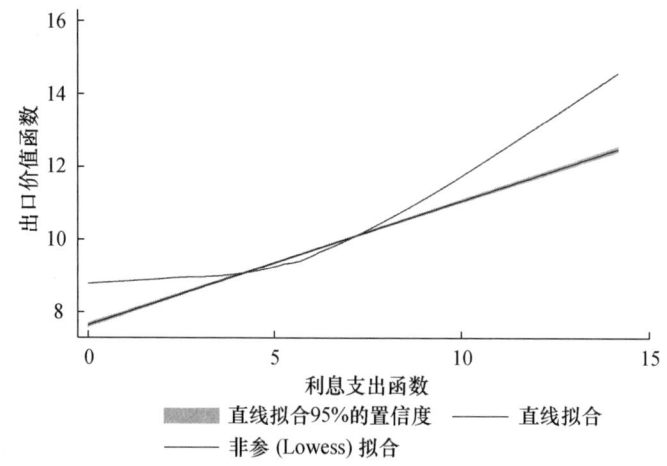

图 10-1B　企业层面的出口和利息支出(2006)

资料来源:作者根据数据计算所得。

本章余下部分的结构如下:第二节介绍企业信贷约束对出口影响的机理;第三节构建模型,引入了企业在外部融资渠道上的异质性,并讨论了外部融资对企业出口的影响;第四节具体介绍实证检验所用的计量经济方法和数据;第五节讨论预测结果并进行稳健性测试;第六节是小结。

第二节　信贷约束对出口的影响探讨

企业获得外部融资的能力是异质的。高生产率的企业将更容易获得贷款,这与我们的直觉相吻合。首先,企业生产率越高,出口项目成功的概率就越大。因此贷款量和偿还额相同时,考虑到生产率高的企业还贷能力更强,金融中介机构更愿意贷款给这些生产率高的企业。而对于成功小的项目,投资者将不得不承担更大的风险,因此金融机构相对不愿意贷款给这些项目。当效率较低的企业无法获得外部融资时,它们将面临更严重的信贷约束,有可能被迫退出出口市场。其次,如果企业的可变成本的融资也依赖于金融机构,那么企业将由于信贷约束而不得不减少出口。

除了从金融机构获得贷款,企业还可以用它们在国内的利润进行内部融资。此外,值得注意的是企业的类型对于其所面临的信贷约束有一定的影响。例如,中国的外商投资企业由于可以分享利用母公司在出口市场上已经建立的分销渠道而只需要支付较少的出口固定成本,或者外商投资企业比其他企业更容易通过母公司获得资金,因此,在其他条件相同的情况下,这些企业出口更多。[①] 实际上,中国的外商投资企业的出口额占全国出口额的比例从 2000 年的 48% 增长到 2007 年的 57%。2000 年到 2007 年,外商投资企业出口额年均增长率达到了 29.6%,高于全国出口额增长率 25%。

总体来说,其他条件相同时,生产率高的企业更容易进入出口市场,更容易从金融中介或其他渠道获得外部融资。

本章首先从理论上阐释出口项目成功率高的企业,特别是外商投资企业,在融资上受到的约束小,从而不容易被挤出出口市场。直觉上看,当企业需要从金融中介贷款时,出口项目成功率低的企业将会被要求支付更高的偿还额以补偿投资的高风险,这无疑增加了出口的进入门槛。因此,原本有能力出口的企业由于要支付较高的偿还额而无法进入出口市场。相反,外商投资企业由于较少的出口固定成本投资额,因而不需要对外大量贷款,从而受外部融资的制约小。从这个角度讲,外商投资企业的信贷约束小。

从以下两个假说出发,我们评估外部融资的可获得性对于出口的重要意义:① 容易获得金融中介贷款的企业出口多;② 外商投资企业不容易受来自金融中介的外部融资的波动影响。我们选取了企业的利息支出作为其外部

---

① Héricourt and Poncet (2009)证明了中国的外商对华直接投资有效地缓解了国内企业的信贷紧张。Harrison abd McMillan (2003)用科特迪瓦数据也得到了类似的结果。

融资能力的衡量指标,来探讨利息支出、外国资本的可获得性以及出口三者之间的关系。同时,我们证实了外国资本的可获得性对出口的影响主要是通过信贷约束产生的。主要的预测结果都是统计上显著的,并在稳健性测试下表现良好。

最后,我们提出企业出口对利息支出影响的内生性问题。我们选择以企业规模为权重的上一期货币供给量作为利息支出的工具变量,多种统计检测显示该工具变量是合理的。在控制内生性后,利息支出仍旧表现出对企业出口的显著的影响力。

基于以上观察,我们将在接下来的部分中提出一般均衡模型以刻画企业信贷约束对出口的影响。

第三节 模 型

一、国内需求和生产

假定经济体由两个经济体构成:国内和国外(后文所涉及国外的变量都加星号 * 表示)。劳动力是唯一的生产投入要素,国内的人口数量为 L。经济体中有两个部门。第一个部门生产自由贸易的同质商品,规模收益恒定:$q_0 = w l_0$,其中 l_0 是生产 q_0 单位产品所需的劳动力,因此该部门的劳动生产率决定了国内工资 w。假定在这个部门,两个国家都进行生产,那么工资水平将由该部门的生产率决定。第二个部门生产 Melitz(2003) 中所描述的连续差异性商品,每个企业提供一种商品并拥有该种商品的垄断地位。

和 Melitz(2003) 中的模型一样,消费者被赋予一单位的劳动力,并对不同商品的偏好替代弹性相同。代表性消费者的效用函数为典型的固定替代弹性(CES)函数:

$$U = q_0^{1-\mu} \left(\int_{w \in \Omega} q(w)^{\frac{\sigma}{\sigma-1}} dw \right)^{\frac{\sigma}{\sigma-1}\mu}$$

其中 ω 代表第二部门中每一种差异性产品,Ω 是可获得的消费集。

如同 Melitz(2003),在这一典型 CES 偏好下,差异性产品行业中的企业在国内生产的利润为:

$$\pi_d(x) = \frac{\mu}{\sigma} wL \left(\frac{\sigma}{\sigma-1} \frac{w}{xP} \right)^{1-\sigma} - wC_d$$

其中 x 为企业的生产率,C_d 为国内生产的固定成本,而 P 为国内差异性产业价格指数。

$$P = \left(\int_{\omega \in \Omega} p(\omega)^{1-\sigma} \mathrm{d}\omega \right)^{\frac{1}{1-\sigma}}$$

为了在国内市场生存,企业必须有足够高的生产率才能盈利。我们用 $\bar{x}_d$ 来表示利润为零时的临界生产率,即 $\pi_d(\bar{x}_d)=0$。由此我们可以得到临界企业生产率为:

$$\bar{x}_d = \frac{\sigma}{\sigma-1} \frac{w}{P} \left(\frac{\sigma C_d}{\mu L} \right)^{\frac{1}{\sigma-1}} \tag{10-1}$$

二、出口决策

当一个企业想要出口时,它可以用国内利润 π_d 中的一定比例 a 来支付预付固定成本 $w^* C_e$。此外,企业还可以从金融中介机构融资。对于外商投资企业,由于它们可以利用母公司在国外市场上建立的销售网络,因此其进入出口市场时所需支付的固定成本相对较低。为了简化模型,我们假设母公司已经建立的国外分销网络为外商投资企业出口的固定成本节省金额为 $\delta_i w^* C_e$,其中 $\delta_i (i=F, NF)$ 为可利用原有出口分销网络占固定成本的比例,F、NF 分别指外商投资企业和非外商投资企业。由于非外商投资企业没有原有分销网络,我们假定 $\delta_F > \delta_{NF} = 0$。

当企业从金融中介借款时,它们会有不同的借款成本。首先,出口项目存在着一定的企业特有风险:$\lambda(x) \in [0,1]$ 为项目成功率,且是公共信息,这里假定 $\lambda(x)$ 是生产率 x 的增函数。[①] 同时,企业需要支付给投资者一定的偿还额 $G_E(x)$ 以保证投资者盈亏平衡。项目的成功率决定了企业可以支付的最小偿还额。

为了减少项目失败给投资者带来的损失,投资者会要求借款企业提供承兑抵押品。企业提供的抵押品与一定比例的国内固定成本价值相当,为 $t w C_d$,其中 $w C_d$ 是国内固定成本,t 是抵押品占固定成本的比例。如果项目成功,企业将不会拖欠偿还额。如果项目失败,投资者只能得到抵押品。

金融合约收入如下:期初,每个企业向潜在投资者表明贷款意向,拟定合约,明确贷款金额、项目成功的偿还款以及项目失败的抵押品。期末,投资者收到企业偿还的款项,实现收益。

因此,企业的出口问题为在以下四个约束条件下,最大化期望出口利润:

$$E(\pi_E(x)) = \lambda(x) \left(p_E(x) q_E(x) - \frac{q_E(x) \tau w}{x} - (1-k_E) w^* C_E - G_E(x) \right)$$

---

① 这里,我们假设项目成功率是生产率的函数,仅仅是为了简化模型。现实中,成功率往往跟很多其他变量有关。

$$-(1-\lambda(x))twC_d$$

s.t. $\quad \lambda(x)G_E(x) + (1-\lambda(x))twC_d = k_E w^* C_E$

$$p_E(x)q_E(x) - \frac{q_E(x)\tau w}{x} - (1-k_E)w^* C_E \geqslant G_E(x)$$

$$\frac{\mathrm{d}\pi_d(x)}{w^* C_E} + \delta_i = 1 - k_E \quad (10\text{-}2)$$

$$q_E(x) = \frac{\mu w^* L^* p_E(x)^{-\sigma}}{P^{*1-\sigma}}$$

其中 τ 是"冰山"运输成本,$1-k_E$ 是企业通过内部融资支付的固定成本的部分。

第一个约束条件是投资者的盈亏平衡方程,在投资者完全竞争的情况下,投资者所获利润为零。第二个约束条件指项目成功,企业必须有足够的净收入向投资者支付偿还额。值得注意的是,如果期望出口利润不小于零,那么该约束不起作用。第三个约束条件规定了需要通过外部融资支付的固定成本的比例。企业可以用国内利润来支付一部分固定成本,其余部分 $k_E w^* C_E$ 则必须通过外部融资来支付。最后一个约束条件是每种差异性产品的需求函数。

由此在期望利润最大化问题中,我们引入了信贷约束。首先,为了出口并获利,企业必须获得足够的收入以保证有能力支付给投资者约定的偿还额。当偿还额足够大使得投资者可以获得盈亏平衡外的超额利润时,他们将有足够的意愿去提供更多的贷款。如果一个企业生产率太低而没有足够的利润可以用来支付投资者偿还额,那么投资者将不愿提供足够的贷款。其次,对于等额的偿还额,投资者更愿意贷款给项目成功率高的企业,因为它们更有可能偿还贷款。总之,企业越容易获得外部融资,它们越有可能进入出口市场。

投资者的盈亏方程决定了投资者要求的偿还额:

$$G_E(x) = twC_d + \frac{1}{\lambda(x)}(k_E w^* C_E - twC_d) \quad (10\text{-}3)$$

我们将方程(10-3)代入企业期望利润中,得到:

$$E(\pi_E(x)) = \lambda(x)\left(p_E(x)q_E(x) - \frac{q_E(x)\tau w}{x} - w^* C_E\right) - (1-\lambda(x))k_E w^* C_E$$

该等式右侧的第二项是信贷约束产生的额外费用。其大小取决于贷款额($k_E w^* C_E$)和项目成功的概率($\lambda(x)$)。这一等式说明只要企业需要向投资者贷款,也就是说 $k_E > 0$,那么它们必须有足够高的期望利润才能在出口市场上生存。由此,企业将最大化如下目标函数:

$$\left(p_E(x)q_E(x) - \frac{q_E(x)\tau w}{x} - w^* C_E\right) - \left(\frac{1}{\lambda(x)} - 1\right)((1-\delta_i)w^* C_E - d\pi_d(x))$$
(10-4)

我们首先定义出口营业利润如下：

$$\pi_E(x) \equiv p_E(x)q_E(x) - \frac{q_E(x)\tau w}{x} - w^* C_E \qquad (10\text{-}5)$$

求解期望利润最大化问题，我们可以得到如下的最优解：

$$\pi_E(x) = \frac{r_E(x)}{\sigma} - w^* C_E = \frac{\mu}{\sigma} w^* L^* \left(\frac{\sigma}{\sigma-1} \frac{\tau w}{xP^*}\right)^{1-\sigma} - w^* C_E$$

值得注意的是，企业不一定会受到信贷约束。如果企业的生产率足够高使得它们有很大的国内利润，或者如果来自母公司的原有分销网络使得企业只需分担很少部分固定成本，企业则不受到信贷约束。

当企业不受信贷约束时，出口企业所需的最低生产率 $\bar{x}_E$ 为方程 $\pi_E(\bar{x}_E)=0$ 的解，或者：

$$\bar{x}_E^{\sigma-1} = \left(\frac{\sigma}{\sigma-1}\frac{1}{P^*}\right)^{\sigma-1}\frac{\sigma}{\mu}\frac{1}{L^*}\frac{C_E}{(\tau w)^{1-\sigma}} \qquad (10\text{-}6)$$

当企业受到信贷约束时，例如当企业的生产率 x 满足条件 $(1-\delta_i)w^* C_E - \mathrm{d}\pi_d(x) > 0$ 时，企业必须为进入出口市场进行外部融资。在这些企业中，只有那些拥有正的期望出口利润的企业最终可以进入出口市场。如果 $d \to 0$，所有潜在的出口企业必须进行外部融资。企业获得外部融资的能力决定了它们是否能进行出口。条件期望利润大于等于零使得进入出口市场的临界生产率为：

$$\pi_E(\bar{x}_{CE}) - \left(\frac{1}{\lambda(\bar{x}_{CE})} - 1\right)\left[(1-\delta_i)w^* C_E - \mathrm{d}\pi_d(\bar{x}_{CE})\right] = 0 \quad (10\text{-}7)$$

和方程(10-6)中不受信贷约束企业进入市场的临界生产率相比，信贷约束实际上增加了这些"边际"企业出口的固定成本并因此加大了它们进入出口市场的难度。对方程(10-7)求解可得受信贷约束企业的临界生产率为：

$$\bar{x}_{CE} = \frac{\sigma}{\sigma-1}\left(\frac{\sigma}{\mu}\right)^{\frac{1}{\sigma-1}}\left(\frac{(1-\delta_i+\lambda(\bar{x}_{CE})\delta_i)w^* C_E}{\lambda(\bar{x}_{CE})} + \left(\frac{1}{\lambda(\bar{x}_{CE})}-1\right)\mathrm{d}uC_d\right)^{\frac{1}{\sigma-1}}$$

$$\times \left(w^* L^*\left(\frac{\tau w}{P^*}\right)^{1-\sigma} + \left(\frac{1}{\lambda(\bar{x}_{CE})}-1\right)\mathrm{d}uL\left(\frac{w}{P}\right)^{1-\sigma}\right)^{\frac{1}{1-\sigma}} \qquad (10\text{-}8)$$

在信贷约束下，生产率低于 $\bar{x}_{CE}$ 的企业将无法从事出口，尽管这些企业在没有信贷约束下有足够高的生产率对外出口。

三、均衡

以上的临界生产率解依赖于内生的价格水平，P 和 P^*。我们需要进一步求解以得到不依赖于内生变量 P 和 P^* 的临界生产率的解。为实现这一点，我们通过两个步骤来进行。第一，参照 Chaney（2005）和 Muûls（2008），我们假定价格水平只依赖于国内企业的定价，即：

$$P \approx \left(\int_{x \geq \bar{x}_d} p_d(x)^{1-\sigma} L \, \mathrm{d}F(x) \right)^{\frac{1}{1-\sigma}}$$

其中 L 是国内人口数量，$F(x)$ 是国内企业生产率的累积密度函数。这样价格水平即表达为临界生产率的一个函数。第二，将此价格水平的表达式代入到临界生产率解的表达式（10-6）和（10-8）中，由此，我们得到方程左右两侧都包含临界生产率的表达式。这些表达式都是临界生产率的隐函数。求解隐函数，我们发现临界生产率是固定成本的函数。为表述方便，我们定义一个关于 $\bar{x}$ 的隐函数表达式为 $h(\cdot)$，即 $\bar{x}$ 在如下隐函数中的显性求解结果为 $\bar{x} = h(C)$：

$$\bar{x}^{\sigma-1} = \left(\frac{\sigma}{\mu} \int_{x \geq \bar{x}} x^{\sigma-1} \mathrm{d}F(x) \right) C \qquad (10\text{-}9)$$

借助这一函数定义，我们可以很方便地将方程（10-1）、（10-6）和（10-8）的临界生产率求解出来：

$$\bar{x}_d = h(C_d), \quad \bar{x}_E = \left(\frac{C_E}{C_d^*} \right)^{\frac{1}{\sigma-1}} \frac{\tau w}{w^*} h(C_d^*) \qquad (10\text{-}10)$$

$$\bar{x}_{CE} = \left(\frac{(1-\delta_i + \lambda(\bar{x}_{CE})\delta_i) \frac{w^* C_E}{w} + (1-\lambda(\bar{x}_{CE})) d C_d}{\tau^{1-\sigma} \left(\frac{w^*}{w} \right)^\sigma \lambda(\bar{x}_{CE}) C_d^* h^{1-\sigma}(C_d^*) + (1-\lambda(\bar{x}_{CE})) d C_d h^{1-\sigma}(C_d)} \right)^{\frac{1}{\sigma-1}}$$

$$(10\text{-}11)$$

从方程（10-11）可以看出 $\bar{x}_{CE}$ 是 δ_i 的隐形减函数，表示为 $\bar{x}_{CE}(\delta_i)$。

从方程（10-10）和（10-11）中可以看到，当 $\lambda = 1$ 时，$\bar{x}_{CE} = \bar{x}_E$。即如果企业出口项目没有任何风险，企业将不受信贷约束。当 $\lambda = 0$ 时，方程 $(1-\delta_i) w^* C_E = \mathrm{d}\pi_d(x)$ 的解为 $\bar{x}_{CE}(\delta_i)$，记作 $\bar{x}_{NEF}$，其中 NEF 代表无外部融资。当国内利润和企业需支付出口的固定成本相同时，企业相应的临界生产率为 $\bar{x}_{NEF}$，即生产率超过 $\bar{x}_{NEF}$ 的企业不需要任何外部融资。值得注意的是，正如在 Manova（2008）中，当 $d \to 0$ 时，$\bar{x}_{NEF} \to \infty$。此时，所有企业都需要外部融资

以实现出口。获得贷款的能力决定了企业出口能力。

当 $\lambda \in (0,1)$ 时，$\bar{x}_{CE}(\delta_i)$ 介于 $\bar{x}_E$ 和 $\bar{x}_{NEF}$ 之间。我们在以下命题中给出了潜在企业被迫退出出口市场的充分条件。

命题1 如果 x 在 $[0,\infty]$ 连续分布，并且：

$$\left((1-\delta_i)\frac{w^*}{dwC_d}\frac{C_d^*}{C_d}+\frac{C_d^*}{C_E}\right)^{\frac{1}{\sigma-1}}\left(\frac{h(C_d)}{h(C_d^*)}\right) > \frac{\tau w}{w^*}$$

那么存在一个非空的企业集合，集合中的企业受到信贷约束而被迫退出出口市场，但是在没有信贷约束时它们却有足够的利润进行出口。

证明：将等式(10-11)和(10-10)代入不等式 $\bar{x}_E < \bar{x}_{CE}(\delta_i)$，并令 $\lambda=0$，命题即得证。

命题1表明当企业国内利润中用于支付固定成本的比例接近零时（$d\to 0$），企业很难进入出口市场。这一点与现实很吻合，因为企业也许并不会用国内利润中很大一部分为出口项目融资。例如，当存在委托代理问题时，股东在每期期末也许会要求企业支付股金，而不是委托经理人用剩余收益投资。这表明在决定企业是否出口时企业外部融资的能力至关重要。

图10-2说明了企业的出口行为。纵坐标是期望出口利润，横坐标是生产率。如 Melitz（2003）所述，没有金融摩擦时，E_M 曲线是期望出口利润曲线。当企业不受信贷约束时，生产率高于 $\bar{x}_E$ 的企业将出口并盈利。但是，如果有金融摩擦，一部分企业会因为无法获得外部资金而放弃出口。曲线 E_F 和 E_{NF} 分别是外商投资企业和非外商投资企业的期望出口利润曲线。对于潜在的外商投资出口企业和潜在的非外商投资出口企业，被迫退出出口市场的企业的生产率分别在以下区间：$[\bar{x}_E, \bar{x}_{CE}(\delta_F)]$，$[\bar{x}_E, \bar{x}_{CE}(\delta_{NF})]$。这些企业无法向投资者支付足够的偿还额，因此不能获得额外的贷款，最终将退出出口市场。相反，生产率高于 $\bar{x}_{CE}(\delta_F)$ 的外商投资企业和生产率高于 $\bar{x}_{CE}(\delta_{NF})$ 的非外商投资企业则可以获得外部资金从而进入出口市场。生产率高于 $\bar{x}_{NEF}$ 的企业可以用充足的国内利润支付固定成本而不用向投资者贷款。[1]

---

[1] 正如上面指出的那样，如果用于支付固定成本的国内利润比例足够小，所有的出口企业将受到信贷约束。

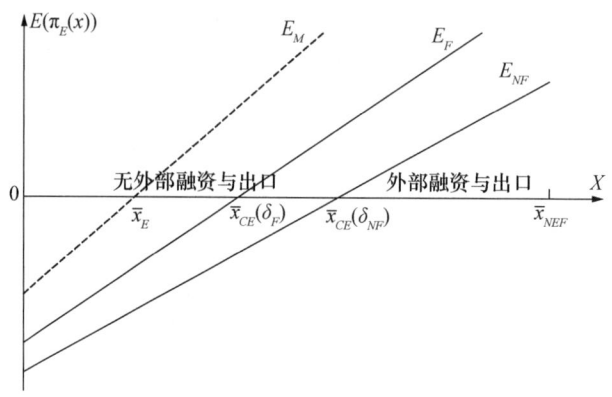

图 10-2 企业出口率，信贷约束和出口

因此，我们的模型预测企业有不同的信贷约束。这些信贷约束取决于企业的国内利润。如 Chaney(2005)所指出的，它们影响着企业用内部流动性资产来支付出口固定成本的比例。除此以外，仍存在着其他重要途径影响企业的信贷约束。

首先，生产率高的企业更容易获得外部贷款。生产率高的企业期望出口收入高，从而可以为相同的贷款本金支付更高的偿还额，因此，他们受到的信贷约束小。更重要的是，高生产率可以保证高的项目成功率。因此，给定贷款本金和偿还额，投资者更容易实现盈亏平衡，从而更愿意贷款给生产率高的企业。生产率低的企业则被迫退出出口市场。在此我们看到，当金融摩擦存在时，企业获得外部贷款的能力成为决定其是否能出口的关键因素。①

其次，我们的模型表明企业类型影响着它所面临的信贷约束，进而影响企业的出口决策。由于 $\bar{x}_{CE}(\delta_i)$ 是 δ_i 的减函数，如果外商投资企业可以利用母公司的现有分销网络而需要进行较少的固定成本投资，或者企业有其他的途径获得低成本贷款，那么这些企业对金融中介提供的融资依赖小，从而需要较低的生产率进入出口市场。假定 $\delta_F > \delta_{NF}$，当外商投资企业和非外商投资企业都从金融中介获得相同的贷款时，外商投资企业将出口得更多。归纳起来，我们得到如下命题：

命题 2 其他条件不变时，在以下两种情形下，企业更容易进入出口市场：① 企业的项目成功率高，从而更容易从金融中介获得贷款；② 企业是外商投资企业或有除金融中介以外的其他资金来源。

---

① 当然，现实中，企业外部融资的能力还会受其他因素影响，例如坏账、过期账户、商业风险及政治风险等。有能力获得外部融资的企业将有能力出口。

第四节 数据及计量结果

一、计量模型

我们前面提出的理论模型明确地预测了项目成功率高的企业更容易从金融中介获得贷款,从而更容易进入出口市场。换句话说,利息支出大的企业,往往表明了它们获得贷款的能力更强,从而出口得更多。此外,生产率高的企业出口得更多。我们考虑如下的模型:

$$\ln \mathrm{EX}_{it} = \beta_0 + \beta_1 \ln \mathrm{IE}_{it} + \beta_2 \ln \mathrm{TFP}_{it-1} + \beta_3 \mathrm{FIE}_i + \beta_4 \mathrm{FIE}_i \ln \mathrm{IE}_{it}$$
$$+ \beta_5 \ln \mathrm{Dprof}_{it-1} + \theta X_{it} + \zeta_i + \vartheta_t + \varepsilon_{it} \tag{10-12}$$

其中,i 代指企业,t 为年份。$\ln \mathrm{EX}$、$\ln \mathrm{IE}$ 和 $\ln \mathrm{TFP}$ 分别为企业出口、利息支出和 TFP 的对数值。FIE_i 是一个虚拟变量,当企业是外商投资企业时,其值为1,否则为0。利息支出、TFP 和外商投资企业状态都有助于出口。因此,系数 β_1、β_2 和 β_3 应为正。FIE 和 $\ln \mathrm{IE}$ 交互项的系数刻画了不同利息支出对不同类型企业的影响,而外商投资企业对外部融资依赖较小,因此,β_4 应为负。

企业也可以用国内利润来为固定成本融资。为了刻画这一行为,我们在模型中加入了其国内利润的对数值($\ln \mathrm{Dprof}$)。由于国内利润和生产率都是在企业做出出口决策前定下的,我们在模型(10-12)中同时引入了 $\ln \mathrm{TFP}$ 和 $\ln \mathrm{Dprof}$ 上一期的值。① 相反,当期利息支出影响着企业出口,因此,在模型中,我们使用它的当期现值。

此外,X 代指其他变量。特别地,通常认为国有企业对我国经济发挥着特殊的作用,虽然这一点没有正式地刻画在理论模型上,但是在实证中为了阐明这一点,我们给国有企业设定一个虚拟变量以及它和利息支出的交互项 $\mathrm{SOE}_i \times \ln \mathrm{IE}_{it}$。

最后,所有非特异变量都将计入误差项。误差项可以分解为以下三个部分:① 个别企业的固定效应 ζ_i 来刻画时间不变因素;② 特定年度的固定效应 ϑ_t 来刻画企业不变因素;③ 正态分布的特质效应 ε_{it} 来刻画其他非特异因素,其中 $\varepsilon_{it} \sim N(0, \sigma_i^2)$。本章将主要关注信贷约束对出口的影响,所以 β_1 是我们的主要观察目标。

---

① 这一设定的额外好处在于消除了出口和生产率可能的逆向因果关系。

二、数据

本章所用的样本来自涵盖了 2000—2007 年 16 万家制造企业的年度面板数据集。该数据由中国国家统计局根据每年的制造企业调查表格编撰而成。它包含了两种制造企业类型:① 国有企业;② 年收入 500 万元以上的非国有企业。[①] 数据集包括所有企业主要会计报表中所列的 100 个以上的金融变量。

本章依据 Feenstra et al. (2013) 中汇报的步骤对样本进行了处理。我们最终得到了一个包含 1 294 596 个观察值的样本,占总样本比例为 69.2%。[②] 数据中所有的名义量都以 2000 年的 PPI 作为基年的 GDP 平减指数进行平减。

由于外商投资企业和国企一样在我们的模型中有重要意义,检测这些企业的数据将进一步有助于我们的研究。首先我们引入外商投资企业虚拟变量以区分国内和国外企业。这里,我们先使用外商投资企业的广义分类(即包含外国和港澳台企业)。[③] 在后面的稳健性检验中,我们也使用了外商投资企业的狭义分类(即排除港澳台企业)。在之前的国企虚拟变量中,为了避免外部融资时小型国企的逆向选择问题,我们剔除了中小企业,即用"规模以上"国有企业作为回归样本。工业企业库数据描述与筛选过程,详见第一章第二节。

在该样本中,有的企业出口,有的企业不出口。只有 36 万家企业出口盈利,占总"规模以上"企业的 27.7%。但是 67.3% 的企业,即 88 万家企业利息支出为正。我们按两位数的标准行业分类 SIC,在图 10-1B 中绘制了出口的对数值和利息支出的对数值的点图。可以从各部门数据清楚地看到,出口和利息支出呈正相关。

最后,企业的国内利润等于其总利润减去出口值。生产率分别由全要素生产率(TFP)和劳动生产率衡量。其中,TFP 的测量沿用余淼杰 (2010) 的方法,使用 Olley-Pakes (1996) 扩增方法来估测企业的 TFP。考虑到中国 2001 年加入 WTO 对于中国出口业务的正需求冲击,我们在 Olley-Pakes 估

[①] 实际上,国家统计局出版的年度《中国统计年鉴》上的产业汇总数据是基于这个数据集编撰的。

[②] 当包括规模低于临界值的中小国企后,我们的样本会增加到 1 401 569 个,占原始数据集的 73.8%。

[③] 具体来讲,FIE 包括如下企业:外商合资公司(代码:310),外商合营企业(320),外商全资企业(330),外商有限公司(340),港澳台合资公司(210),港澳台合营企业(220),港澳台全资企业(230),港澳台有限公司(340)。

计中加入了 WTO 的虚拟变量。根据 2002 年调整的中国新企业分类（GB/T 4754），我们囊括了 36 家编码 6 到 46 的制造企业。[①] 经过筛选，我们从原始数据集中剔除了四个部门。[②]

第五节 回归结果

一、基准回归结果

表 10-1 给出了方程(10-12)的回归结果。为了考察企业利息支出对出口的影响，我们首先用利息支付的对数，上一期 TFP 的对数和 FIE 虚拟变量对出口额进行简单 OLS 回归，并用此回归作为基准。方程(10-12)中系数 β_1 的估计值为 0.290，该系数在一般统计水平上显著，表明利息支出每增加一个百分点，出口增加 0.290 个百分点。这一基准回归结果与图 10-1B 中样本横截面图表一致。TFP 对出口的正效应也和之前 Bernard and Jensen (1999) 的研究结果一致，他们的研究发现生产率高的企业出口多。

在表 10-1 的第一栏，我们可以看到 FIE 比非 FIE 企业出口得更多。但是，FIE 较大的出口量有可能受益于它们快速的学习能力、先进的技术、高质量的原材料输入，或者仅仅可能是因为它们本身是为出口而设立的企业。但是，也有可能是因为企业更容易获得低成本贷款（如从母公司获得资金支持），从而出口得更多。如果是后者的话，FIE 企业则应不容易受外部融资变动影响。类似地，还有国企是否比非国企出口更多，是否对外部融资变动敏感。

表 10-1 基准回归结果（以出口对数为因变量）

因变量：出口对数($\ln EX_{jt}$)	普通最小二乘法		固定效应		PPML+FE
	(1)	(2)	(3)	(4)	(5)
利息支出对数($\ln IE_{jt}$)	0.290**	0.170**	0.105**	0.112**	0.351**
	(137.19)	(24.33)	(29.64)	(5.87)	(14 406.35)
全要素生产率($\ln TFP_{jt-1}^{OP}$)	0.960**	0.470**	0.215**	0.204**	0.635**
	(50.69)	(10.81)	(15.99)	(3.05)	(4 422.97)
FIE 企业虚拟变量(FIE$_j$)	0.775**	0.596**	—	—	—
	(100.29)	(7.81)			

---

① 为了保证和其他数据的一致性，我们标准化了 2002 年前的数据，并按旧行业分类标准编入总的行业数据中。

② 剔除的四个部门为：石油天然气业(7)，其他采矿业(11)，农副产品加工业(12)，废品回收处理业(43)。

(续表)

因变量：出口对数($\ln \text{EX}_{jt}$)	普通最小二乘法		固定效应		PPML+FE
	(1)	(2)	(3)	(4)	(5)
$\text{FIE}_j \times \ln \text{IE}_{jt}$		−0.032**		−0.007	0.087**
		(−2.63)		(−0.46)	(12 237.53)
国内利润对数($\ln \text{Dprof}_{jt-1}$)		0.145**		0.008	0.386**
		(22.88)		(0.70)	(16 775.06)
国企虚拟变量(SOE_j)		−1.650**		—	—
		(−8.59)			
$\text{SOE}_j \times \ln \text{IE}_{jt}$		0.174**		−0.018	−0.023**
		(7.23)		(−1.08)	(−2 326.87)
企业固定效应	否	否	是	是	否
年度固定效应	否	否	是	是	是
观察值	178 136	33 492	178 136	33 492	33 493
MSE 根	1.62	1.85	0.000	0.000	0.000
伪 R^2	0.16	0.11	0.09	0.03	0.50

注：括号中为按企业水平调整后的稳健性 t 值，*、** 表明显著性水平为 0.10、0.05。第五栏是 PPML 固定效应的回归结果，其中因变量 $\text{EX}_{jt}>0$。

为了探讨是否存在企业对外部融资的敏感性差异，我们考虑包括如下四个变量的回归：国企的虚拟变量，FIE 和利息支出对数值的交互项（$\text{FIE}_j \times \ln \text{IE}_{jt}$），国企和利息支出对数值的交互项（$\text{SOE}_j \times \ln \text{IE}_{jt}$），前一期的国内利润对数值（$\ln \text{Dprof}_{jt-1}$）。OLS 回归结果显示 FIE 和利息支出交互项系数为负，这表明 FIE 与非 FIE 企业相比，其出口较不容易受外部融资变动影响。和预期一致，回归结果同时显示 FIE 自身与出口呈正相关。同时，国内利润也与出口呈显著正相关，这一点与我们之前的理论模型预测一致，即国内利润高的企业受信贷约束小，从而出口多。

此外，国企与出口呈显著负相关关系，表明国企比非国企出口少。对于这一点，至少有以下两种解释。首先，中国国企存在着无效率的激励机制（Lin，2003）。其次，中国 2001 年加入 WTO 后，国企获得的外部融资的优惠待遇有所减少（Bajona and Chu，2004）。所以，国企生产率低，出口少。除了以上变量，其他变量也有可能影响着企业的出口量，但是为了简化，模型中并未刻画出这些变量。这些变量包括随时间变化但不受企业差异影响的因素，例如人民币升值等。类似地有，随时间不变但受企业差异影响的因素，例如企业的地理位置也有可能影响出口。为了控制这类因素，我们在模型中也控制了企业的固定效应和年份的固定效应。

表 10-1 的第三、第四栏给出了固定效应的回归结果。注意由于 FIE 和 SOE 虚拟变量不随时间变化,它们在回归中被自动剔除。在所有的回归模型中,企业的 TFP 与出口呈显著正相关关系,关键系数 $\hat{\beta}_1$ 在一般统计水平上显著为正。在经济维度上,企业利息支出在第三栏的系数远小于在第一栏的系数。但是,在控制了更多的影响因素后,第四栏的 $\hat{\beta}_1$ 近似等于其在第二栏的值。此外,第四栏里面的有些变量,虽然符号方向与理论预测一致,但在统计上并不显著。我们怀疑之所以不显著是因为没有控制利息支出的内生性,这一点我们将在本章随后部分加以处理。

二、零贸易量问题

如前面提到过的,在我们的样本中超过 73% 的企业都是零出口。先前的研究如 Silva and Tenreyro(2006),Helpman et al.(2007)和 Yu(2010)都认为零贸易量下,用 OLS 估计会产生严重偏误。由于含有零贸易的数据会被全部剔除,因此用企业出口的对数值很有可能带来偏误。此外,我们这篇文章中的零贸易问题也有可能是由于对企业出口量四舍五入造成的,由此引发了内生性审查问题。

为解决这一问题,Silva and Tenreyro (2006)提出了修正后的泊松伪最大似然法检验(PPML)。因此,我们直接以企业出口量 EX_i 作为回归应变量,用 PPML 固定效应估计量对其进行回归。如表 10-2 第五栏所示,在 PPML 固定效应估计量中,利息支出和 TFP 的交互项系数仍显著为正。与第四栏里 OLS 的固定效应估计量相比,预先决定的国内利润的系数符号与预期符号显著性一致。利息支出与 SOE 的交互项系数显著为负。但是利息支出和 FIE 的交互项系数十分显著为正。这再次说明利息支出的衡量会有内生性问题。我们现在来处理这一问题。

三、内生性问题

企业的利息支出并非外生给定,而是受到出口的一定程度的影响。出口多时,企业需要支付更多的固定预付成本(例如出口增加时,企业需要更大的销售网络),从而需要更多的债务融资。为了准确知道利息支出对出口的影响,我们需要控制利息支出的内生性。否则,相关的估计结果将是值得商榷的。工具变量估计(IV)是处理这类问题里较为有效的一种方法。

我们用企业的加权货币供给作为利息支出的工具变量。我们定义它为 $(l_{ijt-1}/\sum_{i\in j} l_{ijt-1})M1_{t-1}$,其中,$l_{ijt-1}$ 是行业 j 里企业 i 的雇员数,$\sum_{i\in j} l_{ijt-1}$ 是行业 j 里的总雇员数,$M1_{t-1}$ 是中国上一期的基础货币供给量(M1),表 10-1

的最后一行列出了该工具变量的基本统计信息。①

使用企业加权货币供给做工具变量,直观上是容易理解的。货币供给增加了投资资金的供给,从而降低了企业的外部融资成本。因此,企业会增加外部融资和利息支出。进而,临界企业,即受信贷约束的企业,可以从金融中介借款,从而有能力进入出口市场。由于货币供给对于出口是外生的,但影响着利息支出,在经济意义上是一个很好的工具变量。值得注意的是,这里使用货币供给的上一期值是因为考虑到货币政策存在滞后性。②

货币扩张对不同企业外部融资的影响不同。大公司在获得贷款上更有竞争优势,因此当外部融资更容易获得时,它们的收益更大。因此当构造工具变量时,我们考虑了企业的相对规模。一个可能存在的问题是,我们通常会用企业的销售额来衡量企业的规模,由于销售额和因变量(即企业出口)高度相关,由此可能会带来外生性问题。为了解决这一问题,我们用企业的雇员数量来衡量企业规模。并且,我们用企业的行业权重 $l_{ijt-1}/\sum_{i\in j}l_{ijt-1}$,而非国民经济权重来控制企业规模。③ 这样一来,出口水平则不太可能与权重高度相关。实际上,在我们的样本中它们的相关性非常小(corr=0.04)。并且,权重货币供给的对数值和出口对数值相关度较低(corr=0.39),这一相关度小于权重货币供给的对数值和利息支出的对数值的相关度(corr=0.49)。

下面我们来测试我们所用的工具变量的有效性。我们先检查工具变量(即企业的权重货币供给)是否合理,即工具变量是否与内生自变量(利息支出)相关。我们的计量模型中假定误差项是异方差的:$\varepsilon_{it}\sim N(0,\sigma_i^2)$。而通常用的 Anderson(1984)经典似然比例检验(canonical correlation likelihood-ratio test)仅适用于误差项同方差时的情形,所以这里我们用 Kleibergen-Paap(2006)的 Wald 统计量检验来测试已排除的工具变量是否与内生自变量(利息支出)相关。我们在显著性水平为 1‰下,拒绝关于模型被低识别(under-identified)的零假设。我们再来检验权重货币供给是否与利息支出呈弱相关。弱相关下,工具变量估计的回归结果没有解释力。Kleibergen-Paap(2006)

---

① 为了测试稳健性,我们用单个企业对整个经济体的规模作为货币供给的一单位权重,得到的结果与上类似。

② 考虑到小型企业可能难从正规金融中介融资,因此不会受货币扩张的影响。但是,基于以下两点原因,这种可能性并不会出现。首先,货币扩张会同时刺激非正规金融中介的投资,小型企业从而更容易获得外部贷款。其次,在违约样本中,我们使用的观察值都是规模以上企业,它们通常可以从正规金融中介得到融资。之后我们会用中小型企业来做稳健性检验。

③ 在中国,同行业内银行借款竞争激烈,我们因此使用了行业权重而非国家权重($l_{ijt-1}/\sum_{i\in j}l_{ijt-1}$)。但是,用国家权重构造的 IV 限于篇幅缘故不加展开。有兴趣的读者可联系作者索要。

的 F 统计量在一个较高的显著性水平下,拒绝了第一阶段弱识别的零假设。[①] 此外,Anderson and Rubin (1949) 的 χ^2 统计量拒绝了内生自变量系数为零的零假设。简而言之,这些统计变量充分证明了工具变量表现良好,因此模型的设定是合理的。

表 10-2 的第一和第二栏中,工具变量固定效应回归结果显示,在控制了内生性以后,利息支出的增加会导致企业出口的上升。特别地,在第一阶段相应的工具变量系数(即权重货币供给的滞后期对数值)在统计上显著,并且为正。回归发现,企业利息支出对出口的弹性接近一个单位,这表明高利息支出会带来高出口。

表 10-2 固定效应对出口的工具变量固定效应回归

因变量: 企业出口对数($\ln EX_{it}$)	"规模以上"回归结果			"全规模" 回归结果 (4)
	广义 FIE (1)	广义 FIE (2)	狭义 FIE (3)	
利息支出对数($\ln IE_{it}$)	0.928**	1.068**	1.123**	0.753**
	(28.72)	(4.67)	(6.37)	(3.76)
全要素生产率($\ln TFP_{it-1}^{OP}$)	0.193**	0.156**	0.165**	0.135
	(13.78)	(2.01)	(2.08)	(1.47)
$FIE_i \times \ln IE_{it}$		−0.256**	−0.157**	−0.178**
		(−4.18)	(−5.26)	(−3.16)
国内利润对数($\ln Dprof_{it-1}$)		−0.006	−0.008	0.012
		(−0.45)	(−0.58)	(0.81)
$SOE_i \times \ln IE_{it}$		−0.107**	−0.098**	−0.098**
		(−3.93)	(−4.36)	(−3.32)
权重 M1 对数(第一阶段的工具变量)	0.717**	0.445**	0.430**	0.475**
	(223.64)	(64.36)	(62.15)	(60.16)
Kleibergen-Paap rk LM 统计量	23 282.69†	2 914.84†	3 014.38†	2 720.54†
Kleibergen-Paap Wald rk F 统计量	50 015.29†	4 143.18†	3 862.19†	3 620.77†
Anderson-Rubin χ^2 统计量	25 804.69†	1 067.70†	657.38†	602.62†
企业固定效应	是	是	是	是
年份固定效应	是	是	是	是
观察值	178 130	33 488	33 493	27 291
R^2	0.11	0.05	0.07	0.06

注:括号中为按企业水平调整后的稳健性 t 值。*、** 表明显著性水平为 0.10、0.05。† 表示 p 值小于 0.01。

[①] 注意 Cragg and Donald (1993) 的 F 统计量检验是基于同分布的假设,因此这里不再适用。

第二栏中,FIE 和利息支出的交互项 $\hat{\beta}_4=-0.256$,统计上显著,说明 FIE 企业受到的信贷约束小。平均来看,给定其他条件不变,非 FIE 企业利息支出每增加 1 个百分点,出口增加 1.068 个百分点。相比而言,FIE 企业利息支出每增加 1 个百分点,出口增加 0.812(=1.068-0.256)个百分点。类似地,SOE 企业和利息支出的交互项显著为负,和表 10-2 中 PPML 固定效应的结果一致。相应的经济学解释是,和非 SOE 企业相比,SOE 企业更容易获得补助和政府的低息贷款,因此不容易受到外部融资的影响。

在控制了内生性和固定效应后,第二栏国内利润的系数表现出异常但不显著的正负性,有可能说明了国内利润并不是企业为固定成本融资的主要来源。相反,外部融资提供了主要的融资渠道。

四、更多稳健性检验

(一)狭义外资企业下的回归结果

如上所述,外资企业更容易出口,因为它可以从母公司等获得其他的融资来源。我们在前面的讨论中使用了广义的 FIE,即港澳台企业也被算作外商投资企业。因为香港对内地投资是中国的外商直接投资的主要来源之一,由我们的模型得到的是 FIE 对出口的最大影响。但是,排除了港澳台投资的影响,FIE 对出口仍具有显著的积极作用。

使用狭义的 FIE,我们得到了如表 10-2 第三栏所示的回归结果。和在第二栏用广义 FIE 得到的结果相比,利息支出对出口影响略大:$\hat{\beta}_1=1.123$。相反,交互项 $FIE_i \times \ln IE_{it}$ 对出口影响则偏低。这表明,FIE 企业利息支出每增加 1 个百分点,出口增加 0.966(=1.123-0.157)个百分点。这一点与我们的经济直觉完全吻合,企业可获得的融资渠道越少,对外部融资的依赖性就越大。

(二)全规模下的回归结果

前面的模型中,我们使用了规模以上的企业数据,仅包括了年销售额 500 万元以上的企业。使用规模以上数据的好处在于避免了逆向选择问题。中国的中小企业贷款违约的风险大,因此很难从银行获得外部融资,大型企业则不存在这样的问题。

但使用规模以上数据会高估国企对出口的影响,因为中小型国企并没有被考虑在内。同时,关于退出企业的数据处理也存在问题。用临界值筛选时,一个前期规模达到筛选临界值而后期被排除的企业,并不一定是退出市场的企业,而有可能是后期规模小于临界值的企业。

在考虑了中小型国企后,国企数量增加到 127 598 个,占总样本的

9.1%。我们随后重新计算了 Olley-Pakes(1996)型 TFP 平均值,并对相关模型进行了回归分析。表 10-2 第四栏是相应的回归结果。各项系数的正负性与前面的一致,而利息支出对非 FIE 企业的出口影响 $\hat{\beta}_1$ 比前面用规模以上数据得到的值小。但利息支出对 FIE 企业的出口影响 $\hat{\beta}_1+\hat{\beta}_4$ 对于用规模以上数据得到的回归结果与前面的回归结果相近。简言之,利息支出促进出口的结果是稳健的。

(三)不含生产率的回归结果

不同的回归方程中,表 10-1 和表 10-2 的回归结果表明高生产率带来高出口量。理论模型也说明了企业的预定生产率是出口的主要驱动力。高生产率下,企业项目的成功率更高,从而帮助企业获得外部贷款,推动出口生产,即信贷约束是生产率影响出口的主要渠道。这里值得考虑的是,信贷约束渠道较其他渠道的重要意义。在控制了利息支出的固定效应和逆向因果后,表 10-2 的第二栏表明了利息支出的经济影响力度要高于 TFP(如,第二栏中,$\hat{\beta}_1=1.068$ 而 $\hat{\beta}_2=0.156$)。

问题是,如果不考虑生产率从其他渠道影响出口,信贷约束会"捡起"因生产率缺失而对出口造成的剩余影响吗?如然,则上述回归结果值得质疑:因为对于不同模型的设定,结果是不稳定的。剔除生产率变量后,表 10-3 第一栏到第三栏的结果可以验证这一点。我们分别用了不同的计量模型 OLS 模型、固定效应模型和固定效应工具变量模型并不含生产率进行回归。这些模型得到的结果与表 10-1 和表 10-2 相应的结果并没有量上的显著差异。特别地,表 10-3 第三栏的工具变量的固定效应估计结果显示:剔除 TFP 变量前后得到的利息支出大小相似,前者 $\hat{\beta}_1=1.063$,后者 $\hat{\beta}_1=1.068$。这表明利息支出并没有解释生产率对出口的剩余影响。

表 10-3 其他稳健性验检

因变量: 企业出口对数($\ln EX_{it}$)	不考虑生产率			劳动生产率	
	OLS	FE	FE+IV	FE	FE+IV
	(1)	(2)	(3)	(4)	(5)
利息支出对数($\ln IE_{it}$)	0.166**	0.113**	1.063**	0.108**	1.206**
	(23.76)	(5.91)	(4.65)	(5.64)	(7.11)
劳动生产率对数($\ln LP_{it-1}$)	—	—	—	0.179**	0.057
				(4.75)	(1.30)
FIE 企业虚拟变量(FIE_i)	0.605**	—	—	—	—
	(7.94)				

(续表)

因变量： 企业出口对数($\ln EX_{it}$)	不考虑生产率			劳动生产率	
	OLS	FE	FE+IV	FE	FE+IV
	(1)	(2)	(3)	(4)	(5)
$FIE_i \times \ln IE_{it}$	−0.030**	−0.009	−0.257**	−0.007	−0.295**
	(−2.55)	(−0.53)	(−4.17)	(−0.44)	(−6.25)
国内利润对数($\ln Dprof_{it-1}$)	0.167**	0.017	0.001	0.001	−0.006
	(27.90)	(1.41)	(0.08)	(0.07)	(−0.46)
国企虚拟变量(SOE_i)	−1.703**	—	—	—	—
	(−8.88)				
$SOE_i \times \ln IE_{it}$	0.181**	−0.018	−0.107**	−0.016	−0.120**
	(7.53)	(−1.10)	(−3.92)	(−0.96)	(−5.01)
企业固定效应	否	是	是	是	是
年度固定效应	否	是	是	是	是
观察值	33 604	33 604	33 600	33 604	33 600
大于F值的概率	0.000	0.000	0.000	0.000	0.000
R^2	0.11	0.15	0.05	0.15	0.05

注：括号中为按企业水平调整后的稳健性 t 值。*、** 表明显著性水平为 0.10、0.05。

（四）劳动生产率模型

前面我们用了 TFP 指标，因为更贴近现实。但是，我们的理论模型是 Krugman(1979)的单一要素(劳动)投入模型，我们有必要用劳动生产率作为生产率的指标重新进行回归。表 10-3 第四栏和第五栏是回归结果。

如第四栏所示，在控制了企业和年份固定效应后，劳动生产率的系数 0.174 小于表 10-1 第四栏全要素生产率的对应值 0.204，这一结果与经济直觉吻合。在控制了企业利息支出的内生性后，第五栏工具变量的固定效应估计值为正，与预期一致，但结果不显著，这样看来，TFP 也许是一个更好的衡量指标。

（五）比率模型回归

到目前为止，所有的回归结果均显示高利息支出带来高出口。不过，这些回归结果里面的关键变量都是以量为单位的，下面我们用比率模型来检验我们之前的回归结果。之所以这么做，是因为我们希望排除一种可能的情况，即出口额高的企业需要较高的投资，因此也产生较高的利息支出。我们以企业出口额占销售额比率的对数值做应变量，以利息支出对销售额比率的对数值做自变量，并用固定效应和工具变量固定效应模型对其进行回归。通过取出口额和利息支出对销售额的相对值，我们排除了企业规模在二者关系中所起的作用。

表 10-4 第一栏是固定效应模型得到的三个关键变量的回归结果:利息支出,TFP,利息支出和 FIE 企业交互项。可以看出,在比率单位衡量下,所有系数符号仍与我们的预期一致,并且统计上显著。在第二栏中引入更多的控制变量后,结果没有本质上的改变。控制内生性问题后,第三栏和第四栏的回归结果仍与我们之前的研究发现一致。唯一较异常的发现是,第四栏里,利息支出占销售额比率和 TFP 的系数不显著。但是,它们的正负性与预期一致。总之,稳定性测试说明我们的研究发现在不同模型设定下都是稳健的。

表 10-4 比例设定模型回归结果

因变量: 出口/销售对数(ln (EX/Sales)$_{it}$)	FE		FE+IV	
	(1)	(2)	(3)	(4)
利息支出/销售对数(ln(IE/Sales)$_{it}$)	0.019**	0.049**	0.535**	0.562
	(6.66)	(2.77)	(4.64)	(1.16)
全要素生产率(ln TFP$_{it-1}^{OP}$)	0.035**	0.003	0.091**	0.062
	(3.73)	(.05)	(5.54)	(0.70)
FIE$_i$×ln(IE/Sales)$_{it}$	−0.013**	−0.024	−0.327**	−0.272
	(−4.09)	(−1.19)	(−4.66)	(−1.15)
国内利润/销售对数(ln(Dprof$_{it-1}$/Sales$_{it}$))		−0.051		−0.036*
		(−4.21)		(−1.87)
SOE$_i$×ln(IE$_{it}$/Sales$_{it}$)		0.019		−0.078
		(0.73)		(−0.81)
企业固定效应	Yes	Yes	Yes	Yes
年度固定效应	Yes	Yes	Yes	Yes
观察值	178 136	33 492	178 130	33 488
大于 F 值的概率 Prob.>F	0.000	0.000	0.000	0.000
R^2	0.01	0.01	0.01	0.01

注:括号中为按企业水平调整后的稳健性 t 值。*、** 表明显著性水平为 0.10、0.05。

第六节 结 论

本章首先构造了理论模型来解释企业信贷约束如何影响出口。生产率高的企业出口项目成功率大,容易获得外部贷款,所受信贷约束少,从而可以出口更多产品。并且,由于 FIE 企业可以从国外母公司融资,外部融资的可获得性对它们的影响小。

为了验证理论预测,我们使用了大量的中国企业数据。在控制了生产率和企业外部融资能力的内生性问题后,实证分析结果有力地支持了我们的理论模型。容易获得外部融资的企业通常出口量大。同时,FIE 企业的出口不容易受外部融资环境变化的影响。所有的这些结论在不同的测量方法和计量模型中都是稳健的。

  本研究有助于进一步理解生产率对出口的影响。生产率会通过信贷约束影响企业出口量。不同的生产率水平带来了项目成功率的差异。考虑到这一点,在贷款金融和偿还额相同的情况下,金融中介更愿意贷款给项目风险低的企业。因此,高生产率的企业信贷约束小,从而可以出口更多。简而言之,高生产率有助于企业更好地获得外部融资,进而增加了其出口能力。

  我们的研究价值体现在如下三方面:第一,理论模型表明项目特有风险给企业带来了不同的信贷约束。第二,在实证方面,我们证明了信贷约束是企业出口额的一个重要决定因素。容易获得外部或其他资金来源的企业,面对的信贷约束小,出口额也相对较大。第三,我们证明了外国资本流入通过信贷约束影响了企业的出口。

  此外,以下几个方面是值得拓展和衍生的。首先,生产率高的企业不仅出口高,还可能会进行更多对外国的直接投资,因此可以考虑将输出型直接投资引入模型。其次,可以考察汇率变动的政策冲击如何影响企业的出口和外国直接投资的决策,外国直接投资的决策如何进一步影响企业所受的信贷约束等问题,这些都是未来可进一步研究的地方。

第十一章　不完全信息条件下的出口与信贷约束：来自中国的理论与证据*

本章讨论在"银行—企业"不完全信息条件下，国内企业和出口企业的信贷约束是如何产生的。为保持激励相容，银行提供的贷款少于企业所需的最优数量。出口企业的运输时间越长，相对国内企业面临的信贷约束越紧，即便在国内市场也是如此。对于中国企业而言，海外业务占比越大、运输时间越长、生产率差异越大，面临的信贷约束也就越紧。

第一节　引　　言

2008 年金融危机引起学术界就信贷约束是否显著降低企业出口的讨论。一方面，Amiti and Weinstein（2011）认为贸易融资在日本 20 世纪 90 年代和美国近期贸易活动中扮演着重要角色；Chor and Manova（2012）发现出口国金融脆弱的部门对美国的贸易确实受到更大的影响。另一方面，Lewis and Tesar（2010）发现信贷约束不影响美国的进出口；Belgium, Behrens, Corcos and Mion（2010）则认为，尽管金融变量影响出口，然而国内企业也同样受到影响。当然，早在危机之前，学术界已经承认在国家层面，金融发展水平和对外贸易之间存在潜在的因果关系。Kletzer and Bardhan（1987）、Beck（2002）和 Matsuyama（2005）认为信贷市场的不完美降低了出口并影响贸易结构；Chaney（2005）在 Melitz（2003）的框架下构建了上述模型，Manova（2012）对其进行了实证检验。结果显示，不同金融脆弱性的出口部门、不同

---

* 本章是与戴维斯加州大学的 Robert Feenstra 教授、复旦大学的李志远教授合作的成果，原文发表在 *Review of Economics and Statitics*（2014,96(4) pp.729—744.），中文翻译稿发表在《财经研究》2017,42(5):44—64。感谢 Kyle Bagwell、Kalina Monova、Larry Qiu、David Weinstein 教授的宝贵建议，感谢美国国家经济研究局、哈佛大学、清华大学、昆士兰大学、维多利亚大学、加州大学欧文分校、加州大学圣地亚哥分校的学术讲座参会人员。

金融发展水平的国家,受到的信贷约束具有系统性差异。①

鉴于现有研究对信贷约束的不同观点,我们有理由相信应当重新从理论上探究信贷约束对于国内企业和出口企业的不同影响。Amiti and Weinstein(2011)提出两个有力的理由:出口企业的生产与销售存在较长周期;出口企业面临更高的跨境支付风险。他们将贸易融资(而非贸易信贷)定义为企业间签订的用来保障出口商的契约。我们选取他们提出的第一个理由,即出口商更长的回款周期,这与 Berman et al.(2012)②的观点相一致。本章的目的是在模型中考虑异质性的运输时间,并检验由此引起的出口商和国内销售企业所面临的银行信贷差异。我们利用中国的企业数据进行上述检验。

我们模型的特点是银行面临不完全信息,从两个方面不能完整观测到企业特征。第一,银行无法观测到企业生产率。对于中国这样的快速增长的经济体,企业进入速度之快使得银行无法及时有效地了解企业的实际经营状况,因此这一假设是合理的。银行与企业签订贷款数量和利率合同,使得银行自身利益最大化。从显示原则出发并不失一般性,我们假设合同会诱导企业提供真实的生产率信息。第二,银行无法观测贷款最终用于出口还是内销。这意味着我们并没有对银行的贸易融资进行建模,因为贸易融资认为银行有能力区别企业将贷款是否用于出口生产。③ 特别地,银行贷款被用于设备购买并覆盖当期生产成本,无论产出是否在日后被销售。对银行无法监控贷款流向的假设在不同的文章中都有提及,比如 Bolton and Scharfstein(1990)。

基于上述假设,第二节我们推导与银行激励相容的、使银行利润最大化的贷款模型,此时企业获得的贷款小于最优的贷款量,即银行激励相容原则量造成了企业的信贷约束。信贷约束的原因在于,企业由于不能按照完全信息下的最优生产量进行生产,获得的银行贷款量小于完全信息下的最优贷款,从而损失二阶的(second-order)销售利润。但是企业可以通过降低还款利率来获得一阶的(first-order)利润。因此,不受信贷约束的企业绝不会报告出真实生产率,获得的贷款也小于完全信息下的最优贷款量;激励相容原

---

① 其他探讨贸易与金融的文献包括:Qiu(1999),Greenaway, Guariglia and Kneller(2007), Harrison and McMillan(2003), Muûls(2008), Buch et al.(2008), Héricourt and Poncet(2009), Poncet, Steingress and Vandenbussche(2009),以及 Egger and Keuschnigg(2011)。

② 在工作论文阶段(Feenstra, Li and Yu, 2011),我们还考虑了出口企业面临的国际风险。但是由于风险是外生变量(与 Ahn(2011)不同),这种风险在理论上影响有限,在实证中无法得到足够的证据,因此并未在此讨论。Berman et al.(2012)提出了违约风险,但是在模型中构造为依赖运输时间的变量,从而在模型和检验中得到显著效果。

③ Ahn(2011)提供了以信息经济学为基准的贸易融资模型。

则意味着企业一定会受到信贷约束。进而,由于银行不能跟踪企业获得贷款后的资金流向,因此出口和内销活动都会受到上述信贷约束的影响。又因为出口需要更长的运输时间,出口企业面临的信贷约束比国内企业更加严重。

出口和内销业务面临的信贷约束是否相同?我们认为答案是不一而论的。当同一企业同时从事出口和内销时,银行并不会区别对待出口和内销业务;然而,对于出口企业和内销企业而言,银行信贷确实有所不同,出口企业由于生产销售周期较长,因此面临的信贷约束也就更紧,从而降低深度边际和广度边际。实证上,我们在第三节和第四节利用2000—2008年中国工业企业数据检验上述理论。鉴于中国出口的高速增长和面临的较大信贷约束,比如投资环境报告显示,中国是全球信贷约束最紧的国家之一(见 Claessens and Tzioumis,2006),本章的实证结果具有重要意义。

我们对结构模型进行估计,设定销售额受到利率、出口份额和其他变量的影响。实证结果稳健证明出口企业面临的信贷约束比国内企业更紧:企业出口份额上升、运输时间增加、企业生产率异质性更强,信贷约束也就更紧。相比于 Manova(2012)关注产业层面的金融脆弱性特征,我们的结果更加深入到企业生产层面(即出口份额和运输模式)和行业层面(即不完全信息)的特征。我们同样发现,更高的抵押品可以对冲信贷约束的影响,并且扩大出口量。结论与讨论在第五节讨论,在线附录提供更多的理论和实证结果。[①]

第二节 激励相容的贷款

一、模型

我们假设两国模型:本国和外国(外国变量加 * 表示)。劳动力是唯一的生产要素,本国人口为 L。同时存在两个部门,第一个部门生产单一同质化商品并且可以自由贸易,假设为连续统。两国在第一个部门生产具有规模报酬不变的特征,因此工资为固定(w)。第二个部门与 Melitz(2003)相同,在垄断竞争条件下生产连续的差异化产品。

(一)消费者

消费者拥有一单位劳动力禀赋,对于差异化产品具有常替代弹性偏好。因此代表性消费者的效用函数为:

$$U = q_0^{1-\mu} \left(\int_{\omega \in \Omega} q(\omega)^{\frac{\sigma-1}{\sigma}} \mathrm{d}\omega \right)^{\frac{\sigma}{\sigma-1}\mu}$$

---

① 附录参见 http://www.econ.ucdavis.edu/faculty/fzfeens/papers.html。

其中，ω 表示不同产品，Ω 是消费者可以购买的所有产品集合，$\sigma>1$ 是不同商品间的常替代弹性，μ 是不同部门的支出份额。因此对于每一种商品的需求为：

$$q(\omega) = \frac{Y}{P}\left(\frac{p(\omega)}{P}\right)^{-\sigma} \tag{11-1}$$

其中，$Y \equiv \mu w L$ 是本国所有差异化产品需求的总和，$p(\omega)$ 是每个产品的价格，$P \equiv \left(\int_{\omega \in \Omega} p(\omega)^{1-\sigma} d\omega\right)^{\frac{1}{1-\sigma}}$ 是不同部门价格的加总价格指数。

(二) 企业和银行

不同部门的企业需要通过借贷融资来覆盖 δ 比例的固定和可变成本。企业从单一、垄断的银行借款，银行通过控制利率从而实现利润最大化。企业贷款过程简化如下：银行根据公开可见的生产率分布向企业提供利率和授信额度，之后随机赋予企业一个生产率，企业根据其已知的生产率向银行申请贷款。在向银行申请授信时，给定银行授信额度与贷款利率，企业选择使其利润最大化的生产率向银行报告。获得贷款后，企业选择国内或国外市场进行生产销售，企业盈利后银行回收贷款和利息。

此外，授信额度和贷款利率都是由银行在最开始制定的，随后企业根据自身利润最大化原则选择国内、国外市场进行生产销售。因此，银行无法事先知晓企业是否从事出口业务。但是在激励相容的贷款合同下，银行可以完全准确地预测企业是否是一个出口企业。

银行贷款面临机会成本 i，即贷款利率。假设对国内企业（出口企业）的还款时间为 $\tau_d(\tau_e)$ 期，进一步假设 $\tau_e > \tau_d$，即出口企业由于运输时间需要更长的回款期限。

(三) 国内企业决策

在不完全信息条件下，银行无法观测到申请授信的企业的实际生产率 x。为了最大化利润，银行制定的授信额度 $M_d(x')$ 和贷款利率 $I_d(x')$ 依赖于企业报告的生产率 x'。

根据显示原则，银行的最优合同应该是引导企业报告其实际的生产率，即 $x'=x$。将这一激励相容条件加入预算约束，国内企业的利润最大化问题为：

$$\max_{x',q_d} \pi_d(x,x') = p_d q_d - (1-\delta)\left(\frac{q_d w}{x} + C_d\right) - (M_d(x') + I_d(x'))$$

s.t. $\quad\quad\quad \pi_d(x,x) \geqslant \pi_d(x,x')$

$\quad\quad\quad\quad\quad \pi_d(x,x) \geqslant 0$

$$M_d(x') \geqslant \delta\left(\frac{q_d w}{x} + C_d\right) \tag{11-2}$$

同时,企业受到国内需求约束,C_d 是固定成本。① 第一个约束是激励相容约束,第二个约束表示利润大于零,第三个约束表示给定生产率 q_d,授信额度可以覆盖 δ 比例的固定成本和可变成本。

第三个约束在模型中一定为紧的约束,因此我们对企业报告的生产率 x' 求一阶导数得到:

$$[\Phi_d(x, M_d(x)) - 1]\frac{M_d'(x)}{\delta} = I_d'(x) \tag{11-3}$$

其中,

$$\Phi_d(x, M_d(x)) \equiv \left[p_d\left(\frac{\sigma-1}{\sigma}\right)\right] \Big/ \frac{w}{x}$$
$$= \left(\frac{\sigma-1}{\sigma}\right)\left(\frac{M_d(x)}{\delta} - C_d\right)^{-\frac{1}{\sigma}}\left(\frac{xP}{w}\right)^{\frac{\sigma-1}{\sigma}} Y^{\frac{1}{\sigma}} \tag{11-4}$$

第一行 Φ_d 表示边际利润—边际成本的比率。不需要借贷的企业将会在 $\Phi_d = 1$ 处生产,受到借贷约束的企业则会在 $\Phi_d > 1$ 处生产。这意味着 Φ_d 实际上衡量了企业面临的信贷约束:Φ_d 越大,企业生产的产品就越少。第二行等式通过第三个约束为紧约束的条件以及需求曲线决定的价格(国内需求)得出,贷款 $M_d(x)$ 越少,信贷约束 Φ_d 越紧。

我们接下来直观地解释为何银行向企业提供少于合意水平的授信额度。假设银行向高生产率企业提供更多贷款,同时收取更高利息。② 在激励相容条件下,$M_d'(x)$ 和 $I_d'(x)$ 都是正数,那么左边括号内一定为正,即企业一定会受到信贷约束,即 $\Phi_d > 1$。这是因为如果银行提供的贷款对企业不构成信贷约束,所有的利润都会还给银行,此时企业只能在垄断最优处——即边际收益等于边际成本处——进行生产。那么企业就有动力报告一个较低的生产率 x' 并略微降低产量,此时企业只会损失二阶(second-order)的利润。但是,此时企业由于利率降低可以获得一阶(first-order)的收益,即 $I_d'(x) > 0$。因此,企业在垄断最优处一定会报告较低的生产率,因此激励相容原则使得银行一定提供一个具有信贷约束的贷款条款,从而使得企业报告真实的生产率。

(四)出口商决策

我们假设垄断的银行不能对国内市场和出口市场提供不同的贷款合约,

---

① 注意此处我们假设没有风险存在。引入风险和担保并不会影响我们的主要结论,模型推广参见 Feenstra, Li and Yu (2011)。

② 附录中证明单调性条件在银行最优决策下成立。

但企业可以自由决定将贷款用于国内市场还是出口市场。因此,企业向银行报告使得利润最大化的生产率 x',将贷款分配于国内市场和出口市场。

$$\max_{x',q_d,q_e} \pi_e(x,x') = p_d q_d + p_e q_e - (1-\delta)\left(\frac{q_d w}{x} + C_d + \frac{q_e w}{x} + C_e\right)$$
$$- (M_e(x') + I_e(x'))$$

s.t. $\pi_e(x,x) \geqslant \pi_e(x,x')$

$\pi_e(x,x) \geqslant \pi_d(x,x)$

$$M_e(x') \geqslant \delta\left(\frac{q_d w}{x} + C_d + \frac{q_e w}{x} + C_e\right) \tag{11-5}$$

同时满足出口需求方程 $q_e = \frac{Y^*}{P^*}\left(\frac{p_e}{P^*}\right)^{-\sigma}$,其中 q_e 是外国在差异性商品上的总支出。① 出口企业获得的授信额度为 M_e,应付利息为 I_e,出口的固定成本为 C_e。

前两个约束条件等同于国内企业的约束条件,但是重要的是第三个条件的差异。第三个约束指的是,银行授信额度必须足够覆盖国内生产和出口生产的固定资产投资。对于出口企业而言,这笔贷款用于国内生产还是出口生产是完全替代的,因此银行业只能制定一笔授信额度和相同的利率。

求解上述方程 q_d 和 q_e,得到企业通过选择两个市场的生产量来最大化利润:

$$p_d\left(\frac{\sigma-1}{\sigma}\right) = p_e\left(\frac{\sigma-1}{\sigma}\right) \tag{11-6}$$

这一条件是指银行贷款在企业内部自由分配后,使得企业国内销售和出口销售的边际收益均等。也就是说,对于任何一笔贷款,银行都完全知道企业如何在国内和出口两个市场分配产能。为了标记方便,我们将银行贷款 $M_e(x')$ 分解为国内贷款部分 $M_e^d(x')$ 和出口贷款部分 $M_e^e(x')$。也就是说,我们将银行贷款定义如下:

$$M_e^d(x') \equiv \delta\left(\frac{q_d w}{x} + C_d\right)$$
$$M_e^e(x') \equiv \delta\left(\frac{q_e w}{x} + C_e\right) \tag{11-7}$$

利用国内需求和出口需求,加上式(11-6)中 p_d 和 p_e 相等的条件,可得

---

① 我们没有专门定义出口企业的运输成本,但是冰山成本可以很容易地纳入到购买 Y^* 的有效对外业务支出的定义之中,即包含运输成本 $\tau>1$ 的出口需求为 $q_e = (\widetilde{Y}^*/P^*)(\tau p_e/P^*)^{-\sigma}$,后者在出口需求中定义为 $Y^* = \widetilde{Y}^* \tau^{-\sigma}$。

国内部分贷款和出口部分贷款关系如下：

$$\frac{M_e^e(x)/\delta - C_e}{M_e^d(x)/\delta - C_d} = \frac{\eta_e}{\eta_d} \tag{11-8}$$

其中，我们将国内和出口需求定义为：

$$\eta_d = \frac{YP^{\sigma-1}}{YP^{\sigma-1} + Y^* P^{*\sigma-1}}, \quad \eta_e = \frac{Y^* P^{*\sigma-1}}{YP^{\sigma-1} + Y^* P^{*\sigma-1}} \tag{11-9}$$

利用式(11-7)中两个市场销售量和销售价格的最优条件，我们将企业的利润重新表述为生产率 x 和国内部分贷款 $M_e^d(x')$ 的方程。与国内企业问题相同，我们对 x' 求导得到激励相容的一阶条件：

$$[\Phi_e^d(x, M_e^d(x)) - 1] \frac{M_e^{d'}(x)}{\delta} + [\Phi_e^e(x, M_e^e(x)) - 1] \frac{M_e^{e'}(x)}{\delta} = I_e'(x) \tag{11-10}$$

其中，

$$\Phi_e^d(x, M_e^d(x)) \equiv \left[p_d\left(\frac{\sigma-1}{\sigma}\right)\right] \bigg/ \frac{w}{x}$$

$$= \left(\frac{\sigma-1}{\sigma}\right)\left(\frac{M_e^d(x)}{\delta} - C_d\right)^{-\frac{1}{\sigma}} \left(\frac{xP}{w}\right)^{\frac{\sigma-1}{\sigma}} Y^{\frac{1}{\sigma}}$$

$$\Phi_e^e(x, M_e^e(x)) \equiv \left[p_e\left(\frac{\sigma-1}{\sigma}\right)\right] \bigg/ \frac{w}{x}$$

$$= \left(\frac{\sigma-1}{\sigma}\right)\left(\frac{M_e^e(x)}{\delta} - C_e\right)^{-\frac{1}{\sigma}} \left(\frac{xP^*}{w}\right)^{\frac{\sigma-1}{\sigma}} Y^{*\frac{1}{\sigma}} \tag{11-11}$$

再加上式(11-6)边际收益相等条件，可得：

$$\Phi_e^d(x, M_e^d(x)) = \Phi_e^e(x, M_e^e(x)) \tag{11-12}$$

上述条件的解释与国内企业问题的解释相同，Φ_e^d 和 Φ_e^e 分别表示出口企业在国内市场和出口市场的边际利润—边际成本比率，信贷约束意味着 $\Phi_e^d = \Phi_e^e > 1$，即企业选择的产量小于没有信贷约束时的最优产量。我们接下来求解银行制定的最优信贷约束。

（五）银行决策

垄断性的银行根据激励相容条件式(11-3)选择对国内企业的授信额度，根据出口激励相容条件式(11-10)和边际收益相等条件式(11-12)，选择对出口企业国内部分贷款的授信额度($M_e^d(x)$)和出口部分的授信额度($M_e^e(x)$)。银行的最优化问题随之简化为通过选择 $M_d(x), M_e^d(x), M_e^e(x), I_d(x), I_e(x)$ 从而最大化利润：

$$\max_{M,I} \int_{x_d}^{x_e} (I_d(x) - i\tau_d M_d(x)) f(x) dx$$

$$+ \int_{\underline{x}_e}^{\infty} (I_e(x) - i\tau_d M_e^d(x) - i\tau_e M_e^e(x)) f(x) \mathrm{d}x \qquad (11\text{-}13)$$

s.t.　　(11-3) $x \in [\underline{x}_d, \underline{x}_e)$，(11-10) 和(11-12) $x \in [\underline{x}_e, \infty)$

其中，$f(x)$ 是企业生产率的概率分布方程，$\underline{x}_d, \underline{x}_e$ 分别表示国内企业和出口企业的临界点。

与 Melitz(2003)模型一致，企业根据利润最大化原则选择进入国内市场和国际市场，这意味着生产率为 $\underline{x}_d$ 的国内企业的临界点是零利润临界条件 $\pi_d(\underline{x}_d, \underline{x}_d) = 0$。生产率为 $\underline{x}_e$ 的出口企业的临界条件 $\pi_d(\underline{x}_e, \underline{x}_e) = \pi_e(\underline{x}_e, \underline{x}_e)$。这两个临界条件生产率当然与 Melitz(2003)模型有所区别，因为此时临界值受到银行的信贷约束影响。

最优化问题(11-3)由两个步骤解决。首先，我们求解银行的最优授信额度，详见附录的最优控制问题分析。然而，最初的临界利率仍然没有解出：这些初始利率由企业生产率 $\underline{x}_d, \underline{x}_e$ 决定。因此，求解银行最优问题的第二步就是求解临界企业的初始利率，或者等价地，求解企业的最优生产率和由此制定的贷款利率。

简化起见，我们假设企业生产率服从帕累托分布，$F(x) = 1 - (1/x)^\theta$，$x \geq 1$，其中 θ 是形状参数。① 附录证明了银行的最优贷款合约是：

$$\Phi_d(x, M_d(x)) = \overline{\Phi}_d \equiv (1 + i\delta\tau_d)\left(1 - \frac{\sigma - 1}{\theta}\right)^{-1}$$

$$\Phi_e^d(x, M_e^d(x)) = \Phi_e^e(x, M_e^e(x)) = \overline{\Phi}_e$$

$$\equiv [1 + i\delta(\tau_d \eta_d + \tau_e \eta_e)]\left(1 - \frac{\sigma - 1}{\theta}\right)^{-1} \qquad (11\text{-}14)$$

这些最优解的特征是，即便式(11-14)中 $i = 0$，国内企业和出口企业都会受到信贷约束，即 $\overline{\Phi}_d > 1, \overline{\Phi}_e > 1$。因此，即便银行贷款不存在机会成本，银行也会对企业施加信贷约束从而满足激励相容条件。当 $i > 0$ 时，信贷约束更紧，直观上看银行由于机会成本增加而施加更紧的信贷约束。银行的机会成本由还款期限 τ_d 和 τ_e 决定，假设 $\tau_e > \tau_d$，即在 $i > 0$ 时，出口企业面临的信贷约束 $\overline{\Phi}_e$ 无论用来从事国内生产(式(11-14))还是出口生产，都要高于国内企业面临的信贷约束 $\overline{\Phi}_d$。出口企业面临的额外约束是实证上的重要变量。尽管通过激励相容条件式(11-3)和式(11-10)，信贷约束的最优解解出利率的斜率，我们仍然需要决定利率的初始值。首先考虑国内企业，对式(11-13)

---

① 我们假设 $\theta > 1$ 使得帕累托分布的均值为有限数。

$\underline{x}_d$ 求导得到:

$$I_d(\underline{x}_d) = (\bar{\Phi}_d - 1)\frac{M_d(\underline{x}_d)}{\delta}$$

之后,根据激励相容式(11-3)和国内约束条件式(11-14),国内企业的利率为:

$$I_d(x) = (\bar{\Phi}_d - 1)\frac{M_d(x)}{\delta} \tag{11-15}$$

附录证明了国内企业的最低生产率 $\underline{x}_d$ 高于 Melitz(2003)的临界生产率。

同样地,对式(11-13) $\underline{x}_e$ 求导得到出口企业的初始利率:

$$I_e(\underline{x}_e) = (\bar{\Phi}_e - 1)\frac{M_e(\underline{x}_e)}{\delta} + i\Theta \tag{11-16}$$

其中最后一个参数为:

$$\Theta \equiv \frac{\delta(\tau_e - \tau_d)}{\left(1 - \dfrac{\sigma-1}{\sigma}\right)}(\eta_d C_e - \eta_e C_d)$$

因此,出口企业的利率为:

$$I_e(x) = (\bar{\Phi}_e - 1)\frac{M_e(x)}{\delta} + i\Theta$$

附录证明了出口企业的最低生产率 $\underline{x}_e$ 高于 Melitz 模型的临界生产率。

第三节 实证模型与数据

一、实证策略

利用上面的推导,我们可以建立起企业营业收入和贷款利率的关系,并利用中国企业数据进行验证。接下来我们证明,营业收入与贷款利率存在线性关系,但是相关系数则是国内企业和出口企业面临的信贷约束的一个非线性方程。理论上式(11-14)已证明,信贷约束由企业对外业务比例 η_e 决定,且 $\eta_d = 1 - \eta_e$。因此,我们最终估计的方程是对外业务比例的非线性方程,并视后者为内生变量:这些设定都使得估计更为复杂。

为了得到企业营业收入和贷款利率的关系,我们从国内企业入手。企业需要银行贷款 $M_d(x)/\delta$ 来支付总成本,其中可变成本部分为 $M_d(x)/\delta - C_d$。边际收益与边际成本的比率为 $\bar{\Phi}_d$,CES 需求下的价格与边际收益的比率为 $\sigma/(\sigma-1)$。因此,固定资产 $M_d(x)$ 生产的总销售收入 $p_d q_d$ 满足 $p_d q_d =$

$[M_d(x)/\delta - C_d]\bar{\Phi}_d \sigma/(\sigma-1)$。替换式(11-15)得到:

$$p_d q_d = \frac{\sigma}{\sigma-1}\bar{\Phi}_d\left(\frac{I_d(x)}{\bar{\Phi}_d - 1} - C_d\right)$$

对于出口企业,营业收入和贷款利率的关系也可以得到相似的关系:

$$p_d q_d + p_e q_e = \frac{\sigma}{\sigma-1}\bar{\Phi}_e\left(\frac{I_e(x) - i\Theta}{\bar{\Phi}_e - 1} - C_d - C_e\right)$$

总结以上结果,我们将利率和企业营业收入的关系表达为:

$$I(x) \equiv \begin{cases} I_d(x), & x \in [\underline{x}_d, \underline{x}_e] \\ I_e(x), & x \in [\underline{x}_e, \infty) \end{cases}$$

$$r(x) \equiv \begin{cases} p_d q_d, & x \in [\underline{x}_d, \underline{x}_e] \\ p_d q_d + p_e q_e, & x \in [\underline{x}_e, \infty) \end{cases}$$

我们得到企业 j 在 t 年的营业收入与贷款利率的关系为:

$$r(x_{jt}) = \beta_0 C_d + \beta_1 I(x_{jt}) + g_{1jt} I(x_{jt}) + g_{2jt} C_d + g_{3jt} \tag{11-17}$$

其中,系数为:

$$\beta_0 = -\frac{\sigma}{\sigma-1}\bar{\Phi}_d < 0$$

$$\beta_1 = \frac{\sigma}{\sigma-1}\left(\frac{\bar{\Phi}_d}{\bar{\Phi}_d - 1}\right) > 0 \tag{11-18}$$

以及,

$$g_{1jt} = g_1(\eta_{ejt}) = \frac{\sigma}{\sigma-1}\left(\frac{\bar{\Phi}_e}{\bar{\Phi}_e - 1} - \frac{\bar{\Phi}_d}{\bar{\Phi}_d - 1}\right) \leqslant 0$$

$$g_{2jt} = g_2(\eta_{ejt}) = -\frac{\sigma}{\sigma-1}(\bar{\Phi}_e - \bar{\Phi}_d) \leqslant 0 \tag{11-19}$$

$$g_{3jt} = g_3(\eta_{ejt}) = -\frac{\sigma}{\sigma-1}\left[\left(\frac{\bar{\Phi}_e}{\bar{\Phi}_e - 1}\right)\Theta i_t + \bar{\Phi}_e C_e\right]\mathbf{1}_{\{x_{jt} \geqslant \underline{x}_e\}}$$

其中,$\mathbf{1}_{\{x_{jt} \geqslant \underline{x}_e\}}$ 为虚拟变量,当 $X \geqslant \underline{x}_e$ 时等于1,否则为0。$\bar{\Phi}_e$ 决定于式(11-14)中对外业务占比 η_{ejt}。系数 β_0 为负,因为更高的固定成本降低了可变成本所需的授信额度,进而降低了营业收入。系数 β_1 乘以银行利息为正,表示银行收益与企业营业收入呈正相关。式(11-17)中其余的变量系数为 g_{ijt},$i=1,2,3$,都是海外业务占比 η_{ejt} 的函数。注意,根据信贷约束的定义,$g_{ijt}(0)=0$,但是当 $i=1,2,\tau_e > \tau_d$,且 $i>0$ 时,这些方程对于拥有海外业务的企业就是严格为负,也就是 $\bar{\Phi}_e > \bar{\Phi}_d$。因此式(11-17)中的 g_{ijt} 只与出口企业有关,并且说明企业面临的信贷约束更紧。

对于其他项,首先考虑第一个方程 $g_1(\eta_{ejt})$,对于出口企业为负但是绝对值小于 β_1。因此,对于出口企业而言,银行费用 $I(x_{jt})$ 与营业收入 $\beta_1 + g_1(\eta_{ejt})$ 有关,大于 0 小于 β_1。因此银行费用降低出口企业营业收入,反映了出口企业面临着更紧的信贷约束。同样的逻辑可以运用在国内销售的固定成本 C_d,后者降低出口企业 $\beta_0 + g_2(\eta_{ejt})$ 的营业收入,但是只减少国内企业 β_0 的营业收入。因此,出口商由于银行费用和固定成本 C_d 等额外的信贷约束只能获得较少的收入。

此外,$g_3(\eta_{ejt})$ 说明贷款利率同样会降低出口企业的营业收入,原因在于 Θ 决定了临界出口企业的贷款利率。随着贷款利率上升和出口企业销售周期增加,银行的贸易融资业务面临更高的机会成本并反映到更高的贷款利率上,因此降低了出口企业的广度边际。

式(11-17)总结了企业利率和营业收入的关系,在实证中我们仍然需要克服三个问题。首先,式(11-17)没有误差项,因为利润决定于生产率,而生产率可以被企业直接观测到。我们可以认为这是事前生产率,而事后生产率与事前生产率的差异可以视作误差项,包括生产冲击、贸易时间冲击、政府干预等。因此,我们定义企业的实际收入为 $R_{jt} = r(x_{jt}) + \varepsilon_{jt}$,其中 $E(\varepsilon_{jt} | x_{jt}) = 0$,从而在式(11-17)中引入误差项。

误差项的存在直接引出了内生性的问题。我们知道实际利率 I_{jt} 与理论利率 $I(x_{jt})$ 不同,因此满足 $I_{jt} = I(x_{jt}) + u_{jt}$,其中 $E(u_{jt} | x_{jt}) = 0$。误差项 u_{jt} 与收益的误差项 ε_{jt} 很可能存在相关性,因为生产冲击同样可以影响银行利率。因此,我们将利率视作内生变量,因此需要找到与误差项 ε_{jt} 和 u_{jt} 无关的工具变量。我们利用 Olley and Pakes (1996) 的方法区分企业包含所有冲击的生产率 TFP1 和不包含外生冲击的生产率 TFP2。TFP1 是标准的企业层面生产率,TFP2 是利用企业投资决策推断的预期生产率,TFP2 与 x_{jt} 相关但是与外生冲击 ε_{jt}、u_{jt} 无关。

另一个问题来自于系数 $g_{ijt} = g_i(\eta_{ejt})$,$i = 1, 2, 3$,是海外业务比例的方程,因此不同企业具有不同系数。这些系数因此应当被当作随机变量处理,估计值则是随机变量系数的均值。但是企业决策在模型中是生产率 $\underline{x}_e$ 的内生变量,只有生产率 $x_{jt} > \underline{x}_e$ 才是出口企业。因此海外业务比重 η_{ejt} 在模型中是一个内生变量。

因此我们计量模型中的系数与内生变量海外业务比例是相关的,因此是一个随机相关系数(CRC)模型。这给模型估计带来了挑战,利用 $R_{jt} = r(x_{jt}) + \varepsilon_{jt}$ 和 $I_{jt} = I(x_{jt}) + u_{jt}$ 替换式(11-17)可得

$$R_{jt} = \beta_0 C_d + \beta_1 I_{jt} + g_{1jt} I_{jt} + g_{2jt} C_d + g_{3jt} - (\beta_1 + g_{1jt}) u_{jt} + \varepsilon_{jt}$$

(11-20)

即便 $E(u_{jt}|x_{jt})=0$，我们也不能认为 $E(g_{1jt}u_{jt}|x_{jt})=0$，因为 g_{1jt} 和 u_{jt} 存在相关性。这样，x_{jt} 就不再是一个可行的工具变量。

Heckman and Vytlacil (1998)提出利用内生变量的估计值替换随机相关系数模型中的内生变量本身，即海外业务比例。下一节我们利用包含 x_{jt} 的外生变量 Z_{jt} 对第二类 Tobit 模型——或 Heckman 方法——估计海外业务比例，因此此处我们重新将 g_{ijt} 表示为

$$g_{ijt} = E(g_{ijt} \mid Z_{jt}) + v_{ijt}$$

其中 $E(v_{ijt}|Z_{jt})=0$，$i=1,2,3$。我们将这些变量替换到式(11-20)得到：

$$R_{jt} = \beta_0 C_d + \beta_1 I_{jt} + E(g_{1jt} \mid Z_{jt})I_{jt} + E(g_{2jt} \mid Z_{jt})C_d + E(g_{3jt} \mid Z_{jt}) + w_{jt}$$
(11-21)

其中，

$$w_{jt} = v_{1jt}I(x_{jt}) + v_{2jt}C_d + v_{3jt} - [\beta_1 + E(g_{1jt} \mid Z_{jt})]u_{jt} + \varepsilon_{jt}$$

为误差项。所有包含这一误差项的变量都符合给定 Z_{jt} 均值为零的特征。因此 w_{jt} 与工具变量条件无关。①

最后一个挑战是处理方程中的非线性部分 $g_i(\eta_{ejt})$。对式(11-17)的估计需要借助非线性结构方程，同时包括内生解释变量和一阶 Heckman 过程，在计算上十分麻烦。因此，我们简化估计方法，对 $g_i(\eta_{ejt})$ 进行了简化。

我们对方程 g_i，$i=1,2,3$ 采用不同的化简方式，由式(11-14)可得：

$$g_1(\eta_{ejt}) = -\frac{\sigma}{\sigma-1} \frac{i\delta\eta_{ejt}(\tau_e - \tau_d)}{\left[i\delta(\tau_d(1-\eta_{ejt}) + \tau_e\eta_{ejt}) + \frac{\sigma-1}{\sigma\theta}\right]\left(i\delta\tau_d + \frac{\sigma-1}{\sigma\theta}\right)}$$
(11-22)

考虑到 $g_1(\eta_{ejt})$ 非线性，我们采用二阶泰勒展开逼近 $\eta_{ejt}=0$ 附近，

$$g_1(\eta_{ejt}) \approx -\frac{\sigma}{\sigma-1} \frac{1}{\left(i\delta\tau_d + \frac{\sigma-1}{\sigma\theta}\right)} \left(\left(\frac{i\delta(\tau_e-\tau_d)}{i\delta\tau_d + \frac{\sigma-1}{\sigma\theta}}\right)\eta_{ejt} - \left(\frac{i\delta(\tau_e-\tau_d)}{i\delta\tau_d + \frac{\sigma-1}{\sigma\theta}}\right)^2 \eta_{ejt}^2\right)$$

$$\equiv \beta_2 \eta_{ejt} + \beta_3 \eta_{ejt}^2$$

从系数 β_2 和 β_3 的定义出发，我们得到了式(11-22)中方程 g_1 的具体值：

$$g_1(\eta_{ejt}) = -\frac{\beta_2^2}{\beta_3}\left(\frac{1}{1-[\beta_2/(\beta_3\eta_{ejt})]}\right) \quad (11-23)$$

---

① 注意，此处 $v_{1jt}u_{jt}$ 经过迭代在 w_{jt} 中出现两次、符号相反，因此被消除。这是因为不同于 Heckman and Vytlacil (1998)，我们从理论模型出发加入了误差项，与 $v_{1jt}u_{jt}$ 相同的项并未在 Heckman-Vytlacil 模型中被消除，因此他们需要条件同方差的假设从而确保估计的无偏性。我们的文章不需要这一假设。

为了与我们的模型一致,需要满足 $\beta_2<0$ 和 $\beta_3>0$ 这个条件足以满足式 (11-23)中的 $g_1(\eta_{ejt})<0$, $\eta_{ejt}>0$,即出口企业面临更紧的信贷约束。进一步我们利用式(11-23)来检验 $|g_1(\eta_{ejt})|<\beta_2$,这一条件在我们的模型中永远成立,并且保证即便出口企业信贷约束更紧,银行费用与主营业务收入仍然存在正相关关系。为了验证这个条件在我们的实证模型中仍然成立,给定 $\beta_2<0$ 和 $\beta_3>0$,式(11-23)对海外业务比例严格递减。因此我们利用不等式在 $\eta_{ejt}=1$ 条件下成立的特点,证明 $|g_1(\eta_{ejt})|<\beta_1$。根据式(11-23),$\eta_{ejt}=1$,$\beta_2<0,\beta_3>0$,当且仅当 $\beta_2^2+\beta_1\beta_2-\beta_1\beta_3<0$,$|g_1(1)|<\beta_1$ 成立。在等号情况下求解这个不等式,我们得到 β_2 满足下述条件时,不等号成立:

$$\beta_2 \in \left(-\frac{1}{2}(\beta_1+\sqrt{\beta_1^2+4\beta_1\beta_3}),0\right) \tag{11-24}$$

总结来看,$\beta_2<0$ 和 $\beta_3>0$ 条件确保了 $g_1(\eta_{ejt})<0$,$\eta_{ejt}>0$,和 $|g_1(\eta_{ejt})|$ 是海外业务占 η_e 比的增函数,这意味着对外业务越多的企业面临的信贷约束越强。另一方面,式(11-24)和 $\beta_3>0$ 提供了 $|g_1(\eta_e)|<\beta_1$ 在任何的 $\eta_e\in[0,1]$ 条件下都成立的充要条件。这两个理论推断都会在实证中被检验。

回到方程 g_2,可以被化简为

$$g_2(\eta_{ejt})=-\frac{\sigma}{\sigma-1}\mathrm{i}\delta\eta_{ejt}(\tau_e-\tau_d)\left(1-\frac{\sigma-1}{\sigma\theta}\right)^{-1}\equiv\beta_4\eta_{ejt}$$

其中 $\beta_4<0$。因此对参数 β_4 的估计并不依赖泰勒展开。① 最后,我们并未把 g_3 表示为海外业务比例的方程,但是利用参数 $\beta_5\times\mathbf{1}_{\{x_{jt}\geq x_e\}}$ 考虑这一因素对出口企业的影响。②

将 g_i 代入式(11-21),并将固定成本 C_d 放进系数 β_0 和 β_4,我们得到:

$$R_{jt}=\beta_0+[\beta_1+\beta_2E(\eta_{ejt}\mid Z_{jt})+\beta_3E(\eta_{ejt}^2\mid Z_{jt})]I_{jt}$$
$$+\beta_4E(\eta_{ejt}\mid Z_{jt})+\beta_5\mathbf{1}_{\{x_{jt}\geq x_e\}}+w_{jt} \tag{11-25}$$

用 $\hat{\eta}_{jt}$ 表示第二类 Tobit 模型的回归预测值。我们用这个估计结果代替模型中的 $E(\eta_{ejt}\mid Z_{jt})$。附录中我们展示如何估计超出 Jensen 不等式的二阶矩 $E(\eta_{ejt}^2\mid Z_{jt})$,并用估计的二阶矩替代 $E(\eta_{ejt}^2\mid Z_{jt})$。在式(11-25)中进行上述

---

① 如同参数 β_2 和 β_3,我们假设参数 β_4 对所有企业都是常数。所有参数都依赖于 $(\tau_e-\tau_d)$,即出口企业和国内企业还款的时间长短差异。我们允许海运和非海运企业拥有不同的参数。

② 在我们的工作论文(Feenstra, Li and Yu, 2011)中,我们允许参数 β_5 随时间变化,然而结果并不稳健,因此此处略去。另外,原则上我们在估计式(11-25)时应当用条件于 Z_{jt} 的条件均值 $\mathbf{1}_{\{x_{jt}\geq x_e\}}$,但是实际上我们发现用该变量本身会使得系数估计更加稳健。

代换基于假设用来估计海外业务比例的 Tobit 模型是正确的模型。① 完成上述代换后，用来估计式(11-25)的工具变量为 x_{jt} 和 $\hat{\eta}_{jt}$，$\hat{\eta}_{jt}^2$ 是交互项。当然，我们利用重复抽样的方法更正了标准误。

综上所述，式(11-25)是模型中的均衡状态，我们利用式(11-25)验证式(11-18)和式(11-19)中的参数符号。如果参数符合预期，那么出口企业面临更紧的信贷约束的假说就得到了实证支持。保证假说成立的最关键参数约束是 $\beta_2<0$ 和 $\beta_3>0$，此时海外业务比例越高的企业面临的信贷约束越强，但是边际上递减。上述条件足以保证 $g_1(\eta_{ejt})<0$，$\eta_{ejt}>0$，也就是出口企业面临更多的信贷约束。此外，我们利用式(11-23)检验 $|g_1(\eta_{ejt})|<\beta_1$，即利率越高导致企业营业收入越高。这个不等式成立的充分条件是参数 β_2 满足式(11-24)的区间。

二、企业层面数据

本章利用中国企业数据库的企业层面面板数据，包括 2000—2008 年每年 160 000 多家制造业企业。企业数量从 2000 年的 162 885 家翻两番多到 2008 年的 412 212 家。② 工业企业库数据描述与筛选过程，详见第一章第二节。

经过严格筛选后，我们得到 963 180 个观察值，大约占全样本的一半。最后三项标准大约占删除样本的 60%。这些观察值中，36 637 个观察值是纯出口企业，926 543 个观察值是国内企业，包括港澳台投资的合营企业，以及 99 742 个外资企业观察值。

如表 11-1 所示，海外销售额等于销售额的纯出口公司，其销售额和财务费用明显小于其他企业。由于纯出口企业并不是我们理论讨论的范围，我们将这些企业从样本中剔除。对于国有企业，观察值相对较少（约 39 419 或总样本的 4.1%），且并不符合企业的独立性原则，因此也从样本中删除。

---

① 正如下文解释，Tobit 模型的第一步利用变量 Z_{jt}，包括 X_{jt}；在第二步中忽略 X_{jt}。我们需要假设这一步骤是正确的。

② 官方尚未公布 2008 年数据，样本中的数据是试用版数据，因此并不包括企业 ID 数据。我们利用可用的字段与之前的数据合并，得到 336 480 个观测值，与 2007 年的 336 768 基本一致。

表 11-1 基本数据描述（2000—2008）

变量	均值	标准差
纯出口企业		
企业营业收入(千美元)	6 297	53 514
企业利息支出(千美元)	26.80	154.6
其他中国企业		
企业营业收入(千美元)	10 687	129 178
企业财务费用(千美元)	115.1	1 525
出口虚拟变量(1＝是,0＝否)	0.198	0.398
海外业务占比	0.096	0.249
出口企业海外业务占比	0.487	0.352
企业海外业务占比估计值	0.114	0.086
企业资本—劳动比对数	3.60	1.20
企业有形资产比率	0.985	0.050
无形资产虚拟变量	0.183	0.386
外资企业		
企业营业收入(千美元)	22 686	168 831
企业财务费用(千美元)	205.1	1 688
出口虚拟变量(1＝是,0＝否)	0.574	0.494
海外业务占比	0.325	0.383
出口企业海外业务占比	0.567	0.345
企业海外业务占比估计值	0.326	0.161
企业资本—劳动比对数	4.01	1.47
企业有形资产比率	0.984	0.043
无形资产虚拟变量	0.301	0.458

注：剔除了 36 637 个纯出口企业观察值后，样本中共有 926 543 个国内企业观察值和 99 742 个外资企业观察值。企业营业收入和利息支出全部转化为美元，汇率为(样本期间均价为 1 美元＝8.05 人民币)。所有外资企业(即跨国公司)不包括港澳台公司。

跨国公司也不直接适用于我们的理论，因为跨国公司通常有其他融资渠道(Harrison and McMillan, 2003; Manova, Wei and Zhang, 2011)。因此我们将跨国公司单独作为一个样本，并且单独进行回归后，从样本中删除。[①] 表 11-1 显示，外资企业销售额更高、财务费用更高，且更有可能从事出口业务，海外业务占比也高于中国企业。

其他变量并未在表 11-1 中单独报告，但是在回归中用到。如前所述，我

---

① 回归中共 300 372 家中国企业和 42 612 家外资企业(即跨国公司)。

们估计出企业的预期生产率 TFP2,而不是传统的生产率,从 Olley-Pakes(1996)框架下讨论,考虑一个 Cobb-Douglas 生产函数:

$$\ln Y_{jt} = \gamma_k \ln K_{jt} + \gamma_l \ln L_{jt} + x_{jt} + \varepsilon_{jt} \qquad (11\text{-}26)$$

其中,Y_{jt} 是企业 j 在 t 年的增加值。① 传统的生产率用式(11-27)估计:

$$\text{TFP1}_{jt} = \ln Y_{jt} - \hat{\gamma}_k \ln K_{jt} - \hat{\gamma}_l \ln L_{jt} \qquad (11\text{-}27)$$

这种方法下,企业生产率(TFP1)显然与增加值相关,也与事前冲击 ε_{jt} 相关。

但是 Olley-Pakes 方法引出了第二种衡量生产率的方法。这种方法假设投资 V_{jt} 决定于预期到的生产率 TFP2_{jt}:$V_{jt}=h_1(\text{TFP2}_{jt},\ln K_{jt})$,其中 K_{jt} 表示企业资本。通过这个估计,我们可以逆向计算出预期到的生产率:

$$\text{TFP2}_{jt} = h_1^{-1}(V_{jt},\ln K_{jt}) \qquad (11\text{-}28)$$

我们在附录中更加细致地讨论了这个方法。第二种估计方法计算的生产率就是理论中所说的企业事前观测到的生产率,与 Melitz 模型相近并且与 ε_{jt} 独立。TFP2 作为我们估计式(11-25)时的工具变量,也在 Heckman 方法中用到这一变量。

除了企业层面的生产数据,我们也运用更加分散的、产品层面的海关数据,后者包括运输方式及出口价值,并与企业层面数据合并。我们利用这个数据来估计运输时间对信贷约束的影响。

第四节 估 计 结 果

一、信贷约束

首先,检验式(11-25)中企业营业收入和财务费用的关系。注意简单的二维图(2 位行业层面的平均值)中,二者存在明显的正相关关系,与理论预测相同。② 其次,我们对式(11-25)进行 OLS 回归,见表 11-2 第一列。我们需要用 Heckman 方法控制海外业务比例这一内生变量,结果在下面报告。同时需要用 TFP2 作为工具变量来控制财务费用这一内生变量。在 OLS 回归后,我们继续用二阶段最小二乘法(2SLS)估计,表 11-2 剩余部分报告这一结果。前两列我们只关注中国公司,外资企业结果在第三列中报告。

---

① 此处我们用平减后的企业增加值来估计生产率并且除去中间品投入,后者被视作一种要素投入。尽管如此,我们并不能用增加值来衡量 2008 年的企业生产率,因为在试用版本数据中,这一变量缺失。我们用产出来替代企业 2008 年的增加值。

② 参见附录中图 11-A1。

表 11-2 国内企业和外资企业的基准回归 (2000—2008)

数据样本：	中资企业		外资企业
因变量:企业营业收入	OLS	2SLS	2SLS
	(1)	(2)	(3)
财务费用(β_1)	64.83***	79.97***	173.4***
	(31.36)	(55.92)	(10.49)
财务费用×海外业务占比估计值(β_2)	−69.72***	−143.5***	−1 714***
	(−2.51)	(−2.10)	(−6.31)
财务费用×海外业务占比估计值平方(β_3)	167.5***	238.7***	2 193***
	(4.49)	(2.53)	(6.22)
海外业务占比估计值(β_4)	−12 469***	−6 756***	−25 103***
	(−8.91)	(−6.12)	(−5.10)
出口虚拟变量(β_5)	7 206***	12.00	2 238*
	(7.02)	(0.04)	(1.95)
$-\frac{1}{2}(\beta_1+\sqrt{\beta_1^2+4\beta_1\beta_3})$ 下界	−141.5	−183.7	−708.5
海外业务占比均值(η_e^m)	0.49	0.49	0.57
$g_1(\eta_e^m)$ 估计值	−15.69	−38.59	−564.9
海外业务占比 90 百分位(η_e^u)	0.97	0.99	0.99
$g_1(\eta_e^u)$ 估计值	−20.31	−53.47	−748.6
Kleibergen-Paap rk LM χ^2 统计量	—	27.95″	89.09″
Anderson-Rubin Wald F 统计量	—	31.82″	35.61″
行业固定效应	是	是	是
年份固定效应	是	是	是
观察值	926 543	909 173	99 814

注:括号内是企业聚类后的 T 统计量,由 2SLS 回归反复抽样得到。*、**、*** 表示 10%、5%、1% 显著水平。″是 1% 水平 p 值。第一列是利用实际海外业务占比而不是其估计值进行的 OLS 回归。2SLS 回归中的工具变量是 TFP2、TFP2 和海外业务占比估计值的交互项、TFP2 和海外业务占比估计值平方的交互项,后者由表 11-3 Heckman 回归分析中得到。行业固定效应是 1 位中国行业代码(CIC)层面的固定效应。$g_1(\eta_e^m)$、$g_1(\eta_e^u)$ 的估计量由将(η_e^m)和 90 百分位值(η_e^u)代入式(11-23)得到。

中国企业的基准 OLS 回归在第一列报告。我们对企业海外业务收入及其平方进行回归,而不是这些变量的估计值。所有系数都显著且符号与理论预测一致。财务费用的系数为正($\hat{\beta}_1>0$),财务费用与海外业务占比的交互项系数显著为负($\hat{\beta}_2<0$),与海外业务收入占比平方的交互项系数为正($\hat{\beta}_3>0$)。估计值也落在理论的预测区间。① 第二列报告 $\hat{\beta}_2=-64.8$ 高于理论预测的最低值 −141.5。实证估计的信贷约束系数 $g_1(\eta_e^m)$ 为 −15.7,中国企业海外

---

① 式(11-24)参数应当满足:$\hat{\beta}_2 \in \left(-\frac{1}{2}(\beta_1+\sqrt{\beta_1^2+4\beta_1\beta_3}),0\right)$。

业务占比的系数为0.49。因此,正如理论预测$\hat{\beta}_1+g_1(\eta_e^m)$为正但是小于$\hat{\beta}_1$,说明出口企业面临的信贷约束高于国内企业。最后,海外业务占比更高的企业,比如90百分位的出口企业,面对的信贷约束η_e^m更紧:$g_1(\eta_e^m)$的估计值为-20.3,比出口企业的系数均值高出30%。

二、二元选择模型

表11-2第一列的OLS回归中使用的是出口比重这个变量,但是这个变量本身具有内生性。为了控制内生性,我们采用Heckman的方法或第二类Tobit模型进行识别。二元选择模型包括:① 出口参与方程

$$\text{Export}_{jt} = \begin{cases} 0, & \text{if } x_{jt} - x_{ct} \leqslant 0 \\ 1, & \text{if } x_{jt} - x_{ct} > 0 \end{cases} \quad (11\text{-}29)$$

其中,x_{ct}是临界企业的生产率,$(x_{jt}-x_{ct})$表示企业j的潜在变量(latent variable);② 企业海外业务占比作为其他变量的线性方程的结果方程。

我们采用Heckman两步法估计二元选择模型。潜在变量的分布就是企业生产率向左移动临界值个单位。我们已经证明单纯的企业生产率TFP会导致内生性,因此我们首先用企业生产率TFP对TFP2和其他Heckman方程中的变量进行回归。企业层面的数据可以令$\widehat{\text{TFP1}}_{jt}$在不同行业之间有所差异。我们用$\widehat{\text{TFP1}}_{jt}$代替式(11-29)中的$x_{jt}$。当然,利用估计值进行回归时,标准误需要由抽样重复的方法得到。

理论模型认为企业的出口决策决定于抵押品(见Feenstra, Li and Yu, 2011)。我们根据Manova(2012),运用企业有形资产占总资产的比重来衡量抵押品。特别地,我们将临界生产率作为抵押品的被解释变量。① 此外,之前文献认为美国出口企业的资本密集度更高,并且资本密集度越高的行业也越多地从事出口业务(Bernard et al., 2007)。这意味着Heckscher-Ohlin在跨行业的贸易中也存在着影响力。近年来的研究表明,中国的贸易或许与Heckscher-Ohlin预测相反,劳动力密集型产业更多从事出口(Lu, 2011)。因此,有必要检验出口行为与劳动力密集度的关系,因此我们在出口决策方程中纳入劳动力密集度这个变量。

最后,我们控制年份固定效应D_t和4位行业固定效应ζ_n,因此我们利用下面的Probit模型作为Heckman第一步回归:

---

① 金融学中,企业抵押品通常由有形资产占总资产的比例来衡量,而不是有形资产的水平值,主要因为后者是企业规模和收益的内生变量。

$$\Pr(\text{Export}_{jt} = 1 \mid Z_{jt})$$
$$= \Phi\left[\alpha_0 + \alpha_1 \widehat{\text{TFP1}}_{jt} + \alpha_2 (\text{Tang/Asset})_{jt} + \alpha_3 \ln\left(\frac{K}{L}\right)_{jt} + D_t + \zeta_n\right]$$
(11-30)

其中,$\Phi(\cdot)$是正态分布的累积密度函数,Z_{jt}是一系列外生变量的向量。在估计选择方程时,我们马上遇到了数据上的问题:近80%的样本并不报告无形资产。为了解决这一问题,我们在回归中加入无形资产的虚拟变量(如果报告为1,否则为0)。

我们将第一步得到的逆密尔系数代入第二步中。Heckman 估计需要在第二步估计中删除第一步估计中的显著变量。出于以下两个考虑,我们将 $\widehat{\text{TFP1}}_{jt}$ 排除:首先,企业生产率被广泛证明影响企业出口决策(Melitz, 2003)。其次,我们的理论方程(11-9)显然证明企业的海外业务比例并不受企业生产率的影响,而是只与国内外市场规模有关。①

表 11-3 报告了中国企业和外资企业的 Heckman 回归结果。第一列报告了第一步 Probit 模型的回归结果,企业生产率越高,从事出口的概率也就越高。此外,企业的有形资产占总资产的比例越高,从事出口业务的概率也越高。② 资本密集型企业更有可能从事出口业务,说明中国企业出口行为符合 Heckscher-Ohlin 预测的贸易结构。③ Heckman 第二步的结果与第一步基本一致,见第二列。

表 11-3 Heckman 两步法估计的二元选择模型(2000—2008)

企业类型 Heckman 两步法	中资企业		外资企业	
	第一步	第二步	第一步	第二步
	Probit	OLS	Probit	OLS
	(1)	(2)	(3)	(4)
TFP1 估计值的对数	0.035*** (17.50)	—	0.003 (0.60)	—
有形资产比例	0.939*** (24.08)	0.553*** (61.44)	1.151*** (9.59)	0.644*** (13.14)

---

① 如果存在外国市场,那么生产率高的企业就会出口,因此拥有更高的海外业务比重。我们的解释是,当存在许多国外市场时,企业的出口选择就变得相当复杂。因此,企业出口决策显然会与企业特征相关。但是,对企业海外业务占比与 TFP2 的简单回归结果显示,2000—2008 年期间,这一影响(0.03)可以忽略不计。

② 这一结果与我们工作论文的理论预测一致,即企业抵押品越高,现金流约束越小,特别是出口企业。

③ 这一结果与 Lu (2011)不同,因为纯出口企业已经从样本中删除。Dai, Maitra and Yu (2012)发现纯出口企业主要是加工贸易企业,当这些加工贸易企业被剔除后,中国的出口贸易模式符合 Heckscher-Ohlin 模型预测。

(续表)

企业类型 Heckman 两步法	中资企业		外资企业	
	第一步 Probit (1)	第二步 OLS (2)	第一步 Probit (3)	第二步 OLS (4)
无形资产虚拟变量	0.497*** (99.40)	0.282*** (72.30)	0.389*** (28.89)	0.209*** (16.08)
资本劳动比的对数 $\log(K/L)$	0.010 (1.11)	−0.003*** (−3.00)	−0.056*** (−2.55)	−0.056*** (−9.33)
Inverse Mills Ratio		0.573*** (57.30)		0.581*** (10.02)
年份固定效应与 $\log(K/L)$ 的交互项	是	是	是	是
行业固定效应与 $\log(K/L)$ 的交互项	是	是	是	是
观察值	909 173		99 814	

注:括号内是企业聚类后的 T 统计量,由 2SLS 回归反复抽样得到。*、**、*** 表示 10%、5%、1% 显著水平。采用第二类 Tobit 模型回归,其中第一步为式(11-30)的 Probit 回归。第一步因变量是企业出口虚拟变量,第二步因变量是企业海外业务占比。第一列和第三列是 Probit 回归结果,第二步中的逆密尔系数由第一步 Probit 回归得到。TFP1 的估计值由 TFP1 对企业财务变量和第一步的其他外生变量回归得到,在第一步中作为外生变量,但是不出现在第二步回归中。企业有形资产比例以百分数表示,由有形资产比总资产得到。因为 80% 的样本不报告无形资产,我们加入无形资产虚拟变量:如果报告无形资产,则该变量等于 1,否则为 0。行业固定效应是 4 位中国行业代码(CIC)层面的固定效应。同时加入了年份固定效应、2 位中国行业代码—资本劳动比交互项固定效应、和年份—资本劳动比交互项固定效应。

与中国企业相比,外国企业的 Hechman 估计结果明显不同,见第三至第四列。企业生产率对企业出口决策没有显著影响。可能的原因是很多外资企业是生产率较低的加工贸易企业(Yu,2011),或者这些跨国公司是垂直分工,主要依赖其内部的销售资源(Feenstra and Hanson,2005)。结合 2SLS 的回归结果,我们认为外资企业并不适用于中国企业的计量模型,因此我们接下来的回归主要关注中国企业。

三、2SLS 估计结果

2SLS 回归结果中,我们必须控制海外业务占比和财务费用的内生性问题。我们用 Heckman 第二步的估计结果代替模型式(11-25)中的预期海外业务占比。此外,我们用事前生产率 $TFP2_{jt}$ 作为企业财务成本的工具变量。相应地,在估计式(11-25)时,我们使用 3 个工具变量:$TFP2_{jt}$ 水平值、$TFP2_{jt}$ 与海外业务占比估计值的交互项、$TFP2_{jt}$ 与海外业务占比估计值平方的交互项。标准误由反复抽样得到。[1]

2SLS 估计结果在表 11-2 第二列报告。核心参数 $(\hat{\beta}_1/\hat{\beta}_4)$ 比 OLS 估计结果略大,但是方向一致。特别地,企业财务费用越高,营业收入也就越高。更为重要的是,企业海外业务占比越高,面临的信贷约束也就越紧,因为 $\hat{\beta}_2(\hat{\beta}_3)$ 的符号为负(正)。所有核心变量的参数估计都落在式(11-24)理论预测的合理区间。同时,信贷约束参数的估计值 $g_1(\eta_e^m) = -38.6$ 小于财务费用的参数估计值,$\hat{\beta}_1 = 79.9$。与之前的结论一致,如果我们截取 90 百分位的海外业务占比(η_e^e),我们仍然得到 $|g_1(\eta_e^e)| = 53.5 < \hat{\beta}_1$。此外,我们发现海外业务占比在 90 百分位的企业,其信贷约束的参数估计值 $|g_1(\eta_e^e)|$ 比均值处企业的参数 $|g_1(\eta_e^m)|$ 高 40%,说明企业海外业务占比越高,面临的信贷约束也就越紧。

第二列报告了 2SLS 对外资企业的回归结果。回归结果与第一至第二列结果很不一样。尽管财务费用与营业收入呈正相关$(\hat{\beta}_1 > 0)$,财务费用与海外业务占比估计值的交互项系数 $\hat{\beta}_2$ 绝对值太大,$\hat{\beta}_1 + g_1(\eta_e^m)$ 为负。换言之,银行利息对营业收入不再是正相关关系。这一结果与 Manova, Wei and Zhang(2011)一致,即跨国公司在中国的子公司有其他的融资渠道,因此银行信贷和企业营业收入的关系就变得复杂。由于外资企业的这一特性,我们在接下来的分析中不再考虑外资企业。[2]

四、企业抵押品

我们考虑式(11-25)的两个拓展形式。首先,我们用有形资产作为企业抵押品的衡量。Manova(2012)论证这一变量在解释部门贸易对金融变量的敏感性时十分重要。通过假设企业成功生产的概率 ρ 并且偿付银行贷款,我们在模型中引入抵押品的概念。如果企业生产失败的概率为 $(1-\rho)$,那么企业的银行贷款就出现违约,银行获得抵押品 A_{jt} 的所有权,即企业的有形资

---

[1] 我们的估计共分为 5 步:① 将 TFP1$_{jt}$ 对企业层面特征、企业—4 位数行业交互项、TFP2$_{jt}$ 和其他 Probit 式(11-30)中出现的变量,进行回归;② 利用 $\widehat{TFP1}_{jt}$ 估计选择方程(11-30);③ 除去 $\widehat{TFP1}_{jt}$ 的 Heckman 回归第二步,从而得到海外业务占比的估计量 η_{ejt} 和 $\widehat{\eta_{ejt}}$;④ 2SLS 回归的第一步,用 $I_{jt}, I_{jt}\eta_{ejt}$ 和 $I_{jt}\widehat{\eta_{ejt}}$ 对 TFP2$_{jt}$,TFP2$_{jt}\eta_{ejt}$ 和 TFP2$_{jt}\widehat{\eta_{ejt}}$ 进行回归;⑤ 最后估计式(11-25)。通过重复抽样的方法更正企业聚类的标准误。

[2] 表 11-2 同时报告了工具变量的有效性分析。我们报告了 Kleibergen-Paap LM χ^2 统计量,检验了模型识别不足的原假设;同时报告了 Anderson-Rubin Wald F 统计量,检验了弱识别的原假设。两个原假设都在 1% 的水平上被拒绝。但是由于我们并未考虑利用估计值进行回归需要进行的标准误调整,因此我们对这个分析的结果持谨慎态度。

产。此时,银行的预期收益是$[\rho I(x_{jt})+(1-\rho)A_{jt}]$,企业的预期收益为 $\rho r(x_{jt})$。将其代入式(11-17)并将等式两边除以ρ,将g_i代入可得:

$$R_{jt}=\beta_0+[\beta_1+\beta_2 E(\eta_{ejt}\mid Z_{jt})+\beta_3 E(\eta_{ejt}^2\mid Z_{jt})]I_{jt}$$
$$+\beta_4 E(\eta_{ejt}\mid Z_{jt})+\beta_5\mathbf{1}_{\{x_{jt}\geqslant x_e\}}$$
$$+[\beta_6+\beta_7 E(\eta_{ejt}\mid Z_{jt})+\beta_8 E(\eta_{ejt}^2\mid Z_{jt})]A_{jt}+w_{jt} \quad (11\text{-}31)$$

其中,$\beta_{i+5}\equiv\beta_i(1-\rho)/\rho$, $i=1,2,3$。① 我们在回归中加入了企业抵押品、抵押品和海外业务占比估计值的交互项、抵押品和海外业务占比平方的交互项,和前面财务费用的情况基本相似。

表 11-4　中国企业海运及非海运的 2SLS 估计（2000—2006）

企业类型:	合并后的中资企业		
因变量:企业营业收入	全部合并企业	交互项	交互项
	企业	海运虚拟变量	非海运虚拟变量
	(1)	(2)	(3)
财务费用(β_1)	77.78***	78.12***	
	(52.20)	(49.44)	
财务费用	−252.1***	−335.0***	−166.0**
×海外业务占比估计值(β_2)	(−6.78)	(−2.52)	(−4.51)
财务费用	281.8***	432.9***	93.76*
×海外业务占比估计值平方(β_3)	(6.74)	(2.11)	(2.08)
海外业务占比估计值(β_4)	38 538***	55 279***	58 972***
	(5.95)	(7.34)	(7.96)
出口虚拟变量(β_5)	859.9***	899.1***	
	(2.77)	(2.63)	
有形资产比例(β_6)	16 551***	17 380***	
	(9.69)	(9.61)	
有形资产比例	−44 435***	−61 889***	
×海外业务占比估计值(β_7)	(−6.39)	(−7.81)	
有形资产比例	2 723	1 909	
×海外业务占比估计值平方(β_8)	(1.56)	(0.99)	
无形资产虚拟变量	−207.9	−286.2***	
	(−0.73)	(−0.97)	
海外业务占比均值(η_e^m)	0.446	0.481	0.441
$g_1(\eta_e^m)$估计值	−75.06	−99.45	−58.70
年份固定效应	是	是	是

---

① 引入项目成功概率ρ和违约风险$(1-\rho)$,导致信贷约束的定义$\overline{\Phi}_d$和$\overline{\Phi}_e$略有不同。但是式(11-18)、(11-19)的系数仍然一样,详见 Feenstra, Li and Yu (2011)。

(续表)

企业类型：	合并后的中资企业		
	全部合并企业	交互项	交互项
因变量：企业营业收入	企业	海运虚拟变量	非海运虚拟变量
	（1）	（2）	（3）
行业固定效应	是	是	是
观察值	536 064	536 064	

注：括号内是企业聚类后的 T 统计量，由 2SLS 回归反复抽样得到。*、** 表示 10％、5％显著水平。我们利用 2000—2006 年工业企业数据和海关数据合并。第二列至第三列包括财务支出海外业务占比估计值海运虚拟变量（或非海运虚拟变量），财务支出海外业务占比估计值的平方海运虚拟变量（或非海运虚拟变量）。当企业海运价值超过总出口价值的 50％时，海运虚拟变量为 1，否则为 0。非海运虚拟变量为（1-海运虚拟变量）。工具变量包括与海运（非海运）的交互项。所有港澳台企业从样本中被剔除。行业固定效应是 1 位中国行业代码（CIC）层面的固定效应。用 (η_e^m) 的均值代入式（11-23）得到 $g_1(\eta_e^m)$ 的估计量。第二列至第三列中，加入了年份固定效应、1 位中国行业代码—海外业务占比估计值交互项固定效应和海外业务占比估计值—年份交互项固定效应。

从式（11-31）可得，用抵押品替代利息费用后，回归方程中出现抵押品变量。由于 $\beta_1 > 0$，且项目成功的概率为正 $\rho \in (0,1]$，因此抵押品和营业收入为正相关关系，$\beta_6 > 0$。相似地，我们认为出口企业的抵押品的系数小于国内企业，且随着海外业务占比增加而减少，$\beta_7 < 0$。

式（11-31）的估计结果中（未报告），关键变量的系数 $\hat{\beta}_2$ 不再显著，同样交叉项的系数 $\hat{\beta}_7$ 和 $\hat{\beta}_8$ 也不显著。一个原因是 2008 年的数据为初步数据，因此在余下的部分我们使用 2000—2006 年数据，这一期间我们可以将工业企业数据库和海关数据库完整合并起来，见表 11-4。

因此，表 11-4 第一列报告 2000—2006 年抵押品系数的 2SLS 估计结果。由于与海关数据合并且删除了 2007—2008 年数据，样本量减少为 536 064。① 我们发现第一列的估计结果与理论预测一致。企业抵押品（有形资产/总资产）越多，营业收入也就越高，$\hat{\beta}_6 > 0$。将抵押品和海外业务占比做交互项后，企业的海外业务越多，抵押品对营业收入的影响也就越小，$\hat{\beta}_7 < 0$。系数 $\hat{\beta}_1/\hat{\beta}_3$ 大小与理论预测也一致，尽管 $|g_1(\eta_e^m)| = 75.1$ 略小于 $\hat{\beta}_1 = 77.8$。

五、出口运输模式

在模型的第二个拓展中，我们根据 Amiti and Weinstein（2011）的方法将

---

① 此外，表 11-4 剔除了港澳台出资设立的企业，因为这些地区的运输时间很短。表 11-5 中重新加入这些地区的观察值。

贸易运输分为几种模式。理论说明了出口企业由于运输时间较长因此面临更紧的信贷约束。事实上,企业运输方式多种多样:航运、海运、公路运输以及上述的组合。通常海运是最耗时的运输模式,回款周期也是最长的。因此我们认为,如果企业的运输主要依靠海运,那么它们面临的信贷约束也就更紧。

为了检验运输时间是否影响信贷约束,我们构造海运虚拟变量,当企业一半以上出口额通过海运运输时,变量等于1,否则等于0。相似地,我们引入非海运虚拟变量(1-海运虚拟变量)。① 随后我们单独回归,将海运和海外业务占比估计值、海外业务占比估计值的平方分别做交互项,结果在第二列至第三列报告。结果显示,系数符号与理论预测相同。

六、不完全信息

目前为止实证结果支持出口企业面临的信贷约束更紧这一假说。然而,信息不对称问题在某些行业可能更加严重。理论上,帕累托系数 θ 越小,企业生产率的差异也就越大,意味着式(11-14)的信贷约束越紧。为了检验这个假说,我们利用 TFP2 变量,即银行无法观测的、企业的事前生产率。我们计算了 TFP2 在不同行业的方差,并按大小对行业进行排序,从而得到行业的百分位序数用来检验上述假说。② 表 11-5 描述了 2000—2006 年行业生产率差异的 2SLS 回归结果。

表 11-5 行业生产率差异的 2SLS 回归结果(2000—2006)

因变量:企业营业收入	(1)	(2)	(3)
行业 TFP2 方差百分位	全部	>10th	>25th
财务费用(β_1)	82.60***	85.55***	87.89***
	(31.41)	(32.90)	(33.29)
财务费用×海外业务占比估计值(β_2)	−144.8*	−200.1***	−293.8***
	(−1.85)	(−2.79)	(−4.06)
财务费用×海外业务占比估计值平方(β_3)	151.4	219.7***	399.9***
	(1.37)	(2.09)	(3.66)
海外业务占比估计值(β_4)	22 309***	17 517*	7 126
	(2.76)	(1.83)	(0.68)
出口虚拟变量(β_5)	574.9**	732.7**	878.4**
	(2.00)	(2.03)	(2.22)

---

① 如果将海运标准提高为75%、90%或95%,估计结果也不变。然而,如果利用航运虚拟变量,估计结果就不再稳健。

② 参见附录表 11-A1 最后一列。

(续表)

因变量:企业营业收入	(1)	(2)	(3)
有形资产比例(β_6)	13 540***	14 166***	13 452***
	(8.09)	(7.71)	(6.97)
有形资产比例×海外业务占比估计值(β_7)	−22 877***	−18 396**	−11 968
	(−2.94)	(−2.00)	(−1.20)
有形资产比例×海外业务占比估计值平方(β_8)	−362.0	132.8	302.8
	(−0.17)	(0.06)	(0.13)
无形资产虚拟变量	1 083***	−879.8***	−961.8***
	(3.08)	(−2.26)	(−2.33)
行业 TFP2 方差临界值	>0.367	>0.567	>0.670
海外业务占比均值(η_e^m)	0.487	0.399	0.466
$g_1(\eta_e^m)$估计值	−18.73	−61.71	−80.62
年份固定效应	是	是	是
行业固定效应	是	是	是
观察值	604 154	542 893	450 599

注:括号内是企业聚类后的 T 统计量,由 2SLS 回归反复抽样得到。*、**、*** 表示 10%、5%、1%显著水平。样本与表 11-4 一样,但是包括港澳台企业。我们用 TFP2 的行业内方差来衡量行业内的不完全信息程度,之后对 TFP2 方差按 CIC 2 位行业排序,选择适当的百分位作为回归的临界值变量。用 η_e^m 的均值代入式(11-23)得到 $g_1(\eta_e^m)$ 的估计量。行业固定效应是 2 位中国行业代码(CIC)层面的固定效应。

表 11-5 报告了 2SLS 的估计结果。行业生产率方差区间为 0.376—4.77,我们构造 4 个百分位(所有行业 TFP2 方差百分位>10 和>25 百分位),从而检验生产率差异较大的行业是否面临更紧的信贷约束。我们再一次发现,所有结构系数的方向和大小与理论预测相一致。取海外业务占比估计值的均值,我们发现信贷约束的均值$|g_1(\eta_e^m)|$随着行业生产率差异增加而单调递增,说明信息不对称越大的行业面临的信贷约束越紧。进而,所有信贷约束的系数绝对值都小于利息费用的系数绝对值,说明实证结果与理论预测完全一致。

第五节 结 论

本章试图回答为什么企业会在国内业务和出口业务中遭遇信贷约束。我们从基本的假设出发,假设企业在生产前获得资本要素,而企业生产率则存在信息不对称。显示原则要求银行的最优选择是向企业提供贷款合同,在这份贷款合同下,企业有激励向银行报告真实的生产率信息。我们论证了上述激励相容原则会导致企业的信贷约束,原因在于不受信贷约束的企业一定有动机向银行报告较低的生产率。此时,企业由于降低产量会损失二阶利润,但是通过降低利息费用从而增加一阶利润。因此,企业没有动机报告真实的生产率。

我们解释了为何出口企业和国内企业面临不同的信贷约束:出口企业的生产销售周期更长(Berman et al., 2012)。这使得银行对出口企业的国内业务和海外业务都施加了更紧的信贷约束,降低了出口企业的广度边际和深度边际。实证上,我们发现随着企业海外业务占比上升、运输时间增加、行业生产率差异扩大(使得信息不对称更加严重),企业面临的信贷约束也就更紧。

出口企业的国内业务和海外业务面临相同的信贷约束,这一理论结果与 Behrens, Corcos and Mion (2010) 研究比利时的实证结果相吻合,后者发现金融变量对企业内部的国内业务和海外业务影响相同。但这一结果与 Amiti and Weinstein (2011) 利用日本数据的研究结果相悖,后者认为银行对出口业务的影响是国内业务的 5 倍。一个可能的解释是 Amiti and Weinstein (2011) 的信贷是关注银行的贸易融资业务,专注出口业务,而我们的信贷是更加广义的对企业固定资产购买提供的信贷。

我们模型的一个局限是这是一个静态模型,而其他理论文献关注于信贷约束的动态特征。Clementi and Hopenhayn (2006) 构造了动态的激励相容信贷约束,并且证明在动态条件下,信贷约束如何影响企业的增长和存续。在这个设定下,企业信贷被放松为现金流的增加。Gross and Verani (2012) 证明了如何利用 Melitz 模型推导 Clementi and Hopenhayn (2006) 的企业利润方程,加上 Verani (2011) 的条件后,求解了国内企业和出口企业的动态问题。尽管如此,上述文献都没有区分国内企业和出口企业在运输时间上的差异,而在我们的模型中,我们考虑了这一重要因素。我们期待我们的模型也可以在上述动态模型中得到推广,当然这并非本章的讨论内容。

第十二章　融资约束是否抑制了中国民营企业对外直接投资*

通过采用浙江省制造业企业生产和对外直接投资的企业层面数据,在构造包括内源资金约束、外源资金约束、投资机会等在内的融资约束综合指标的基础上,本章考察了融资约束对中国民营企业海外直接投资决策方面的影响。基于 Heckman 两阶段选择模型的经验研究表明,融资约束一方面抑制了中国民营企业对外直接投资的可能性,另一方面对中国民营企业海外直接投资规模的扩张也有不利的影响。本章进一步发现融资约束对于不同类型的对外直接投资具有差异性影响。本章为中国海外直接投资企业融资约束问题研究提供了微观层面的经验证据,同时也为进一步实施"走出去"战略提供了有益的政策启示。

第一节　引　　言

中国对外直接投资(Outward Foreign Direct Investment, OFDI)增长迅速,目前已经是仅次于美国和日本的全球第三大对外直接投资国。在 2000 年之前,中国主要处于引入资本阶段,企业对外直接投资面临诸多限制和障碍。因此,这一阶段中国 OFDI 规模较低,累计投资额不足 300 亿美元。2000 年之后,中国开始实施"走出去"战略,从限制 OFDI 逐渐转变为放松管制和鼓励对外直接投资。从 2003 年到 2013 年,流量意义上,中国对外直接投资从 28.5 亿美元增加到 1 078.4 亿美元,占全球比重从 0.45% 上升到 7.6%;存量意义上,中国对外直接投资从 299 亿美元增加到 6 604.8 亿美元,占全球比重从 0.48% 上升到 2.5%(商务部等,2014)。

中国对外直接投资的一个显著特征是国有企业占主体。从存量上来看,央企在中国非金融类对外直接投资项目数量上占比已经不足 5%,但在投资

---

* 本章是与中国社科院的王碧珺研究员,北京大学国家发展研究院的黄益平教授、谭语嫣博士合作的成果,原文发表在《世界经济》(2015 年第 12 期,第 54—78 页)。

额上占比接近70%(见图12-1)。从流量上来看,2013年央企非金融类对外直接投资达563.25亿美元,占中国全部非金融类OFDI的60.7%(商务部等,2014)。民营企业,尤其是中小民营企业,是否应该进行海外直接投资?这一问题显然需要由企业自己做决定。但是国际经验和现有文献认为,为了保持企业的生存能力和提高企业的竞争力,即使那些国内市场导向的中小企业也应该进行全球化经营和资源配置(例如,Etemad,2004)。Daniels and Bracker(1989)发现不管以何种模式进入海外市场,都将显著促进企业发展、提高企业业绩、增强企业盈利能力以及增加母国财富。而与出口相比,对外直接投资由于能够控制核心技术因而能够产生更高的利润水平(Tang and Yu,1990;Lu and Beamish,2001)。

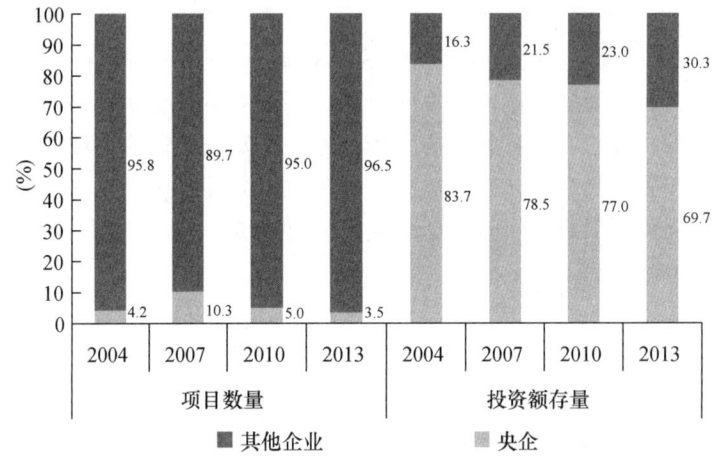

图 12-1 中国非金融类 OFDI 存量的投资者结构
资料来源:作者基于商务部等(2014)的计算。

那么,为什么中国对外直接投资的主体仍然是国有企业?这背后至少可能存在三个方面的因素。一是国内经济结构的外延反映。由于市场机制并不完善,中国政府在重大投资项目的审批和重要资源的分配中仍然发挥着关键作用。国有企业凭借其政策和资源优势在各个经济领域"攻城略地",挤压了民营企业的生存和发展空间(罗进辉,2013)。这一情形也反映在对外直接投资领域中。二是中国对外直接投资的主要动机使然。尽管中国企业"走出去"呈现出日益多元化的投资动机,但在很长一段时间里,获取自然资源(主要是矿产和油气类资源)是其首要动机(Huang and Wang,2013)。然而,自然资源类海外直接投资往往具有投资周期长、金额大和风险高等特点。国有企业经济不仅在国内资源类行业长期占据主导地位,而且委托代理问题所带来的更大的风险承受能力导致了其在海外资源开发中也是格外积极。三是民营企业的融资约束问题。据调查,银行贷款的企业覆盖率在规模及以上企业中不到30%,在规模及以下企业中不到5%(黄孟复,2010)。与国内投资相比,海外经营活动风险更高。同时由于面临进入新市场的固定成本,企业可能更加受到融资能力的制约(Chaney,2013)。但是这种影响也不是绝对的。诸多研究已经发现生产率是企业海外市场进入决策的重要决定因素(Helpman et al.,2004;Girma et al.,2005;Greenaway and Kneller,2007),而民营企业的生产率普遍高于国有企业(Lin et al.,1998;Jin and Qian,1998;刘小玄,2000;姚洋、章奇,2001),因此也许民营企业能用更高的生产率来克服融资约束的不利影响。

本章的目的在于分析融资约束对中国民营企业海外直接投资的影响,进而为我国进一步实施"走出去"战略提供有益的政策启示。

本章的主要贡献有:① 据作者所知,目前鲜有从微观企业层面专门分析融资约束对中国海外直接投资影响的研究。本章试图填补这一空白。通过采用在中国对外直接投资中具有重要和代表性地位的浙江省制造业企业数据,首次从微观层面全面系统地考察了融资约束对中国OFDI决策和规模的影响。为中国企业对外直接投资研究提供了微观层面的经验证据。诚然,浙江省这套数据虽然具有一定的代表性和重要性,但仍然存在样本较少,时间较短等问题。② 在研究方法上,本章采用Heckman两阶段选择模型,考察了融资约束对中国民营企业海外直接投资决策在广延边际和集约边际两方面的影响。使用Heckman模型有利于解决选择效应的存在给规模影响造成的样本偏误问题,使得研究结论更为可信。③ 在核心指标融资约束的使用上,本章没有选择某一个或几个单一指标。而是使用两种方法,采用企业的多种指标信息,构建了包括内源资金约束、外源资金约束和投资机会在内的综合评分指标体系。这一方法避免了对企业的先验分类检验,更适合分析较大样本,同时又能综合企业多方面的表现来衡量企业融资约束的状况,使得研究结论更为可靠。④ 本章不仅考察了融资约束对企业OFDI决策的整体影响,而且还进一步根据机构类型和东道国收入水平分为各自相对应的两大类,即"贸易型"和"生产型",投资到发达经济体和投资到发展中经济体,从而比较了不同类型OFDI受到企业融资约束影响的差异性,进而拓宽了有关对外直接投资与企业融资约束关系的研究视角。

本章后续部分的结构安排如下:第二节为文献回顾;第三节详细描述研究所用数据;第四节为企业融资约束综合指标的构建;第五节是估计模型和变量选择;第六节是对企业海外直接投资决策与投资额的决定因素进行考察的估计结果;最后一节为结论。

第二节 文献回顾

根据本章主题,本节文献回顾围绕融资约束对海外直接投资的影响以及民营企业对外直接投资的影响因素这两个方面的相关文献展开。

一、融资约束影响企业是否有能力为其进入海外市场进行融资

早期投资理论认为金融结构和政策与实体投资决策并不相关(Modigliani and Miller,1958)。直到20世纪70年代不完全信息市场和逆向选择的引入(Jaffee and Russell,1976;Stiglitz and Weiss,1981),才建立了融资约束对企业投资作用的理论基础。由于借贷双方存在信息不对称,企业外部融资的成本高于内部融资,在投资中面临融资约束问题。实证上已有众多文献表明融资约束是各国企业普遍面临的问题[①](例如,美国的 Fazzari et al. (1988), Kashyap et al. (1994);日本的 Hoshi et al. (1991);英国的 Blundell et al. (1992);中国的魏锋、刘星(2004))。融资约束在中小企业中更加突出,对他们的投资行为也有更大的影响(Berger and Udell,1998)。与大型企业相比,中小企业通常失败率更高,代理和信息不对称问题更严重(Bruderl et al.,1992)。因此,各国普遍建立诸如直接贷款、利息补贴、贷款担保等政策措施来缓解中小企业所面临的融资约束问题(Cressy,2002)。考虑到国有企业在中国的特殊地位,中国民营企业,尤其是中小民营企业,面临的融资约束问题尤为严重(Cull and Xu,2005;林毅夫、李志赟,2005)。

融资约束影响企业是否有能力为其出口和对外直接投资的投入进行融资。与国内投资相比,海外活动风险更高。由于面临进入新市场的固定成本,企业可能更加受到融资能力的制约(Chaney,2013)。Manova(2008)使用跨国层面数据,发现股票市场自由化对企业出口的促进作用在有融资约束的部门更大。Manova et al. (2011)使用中国海关数据发现融资约束显著抑制企业出口。Berman and Héricourt(2010),Minetti and Zhu(2011),李志远、余淼杰(2013),Feenstra et al. (2014)也有类似发现。此外,还有大量研究发现中小企业出口时频繁面临资本短缺问题(Bilkey and Tesar,1977;Hook and Czinkota,1988)。

对外直接投资比出口涉及更高的固定成本投入(Greenaway and Kneller,2007),因此融资约束对其影响可能更大。同时还需要区分广延边际和集约

---

① 相关文献综述详见 Hubbard(1998)。

边际两方面的影响,即决定是否进入海外市场的选择效应以及海外投资多少的规模效应。但是目前国际上很少有这方面的研究,国内则几乎没有。少数现有的国外研究有 Todo(2011)以及 Buch et al.(2014)。

在融资约束对企业海外直接投资影响的理论机制方面,Buch et al.(2014)建立了理论模型分析了融资约束对企业对外直接投资决策的影响。在理论模型中,作者假设市场完全竞争、企业生产成本边际递增以及海外投资收益存在不确定性。当内部资金不足时,企业需要向银行借债来对海外直接投资的固定成本以及生产产品的可变成本进行融资,并且承诺银行在投资失败时以抵押品进行清偿。此时融资约束的存在给企业带来了额外的清偿成本,因此在整体上降低了企业进行对外直接投资的概率。Buch et al.(2014)还用德国企业层面的数据证实了其理论发现。Todo(2011)则发现融资约束对日本企业 OFDI 决策有负面影响。这两篇文章共同的缺陷是融资约束指标单一并且只分析了对海外直接投资决策的影响,没有涉及对海外直接投资规模的影响分析。Buch et al.(2008)虽然研究了融资约束对海外直接投资规模的作用,但没有考虑选择效应的存在给规模影响造成的样本偏误问题,因此也具有一定的局限性。

本研究弥补了以上文献的缺陷,在构造包括内源资金约束、外源资金约束、投资机会等在内的融资约束综合指标的基础上,利用 Heckman 两阶段选择模型,考察了融资约束对中国民营企业海外直接投资决策在广延边际和集约边际两方面的影响。

二、民营企业对外直接投资的影响因素

企业对外直接投资受到国内外宏观、行业和自身等多方面因素的影响。在微观层面上,除了融资约束外,企业对外直接投资还与自身实力和投资动机密切相关。对企业 OFDI 影响因素研究的起点就是企业所拥有的基于所有权的资源和能力。文献认为企业只有具备战胜东道国本土企业以及第三国企业的显著优势,才能克服海外经营所面临的天然劣势(Kindleberger,1969,1970;Caves,1971)。量化企业竞争优势的一个重要指标是企业生产率。Helpman et al.(2004)(以下简称 HMY)通过构造一个多国多部门的垄断竞争企业模型,发现生产率最低的企业只服务于国内市场,生产率较高的企业从事出口,而生产率最高的企业则进行对外直接投资。作者还使用覆盖 52 个制造业部门、38 个国家的美国出口和海外子公司销售数据证明了这一发现。随后众多文献进一步验证了 HMY 的观点(例如,Greenaway and Kneller,2007)。除了使用检验平均生产率的差异外,Girma et al.(2005)应用

Kolmogrov-Smirnov 随机占优的方法并使用英国数据，得到与 HMY 一致的发现：跨国企业的生产率分布占优出口企业，而出口企业的生产率分布占优国内企业。除了利用已有的竞争力来获得更多利润外，部分企业则希望通过对外直接投资来发展和提高自身的实力（Wesson，1999；Mathews，2006）。企业对外直接投资决策因此还受到投资动机的影响。Makino et al.（2002）利用中国台湾企业数据发现技术寻求型动机和市场寻求型动机的企业更倾向到发达国家投资，而劳动寻求型动机的企业更倾向到发展中国家投资。

中国对外直接投资研究起步较晚。2000 年之前，中国对外开放的重点是引进外商直接投资，对外直接投资面临诸多限制和障碍。因此，这个阶段关于我国对外直接投资的研究较少，仅有的少量研究主要集中在发展中国家 OFDI 理论的介绍以及我国企业"走出去"的必要性、可行性讨论等方面（例如，冼国明、杨锐，1998）。2000 年之后，中国开始实施"走出去"战略，从限制对外直接投资，逐渐转变为放松管制和鼓励海外投资。初期的研究以定性研究为主，缺乏数据支撑和数量方法，关注的是中国对外直接投资的规模、类型、动因以及部分深入的案例分析（例如，赵春明、何艳，2002；康荣平、柯银斌，2002；欧阳晓，2005；江小涓，2001，2006）。随着 2003 年商务部、国家统计局、国家外汇管理局首次联合发布《中国对外直接投资统计公报》，对中国海外直接投资的实证计量研究逐渐增多。主要的关注点是中国 OFDI 的决定因素，绝大多数的分析仍停留在国家层面，缺乏行业和企业层面的研究（Buckley et al.，2007）。由于使用国别层面数据存在诸多问题，中国对外直接投资研究亟须在微观上进行推进（王碧珺，2013）。

已经有一些研究从企业层面分析中国对外直接投资的影响因素。田巍、余淼杰（2012）在控制了回归分析可能的内生性及其他影响因素后，发现生产率越高的企业对外直接投资的概率和投资规模越大。然而，生产率对于企业海外直接投资的影响可能与行业性质有关。戴翔（2014）利用江苏省企业层面的微观数据，发现生产率对企业"走出去"投资于制造业具有显著的正向影响，符合经典的异质性企业理论预期，但对"走出去"投资于服务业并不存在显著的积极影响，呈现企业"走出去"的"生产率悖论"现象。除了企业生产率外，阎大颖（2013）使用 Corporate Afiliations 公司的数据库，发现中国企业倾向于投资市场潜力大、劳动力成本低廉、自然资源和战略资源丰富的地区。

针对中国民营企业对外直接投资影响因素的研究。Luo et al.（2011）基于调研数据的分析发现中国民营企业对外直接投资受到政府的政策支持、行业的研发强度和竞争压力以及企业的技术水平和出口经验等因素影响。控制其他因素后，葛顺奇、罗伟（2013）发现国有企业对外直接投资的概率显著超过外资企业和民营企业。民营企业对外直接投资受限与母国的制度支持不均衡有关,宗芳宇等(2012)基于上市公司数据发现双边投资协定能够促进企业到签约国投资;能够替补东道国制度的缺位;还能够弥补母国制度支持的不均衡性,对于帮助非国有企业到签约国投资有着显著的积极作用。邓新明等(2014)则基于上市公司民营企业的样本,关注了国内的政治关联对中国民营企业海外直接投资的影响。作者发现具有母国政治关联的中国民营企业,其实施的国际化战略更有可能带来公司绩效的提升。

上述文献虽然加深了我们对中国对外直接投资相关问题的认识,但鲜有文献从微观视角研究融资约束对中国民营企业 OFDI 的影响。Wang and Huang(2012)是从宏观层面出发,而葛顺奇、罗伟(2013)虽然也纳入了债务利息率变量作为外源融资约束代理变量,但其主要的研究对象是体现母公司竞争优势的因素,并且没有考察对 OFDI 规模的影响。本研究弥补了以上文献的缺陷,在微观企业层面同时考察了融资约束对中国对外直接投资决策和规模的影响。

第三节　样本数据描述

本章使用两套企业数据。一套是来自国家统计局的《中国工业企业数据库》,该数据库包含了全部国有和年主营业务收入达到 500 万元及以上的非国有工业企业数据。工业企业库数据的描述与筛选过程,详见第一章第二节。中国工业企业数据库尽管内容丰富,但并没有企业对外直接投资信息。于是本章使用的第二套数据是浙江省 2006—2008 年对外直接投资企业数据,包含了企业所在城市、投资国家、所属行业和投资额等重要指标。①

在我国的对外直接投资中,浙江省具有非常重要和代表性的地位。首先,浙江省对外直接投资代表了中国地方企业 OFDI 行为。从 2003 年到 2009 年,中国 82.57% 的非金融类对外直接投资由央企完成,但是 92.24% 的投资项目却由地方企业贡献。在这些地方企业中,最多的正是来自浙江省,2005 年至 2009 年平均占比达到 22.44%(商务部等,2010)。其次,浙江省对外直接投资还代表了中国民营企业 OFDI 行为。中国民营企业对外直接投资的 70% 来自浙江省和福建省(商务部等,2010)。民营企业的投资决策更多地反映了市场力量的作用。这避免了在一些转型国家中出现的由于特殊历史政治因素导致的效率低下的国有企业在对外直接投资中占主导的局面。

---

① 该数据由浙江省对外合作厅整理提供。

因此有利于与国际经验和现有文献进行对比。

表 12-1 总结了浙江省对外直接投资按行业划分的投资者结构。制造业企业是中国中小 OFDI 项目的主要参与者。在浙江省的样本中,69.72% 的对外直接投资企业来自制造业部门,它们参与了 68.74% 的对外直接投资项目,贡献了 66.77% 的总投资额。在制造业内部,来自电子、机械和家电以及纺织、服装、鞋类和皮革的投资者在对外直接投资中最为重要和活跃,共占浙江省制造业 OFDI 项目数的 76.87%,投资额的 78.25%。

表 12-1 对外直接投资按行业划分的投资者结构

行业	项目数量	占比(%)	企业数量	占比(%)	投资额(万美元)	占比(%)
第一产业	58	4.57	50	4.44	22 173	12.69
农、林、牧、渔业	31	2.44	26	2.31	8 280	4.74
采矿业	27	2.13	24	2.13	13 893	7.95
制造业	873	68.74	785	69.72	116 698	66.77
电子、机械和家电业	318	25.04	283	25.13	33 061	18.92
纺织、服装、鞋类和皮革业	353	27.80	312	27.71	58 252	33.33
化工和医药业	37	2.91	36	3.20	5 298	3.03
其他轻工业	165	12.99	154	13.68	20 088	11.49
服务业	315	24.80	269	23.89	29 912	17.11
建筑业和房地产业	38	2.99	35	3.11	10 743	6.15
贸易和商业服务业	245	19.29	204	18.12	11 551	6.61
其他服务业	32	2.52	30	2.66	7 618	4.36
其他	24	1.89	22	1.95	5 997	3.43

表 12-2 总结了浙江省对外直接投资的机构分布。可以发现,绝大多数投资者(77.32%)OFDI 是在海外建立贸易或者贸易相关的子公司,从而促进中国对东道国市场的出口。我们将这类投资称为"贸易型"对外直接投资。"贸易型"OFDI 的目的是捍卫已有市场份额或者开拓新的市场,是对外直接投资的早期形式。其生产活动仍然保留在中国国内,国外市场仍然通过出口来满足,对外直接投资起到促进出口的作用。而另一个重要的投资类型,涉及以制造和加工贸易为主要形式的生产活动,我们称为"生产型"对外直接投资,占比约为 12.52%。这类对外直接投资者在海外从事生产活动。除了这两类外,其他类型的 OFDI(例如开采资源和进行研发)并没有占很大的份额。

表 12-2　对外直接投资的机构类型①

机构	项目数量	占比(%)	投资额(万美元)	占比(%)
贸易	982	77.32	55 710.34	31.87
生产(包括制造和加工)	159	12.52	69 630.02	39.84
建筑和房地产	36	2.83	11 542.07	6.60
开采资源	32	2.52	15 875.53	9.08
研发	25	1.97	6 252.68	3.58
工业园	7	0.55	4 453.38	2.55
其他	29	2.28	11 316.43	6.47

我们将第一套数据和第二套数据进行了匹配,经过整理后的数据包括了浙江省2006—2008年制造业四万多个大中型企业三年的样本,总计135 735个观察值,其中进行对外直接投资的观察值数目为527个。按照投资类型区分,"贸易型"和"生产型"OFDI观测样本数分别为435个和76个。按照投资去向区分,可将对外直接投资企业划分为投资到发达经济体和投资到发展中国家,观测样本数分别为369个和158个。在对企业异质性和企业对外直接投资行为的分析中我们将比较不同类型OFDI企业的决策异同。

第四节　企业融资约束指标的构建

一、企业融资约束的衡量方法

公司金融方面的文献讨论了众多衡量企业融资约束的方法。Fazzari et al. (1988)率先提出投资—现金流敏感性方法。该方法根据企业某一特征(如股利支付率)来区分融资约束大小。如果企业投资率对内部现金流敏感性在融资约束大的样本中程度更高,说明融资约束的确制约了企业的投资行为。随后这一方法得到广泛应用,只是不同文献采用了不同的企业特征来划分融资能力,包括企业规模、企业年龄、是否属于企业集团、债券评级等(Hoshi et al., 1991; Blundell et al.; 1992; Whited, 1992; Hubbard et al., 1995)。投资—现金流敏感性方法对融资约束的衡量比较单一且粗略。Kaplan and Zingales(1997)指出现金流和融资约束完全对应的理论依据不够充分,并采用Fazzari et al. (1988)相同的样本进行实证分析,发现用这种方法衡量的融资约束与企业投资—现金流敏感性甚至可以呈负相关。Lamont et

---

① 这些机构类型不是作者人为区分的,而是来源于投资者在监管部门的登记。

al.(2001)借鉴了 Kaplan and Zingales(1997)的次序逻辑回归(Ordered Logit)方法,根据企业公开可得信息,将企业按照融资约束大小分类,选择现金流比率、托宾 Q(Tobin Q)、负债比率、股利支付比率、现金存量比率等分类指标进行回归,用回归系数构造了 KZ 融资约束指数。后续一些文献采用类似方法和不同的企业特征变量构造了其他融资约束指标,如 Whited and Wu(WW)约束指数(Whited and Wu,2006)、size-age(SA)约束指数(Hadlock and Pierce,2010)等。这类方法的缺陷是需要对所有样本的年报和相关财务信息进行仔细分析,初步评估企业的融资能力并进行先验分类,对于大样本的经验研究可能较为困难。

另外一种思路是采用企业的多种指标信息,构造综合的评分指标。Cleary(1999,2006)采用了流动资产比率、负债率、固定费用偿付比率、销售净利率、销售增长率等指标构建综合指标。Musso and Schiavo(2008)、Bellone et al.(2010)则考虑企业规模、资产收益率、流动资产比率、自有资金/负债、贸易信贷比率等信息衡量综合评分指标,并分别对企业成长和出口行为进行了分析。此外,金融与贸易关系的文献中还有李志远、余淼杰(2013)采用企业的利息支出,于洪霞等(2011)用企业应收账款相对比例作为其融资约束指标等的其他单一指标衡量方法。

与现有融资约束主流文献保持一致,本章选择综合指标来衡量企业的融资约束。参考 Musso and Schiavo(2008)、Bellone et al.(2010),本章采用企业的多种指标信息来构造综合的评分指标。这一方法避免了对企业的先验分类检验,更适合对较大样本进行分析,同时又能综合企业在内源融资、外源融资、投资机会等多方面的表现来衡量企业融资约束的状况。

二、融资约束指标的构建

企业所受融资约束状况与其内源资金约束、外源资金约束、投资机会等多方面因素有关(Myers,1984;阳佳余,2012)。参考众多相关文献所采用的指标,我们选择数据可得范围内最具代表性的以下六个分项指标。

(1) 现金比率:以现金存量占总资产的比率来衡量,反映企业内源资金的相对充裕程度。这一比率数值高,一方面表明企业内部资金较充裕,可以更多地依靠自身的留存收益来满足资金需求(阳佳余,2012);另一方面也表现出较好的流动性,是企业争取外部融资的有利信息(Kaplan and Zingales,1997;Lamont et al.,2001;Whited and Wu,2006)。因此,现金比率越高,受到融资约束的程度越小。

(2) 企业规模:以企业总资产的对数值来衡量。企业资产规模往往是银行考虑企业信用的重要依据。大规模企业的外部融资能力一般强于中小企业。大部分文献都采用了这一指标,包括Cleary(2006)、Whited(2006)、Musso and Schiavo(2008)、Hadlock and Pierce(2010)等。

(3) 企业成立年限:以当年与企业成立初始年份的差值来衡量。存在时间长的企业能累积更好的信用,与外部资金提供者有更稳定的合作,一般认为融资能力更强(Chirinko and Schaller,1995;Hadlock and Pierce,2010)。

(4) 清偿比率:以所有者权益占总负债比率来衡量。显示了企业资产负债结构的稳健程度与企业的偿债能力。该指标数值越高说明企业偿债能力越强,可能更容易借到资金,自身受到的融资约束更小(Musso and Schiavo, 2008;Bellone et al.,2010)。

(5) 固定资产净值率:以企业固定资产占总资产比率来衡量。在债务人违约时,固定资产作为抵押品被债权方视作偿债的保障。该指标越高,说明企业受融资约束越小(Manova et al.,2011;Buch et al.,2014)。

(6) 盈利能力:从资金的提供方来看,反映的是投资机会,是企业所受融资约束程度的重要影响因素(Kaplan and Zingales,1997;Whited and Wu, 2006;Bellone et al.,2010)。本章采用销售净利率,即净利润占销售收入的比率来衡量企业的盈利能力。该指标数值越高,企业的盈利能力越强,所受的融资约束可能越低。

因此,结合各个企业特征变量在已有衡量企业融资约束文献中的表现,本章构建的企业融资约束综合指标包括现金比率、企业规模、企业成立年限、清偿比率、固定资产净值率和销售净利率六项分指标,囊括了内源资金约束、外源资金约束和投资机会三大类特征。参考Bellone et al.(2010)、阳佳余(2012)以及Bottazzi et al.(2014)的研究方法,本章采取如下步骤构造融资约束综合指标1和综合指标2。[①]

(1) 每一项分指标,数值越大反映企业融资能力越弱,相应认为该因素受到融资约束的程度更高。我们根据其在所有企业中的排序位置,分为80%—100%、60%—80%、40%—60%、20%—40%、0—20%五个区间,分别赋以1—5分值。

(2) 在计算企业六项分指标分值后,进行加总构建融资能力指标1。稳健起见,另外通过计算企业这六项分指标得分不为1的个数(即融资能力未达到最高程度的分项个数),我们构造了融资能力指标2,与指标1形成

---

① 本章也参考了Manova et al.(2011),尝试用主成分分析法生成综合指标,以确定分项指标不同的权重。但由于分项指标之间共线性不强,因此并不适宜主成分分析法。这也从侧面说明了采用等权重的综合指标具有一定的合理性。

互补。

(3) 将融资能力指标的赋值区间标准化到[0,10],形成最终的融资约束综合指标1和融资约束综合指标2。

三、样本企业融资约束指标的基本描述

按照以上方法,表12-3列出了融资约束综合指标及分指标的描述性统计结果。根据表12-3,从指标均值比较来看,不管参考哪个综合指标,OFDI企业相对于非OFDI企业受到融资约束的程度更低。例如,OFDI企业综合指标1的均值是3.557,而非OFDI企业综合指标1的均值为4.684。从分项指标看来,OFDI企业的每一个分项所代表的受融资约束程度均值都比非OFDI企业低。类似地,比较指标均值,我们也可以看出"生产型"OFDI企业融资约束的程度低于"贸易型"OFDI,投资到发展中国家的低于投资到发达经济体的。

表 12-3 融资约束指标描述性统计

综合指标	非 OFDI	OFDI	贸易型 OFDI	生产型 OFDI	到发达经济体 OFDI	到发展中国家 OFDI
综合指标 1	4.684 (1.695)	3.557 (1.560)	3.626 (1.535)	3.135 (1.545)	3.596 (1.533)	3.465 (1.621)
综合指标 2	7.570 (2.09)	6.391 (2.190)	6.506 (2.173)	5.816 (2.146)	6.455 (2.164)	6.241 (2.250)
分项指标						
现金比率	3.002 (1.414)	2.490 (1.250)	2.503 (1.263)	2.276 (1.115)	2.425 (1.238)	2.639 (1.268)
企业规模	3.005 (1.413)	1.734 (1.123)	1.793 (1.151)	1.5 (0.973)	1.764 (1.128)	1.665 (1.109)
企业成立年限	2.767 (1.338)	2.467 (1.288)	2.446 (1.268)	2.382 (1.296)	2.455 (1.264)	2.494 (1.348)
清偿比率	2.999 (1.415)	2.977 (1.287)	3.018 (1.273)	2.816 (1.402)	3.062 (1.255)	2.778 (1.343)
固定资产净值率	3.000 (1.415)	2.903 (1.331)	2.924 (1.346)	2.763 (1.210)	2.938 (1.337)	2.823 (1.319)
销售净利率	3.001 (1.414)	2.609 (1.423)	2.655 (1.403)	2.474 (1.510)	2.626 (1.418)	2.570 (1.438)
观察值	135 208	527	435	76	369	158

注:表中所列数据为各类指标的统计均值,括号内数值为标准误差。

第五节 估计模型及变量选择

一、基本估计模型

本样本中既有对外直接投资的企业,也有未进行海外直接投资的企业,即某些企业 OFDI 值为零。目前大部分关于中国 OFDI 的实证研究都将这些值为零的投资忽略了。这可能导致估计结果有偏。因为只有当中国企业 OFDI 为零是随机发生时,忽略或剔除这些样本才可能不会造成偏差。然而事实可能并非如此,某些企业 OFDI 为零并非偶然现象,而是根据自身条件和外部环境变化所做出的投资决策。因此,如果忽略掉这部分样本,中国企业 OFDI 大于零的样本将是一个自我选择样本,对其的估计将导致有偏估计(Coe and Hoffmaister,1999)。

本章利用 Heckman 选择模型(Heckman,1979)分析融资约束对企业海外直接投资决策与规模决定的影响。在企业存在自我选择的情况下,Heckman 模型提供了一种处理样本选择偏误的方法,可以同时研究企业是否进行对外直接投资以及投资额的多少。基本模型设定如下:

对外直接投资决策方程为:

$$\text{OFDIchoice}_{it} = \begin{cases} 1, & \text{OFDIchoice}_{it}^* > 0 \\ 0, & \text{OFDIchoice}_{it}^* \leqslant 0 \end{cases}$$

$$\text{OFDIchoice}_{it}^* = \gamma Z_{it} + u_{it} \tag{12-1}$$

对外直接投资规模方程为:

$$\text{OFDIvalue}_{it} = \begin{cases} \text{OFDIvalue}_{it}^*, & \text{OFDIchoice}_{it}^* > 0 \\ -, & \text{OFDIchoice}_{it}^* \leqslant 0 \end{cases}$$

$$\text{OFDIvalue}_{it}^* = \alpha X_{it} + v_{it} \tag{12-2}$$

OFDIchoice_{it} 表示企业是否进行对外直接投资的虚拟变量。如果企业 i 在 t 年进行对外直接投资,则 OFDIchoice_{it} 取值为 1,否则为 0。OFDIvalue_{it} 表示企业对外直接投资的规模,用 OFDI 投资额的对数值表示。Z_{it}、X_{it} 分别为企业是否有 OFDI 和投资规模的解释变量。u_{it}、v_{it} 分别为随机扰动项。假定 u_{it}、v_{it} 符合联合正态分布,相关系数为 ρ。当相关系数 $\rho \neq 0$ 时,OFDI 进入决策方程,并和 OFDI 规模决定方程互相关联,此时,

$$E(\text{OFDIvalue}_{it}^* \mid X_{it}, \text{OFDIchoice}_{it} = 1)$$
$$= E(\alpha X_{it} + v_{it} \mid X_{it}, \gamma Z_{it} + u_{it} > 0) = \alpha X_{it} + E(v_{it} \mid u_{it} > -\gamma Z_{it})$$
$$= \alpha X_{it} + \rho E(u_{it} \mid u_{it} > -\gamma Z_{it}) = \alpha X_{it} + \rho \lambda(\gamma Z_{it}) \tag{12-3}$$

其中,$\rho\lambda(\gamma Z_{it})$①部分即为企业选择效应带来的调整,造成对 OFDI 规模直接进行 OLS 回归结果的选择偏误问题。针对这一问题,Heckman(1979)构造了两阶段选择模型,对投资规模的回归进行了修正。在该两阶段选择模型中,中国 OFDI 的投资行为分为两个阶段。第一阶段是决定是否投资,观察中国是否进行海外直接投资受哪些因素的影响,用 Probit 投资选择模型。第二阶段是修正的投资规模模型,进一步观察中国海外直接投资规模受哪些因素的影响。具体回归模型如下:

$$\Pr(\text{OFDIchoice}_{it}=1)=\Phi(\gamma Z_{it}) \quad (12\text{-}4)$$

$$\text{OFDIvalue}_{it}=\alpha X_{it}+\rho\lambda(\gamma Z_{it})+\xi_{it} \quad (12\text{-}5)$$

在采用 Heckman 自选择模型进行估计时,需要在企业对外直接投资决策模型中加入额外的控制变量(Amemiya,1985)。该变量与企业 OFDI 决策密切相关,同时又不影响企业 OFDI 的规模。参考 Roberts and Tybout(1997),本章采用企业上一期是否进行对外直接投资这一滞后虚拟变量作为该控制变量。理由是上一期是否进行了对外直接投资表明企业是否已经支出了部分进入成本,这是导致企业对外直接投资行为存在自选择效应的关键。已有 OFDI 历史的企业更可能继续进行 OFDI。对外直接投资决策方程的其他解释变量和规模方程相同。

二、其他控制变量

(1) 企业生产率。除了核心变量企业对外直接投资决策、投资额、融资约束综合指标外,我们另一个关心的变量是企业生产率。Head and Ries(2003)、Helpman et al. (2004)、Girma et al. (2005)、Greenaway and Kneller(2007)等已有文献均发现企业生产率是其海外市场进入决策的重要决定因素。用中国企业层面数据,田巍、余淼杰(2012)同样发现,生产率越高的企业对外直接投资的概率和投资规模都越大。但田巍、余淼杰(2012)没有考虑企业存在自我选择的情况,就企业 OFDI 概率和投资额所受生产率的影响分别进行的估计。本章利用 Heckman 选择模型,同时研究企业的对外直接投资决策以及投资规模决定。在控制了企业的资本密集度后,本章采用单位劳动

---

① $E(u_{it}\mid u_{it}>-\gamma Z_{it})=\phi(\gamma Z_{it})/\Phi(\gamma Z_{it})=\lambda(\gamma Z_{it})$,其中 $\phi(\cdot)$、$\Phi(\cdot)$ 分别表示标准正态分布的概率密度函数和概率分布函数。$\lambda(c)=\phi(c)/\Phi(c)$ 称为逆密尔比率(inverse mill's ratio),详见 Heckman(1979)。

产出的对数来衡量企业生产率。①

（2）企业税率水平。以企业应交增值税占产品销售收入的比例来衡量。企业税率对其投资、研发、雇佣等行为以及绩效可能产生的显著影响（聂辉华等，2009）。

（3）出口比率。以出口产品占总产出的比重来衡量。出口对企业对外直接投资决策有重要影响，但影响方向并不确定。一方面，出口和 OFDI 是进入海外市场互为替代的两种方式。即出口产品满足国外需求，或者输出资本在当地生产。两者应该呈负相关。另一方面，部分 OFDI 是为了促进产品出口。同时也有证据显示，由于在贸易中所获得的经验和渠道，母国和东道国现有的贸易关系有利于促进其进行对外直接投资（Blonigen，2001），两者则是互补的关系，即呈正相关。

（4）资本密集度。以固定资产净值年平均余额除以从业人员年平均人数来衡量。资本密集度变量的引入是为了遵从现有文献（例如，Head and Ries，2003；葛顺奇、罗伟，2013）以控制不同行业的固定资产对劳动生产率的影响。

（5）是否有外资股份。根据企业登记注册类型确定，"港澳台商投资企业"和"外商投资企业"记为 1，否则记为 0。有外资股份的企业已经具备了一定的海外经验，可能影响其对外直接投资行为（蒋冠宏等，2013）。

（6）人均管理成本。以企业管理成本与从业人员的比值来衡量。管理专业化程度依赖于专职的管理人员和管理部门，是企业重要的竞争优势，有助于企业进行 OFDI（Chandler，1977）。而管理人员脱离生产的负面效应是人均管理成本的提高。因此参考葛顺奇、罗伟（2013），用人均管理成本变量控制企业内部管理专业化程度的影响。

（7）年份、地区和行业虚拟变量。为了控制对外直接投资决策的时间波动、地区和行业差异，本章还引入了年份、地区和行业虚拟变量。

---

① 我们尝试过用 Olley and Pakes(1996)的方法计算全要素生产率，并将其纳入回归中。但是由于我们数据样本只有 3 年，且 OFDI 企业和非 OFDI 企业数目相差较大。用 Olley and Pakes(1996)的方法还要损失 1 年的数据，最后在回归中没有跑出结果。而用 LP 方法(Levinsohn and Petrin, 2003)采用中间投入而非投资作为全要素生产率估计的工具变量，的确减少了 Olley and Pakes(1996)方法下的样本量损失，可是 LP 方法没有考虑企业进入退出所带来的样本选择偏误（我们的样本中企业进入退出较为普遍，超过 10%）。另外中间投入没有相应的价格平减指数，而中间投入品中进口品价格和国内产品价格往往差异较大，用统一的价格指数也会带来偏差(Yu, 2014)，所以我们就没有用全要素生产率来衡量企业生产率。用劳动生产率来衡量企业生产率的确有其局限性，但在本章中使用起来问题不会太大。一是本章最核心的变量是融资约束；二是我们控制了资本密集度变量，这样人均产出和生产效率具有严格的正向关系（葛顺奇、罗伟，2013）；三是劳动生产率是文献中较为广泛使用的生产率度量（例如，Helpman et al., 2004），有助于使得我们的结果与现有文献具有可比性。

我们的回归对异方差也进行了调整。表 12-4 是除融资约束综合指标外，其他变量的描述性统计结果。在实证检验之前，先报告各主要变量的相关系数，以观察是否存在严重的多重共线性问题，具体见表 12-5。从表 12-5 可知，核心解释变量融资约束与其他控制变量的相关性均不高。因此可以认为不存在严重的多重共线性问题。

表 12-4 统计描述

变量	非 OFDI	OFDI	贸易型 OFDI	生产型 OFDI	到发达经济体 OFDI	到发展中国家 OFDI
OFDI 投资额	—	3.346	3.016	4.849	3.220	3.639
		(1.464)	(1.235)	(1.529)	(1.368)	(1.634)
生产率	4.021	4.281	4.259	4.287	4.263	4.323
	(0.781)	(0.818)	(0.818)	(0.762)	(0.858)	(0.716)
税率	0.034	0.025	0.026	0.024	0.025	0.024
	(0.947)	(0.024)	(0.024)	(0.025)	(0.025)	(0.022)
出口比率	0.262	0.534	0.541	0.532	0.545	0.507
	(0.390)	(0.374)	(0.372)	(0.369)	(0.371)	(0.380)
资本密集度	0.843	1.091	1.005	1.115	1.132	0.997
	(2.279)	(1.742)	(1.317)	(1.650)	(1.936)	(1.170)
是否有外资股份	0.170	0.290	0.278	0.342	0.301	0.266
	(0.375)	(0.454)	(0.449)	(0.478)	(0.459)	(0.443)
管理成本	16.086	21.579	20.798	19.916	21.949	20.715
	(50.828)	(25.353)	(23.911)	(17.386)	(25.650)	(24.703)

注：表中所列数据为各类指标的统计均值，括号内数值为标准误差。

表 12-5 解释变量相关系数矩阵

	融资约束1	融资约束2	生产率	税率	出口比率	资本密集度	是否有外资股份	管理成本
融资约束1	1							
融资约束2	0.715	1						
生产率	−0.262	−0.228	1					
税率	−0.003	−0.004	−0.003	1				
出口比率	−0.023	0.000	−0.155	−0.006	1			
资本密集度	−0.164	−0.171	0.275	0.001	−0.072	1		
是否有外资股份	−0.141	−0.165	0.022	−0.004	0.252	0.076	1	
管理成本	−0.061	−0.068	0.193	0.001	−0.031	0.582	0.042	1

第六节 模型估计结果

本章研究的是融资约束对企业海外直接投资决策与规模决定的影响。首先,我们进行了全样本估计。为与 Heckman 选择模型进行对照,我们还汇报了不考虑选择偏误的 Probit＋OLS 回归估计结果。随后,我们进一步分析了"贸易型"和"生产型"OFDI、OFDI 到发达经济体和 OFDI 到发展中经济体这彼此相对应的两大类、四小类投资所受融资约束的影响。其次,在发现融资约束对不同类型 OFDI 具有差异性的影响后,我们利用多重选择(Multinomial)Logit 模型辅以比较不同类型 OFDI 的投资规模,探讨了这一差异性影响背后的可能原因。最后,我们从两个方面进行了稳健性检验。一是为了处理模型设定中潜在的内生性问题,剔除曾经进行过对外直接投资企业的学习效应和已经支付的固定成本,我们针对在样本期间首次参与 OFDI 的企业进行实证分析。二是鉴于数据样本中 OFDI 企业和非 OFDI 企业数目相差太大,这可能带来回归结果偏差的问题。我们将没有 OFDI 的行业企业排除掉。同时,我们按照资本密集度分类,将资本密集结构接近的企业进行实证分析。以下汇报模型估计结果。

一、全样本估计结果

表 12-6 汇报了在全样本下不考虑选择偏误的 Probit＋OLS 回归估计结果以及使用 Heckman 模型调整选择效应后的回归估计结果。其中被解释变量为企业是否进行 OFDI 的虚拟变量以及投资额。关键解释变量融资约束指标分别采用本章所构造的综合指标 1 和综合指标 2。模型(1)和(3)不考虑选择因素对 OFDI 投资额的影响,分别用 Probit 和 OLS 的方法对企业对外直接投资的进入决策和投资规模进行回归。模型(2)和(4)采用 Heckman 两步法,即 Probit 回归后计算出选择效应大小,放入第二步对投资规模的回归方程中进行调整。从 Heckman 模型整体来看,各估计方程的 ρ 值系数都显著不为 0。这说明存在样本自选择问题,分别估计的确存在选择偏误问题,使用 Heckman 模型对企业海外直接投资行为进行估计是合适的。

从表 12-6 的回归结果可以发现,选择偏误带来的影响主要体现在两个方面:① 融资约束对企业 OFDI 规模的作用大小,用 Probit 和 OLS 分开估计时负向作用被高估。以综合指标 1 为例,Probit＋OLS 方法估计系数为 －0.318,Heckman 方法估计系数为－0.249。② 控制选择偏误后,对 OFDI

表 12-6 全样本回归结果：Probit+OLS 模型和 Heckman 选择模型

	融资约束为综合指标 1				融资约束为综合指标 2			
	(1) Probit+OLS		(2) Heckman		(3) Probit+OLS		(4) Heckman	
	是否 OFDI	OFDI 投资额	是否 OFDI	OFDI 投资额	是否 OFDI	OFDI 投资额	是否 OFDI	OFDI 投资额
融资约束	−0.104***	−0.318***	−0.104***	−0.249***	−0.071***	−0.216***	−0.071***	−0.171***
	(0.014)	(0.058)	(0.014)	(0.065)	(0.010)	(0.041)	(0.010)	(0.045)
生产率	0.161***	0.223	0.161***	0.074	0.168***	0.254*	0.168***	0.057
	(0.031)	(0.142)	(0.031)	(0.149)	(0.030)	(0.145)	(0.030)	(0.151)
税率	−2.823***	4.389	−2.823***	5.894	−2.743***	4.238	−2.743***	5.961
	(0.993)	(4.437)	(0.993)	(4.477)	(0.984)	(4.325)	(0.984)	(4.346)
出口比率	0.501***	−0.114	0.501***	−0.391	0.514***	0.094	0.514***	−0.250
	(0.057)	(0.293)	(0.057)	(0.301)	(0.057)	(0.295)	(0.057)	(0.297)
资本密集度	0.002	−0.044	0.002	−0.052	0.002	−0.048	0.002	−0.060
	(0.008)	(0.051)	(0.008)	(0.046)	(0.008)	(0.060)	(0.008)	(0.051)
是否有外资股份	0.015	−0.141	0.015	−0.142	0.007	−0.132	0.007	−0.133
	(0.051)	(0.203)	(0.051)	(0.200)	(0.051)	(0.201)	(0.051)	(0.197)
人均管理成本	−0.000	−0.002	−0.000	−0.002	−0.000	−0.001	−0.000	−0.001
	(0.000)	(0.004)	(0.000)	(0.003)	(0.000)	(0.004)	(0.000)	(0.004)
上期是否 OFDI	1.150***		1.150***		1.169***		1.169***	
	(0.099)		(0.099)		(0.098)		(0.098)	
年份虚拟变量	是	是	是	是	是	是	是	是
地区虚拟变量	是	是	是	是	是	是	是	是
行业虚拟变量	是	是	是	是	是	是	是	是
观测值	79 707	305	79 707	305	79 707	305	79 707	305
R^2	0.124	0.277	0.124	0.293	0.124	0.275	0.124	0.300
ρ			−0.652**				−0.790***	
LR chi^2	497.05		497.05		494.58		494.58	

注：括号内表示的是标准误差，表中 R^2 在决策方程中汇报的是 Pseudo R^2 结果，规模方程中汇报的是 R^2 结果。回归对异方差进行了调整。变量定义见上文所述。*、**、*** 分别代表估计系数通过 10%、5% 和 1% 显著性水平检验。

投资额方程回归的 R2 增大,模型解释力增强。此外,我们就 Heckman 回归结果来分析各个解释变量的影响。

融资约束在决策和规模两方面均抑制了企业的对外直接投资行为。在企业是否进行 OFDI 决策方程中,融资约束的综合指标 1 和综合指标 2 的估计系数都为负(分别为 -0.104 和 -0.071),且通过了 1% 的显著性水平检验。这表示指标值越大,企业面临的融资约束越大,企业对外直接投资的概率越小。计算边际影响,在其他解释变量取均值时,融资约束的综合指标 1 和综合指标 2 每增加 1 单位,企业对外直接投资的概率分别减小 0.060% 和 0.042%。在企业对外直接投资额的决定方程中,融资约束的综合指标 1 和综合指标 2 的估计系数同样为负(分别为 -0.249 和 -0.171),同样通过了 1% 的显著性水平检验。这说明,企业一旦开始进行对外直接投资,其投资规模也与企业融资环境息息相关。具体而言,企业面临的融资约束越大,企业 OFDI 规模越小。Todo(2011)同样在日本企业对外直接投资中发现了融资约束的负面影响,但是结果却不显著。这可能表明融资约束对企业海外投资的抑制作用在中国更为显著。

其他解释变量的影响。① 生产率显著正面提高企业对外直接投资的概率,但对投资规模没有显著影响。在企业是否进行对外直接投资决策方程中,不管是在回归模型(2)还是在(4)中,企业生产率系数都为正,且通过了 1% 显著性水平检验。可见,企业生产率越高,其进行对外直接投资的概率越大。这一结果支持异质性企业海外市场进入理论所发现的自选择效应,即生产率最低的企业只服务国内市场,生产率更高的企业从事出口,而生产率最高的企业从事对外直接投资(Helpman et al.,2004)。然而,在企业对外直接投资额决定方程中,不管是在回归模型(2)还是在(4)中,企业生产率系数虽然都为正但并不显著。可见,在显著影响企业的对外直接投资概率后,生产率对之后的投资规模没有产生显著影响。② 企业税率的降低显著增加其对外直接投资的概率,但对投资规模没有显著影响。③ 出口比率对企业海外直接投资的概率有显著的正面影响,但对投资规模的影响不显著。④ 是否有外资股份和人均管理成本均对企业海外直接投资行为没有产生显著影响。

二、不同类型 OFDI 估计结果

稳健起见,这一部分将分析不同类型 OFDI 所受融资约束的影响。根据机构分布(见表 12-2)和东道国的收入水平,本章将中国对外直接投资分为各自相对应的两大类:"贸易型"和"生产型"OFDI[①];OFDI 到发达经济体和 OFDI 到发展中经济体。我们将这两大类、四小类 OFDI 类型与非 OFDI 企业组成新的子样本进行 Heckman 选择模型回归。估计结果在表 12-7 中列出。

如表 12-7 所示,从 ρ 值的结果可以看出,海外市场固定成本带来的选择偏误在"贸易型"OFDI 和 OFDI 到发达经济体中显著存在,即回归(1)、(3)、(5)、(7)。对于这两个子样本,回归结果与全样本估计相一致。无论是使用综合指标 1 还是综合指标 2,融资约束在广延边际和集约边际两方面均显著抑制了企业 OFDI 行为。具体而言,一方面,在回归(1)、(3)、(5)、(7)的进入决策方程中,融资约束的综合指标 1 和综合指标 2 的估计系数都为负且通过了 1% 显著性水平检验。这表明企业面临的融资约束越大,企业"贸易型"OFDI 和 OFDI 到发达经济体的概率越小。另一方面,对于企业对外直接投资额决定方程,融资约束的估计系数同样为负且通过了 1% 显著性水平检验。这说明企业面临的融资约束越大,企业"贸易型"OFDI 和 OFDI 到发达经济体的投资规模越小。此外,与全样本估计结果相一致,生产率显著正面影响企业对外直接投资的概率,但对投资规模没有显著影响。

由于 ρ 值在表 12-7 回归(2)、(4)、(6)、(8)中不显著,这说明 Heckman 选择模型对于"生产型"OFDI 和 OFDI 到发展中经济体的投资额决定方程估计无效。考虑到 Heckman 选择模型分为两步,第一步是对 OFDI 决策的 Probit 回归,然后计算出一个选择带来的影响变量放入第二步 OLS 回归中。因此样本"生产型"OFDI 和 OFDI 到发展中经济体第一步决策方程的回归结果仍然有效。也就是说,根据表 12-7,在回归(2)、(4)、(6)、(8)的企业是否进行 OFDI 决策方程中,融资约束的综合指标 1 和综合指标 2 的估计系数都为负且通过了 1% 显著性水平检验。这表明企业面临的融资约束越大,企业"生产型"OFDI 和 OFDI 到发展中经济体的概率越小。

但是对于回归(2)、(4)、(6)、(8)第二步规模方程的回归结果,因为选择影响变量的系数不显著而不再有效。于是假如不考虑样本偏误,重新对"生产型"OFDI 和 OFDI 到发展中经济体的投资规模进行 OLS 回归,结果见表 12-8。可见融资约束对"生产型"OFDI 的投资规模没有显著影响,对 OFDI 到发展中经济体的投资规模有显著负向影响,显著性水平为 5%。

---

① 对于其他类型(例如建筑和房地产、开采资源、研发、工业园等),由于比重不高(根据表 12-2,在项目数量上占比为 10.15%,在投资额上占比为 28.28%)不列入分类样本进行考察。

表 12-7 Heckman 选择模型回归结果：不同类型 OFDI

	融资约束为综合指标 1				融资约束为综合指标 2			
	(1) 贸易型 OFDI		(2) 生产型 OFDI		(3) 贸易型 OFDI		(4) 生产型 OFDI	
	是否 OFDI	OFDI 投资额	是否 OFDI	OFDI 投资额	是否 OFDI	OFDI 投资额	是否 OFDI	OFDI 投资额
融资约束	−0.091***	−0.207***	−0.147***	0.151	−0.058***	−0.127***	−0.101***	0.065
	(0.016)	(0.067)	(0.031)	(0.300)	(0.011)	(0.047)	(0.020)	(0.266)
生产率	0.166***	0.124	0.061	1.392*	0.175***	0.137	0.067	1.311*
	(0.035)	(0.140)	(0.064)	(0.712)	(0.034)	(0.142)	(0.062)	(0.697)
观测值	76 040	241	71 373	54	76 040	241	71 373	54
R^2	0.120	0.317	0.115	0.810	0.118	0.310	0.116	0.808
ρ	−0.534**		−0.437		−0.596**		−0.472	
LR chi^2	389.71		101.99		383.63		103.00	
	(5) OFDI 到发达经济体		(6) OFDI 到发展中经济体		(7) OFDI 到发达经济体		(8) OFDI 到发展中经济体	
	是否 OFDI	OFDI 投资额	是否 OFDI	OFDI 投资额	是否 OFDI	OFDI 投资额	是否 OFDI	OFDI 投资额
融资约束	−0.099***	−0.245***	−0.104***	−0.413**	−0.065***	−0.161***	−0.074***	−0.246*
	(0.017)	(0.073)	(0.023)	(0.195)	(0.011)	(0.052)	(0.016)	(0.128)
生产率	0.173***	0.054	0.111**	0.290	0.182***	0.044	0.114**	0.284
	(0.036)	(0.166)	(0.051)	(0.480)	(0.035)	(0.171)	(0.050)	(0.485)
观测值	77 050	207	68 470	98	77 050	207	68 470	98
R^2	0.124	0.420	0.109	0.460	0.122	0.420	0.110	0.459
ρ	−0.718**		0.091		−0.855***		−0.252	
LR chi^2	353.76		161.90		349.55		162.40	

注：不同类型 OFDI 的 Heckman 回归模型其他控制变量与表 12-5 相同，限于篇幅本处未做报告，感兴趣的读者可向作者索取。在 R^2 一栏，决策方程汇报 Pseudo R^2 结果，规模方程汇报 R^2 结果。回归对异方差进行了调整，并控制了年份、地区和行业固定效应。括号内表示的是标准误差，*、**、*** 分别代表估计系数通过 10%、5% 和 1% 显著性水平检验。

表 12-8　不考虑选择偏误的 OLS 回归结果:"生产型"
OFDI 和 OFDI 到发展中经济体

因变量: OFDI 投资额	融资约束为综合指标 1		融资约束为综合指标 2	
	(1) 生产型 OFDI	(2) OFDI 到 发展中经济体	(3) 生产型 OFDI	(4) OFDI 到 发展中经济体
融资约束	0.092	−0.406**	0.014	−0.255**
	(0.251)	(0.189)	(0.192)	(0.124)
生产率	1.484**	0.270	1.403**	0.344
	(0.623)	(0.394)	(0.659)	(0.404)
税率	49.499***	8.035	48.697**	8.365
	(16.258)	(10.407)	(17.903)	(10.751)
出口比率	1.918**	1.322**	1.837**	1.449**
	(0.884)	(0.640)	(0.840)	(0.643)
资本密集度	0.625*	−0.231	0.596*	−0.212
	(0.302)	(0.217)	(0.294)	(0.241)
是否有外资股份	0.194	0.714	0.164	0.723
	(0.919)	(0.541)	(0.926)	(0.549)
人均管理成本	−0.054**	−0.010*	−0.052**	−0.010*
	(0.023)	(0.006)	(0.024)	(0.005)
年份虚拟变量	是	是	是	是
地区虚拟变量	是	是	是	是
行业虚拟变量	是	是	是	是
观察值	54	98	54	98
R^2	0.808	0.460	0.807	0.459

注:回归对异方差进行了调整。括号内表示的是标准误差。*、**、*** 分别代表估计系数通过 10%、5%和 1%显著性水平检验。

综上所述,融资约束对中国民营企业海外直接投资的影响可分为两点:一是融资约束显著降低所有民营企业对外直接投资的概率。二是融资约束对"贸易型"OFDI 投资规模有显著负面作用,但是对"生产型"的投资规模没有显著影响;融资约束对投资到发达经济体和发展中国家的投资规模都有显著负面作用,且前者的显著性水平更高。

三、不同类型 OFDI 估计结果存在差异性的进一步验证

为什么融资约束对中国民营企业不同类型海外直接投资的影响存在差异?原因可能和相应投资类型的特性有关。一方面,"生产型"OFDI 的目的在于利用东道国的市场、劳动力或者资源优势投资设厂、组织生产,相对于"贸易型"投资周期更长,在进入市场前会更谨慎地考虑自身的融资能力。因

此,对于决定进行"生产型"OFDI 的企业而言,其融资能力可能已经达到较高水平,从而不再进一步地对投资规模形成约束。另一方面,发展中国家的经济条件相对落后,制度不够完善,中国企业面临的投资风险更大,风险反映在资金链上就是企业的融资能力(张明、王永中,2014)。因此决定投资到发展中经济体的企业融资能力可能相对更高。融资问题不再进一步对部分企业的投资规模形成约束。于是整体而言,融资约束对投资规模负面影响的显著程度下降。这一想法得到表 12-3 中描述性统计结果的初步支持,即"生产型"OFDI 企业的平均融资能力高于"贸易型"企业,投资到发展中经济体企业的平均融资能力高于投资到发达经济体企业。也就是说,"生产型"OFDI/OFDI 到发展中经济体可能比"贸易型"OFDI/OFDI 到发达经济体更为谨慎,更重视融资约束可能带来的负面影响。于是在设定了更高的融资能力门槛(融资约束指标更低)后,才决定进行海外直接投资。

为了进一步验证以上判断,是否进行"生产型"OFDI 和 OFDI 到发展中国家的决策在融资约束方面的考量更为审慎,我们使用多重选择 Logit 模型进行回归分析:分别将企业决策分为不进行 OFDI、"贸易型"OFDI、"生产型"OFDI 三类,和不进行 OFDI、OFDI 到发达经济体、OFDI 到发展中经济体三类,分别赋值为 0、1 和 2,估计以下多重选择 Logit 模型:

$$\Pr[y_{it}=j] = \frac{\exp(\alpha+\beta_j \mathrm{FC}_{it}+\gamma_j C_{it}+Yd+Id+Ctd)}{\sum_{k=0,1,2}\exp(\alpha+\beta_j \mathrm{FC}_{it}+\gamma_j C_{it}+Yd+Id+Ctd)}$$

其中,j 是企业状态,0 为不进行 OFDI,1 为"贸易型"OFDI/OFDI 到发达经济体,2 为"生产型"OFDI/OFDI 到发展中经济体。FC_{it} 为融资约束变量。C_{it} 为控制变量,仍然和前文中的变量保持一致,包括企业生产率、税率、出口比率、资本密集度、是否外资企业、人均管理成本和上期 OFDI 虚拟变量。Yd 是年份虚拟变量,Id 是行业虚拟变量,Ctd 是地区虚拟变量。

多重选择 Logit 模型估计结果见表 12-9。可以发现,无论是使用综合指标 1 还是综合指标 2 来衡量,融资约束对两大类四小类 OFDI 均起到显著负向作用,且显著水平均在 1%。我们更为关注的是融资约束对选择进入不同类型 OFDI 概率的边际影响。以综合指标 1 为例,以企业不进行 OFDI 为基准(即选项为 0),当融资约束指标减小 1 单位,企业进行"贸易型"OFDI 的概率增加 0.078%,而进行"生产型"OFDI 的概率仅增加 0.033%;OFDI 到发达经济体的概率增加 0.075%,而 OFDI 到发展中经济体的概率仅增加 0.040%。即融资约束改善对"生产型"OFDI 和 OFDI 到发展中经济体的促进作用要显著小于"贸易型"OFDI 和 OFDI 到发达经济体。也就是说,要使"生产型"和 OFDI 到发展中经济体的概率增加程度与"贸易型"和 OFDI 到发

表 12-9 多重选择 Logit 模型回归结果

	融资约束为综合指标 1				融资约束为综合指标 2			
	(1)		(2)		(3)		(4)	
	贸易型 OFDI	生产型 OFDI	OFDI 到发达经济体	OFDI 到发展中经济体	贸易型 OFDI	生产型 OFDI	OFDI 到发达经济体	OFDI 到发展中经济体
融资约束	-0.265*** (0.045)	-0.500*** (0.101)	-0.296*** (0.049)	-0.333*** (0.073)	-0.165*** (0.030)	-0.312*** (0.061)	-0.187*** (0.032)	-0.223*** (0.047)
融资约束的边际影响	-0.078	-0.033	-0.075	-0.040	-0.049	-0.021	-0.047	-0.027
生产率	0.482*** (0.097)	0.210 (0.205)	0.503*** (0.102)	0.383** (0.153)	0.508*** (0.094)	0.248 (0.197)	0.529*** (0.099)	0.398*** (0.149)
税率	-6.568** (3.132)	-13.749** (6.915)	-5.028 (3.302)	-14.952** (5.256)	-6.254** (3.105)	-13.048* (6.819)	-4.813 (3.273)	-14.283*** (5.179)
出口比率	1.459*** (0.181)	1.073*** (0.383)	1.410*** (0.195)	1.231*** (0.285)	1.485*** (0.179)	1.145*** (0.377)	1.440*** (0.193)	1.274*** (0.281)
资本密集度	-0.001 (0.030)	-0.014 (0.074)	0.010 (0.018)	-0.093 (0.101)	0.002 (0.026)	-0.009 (0.062)	0.010 (0.017)	-0.070 (0.093)
是否有外资股份	-0.012 (0.157)	0.203 (0.327)	0.092 (0.165)	-0.173 (0.258)	-0.031 (0.158)	0.156 (0.327)	0.069 (0.166)	-0.220 (0.259)
人均管理成本	-0.000 (0.001)	0.000 (0.002)	-0.000 (0.001)	0.002 (0.002)	-0.000 (0.001)	0.000 (0.002)	-0.001 (0.001)	0.001 (0.002)
上期是否 OFDI	2.483*** (0.231)	2.804*** (0.431)	2.638*** (0.238)	2.407*** (0.355)	2.553*** (0.230)	2.863*** (0.430)	2.707*** (0.236)	2.466*** (0.354)
年份虚拟变量	是	是	是	是	是	是	是	是
地区虚拟变量	是	是	是	是	是	是	是	是
行业虚拟变量	是	是	是	是	是	是	是	是
观测值	79 781		79 791		79 781		79 791	
Pseudo R^2	0.124		0.126		0.122		0.124	

注：融资约束变量对 OFDI 行为的边际影响结果列在回归系数结果下一行。括号内表示的是标准误差，*、**、*** 分别代表估计系数通过 10%、5% 和 1% 显著性水平检验。

达经济体相同,融资约束要有更大程度的改善。当融资约束指标换为综合指标 2 时,也得到了类似结果。

这一结果验证了我们之前的看法,企业在决策是否要进行"生产型"OFDI 以及是否要投资到发展中国家时,融资约束改善能够起到的正面作用更小,企业进入海外市场选择更为谨慎。因此融资约束对"生产型"OFDI 仅起到广延边际上的作用,而无集约边际上的影响;对 OFDI 到发展中国家仍存在集约边际影响,但显著程度小于 OFDI 到发达经济体。

企业决策差异的原因可能来自不同投资目的和不同东道国的特定风险。虽然我们的数据不能直接验证这一点,但是通过不同类型 OFDI 的规模对比可以有所体现(见表 12-10)。从整体上来看,"生产型"OFDI 和 OFDI 到发展中经济体的投资规模分别相对于"贸易型"OFDI 和 OFDI 到发达经济体显著更高,同时"生产型"OFDI 的投资规模相对于 OFDI 到发展中经济体显著更高。这一整体的规模差异应当由不同投资类型的特性决定,而非单一企业对规模的决策决定。大规模投资风险相对更高,所以企业在进入海外市场的选择上更为谨慎。在做出是否进行 OFDI 选择决策时会充分考虑融资约束的不利影响,从而降低融资因素对随后投资规模影响的显著程度,甚至使得融资因素不再对投资规模有进一步的显著影响。

表 12-10 不同类型 OFDI 投资规模比较

	OFDI 投资额	观察值
贸易型 OFDI	3.016	435
生产型 OFDI	4.849	76
差值	−1.833***	
	(0.159)	
OFDI 到发达经济体	3.220	369
OFDI 到发展中经济体	3.639	158
差值	−0.419***	
	(0.138)	
OFDI 到发展中经济体	3.048	109
生产型 OFDI	4.657	27
差值	−1.609***	
	(0.298)	

注:括号内表示的是标准误差,*、**、*** 分别代表显著性水平为 10%、5%和 1%。

四、稳健性检验

（一）首次对外直接投资

为了处理模型设定中潜在的内生性问题,剔除曾经进行过对外直接投资企业的学习效应和已经支付的固定成本,我们将在样本期间首次参与 OFDI 的企业和一直没有进行过 OFDI 的企业从数据中分离出来。基于对这些企业构成的子样本用 Probit 概率模型估计 OFDI 决策行为,用 OLS 回归估计投资规模行为,分别对区分投资类型和投资国家的样本进行了检验,区分"贸易型"和"生产型"OFDI 的估计结果见表 12-11。

从表 12-11 的结果可以发现,即使对于首次进行对外直接投资的企业,无论使用综合指标 1 还是综合指标 2,融资约束仍然在决策和规模两方面均对企业"贸易型"海外直接投资行为有显著的负面影响。而对于"生产型"对外直接投资来说,企业面临的融资约束越高,其进行对外直接投资的可能性越小,对投资规模的影响则不显著。此外,区分"发达经济体"和"发展中经济体"投资对象的子样本回归中,融资约束的影响结果也和上一部分完全一致。[①]

（二）资本密集结构相近的样本

鉴于数据样本中 OFDI 企业和非 OFDI 企业数目相差太大,这可能带来回归结果偏差的问题。我们将没有 OFDI 的行业企业排除掉。同时,我们按照资本密集度分类,将资本密集结构接近的企业进行比较。具体而言,我们以资本密集度水平在行业内任一 OFDI 企业的资本密集度水平上下 10% 波动范围内为标准,对非 OFDI 企业进行筛选。对新构成的样本再次进行回归(见表 12-12)。经过这些处理后,新样本中非 OFDI 企业数目由原来的 135 735 缩减到 82 747。结果显示融资约束对企业"贸易型"OFDI 的双重抑制(概率和规模)、对"生产型"OFDI 的投资概率抑制作用依然显著成立,区分投资国家子样本进行回归的结果也同样稳健。[②]

---

① 限于篇幅此处未列出结果,感兴趣的读者可向作者索取。
② 同上。

表12-11 首次对外直接投资回归结果:贸易型和生产型

	融资约束为综合指标1				融资约束为综合指标2			
	(1) 贸易型OFDI		(2) 生产型OFDI		(3) 贸易型OFDI		(4) 生产型OFDI	
	是否OFDI	OFDI投资额	是否OFDI	OFDI投资额	是否OFDI	OFDI投资额	是否OFDI	OFDI投资额
融资约束	-0.116***	-0.243***	-0.163***	0.178	-0.063***	-0.122***	-0.096***	0.000
	(0.013)	(0.050)	(0.029)	(0.238)	(0.009)	(0.033)	(0.018)	(0.150)
生产率	0.152***	0.163	0.026	1.148	0.170***	0.227**	0.048	0.879
	(0.028)	(0.111)	(0.062)	(0.696)	(0.027)	(0.115)	(0.059)	(0.664)
税率	-3.183***	1.181	-5.680***	20.885	-3.007***	2.415	-5.744***	19.900
	(0.851)	(2.655)	(1.944)	(17.429)	(0.841)	(2.587)	(1.920)	(19.924)
出口比率	0.448***	0.013	0.270***	0.949	0.451***	0.046	0.266***	1.065
	(0.041)	(0.200)	(0.073)	(1.059)	(0.041)	(0.203)	(0.070)	(1.048)
资本密集度	-0.023	-0.034	-0.040	0.174	-0.016	0.001	-0.032	0.171
	(0.016)	(0.098)	(0.043)	(0.884)	(0.014)	(0.094)	(0.039)	(0.863)
是否有外资	0.000	-0.125	0.046	0.516	0.004	-0.146	0.041	0.306
	(0.045)	(0.144)	(0.095)	(0.801)	(0.045)	(0.146)	(0.095)	(0.784)
人均管理成本	0.001	-0.001	0.001	-0.023	0.000	-0.002	0.001	-0.017
	(0.000)	(0.003)	(0.001)	(0.027)	(0.000)	(0.003)	(0.001)	(0.028)
年份虚拟变量	是	是	是	是	是	是	是	是
地区虚拟变量	是	是	是	是	是	是	是	是
行业虚拟变量	是	是	是	是	是	是	是	是
观测值	111706	366	100538	58	111706	366	100538	58
R^2	0.087	0.268	0.093	0.694	0.080	0.244	0.084	0.686

注:回归对异方差进行了调整。括号内表示的是标准误差。在 R^2 一栏,Probit 回归汇报 Pseudo R^2 结果,OLS 回归汇报 R^2 结果。*、**、*** 分别代表估计系数通过10%、5%和1%显著性水平检验。

表 12-12 资本结构相近的样本回归结果：贸易型和生产型

	融资约束为综合指标 1				融资约束为综合指标 2			
	(1) 贸易型 OFDI		(2) 生产型 OFDI		(3) 贸易型 OFDI		(4) 生产型 OFDI	
	是否 OFDI	OFDI 投资额	是否 OFDI	OFDI 投资额	是否 OFDI	OFDI 投资额	是否 OFDI	OFDI 投资额
融资约束	−0.067***	−0.205***	−0.141***	0.156	−0.050***	−0.118**	−0.101***	0.073
	(0.017)	(0.067)	(0.033)	(0.303)	(0.012)	(0.048)	(0.021)	(0.275)
生产率	0.130***	0.146	0.031	1.401*	0.131***	0.162	0.033	1.322*
	(0.040)	(0.139)	(0.074)	(0.681)	(0.040)	(0.142)	(0.072)	(0.671)
税率	−1.855	4.837	−4.170*	50.039***	−1.776	4.929	−4.176*	49.678***
	(1.144)	(3.514)	(2.259)	(16.327)	(1.136)	(3.544)	(2.239)	(18.378)
出口比率	0.549***	−0.318	0.310***	1.627	0.561***	−0.210	0.337***	1.500
	(0.067)	(0.320)	(0.127)	(1.466)	(0.067)	(0.325)	(0.126)	(1.462)
资本密集度	0.066***	−0.202**	−0.014	0.573	0.067***	−0.183**	−0.009	0.539
	(0.025)	(0.089)	(0.053)	(0.388)	(0.025)	(0.087)	(0.050)	(0.366)
是否有外资	−0.001	−0.034	0.079	0.069	−0.010	−0.053	0.060	0.048
	(0.059)	(0.184)	(0.109)	(1.008)	(0.059)	(0.184)	(0.110)	(0.970)
人均管理成本	0.003***	−0.004	0.003***	−0.056**	0.003***	−0.005	0.003*	−0.054*
	(0.001)	(0.003)	(0.002)	(0.024)	(0.001)	(0.003)	(0.002)	(0.026)
上期是否 OFDI	0.965***		0.905***		0.970***		0.909***	
	(0.109)		(0.183)		(0.109)		(0.182)	
年份虚拟变量	是	是	是	是	是	是	是	是
地区虚拟变量	是	是	是	是	是	是	是	是
行业虚拟变量	是	是	是	是	是	是	是	是
观测值	48 753	232	47 095	52	48 753	232	47 095	52
R^2	0.118	0.327	0.125	0.808	0.119	0.318	0.129	0.806
ρ	−0.617**		−0.498		−0.696**		−0.553	
LR chi2	347.36		101.68		349.86		104.97	

注：回归对异方差进行了调整。括号内表示的是标准误差。在 R^2 一栏，决策方程汇报 Pseudo R^2 结果，规模方程汇报 R^2 结果。*、**、*** 分别代表估计系数通过 10%、5% 和 1% 显著性水平检验。

第七节 结 论

通过采用浙江省制造业企业对外直接投资的数据,并使用两种方法构造包括内源资金约束、外源资金约束、投资机会等在内的融资约束综合指标,本章考察了融资约束对中国民营企业海外直接投资的影响,得到的主要结论如下。

本研究发现在控制了企业生产率的同时,融资约束在中国民营企业对外直接投资决策中发挥了显著且有影响力的负面作用。融资环境影响企业是否有能力为其 OFDI 的投入进行融资。这一影响不仅仅体现在对外直接投资的可能性上,也体现在投资规模上。具体而言,本研究发现融资约束越低的民营企业,有越大的概率进行对外直接投资,而且投资额也更大。因此,企业融资约束环境的改善一方面能够有效地提高企业对外直接投资的可能性,另一方面对企业投资规模的扩张也有促进作用。

同时,本研究还发现融资环境对中国民营企业海外直接投资的影响与投资类型相关。虽然在投资决策方面,融资约束显著降低所有民营企业 OFDI 的概率。但是在投资规模方面,融资约束对"贸易型"OFDI 和投资到发达经济体有显著负面影响,对投资到发展中经济体负面影响的显著度下降,对"生产型"OFDI 的投资规模则没有显著影响。这一差异与相应投资类型的特性有关。投资到发展中经济体的投资风险大都高于投资到发达经济体,"生产型" OFDI 相对于"贸易型"投资周期更长,企业投资相应更为审慎。因此决定进行"生产型" OFDI 或投资在发展中经济体的企业,融资能力相对更高。尤其是"生产型" OFDI 相对投资规模最大、风险最大,选择进行投资后,融资能力不再对进一步的投资规模形成约束。

本章的研究为中国进一步实施"走出去"战略提供了如下启示。自从 2000 年提出"走出去"战略以来,中国政府十分重视对外直接投资,并且为中国企业海外直接投资提供了诸多政策支持。在资金层面上,主要包括政策性贷款、财政补贴和专项基金以及与国内外机构合资设立的产业投资基金和发展基金。这些资金支持对于企业境外直接投资,尤其是特定行业和目的国的境外直接投资无疑有促进作用。但是,大部分政策性机构主要支持的是大型项目和国有企业,而其他专项资金的规模都普遍较小,因此都难以弥补中国民营中小企业所面临的融资约束问题。尽管中小企业的金融约束是一个世界性难题,而在资本项目存在管制和大量金融抑制的中国则更为严峻。本章研究发现融资约束对于中国民营企业海外直接投资有显著负面作用。在融资约束制约下,那些有更强生命力、更高生产率、更大竞争力的民营企业很可能被关在对外直接投资机遇的大门外。这对于提高中国资本利用效率和转变经济增长模式都非常不利。中国政府因此应该致力于解决民营企业海外直接投资所面临的融资约束问题,尤其是更多地支持规模更大、风险更高的"生产型" OFDI,从而让对外直接投资真正发挥提高中国经济竞争力、转移过剩和落后产能的作用。

附　　录

第二章

如正文中的理论模型中提到的,我们首先求解 A 和 A^f。将 $p_j^i = \dfrac{A+\theta_j i}{2b}$ 对 i 求积分,可得生产者 j 的价格指数为:

$$p_j = \int_0^{s_j} \frac{A+\theta_j i}{2b} di = \frac{1}{2} A s_j + \frac{1}{4} \theta_j s_j^2$$

令中国市场中中国企业的平均生产效率为 $\bar{\psi} = \dfrac{w}{\theta} = E\left(\dfrac{w}{\theta_j}\right)$。相应地,我们对 s_j 取期望值,并定义 $s = E(s_j) = \dfrac{A}{w/\bar{\psi}} - 2\sqrt{bF_k}$。根据 M 和 P 的定义,我们有:

$$M = 1 + s$$

$$P = \frac{1}{2} A s + \frac{1}{4}(A - 2\sqrt{b\theta}) s + \frac{A+g}{2}$$

代入式(2-6),可得:

$$A = 2 \times \left[\sqrt{\left(0.5 + \frac{\gamma}{\beta}\right)^2 \theta^2 + \theta\left(-\frac{2\alpha\gamma}{\beta} + 0.5g\right) + b\theta^2 F_k} - \theta\left(0.5 + \frac{\gamma}{\beta}\right)\right]$$

将 s_j 对 θ_j 求导可得:

$$\frac{\partial s_j}{\partial \theta_j} < 0, \quad \frac{\partial s_j}{\partial \psi_j} > 0$$

同理,将 $p_j^{fi} = \dfrac{\varepsilon^f A^f + \theta_j i g^f}{2}$ 对 i 求积分,可得中国生产者 j 在外国 f 的价格指数为:

$$p_j^f = \int_0^{e_j} \frac{\varepsilon^f A^f + \theta_j i g^f}{2} di = \frac{1}{2} \varepsilon^f A^f e_j + \frac{1}{4} \theta_j g^f e_j^2$$

令出口市场中中国企业的平均生产效率为:

$$\psi_f = \frac{w}{\theta_f} = E\left[\frac{w}{\theta_j}\bigg| e_f > 0\right]$$

相应地，我们定义：

$$e_f = E(e_j^f) = \frac{\varepsilon^f A^f}{w/\psi_f g^f}$$

根据 M^f 和 P^f 的定义：

$$M^f = 1 + e^f$$

$$P^f = \frac{A^f}{2} + \frac{\varepsilon^f(A^f + g^f)}{2} + \frac{1}{4}\varepsilon^f A^f e^f$$

代入式(2-7)，可得：

$$A^f = \sqrt{\left(1+\frac{2\gamma}{\beta}\right)^2 \theta_f^2 g_f^2 + 4\theta_f g_f\left(-\frac{2\alpha\gamma}{\beta}+0.5g_f\right) + 4b\varepsilon^{f2}\theta_f^2 g_f^2} - \theta_f g_f\left(1+\frac{2\gamma}{\beta}\right)$$

将 A^f 表达式代入式(2-7)，我们有：

$$e_j^f = \max\left[0, \frac{1}{\theta_j g_j}\left(\varepsilon^f \sqrt{\left(1+\frac{2\gamma}{\beta}\right)^2 \theta_f^2 g_f^2 + 4b\varepsilon^{f2}\theta_f^2 g_f^2 + 4\theta_f g_f\left(-\frac{2\alpha\gamma}{\beta}+0.5g_f\right)}\right.\right.$$

$$\left.\left.-\varepsilon^f\left(1+\frac{2\gamma}{\beta}\right)\theta_f g_f - 2\varepsilon^f \theta_j \sqrt{bF_f}\right)\right]$$

另外，根据企业 j 在外国的定价策略：

$$q_j^{fi} = \frac{\varepsilon^f A^f - \theta_j i g^f}{2b\varepsilon^f}, \quad p_j^{fi} = \frac{\varepsilon^f A^f + \theta_j i g^f}{2}$$

我们有企业 j 出口的产品种类 i 的价值为：

$$V_j^{fi} = \frac{(\varepsilon^f A^f)^2 - (\theta_j i g^f)^2}{4b\varepsilon^f}$$

对于两个种类 i 和 i'，不妨令 $i < i'$，我们有两者的相对出口量之比为：

$$V_j^{fi}/V_j^{fi'} = \frac{(\varepsilon^f A^f)^2 - (\theta_j i g^f)^2}{(\varepsilon^f A^f)^2 - (\theta_j i' g^f)^2}$$

对上式求 ε^f 的偏导，我们有：

$$\partial(V_j^{fi}/V_j^{fi'})/\partial\varepsilon^f < 0$$

即当人民币贬值时，种类 i 的出口量相对种类 i' 下降（结论3）。

第三章

本附录详细阐述依照式(3-6)计算出口质量时，所需的各个变量 p_{ijgt}^*、φ_{it} 和 w_t，以及 α_{jg}、θ_g 和 σ_g 的计算方法和来源，具体做法与余淼杰、张睿(2015)一致。

一、出口离岸单价(p_{ijgt}^*)的计算

出口离岸单价的数据来自 2000—2006 年中国企业层面的海关进出口贸易数据库,这一数据由中国海关总署所统计和维护。该数据库中记录了每个企业每笔进出口交易的交易价值、交易数量、HS 8 位的产品类别、出口目的地等详细信息。如 Yu(2015)所发现的,中国的加工贸易出口在出口总量中占相当的份额。需要说明的是,由于加工贸易出口生产使用的全部中间品和部分资本品均来自进口,其投入品成本水平 w_t 与国内投入品的成本水平差别很大,难以获得。因此为了避免投入品成本水平不准确造成的对产品质量的估计误差,引起分析上的困难,我们仅保留了一般贸易出口的数据进行测算分析。

由于海关数据所记录的出口离岸价值是以美元计价的,因此我们利用当月平均美元对人民币的汇率将每笔交易的出口离岸价值转换为以人民币计价。我们构造企业—目的地—产品—年份层面的离岸单位价值 uv_{ijgt},将企业 i 在 t 年中出口到 j 国的属产品类别 g 的离岸价值(数量)加总得到总价值(总数量),将总价值除以总数量即得到出口离岸单价,如式(3-A1):

$$uv_{ijgt} = \frac{\text{value}_{ijgt}}{\text{quantity}_{ijgt}} \quad (3\text{-}A1)$$

其中 value_{ijgt} 为企业 i 在 t 年向 j 国出口的属于产品类别 g 的出口离岸价值,quantity_{ijgt} 为相应的出口数量,uv_{ijgt} 是出口离岸单价,即 p_{ijgt}^*。产品类别 g 以 HS 6 位产品分类码为准。

二、企业生产率(φ_{it})的计算

我们测算企业全要素生产率(TFP)作为 φ_{it} 的度量。传统上,企业 TFP 的度量采用索洛剩余方法,即假设企业的生产技术满足以下 Cobb-Douglas 形式:

$$Y_{it} = \varphi_{it} K_{it}^\alpha L_{it}^\beta M_{it}^\gamma$$

其中 Y_{it} 为企业的总产出,K_{it}、M_{it}、L_{it} 分别表示企业的资本存量、中间投入和劳动力投入。将上式两边取自然对数,即可通过最小二乘法估计,其残差值即为 $\ln\varphi_{it}$ 的估计值。然而,传统的最小二乘法存在瞬时偏差和选择偏误,因此会导致对 TFP 的不准确估计。因此我们参照 Amiti and Konings(2007)以及 Yu(2015)的做法,使用 Olley and Pakes(1996)所提出的半参数方法对 TFP 进行估计,以克服瞬时偏差和选择偏误,准确测算企业生产率。

我们利用制造业企业数据库构造企业层面的 TFP。该数据库为年度面

板数据,包含了所有的国有工业企业,以及年销售额在 500 万元以上的非国有工业企业。数据库包括了财务报表的主要信息和生产方面的信息。我们参考了 Cai and Liu(2009)、Feenstra et al.(2014)的方法进行了数据清理。参照 Ahn et al.(2011),我们也将仅从事贸易活动的企业从样本中剔除。

依照中国的实际情况,我们又考虑了几个方面的问题:第一,由于每个行业中的企业生产技术不同,因此我们分行业对企业的生产函数进行估计,行业的划分基于国民经济行业分类的 2 位数代码(CIC 2 位代码)。第二,由于每个企业的产出均以货币单位计价,因此为了克服价格指数变化所带来的测量误差(De Loecker,2011),我们利用行业层面上的产出价格平减指数对企业的产出进行平减,同时也对中间品投入进行价格平减。价格平减指数的构造方法参照了 Brandt et al.(2012)的研究。需要指出的是,Brandt et al.(2012)利用产出价格平减指数和投入产出表构造中间投入的价格平减指数,而由于投入产出表仅考虑了来自国内的投入品使用,因此所构造出的中间投入价格平减指数相对更适用于一般贸易出口,而不适用于加工贸易出口,这也是我们仅考虑一般贸易出口样本的重要原因。第三,如 Yu(2015)所考虑的,中国在 2001 年年底正式加入了世界贸易组织 WTO,这一需求层面的正向冲击会增大 TFP 估计中的瞬时偏差,因此我们将"是否已加入 WTO"这一虚拟变量包括到估计方程中,以更准确地估计 TFP。第四,不同的所有制对企业 TFP 也有所影响。尤其在中国,国有企业的决策并非完全基于利润最大化,而往往受到国家的影响(Hsieh and Klenow,2009)。因此我们将国有企业这一虚拟变量也包括到估计方程中。第五,在估算企业真实资本存量时,我们采用与 Brandt et al.(2012)一致的方法,采用永续盘存法。但不同的是我们使用企业的真实折旧额进行计算,而非对折旧率进行假设。

三、海关数据与工业企业数据库的合并

计算出企业的出口离岸单价和全要素生产率之后,我们需要对这两部分的数据进行合并。由于工业企业数据库的法人代码与海关数据中的法人代码并不一致,因此无法通过法人代码进行合并。我们参照 Yu(2015)的方法,采用海关数据和工业企业数据库中的企业名称和年份进行这两个数据库之间的匹配合并。并且为了提高匹配度,我们也利用两个数据库企业的邮政编码和电话号码的后七位数字进行匹配。

四、投入品成本水平(w_t)的计算

我们接下来构造式(3-6)中的投入品成本水平 w_t。我们允许每个 CIC 2

位码行业 k 每年的投入品成本水平不同,因此实际上我们计算的是每个 CIC 2 位码行业 k 每年的投入品成本水平 w_{kt}。Feenstra-Romalis(2014)假设企业在生产过程中只需要劳动力一种投入品,但实际上企业的投入品还包括中间投入和资本品,因此单纯使用表示劳动力成本的工资水平代替 w_{kt} 并不恰当。我们将 w_{kt} 定义为包含有三种投入要素价格的投入品成本水平:

$$\ln w_{kt} = \alpha'_k \ln w_{kt}^K + \beta'_k \ln w_{kt}^L + \gamma'_k \ln w_{kt}^M \qquad (3\text{-}A2)$$

如式(3-A2)所示,企业的投入品成本水平实际上包含了资本、劳动和中间投入三部分的成本 w_{kt}^K、w_{kt}^L 和 w_{kt}^M 及其相应的份额 α'_k、β'_k 和 γ'_k。由于我们仅研究一般贸易出口,因此生产用的所有(或绝大部分)中间投入均来自国内市场。如前所述,我们对产出和中间投入均进行价格平减,且所有行业的产出同时作为本行业和其他行业的中间投入,因此在均衡中 $w_{kt}^M = 1$,有:

$$\ln w_{kt} = \alpha'_k \ln w_{kt}^K + \beta'_k \ln w_{kt}^L \qquad (3\text{-}A2')$$

α'_k 与 β'_k 分别表示行业 k 中,资本成本和劳动成本在投入品成本水平中所占的比例。我们将每个 CIC 2 位码行业 k 中每年出口企业的应付工资总额和应付福利总额加总并予以价格平减,除以该行业每年出口企业的总雇员人数,即得到 CIC 2 位码行业 k 每年的劳动成本:

$$w_{kt}^L = \frac{\text{Wage}_{kt} + \text{Compensation}_{kt}}{\text{Employee}_{kt}} \qquad (3\text{-}A3)$$

我们将每个 CIC 2 位码行业 k 中每年出口企业的折旧总额加总并予以价格平减,除以该行业每年出口企业的总真实资本存量,即得到 CIC 2 位码行业 k 每年的资本成本:

$$w_{kt}^K = \frac{\text{Depreciation}_{kt}}{\text{Capital}_{kt}} \qquad (3\text{-}A4)$$

在生产函数满足 Cobb-Douglas 形式 $Y_{it} = \varphi_{it} K_{it}^\alpha L_{it}^\beta M_{it}^\gamma$ 的前提下,α'_k 与 β'_k 的具体数值可根据生产函数的投入品弹性计算得到,具体如下:

$$\alpha'_k = \frac{\alpha_k}{\alpha_k + \beta_k + \gamma_k}$$

$$\beta'_k = \frac{\beta_k}{\alpha_k + \beta_k + \gamma_k} \qquad (3\text{-}A5)$$

各个 CIC 2 位码行业的 α_k、β_k 和 γ_k 估计值可以从估计企业全要素生产率的过程中得到。据此可以计算 α'_k 和 β'_k,进而依据式(3-A2')计算每个 CIC 2 位码行业 k 每年的投入品成本水平。

五、结构性参数(α_{jg}、θ_g 和 σ_g)的计算

为了最大限度地保证产品质量估计值的完整性,并允许我们能够描述质量跨时和跨国的差异，我们利用 Feenstra-Romalis(2014)所估计出的每个国家每种 SITC 第二版 4 位码产品层面上的结构性参数 α_{jg}、θ_g 和 σ_g 的数值，直接依据式(3-6)计算产品质量。① 具体来说，我们利用 WITS 所提供的不同产品分类系统转换表，将 HS 6 位产品码与 SITC 第二版 4 位码进行匹配，从而得到每个 HS 6 层面上相应的 α_{jg}、θ_g 和 σ_g 数值。对于部分 HS 6 位产品码，其对应的 SITC 第二版 4 位码的结构性参数值为缺失，于是我们将这些 HS 6 位产品码所对应的 SITC 第二版 3 位码内的平均 α_{jg}、θ_g 和 σ_g 参数值作为其对应的参数值，从而最大限度地保证样本的完整性。

第五章

一、生产函数中的参数估计

根据 De Loecker and Warzynski(2012)和 Ackerberg et al.(2006)，本文采用如下方法估计加工贸易企业的出口成本加成。首先，考虑柯布-道格拉斯生产函数：

$$\ln Q_{it} = \alpha_l \ln l_{it} + \alpha_k \ln k_{it} + \alpha_m \ln m_{it} + \ln \varphi_{it} + \vartheta_{it} \quad (5\text{-}A1)$$

其中，$\ln Q_{it}$ 为企业 i 在 t 时期观测到的产出的对数。$\ln l_{it}$、$\ln k_{it}$、$\ln m_{it}$ 则分别为其在 t 期的劳动、资本和中间品投入的对数。$\ln \varphi_{it}$ 为其全要素生产率的对数，ϑ_{it} 为真实产出和观测到的产出数据间的测量误差。

第一步，估计期望产出和测量误差。考虑企业的全要素生产率是其投资 i_{it}、资本存量 k_{it} 和其他企业层面特征变量 z_{it} 的函数，即：

$$\ln \varphi_{it} = h(\ln i_{it}, \ln k_{it}, z_{it}) \quad (5\text{-}A2)$$

将式(5-A2)代入式(5-A1)，令：

$$\varphi_{it} = \alpha_l \ln l_{it} + \alpha_k \ln k_{it} + \alpha_m \ln m_{it} + h(\ln i_{it}, \ln k_{it}, z_{it}) \quad (5\text{-}A3)$$

将式(5-A3)代入式(5-A1)，即：

$$\ln Q_{it} = \varphi_{it}(\ln l_{it}, \ln k_{it}, \ln m_{it}, z_{it}) + \vartheta_{it}$$

采用四阶多项式对 $h(\cdot)$ 函数进行拟合，再用普通最小二乘方法对式(5-A1)进行估计，得到期望产出值 $\hat{\Phi}_{it}$ 和回归残差 $\hat{\vartheta}_{it}$。并将 $\hat{\vartheta}_{it}$ 作为企业产出的测量误差估计值。值得一提的是，我们参考 Brandt(2012)，采用永续盘存法来计

---

① Feenstra and Romalis(2014)利用 UN Comtrade 数据库，采用校准估计(calibration)的方法估计每个国家每个 SITC 第二版 4 位码产品层面上的 α_{jg}、θ_g 和 σ_g 数值，这些数值均来自 Feenstra 的个人网站(http://www.robertfeenstra.info/data/)。具体的校准过程请参照 Feenstra and Romalis(2014)。

算企业的资本存量。

第二步,根据企业全要素生产率的变化规律,估计产出方程的所有参数。给定 α_l、α_k、α_m,则企业 i 在 t 期的全要素生产率为:

$$\ln\varphi_{it}(\alpha) = \hat{\Phi}_{it} - \alpha_l \ln l_{it} - \alpha_k \ln k_{it} - \alpha_m \ln m_{it}$$

假设企业 t 期的全要素生产率和其 $t-1$ 期的生产率满足如下的函数关系:

$$\ln\varphi_{it} = g_t(\ln\varphi_{it-1}) + \xi_{it} \quad (5\text{-}A4)$$

ξ_{it} 为 t 期企业 i 的生产率面临的异质性冲击,且它与滞后一期的劳动和中间品投入以及当期的资本投入无关。即:

$$E\left(\xi_{it}(\alpha)\begin{bmatrix}\ln l_{it-1}\\ \ln k_{it}\\ \ln m_{it-1}\end{bmatrix}\right) = 0 \quad (5\text{-}A5)$$

根据式(5-A5)提供的矩条件,我们采用标准 GMM 方法来估计生产方程的参数。同时,由 Bootstrap 方法获得各个参数的标准误。

二、成本加成

考虑到观测到的产出数据和真实产出存在测量误差,假设观测到的产出数据和真实产出满足 $\ln Q_{it} = \ln y_{it} + \vartheta_{it}$。企业 i 在 t 期最小化生产成本,考虑如下拉格朗日方程:

$$L(l_{it}, m_{it} k_{it}, \lambda_{it}) = w_t l_{it} + p_t^M m_{it} + r_t k_{it} + \lambda_{it}(y_{it} - y_{it}(\cdot)) \quad (5\text{-}A6)$$

其中,w_t、p_t^M 和 r_t 分别为工资、中间投入品价格和资本的租金。λ_{it} 为拉格朗日乘子。$y_{it}(\cdot)$ 为产出函数。由一阶条件可得:

$$\frac{\partial L}{\partial l_{it}} = w_t - \lambda_{it} \frac{\partial y_{it}(\cdot)}{\partial l_{it}} = 0 \quad (5\text{-}A7)$$

对(5-A7)式变形可得:

$$\frac{\partial y_{it}(\cdot)}{\partial l_{it}} \frac{l_{it}}{y_{it}(\cdot)} = \frac{1}{\lambda_{it}} \frac{w_t l_{it}}{y_{it}(\cdot)} \quad (5\text{-}A8)$$

由于 $\lambda_{it} = \partial L / \partial y_{it}$,即成本最小化命题中拉格朗日乘子的经济含义为给定产出水平下的边际成本。将该条件代入式(5-A8)可得:

$$\frac{\partial y_{it}(\cdot)}{\partial l_{it}} \frac{l_{it}}{y_{it}(\cdot)} = \frac{p_t}{\lambda_{it}} \frac{w_t l_{it}}{p_t y_{it}(\cdot)} = (1+\mu_{it}) \frac{w_t l_{it}}{p_t y_{it}(\cdot)}$$

$$1+\mu_{it} = \frac{\partial y_{it}(\cdot)}{\partial l_{it}} \frac{l_{it}}{y_{it}(\cdot)} \bigg/ \frac{w_t l_{it}}{p_t y_{it}(\cdot)} = \alpha_l \bigg/ \frac{w_t l_{it}}{p_t Q_{it}(\cdot)/e^{\vartheta_{it}}} \quad (5\text{-}A9)$$

即企业 i 在 t 期的成本加成为其产出的劳动弹性和劳动产出份额的比值。

结合生产函数估计参数,可得:

$$\widehat{1+\mu_{it}} = \hat{a}_l \bigg/ \frac{w_t l_{it}}{p_t Q_{it}(\cdot)/e^{\hat{\vartheta}_{it}}}$$

值得一提的是,考虑到行业异质性,不同行业生产函数的参数可能不同,因而需要分行业估计。

第六章

一、不同定义的外向型企业的基本统计资料

这里外向型企业Ⅰ为出口占销售额10%以上的企业。外向型企业Ⅱ为出口占销售额30%以上的企业。在报告本文中的外向型企业定义为出口占销售额50%以上的企业。

表6-A1　企业数据库中外向型企业Ⅰ的情况

年份	观察值	职工人数	总产值（万元）	人均增加值（万元）	利润（万元）	出口（万元）
2000	27 384	476	81 735	140	3 890	45 051
2001	30 537	429	81 615	50	3 620	45 324
2002	34 144	423	91 750	65	4 212	51 437
2003	39 030	418	107 724	68	5 234	60 803
2004	42 394	356	102 218	77	5 578	60 507
2005	55 909	390	131 589	100	6 683	74 943
2006	59 652	405	161 166	115	8 552	89 731
2007	61 806	401	185 380	122	9 986	104 491
2008	69 251	370	184 998	—	9 635	103 662

表6-A2　外向型企业Ⅰ利润率与出口比例

年份	利润/销售额	利润/总产值	出口/销售额	出口/总产值
2000	1.89	1.86	71.50	68.69
2001	1.94	1.94	69.41	69.41
2002	2.37	2.35	72.17	69.69
2003	2.86	2.81	72.29	70.24
2004	3.05	3.05	72.74	72.74
2005	2.98	2.93	71.19	69.26
2006	3.21	3.15	70.61	68.75
2007	3.08	3.04	71.26	69.06
2008	2.52	2.47	70.03	68.02

表 6-A3　企业数据库中外向型企业Ⅱ的情况

年份	观察值	职工人数	总产值 (万元)	人均增加值 (万元)	利润 (万元)	出口 (万元)
2000	24 783	424	73 486	133	3 532	47 438
2001	27 649	395	72 307	49	3 100	47 548
2002	31 093	390	80 200	62	3 400	53 657
2003	35 546	393	93 844	64	4 210	63 420
2004	38 621	343	90 554	76	4 368	63 320
2005	49 783	376	117 037	96	5 350	79 799
2006	53 307	382	141 060	108	6 663	94 936
2007	56 202	381	162 273	115	7 775	109 023
2008	62 614	357	159 572	—	7 037	108 186

表 6-A4　外向型企业Ⅱ利润率与出口比例

年份	利润/销售额	利润/总产值	出口/销售额	出口/总产值
2000	1.94	1.91	77.47	74.40
2001	1.94	1.94	75.12	75.12
2002	2.30	2.28	77.82	75.13
2003	2.78	2.73	77.95	75.72
2004	2.94	2.94	78.42	78.42
2005	2.81	2.76	78.15	76.02
2006	3.03	2.97	77.31	75.26
2007	2.96	2.92	76.90	74.52
2008	2.38	2.34	75.90	73.70

第七章

一、命题 1 的证明

由 $\pi_i^d=0, \pi_{ij}^e=0, \pi_{ij}^{fs}=\pi_{ij}^e, \pi_{ij}^{fm}=\pi_{ij}^{fs}$ 可以得到生产率分界点条件。即：

$$\left(\frac{1}{\hat{\varphi}_{di}}\right)^{1-\sigma} = f_D \frac{w_i^\sigma}{B_i} \tag{7-A1}$$

$$\left(\frac{\bar{\tau}_{ij}}{q_{ij}\hat{\varphi}_{eij}} + \eta_j\right)^{1-\sigma} = \frac{f_X w_j^\sigma}{q_{ij} B_j} \tag{7-A2}$$

$$\left(\frac{\mu \tau_{ij}}{q_{ij}\hat{\varphi}_{fsij}}\right)^{1-\sigma} - \left(\frac{\tau_{ij}}{q_{ij}\hat{\varphi}_{fsij}} + \eta_j\right)^{1-\sigma} = f_{IS} \frac{w_j^\sigma}{B_j} \tag{7-A3}$$

$$\left(\frac{1}{\hat{\varphi}_{fmij}}\right)^{1-\sigma} - \left(\frac{\mu\tau_{ij}}{q_{ij}\hat{\varphi}_{fmij}}\right)^{1-\sigma} = \left(f_{IM} - f_{IS} - \frac{f_X}{q_{ij}}\right)\frac{w_j^\sigma}{B_j} \quad (7\text{-}A4)$$

只有当 $\frac{\mu\tau_{ij}}{q_{ij}}>1$ 时，即存在以外国产品衡量的真实冰山运输成本时，$\hat{\varphi}_{fmij}$ 才存在。

再根据市场自由进入条件，企业预期利润等于进入市场的固定成本 ($f_E w_i$)，即：

$$\int_{\hat{\varphi}_{di}}^\infty \pi_i^d dG(\varphi) + \sum_{j=1,j\neq i}^N \varepsilon_{ij}\left\{\int_{\hat{\varphi}_{fsij}}^{\hat{\varphi}_{fsij}} \pi_{ij}^e dG(\varphi) + \int_{\hat{\varphi}_{fsij}}^{\hat{\varphi}_{fmij}} \pi_{ij}^{fs} dG(\varphi) \right.$$
$$\left. + \int_{\hat{\varphi}_{fmij}}^\infty \pi_{ij}^{fm} dG(\varphi)\right\} = f_E w_i$$

代入并化简有：

$$\int_{\hat{\varphi}_{di}}^\infty \left[\left(\frac{1}{\varphi}\right)^{1-\sigma}\frac{B_i}{w_i^\sigma} - f_D\right] dG(\varphi)$$
$$+ \sum_{j=1,j\neq i}^N q_{ij}\left\{\int_{\hat{\varphi}_{eij}}^{\hat{\varphi}_{fsij}}\left[\left(\frac{\tau_{ij}}{q_{ij}\varphi}+\eta_j\right)^{1-\sigma}\frac{B_j}{w_j^\sigma} - \frac{f_X}{q_{ij}}\right] dG(\varphi)\right.$$
$$+ \int_{\hat{\varphi}_{fsij}}^{\hat{\varphi}_{fmij}}\left[\left(\frac{\mu\tau_{ij}}{q_{ij}\varphi}\right)^{1-\sigma}\frac{B_j}{w_j^\sigma} - f_{IS} - \frac{f_X}{q_{ij}}\right] dG(\varphi)$$
$$\left. + \int_{\hat{\varphi}_{fmij}}^\infty\left[\left(\frac{1}{\varphi}\right)^{1-\sigma}\frac{B_j}{w_j^\sigma} - f_{IM}\right] dG(\varphi)\right\} = f_E \quad (7\text{-}A5)$$

根据方程(7-A1)—(7-A5)可以解得均衡时的 $\hat{\varphi}_{di}, \hat{\varphi}_{eij}, \hat{\varphi}_{fsij}, \hat{\varphi}_{fmij}, \frac{B_j}{w_j^\sigma}$，其中 $\frac{B_j}{w_j^\sigma} = \frac{1}{\sigma}\left(\frac{\sigma}{\sigma-1}\right)^{1-\sigma} X_j(\varphi)\left[\frac{p_j(\varphi)}{w_j}\right]^\sigma$，相当于 j 国的真实收入水平。并且均衡解与人口无关。

据此，就可以证明命题 1 如下：当除 i,j 两国之外购买力平价成立，且 q_{ij} 在 1 附近，q_{ij} 对两国物价指数影响可以忽略，因此 $\frac{B_i}{w_i^\sigma} = \frac{B_j}{w_j^\sigma}$，由式(7-1)、式(7-2)可得 $\frac{f_X}{q_{ij}f_D} > \left(\frac{\tau}{q_{ij}}+\hat{\varphi}_{eij}\eta\right)^{1-\sigma}$ 时，有 $\hat{\varphi}_{di} < \hat{\varphi}_{eij}$。故当 $\frac{f_X/q_{ij}}{f_D} > \left(\frac{q_{ij}}{\tau}\right)^{\sigma-1}$ 时，$\hat{\varphi}_{di} < \hat{\varphi}_{eij}$。

记 $\frac{1}{\varphi} = a$，用式(7-3)左侧对 a 求导，得到：

$$d\left[\left(\frac{\mu\tau_{ij}}{q_{ij}\hat{\varphi}_{fsij}}\right)^{1-\sigma} - \left(\frac{\tau_{ij}}{q_{ij}\hat{\varphi}_{fsij}}+\eta_j\right)^{1-\sigma}\right]$$

$$= (1-\sigma)\frac{\tau_{ij}}{q_{ij}}\left[\left(\frac{\mu\tau_{ij}}{q_{ij}}a\right)^{-\sigma} - \left(\frac{\tau_{ij}}{q_{ij}}a+\eta\right)^{-\sigma}\right]\mathrm{d}a < 0$$

即 φ 越高时,贸易服务型投资行为相对于只出口行为利润更高,易见式(7-3)解存在且唯一。类似地,将式(7-4)对 a 求导,得到:

$$\mathrm{d}\left[\left(\frac{1}{\hat{\varphi}_{fmij}}\right)^{1-\sigma} - \left(\frac{\mu\tau_{ij}}{q_{ij}\,\hat{\varphi}_{fmij}}\right)^{1-\sigma}\right] = (1-\sigma)\left[1-\left(\frac{\mu\tau_{ij}}{q_{ij}}\right)^{1-\sigma}\right]\left(\frac{1}{\hat{\varphi}_{fmij}}\right)^{-\sigma}\mathrm{d}a < 0$$

即 φ 越高时,生产型投资相对贸易服务型投资利润更高,易见式(7-4)解存在且唯一。

由式(7-2)、(7-3)相除整理可得:

$$\frac{\hat{\varphi}_{fsij}}{\hat{\varphi}_{eij}} = \left[\mu^{1-\sigma} - \left(1+\frac{\eta q_{ij}\,\hat{\varphi}_{fsij}}{\tau_{ij}}\right)^{1-\sigma}\right]^{\frac{1}{1-\sigma}}\left(\frac{f_X}{f_{IS}\,q_{ij}}\right)^{\frac{1}{1-\sigma}} - \frac{\eta q_{ij}\hat{\varphi}_{fsij}}{\tau_{ij}}$$

$\dfrac{\hat{\varphi}_{fsij}}{\hat{\varphi}_{eij}} > 1$ 等价于:

$$\frac{f_X}{f_{IS}\,q_{ij}} < \frac{\left(1+\dfrac{\eta q_{ij}\,\hat{\varphi}_{fsij}}{\tau_{ij}}\right)^{1-\sigma}}{\mu^{1-\sigma} - \left(1+\dfrac{\eta q_{ij}\,\hat{\varphi}_{fsij}}{\tau_{ij}}\right)^{1-\sigma}} = \frac{1}{\mu^{1-\sigma}\left(1+\dfrac{\eta q_{ij}\,\hat{\varphi}_{fsij}}{\tau_{ij}}\right)^{\sigma-1} - 1}$$

易见当 $f_{IS} > (\mu^{1-\sigma}-1)\dfrac{f_X}{q_{ij}}$ 时,上面不等式成立。即有 $\hat{\varphi}_{fsij} > \hat{\varphi}_{eij}$。

由式(7-3)、(7-4)相除整理可得:

$$\left(\frac{\hat{\varphi}_{fmij}}{\hat{\varphi}_{fsij}}\right)^{1-\sigma} = \frac{f_{IS}\left[\left(\dfrac{\mu\tau_{ij}}{q_{ij}}\right)^{\sigma-1}-1\right]}{\left(f_{IM}-f_{IS}-\dfrac{f_X}{q_{ij}}\right)} \times \frac{1}{1-\left(\dfrac{1}{\mu}+\dfrac{\eta\hat{\varphi}_{fsij}}{\dfrac{\mu\tau_{ij}}{q_{ij}}}\right)^{1-\sigma}}$$

$$< \frac{f_{IS}\left[\left(\dfrac{\mu\tau_{ij}}{q_{ij}}\right)^{\sigma-1}-1\right]}{\left(f_{IM}-f_{IS}-\dfrac{f_X}{q_{ij}}\right)}\frac{1}{1-\mu^{\sigma-1}}$$

所以当 $f_{IM} > \dfrac{f_X}{q_{ij}} + f_{IS}\left[\dfrac{\left(\dfrac{\mu\tau_{ij}}{q_{ij}}\right)^{\sigma-1}-\mu^{\sigma-1}}{1-\mu^{\sigma-1}}\right]$ 时,上式小于1,即 $\hat{\varphi}_{fmij} > \hat{\varphi}_{fsij}$。

二、命题 2 的证明

证明:当其他国家真实汇率不变时 $\dfrac{B_j}{w_j^\sigma}$ 近似不变,q_{ij} 下降时,由式(7-1)

知 $\hat{\varphi}_{di}$ 不变，对式(7-2)对数线性化，整理得：

$$\frac{\partial \hat{\varphi}_e}{\partial q_{ij}} = -\frac{\hat{\varphi}_e}{q_{ij}}\left(\frac{\sigma}{\sigma-1}\right) - \frac{\eta \hat{\varphi}_e^2}{\tau(\sigma-1)} < 0$$

即 $\hat{\varphi}_{eij}$ 上升。对式(7-3)两端全微分得：

$$\frac{\tau_{ij}}{q_{ij}}d\left(\frac{1}{\hat{\varphi}_{fsij}}\right) + \frac{1}{\hat{\varphi}_{fsij}}d\left(\frac{\tau_{ij}}{q_{ij}}\right) = 0$$

故 q_{ij} 下降时，$\hat{\varphi}_{fsij}$ 上升。对式(7-4)两端全微分得：

$$\left[1 - \left(\frac{\mu\pi_{ij}}{q_{ij}}\right)^{1-\sigma}\right]\left(\frac{1}{\hat{\varphi}_{fmij}}\right)^{-\sigma}d\left(\frac{1}{\hat{\varphi}_{fmij}}\right)$$

$$= \left[\left(\frac{\mu\pi_{ij}}{q_{ij}}\right)^{-\sigma}\left(\frac{1}{\hat{\varphi}_{fmij}}\right)^{1-\sigma}\tau_{ij} + \frac{f_X w_j^\sigma}{B_j(\sigma-1)}\right]d\left(\frac{1}{q_{ij}}\right)$$

故 q_{ij} 下降时，$\hat{\varphi}_{fmij}$ 下降。（证明完毕）

表 7-A1 工业企业数据库、海关数据库与对外直接投资企业名录数据合并前后

2000—2007 年	工业企业数目	对外投资企业数目
合并前	1 255 276	4 244
合并后	80 121	345

表 7-A2 工业企业数据库、浙江省对外直接投资企业数据库合并前后

年份	合并前			合并后
	工业企业样本数		浙江 ODI 企业数目	浙江 ODI 工业企业数目
	全部	浙江		
	（1）	（2）	（3）	（4）
2006	224 854	35 887	424	113
2007	292 055	39 465	419	163
2008	296 155	27 433	427	131
总和	813 064	102 785	1 207	407

第九章

表 9-A1 "一带一路"沿线国家和地区主要经济指标情况

指标	2000 年	2010 年	2011 年	2012 年	2013 年
国土面积(万平方公里)	4 205.30	4 203.91	4 203.91	4 205.06	4 205.06
年中人口(亿人)	26.07	29.69	30.07	30.43	30.79
劳动力人口(亿人)	10.64	12.54	12.72	12.88	13.11
国内生产总值(亿美元)	30 700	103 588	119 999	124 652	127 864

(续表)

指标	2000年	2010年	2011年	2012年	2013年
人均GDP(美元)	1 178	3 489	3 991	4 097	4 152
货物出口(亿美元)	10 825	35 928	45 902	46 832	47 472
货物进口(亿美元)	9 647	33 146	40 826	42 239	42 863
外商直接投资(亿美元)	741.70	3 110.57	3 494.20	3 426.61	3 420.49
原油产量(亿吨)	15.58	17.68	18.68	19.19	18.99
粗钢产量(亿吨)	1.67	1.89	2.32	2.01	2.37
煤产量(亿吨)	12.60	14.97	14.48	14.95	14.15

资料来源:国家统计局《一带一路相关国家统计资料》。统计口径不包括中国和巴勒斯坦。http://www.gdstats.gov.cn/tjzl/tjfx/201510/t20151010_315943.html。

表 9-A2　中国内地与各个国家和地区货币互换协议

国家/地区	协议签署时间	互换规模	期限(年)
韩国	2009.4.20	1 800 亿元人民币/38 万亿韩元	3
韩国	2011.10.26(续签)	3 600 亿元人民币/64 万亿韩元	3
韩国	2014.10.11(续签)	3 600 亿元人民币/64 万亿韩元	3
中国香港	2009.1.20	2 000 亿元人民币/2 270 亿港元	3
中国香港	2011.11.22(续签)	4 000 亿元人民币/4 900 亿港元	3
中国香港	2014.11.22(续签)	4 000 亿元人民币/5 050 亿港元	3
马来西亚	2009.2.8	800 亿元人民币/400 亿马来西亚林吉特	3
马来西亚	2012.2.8(续签)	1 800 亿元人民币/900 亿马来西亚林吉特	3
马来西亚	2015.4.17(续签)	1 800 亿元人民币/900 亿马来西亚林吉特	3
白俄罗斯	2009.3.11	200 亿元人民币/8 万亿白俄罗斯卢布	3
白俄罗斯	2015.5.10(续签)	70 亿元人民币/16 万亿白俄罗斯卢布	3
印度尼西亚	2009.3.23	1 000 亿元人民币/175 万亿印尼卢比	3
印度尼西亚	2013.10.1(续签)	1 000 亿元人民币/175 万亿印尼卢比	3
阿根廷	2009.4.2	700 亿元人民币/380 亿阿根廷比索	3
阿根廷	2014.7.18(续签)	700 亿元人民币/900 亿阿根廷比索	3
冰岛	2010.6.9	35 亿元人民币/660 亿冰岛克朗	3
冰岛	2013.9.11(续签)	35 亿元人民币/660 亿冰岛克朗	3
新加坡	2010.7.23	1 500 亿元人民币/300 亿新加坡元	3
新加坡	2013.3.7(续签)	3 000 亿元人民币/600 亿新加坡元	3
新西兰	2011.4.18	250 亿元人民币/50 亿新西兰元	3
新西兰	2014.4.25(续签)	250 亿元人民币/50 亿新西兰元	3
乌兹别克斯坦(已失效)	2011.4.19	7 亿元人民币/1 670 亿乌兹别克苏姆	3
蒙古	2011.5.6	50 亿元人民币/1 万亿蒙古图格里克 100 亿元人民币/2 万亿蒙古图格里克(扩大)	3

(续表)

国别	协议签署时间	互换规模	期限(年)
蒙古	2014.8.21(续签)	150 亿元人民币/4.5 万亿蒙古图格里克	3
哈萨克斯坦	2011.6.13	70 亿元人民币/1 500 亿哈萨克坚戈	3
哈萨克斯坦	2014.12.14(续签)	70 亿元人民币/2 000 亿哈萨克坚戈	3
泰国	2011.12.22	700 亿元人民币/3 200 亿泰铢	3
泰国	2014.12.22(续签)	700 亿元人民币/3 700 亿泰铢	3
巴基斯坦	2011.12.23	100 亿元人民币/1 400 亿巴基斯坦卢比	3
巴基斯坦	2014.12.23(续签)	700 亿元人民币/3 700 亿泰铢	3
阿联酋	2012.1.17	350 亿元人民币/200 亿阿联酋迪拉姆	3
阿联酋	2015.12.14(续签)	350 亿元人民币/200 亿阿联酋迪拉姆	3
土耳其	2012.2.21	100 亿元人民币/30 亿土耳其里拉	3
土耳其	2015.9.26(续签)	120 亿元人民币/50 亿土耳其里拉	3
澳大利亚	2012.3.22	2 000 亿元人民币/300 亿澳大利亚元	3
澳大利亚	2015.3.30(续签)	2 000 亿元人民币/400 亿澳大利亚元	3
乌克兰	2012.6.26	150 亿元人民币/190 亿乌克兰格里夫纳	3
乌克兰	2015.5.15(续签)	150 亿元人民币/540 亿乌克兰格里夫纳	3
巴西	2013.3.26	1 900 亿元人民币/600 亿巴西雷亚尔	3
英国	2013.6.22	2 000 亿元人民币/200 亿英镑	3
英国	2015.10.20 (续签)	3 500 亿元人民币/350 亿英镑	3
匈牙利	2013.9.9	100 亿元人民币/3 750 亿匈牙利福林	3
阿尔巴尼亚	2013.9.12	20 亿元人民币/358 亿阿尔巴尼亚列克	3
欧央行	2013.10.8	3 500 亿元人民币/450 亿欧元	3
瑞士	2014.7.21	1 500 亿元人民币/210 亿瑞士法郎	3
斯里兰卡	2014.9.16	100 亿元人民币/2 250 亿斯里兰卡卢比	3
俄罗斯	2014.10.13	1 500 亿元人民币/8150 亿卢布	3
卡塔尔	2014.11.3	350 亿元人民币/208 亿元里亚尔	3
加拿大	2014.11.8	2 000 亿元人民币/300 亿加元	3
苏里南共和国	2015.3.18	10 亿元人民币/5.2 亿苏里南元	3
亚美尼亚	2015.3.28	10 亿元人民币/770 亿德拉姆	3
南非	2015.4.10	300 亿元人民币/540 亿南非兰特	3
智利	2015.5.25	220 亿元人民币/22 000 智利比索	3
塔吉克斯坦	2015.9.3	30 亿元人民币/30 亿索莫尼	3

资料来源:中国人民银行,中国人民银行和其他中央银行或货币当局双边本币互换一览表(截至 2015 年 12 月)。http://www.pbc.gov.cn/huobizhengceersi/214481/214511/214541/2967384/index.html。

第十一章

一、贷款安排

银行利润最大化问题就是通过选择 $M_d(x)$、$M_e^d(x)$、$M_e^e(x)$、$I_d(x)$、$I_e(x)$ 来最大化利润:

$$\max_{M,I} \int_{x_d}^{x_e} (I_d(x) - i\tau_d M_d(x)) f(x) dx$$
$$+ \int_{x_e}^{\infty} (I_e(x) - i\tau_e M_e^d(x) - i\tau_e M_e^e(x)) f(x) dx$$

s.t. $[\Phi_d(x, M_d(x)) - 1] \dfrac{M_d'(x)}{\delta} = I_d'(x), \quad x \in [x_d, x_e)$

$[\Phi_e^d(x, M_e^d(x)) - 1] \dfrac{M_e^{d'}(x)}{\delta} + [\Phi_e^e(x, M_e^e(x)) - 1] \dfrac{M_e^{e'}(x)}{\delta} = I_e'(x)$

$$\Phi_e^d(x, M_e^d(x)) = \Phi_e^e(x, M_e^e(x)), \quad x \in [x_e, \infty) \tag{11-A1}$$

其中 $f(x)$ 是企业生产率的概率密度函数。

银行最优问题包括这些控制变量及其导数, $M_e^{d'}(x)$ 和 $M_d'(x)$。利用微积分的欧拉-拉格朗日方程将预算约束代入控制变量及其导数是相对直接的方法(Chiang, 2000, p. 137)。我们将 $\Phi_d(x, M_d(x))$ 记为 Φ_d, $\Phi_e^d(x, M_e^d(x))$ 记为 Φ_e^d, $\Phi_e^e(x, M_e^e(x))$ 记为 Φ_e^e。我们利用银行目标方程被积函数和激励相容条件定义拉格朗日方程,对 $x \in [x_d, x_e]$,有:

$$\mathcal{L} = (I_d(x) - i\tau_d M_d(x)) f(x) + \lambda(x)((\Phi_d - 1) M_d'(x)/\delta - I_d'(x)) \tag{11-A2}$$

同样地,出口企业的拉格朗日方程定义为,对 $x \in [e, \infty)$,有:

$$\mathcal{L} = (I_e(x) - i\tau_d M_e^d(x) - i\tau_e M_e^e(x)) f(x)$$
$$+ \lambda(x)((\Phi_e^d - 1) M_e'(x)/\delta - I_e'(x))$$
$$= \left(I_e(x) - i\tau_d M_e^d(x) - i\tau_e \left(\dfrac{\eta_e}{\eta_d}(M_e^d(x) - C_d\delta) + C_e\delta \right) \right) f(x)$$
$$+ \lambda(x) \left((\Phi_e^d - 1) \dfrac{M_e^{d'}(x)}{\delta \eta_d} - I_e'(x) \right) \tag{11-A3}$$

其中,将 $\dfrac{M_e^e(x)/\delta - C_e}{M_e^d(x)/\delta - C_d} = \dfrac{\eta_e}{\eta_d}$ 代入得到第二个方程。

根据欧拉-拉格朗日方程,银行利润最大化问题必须满足 $\dfrac{\partial \mathcal{L}}{\partial I} - \dfrac{d}{dx} \dfrac{\partial \mathcal{L}}{\partial I'}$

$=0$ 和 $\frac{\partial \mathcal{L}}{\partial M} - \frac{\mathrm{d}}{\mathrm{d}x}\frac{\partial \mathcal{L}}{\partial M'} = 0$。对 $x \in [x_d, x_e]$，这些条件为：

$$f(x) + \lambda'(x) = 0$$

$$\mathrm{i}\tau_d f(x) - \lambda(x)\frac{\partial \Phi_d}{\partial M_d}\frac{M'_d(x)}{\delta} + (\Phi_d - 1)\frac{\lambda'(x)}{\delta} + \frac{\lambda(x)}{\delta}\frac{\mathrm{d}\Phi_d}{\mathrm{d}x} = 0 \quad (11\text{-}A4)$$

因为 $\Phi_d = \Phi_d(x, M_d(x))$，所以：

$$\frac{\mathrm{d}\Phi_d}{\mathrm{d}x} = \frac{\partial \Phi_d}{\partial x} + \frac{\partial \Phi_d}{\partial M_d}M'_d(x)$$

第二个方程随之简化为：

$$\mathrm{i}\tau_d f(x) + (\Phi_d - 1)\frac{\lambda'(x)}{\delta} + \frac{\lambda(x)}{\delta}\frac{\partial \Phi_d}{\partial x} = 0 \quad (11\text{-}A5)$$

用同样的化简方法，对 $x \in [e, \infty)$，有：

$$f(x) + \lambda'(x) = 0 \quad (11\text{-}A6)$$

$$\left(\mathrm{i}\tau_d + \mathrm{i}\tau_e \frac{\eta_e}{\eta_d}\right)f(x) + (\Phi_e^d - 1)\frac{\lambda'(x)}{\delta\eta_d} + \frac{\lambda(x)}{\delta\eta_d}\frac{\partial \Phi_e^d}{\partial x} = 0 \quad (11\text{-}A7)$$

我们在银行最优问题中加入横截性条件，$\lambda(\infty) = 0$，那么出口企业的最优条件式(11-A6)意味着：

$$\lambda(x) = \lambda(x_e) - \int_{x_e}^{x} f(x)\mathrm{d}x = \lambda(x_e) - (F(x) - F(x_e))$$

其中，$F(x)$ 是概率密度函数 $f(x)$ 的累积密度函数。结合横截性条件，可得 $\lambda(x_e) = 1 - F(x_e)$，然后得到 $\lambda(x) = 1 - F(x)$，$x \in [\underline{x}_e, \infty)$。根据 $\lambda(x_e) = 1 - F(x_e)$ 和国内企业的最优条件式(11-A4)，我们得到 $\lambda(x) = 1 - F(x)$，$x \in [\underline{x}_d, x_e]$。

给定生产率方程符合帕累托分布，将 $\lambda(x)$ 代入式(11-A5)和式(11-A7)，注意：

$$\partial \Phi_d / \partial x = \left(\frac{\sigma - 1}{\sigma}\right)\Phi_d / x$$

$$\partial \Phi_e^d / \partial x = \left(\frac{\sigma - 1}{\sigma}\right)\Phi_e^d / x$$

那么信贷约束条件化简得：

$$\Phi_d(x, M_d(x)) = \bar{\Phi}_d \equiv (1 + \mathrm{i}\delta\tau_d)\left(1 - \frac{\sigma - 1}{\sigma\theta}\right)^{-1}$$

$$\Phi_e^d(x, M_e^d(x)) = \Phi_e(x, M_e^e(x)) = \bar{\Phi}_e$$

$$\equiv [1 + \mathrm{i}\delta(\tau_d \eta_d + \tau_e \eta_e)]\left(1 - \frac{\sigma - 1}{\sigma\theta}\right)^{-1} \quad (11\text{-}A8)$$

将 $\Phi_d(x,M_d(x))$、$\Phi_e^d(x,M_e^d(x))$、$\Phi_e^e(x,M_e^e(x))$ 代入上述方程,我们得到国内企业和出口企业的贷款安排为:

$$\frac{M_d(x)}{\delta} = \left(\frac{\sigma-1}{\sigma}\left(\frac{x}{w}P\right)^{\frac{\sigma-1}{\sigma}}Y^{\frac{1}{\sigma}}\right)^\sigma \bar{\Phi}_d^{-\sigma} + C_d$$

$$\frac{M_e^d(x)}{\delta} = \left(\frac{\sigma-1}{\sigma}\left(\frac{x}{w}P\right)^{\frac{\sigma-1}{\sigma}}Y^{\frac{1}{\sigma}}\right)^\sigma \bar{\Phi}_e^{-\sigma} + C_d$$

$$\frac{M_e^e(x)}{\delta} = \left(\frac{\sigma-1}{\sigma}\left(\frac{x}{w}P^*\right)^{\frac{\sigma-1}{\sigma}}Y^{*\frac{1}{\sigma}}\right)^\sigma \bar{\Phi}_e^{-\sigma} + C_e \quad (11\text{-A}9)$$

二、临界生产率和利息安排

利用国内信贷约束 $\bar{\Phi}_d$ 和激励相容条件:

$$[\Phi_d(x,M_d(x))-1]\frac{M_d'(x)}{\delta} = I_d'(x) \quad (11\text{-A}10)$$

我们将利率重新写作:

$$I_d(x) = I_d(x_d) + (\bar{\Phi}_d - 1)(M_d(x) - M_d(x_d))/\delta \quad (11\text{-}11)$$

同样的表述可以得到 $I_e(x)$。将这些代入银行利润最大化问题,得到:

$$\max_{x_d,x_e} \int_{x_d}^{x_e} [I_d(x_d) + (\bar{\Phi}_d - 1)(M_d(x) - M_d(x_d))/\delta - \mathrm{i}\tau_d M_d(x)]f(x)\mathrm{d}x$$

$$+ \int_{x_e}^{\infty} [I_e(x_e) + (\bar{\Phi}_e - 1)(M_e(x) - M_e(x_e))]/\delta$$

$$- \mathrm{i}\tau_d M_e^d(x) - \mathrm{i}\tau_e M_e^e(x)]f(x)\mathrm{d}x \quad (11\text{-A}12)$$

解决上述最优问题需要对 $\underline{x}_d$、$\underline{x}_e$ 求一阶导数。为了求导,我们首先验证边际企业的利率性质,$I_d(\underline{x}_d)$ 和 $I_e(\underline{x}_e)$,国内企业的利润为:

$$\pi_d(x,x) = \frac{\sigma}{\sigma-1}(M_d(x)/\delta - C_d)\bar{\Phi}_d - (M_d(x) + I_d(x))$$

$$- (1-\delta)\frac{M_d(x)}{\delta} \quad (11\text{-A}13)$$

第一项,营业收入,由全部可变成本 $(M_d(x)/\delta - C_d)$ 和边际收益—边际成本比 $\frac{\sigma}{\sigma-1}\bar{\Phi}_d$ 的乘积构成。由于 $\pi_d(x,x)$ 是 x 的增函数,因此国内企业的临界零利润条件为:

$$I_d(x_d) = \frac{\bar{\Phi}_d \sigma}{\sigma-1}(M_d(x_d)/\delta - C_d) - M_d(x_d)$$

$$- (1-\delta)\frac{M_d(x_d)}{\delta} \quad (11\text{-A}14)$$

对于出口商，利润同样可以表示为：

$$\pi_e(x,x) = \frac{\bar{\Phi}_e \sigma}{\sigma-1}(M_e(x)/\delta - C_d - C_e) - (M_e(x) + I_e(x))$$

$$- (1-\delta)\frac{M_e(x)}{\delta} \quad (11\text{-}A15)$$

出口企业的临界零利润条件为 $\pi_e(\underline{x}_e, \underline{x}_e) = \pi_d(\underline{x}_e, \underline{x}_e)$。由式(11-13)、(11-A15)可得：

$$I_e(x_e) = \frac{\sigma \bar{\Phi}_e}{\sigma-1}(M_e(x_e)/\delta - C_d - C_e) - M_e(x_e)$$

$$- \frac{\sigma \bar{\Phi}_d}{\sigma-1}(M_d(x_e)/\delta - C_d) + I_d(x_d)$$

$$+ (\bar{\Phi}_d - 1 + \delta)\frac{M_d(x_e)}{\delta}$$

$$- (\bar{\Phi}_d - 1)\frac{M_d(x_d)}{\delta} - \frac{(1-\delta)}{\delta}(M_e(x_e) - M_d(x_e)) \quad (11\text{-}A16)$$

式(11-A14)、(11-A16)说明银行可以独立、自由选择临界生产率 $\underline{x}_e$、$\underline{x}_d$。当银行选择了临界生产率后，银行根据式(11-A14)、(11-A16)决定临界企业的贷款利率。但是从第二个方程可以看出，利润 $I_e(\underline{x}_e)$ 与 $\underline{x}_d$ 相互独立。

插入式(11-16)和 $\underline{x}_d$，式(11-12) $\underline{x}_e$、$\underline{x}_d$ 的一阶条件为：

$$\int_{x_d}^{\infty}\left(\frac{\mathrm{d}I_d(x_d)}{\mathrm{d}x_d} - (\bar{\Phi}_d - 1)\frac{\mathrm{d}M_d(x_d)}{\mathrm{d}x_d}\frac{1}{\delta}\right)f(x)\mathrm{d}x$$

$$= [I_d(x_d) - \mathrm{i}\tau_d M_d(x_d)]f(x_d) \quad (11\text{-}A17)$$

注意：

$$\int_{x_d}^{\infty}\left(\frac{\mathrm{d}I_d(x_d)}{\mathrm{d}x_d} - [\bar{\Phi}_d - 1]\frac{\mathrm{d}M_d(x_d)}{\mathrm{d}x_d}\frac{1}{\delta}\right)f(x)\mathrm{d}x$$

$$= \bar{\Phi}_d(M_d(x_d)/\delta - C_d)\frac{f(x_d)}{\theta}$$

其中等号成立，因为式(11-14)

$$\frac{\mathrm{d}I_d(x_d)}{\mathrm{d}x_d} = \left(\frac{\sigma}{\sigma-1}\bar{\Phi}_d - 1\right)\frac{1}{\delta}\frac{\mathrm{d}M_d(x_d)}{\mathrm{d}x_d}$$

同时帕累托分布 $\frac{1-F(x_d)}{x_d f(x_d)} = \frac{1}{\theta}$ 和贷款利率条件式(11-9)

$$\frac{\mathrm{d}M_d(x_d)}{\mathrm{d}x_d} = \frac{\sigma-1}{x_d}(M_d(x_d)/\delta - C_d)\delta$$

注意式(11-14)

$$[I_d(x_d) - \mathrm{i}\tau_d M_d(x_d)]f(x_d)$$
$$= \left[\frac{\sigma \bar{\Phi}_d}{\sigma-1}(M_d(x_d)/\delta - C_d) - (1+\mathrm{i}\tau_d)M_d(x_d)\right.$$
$$\left. - (1-\delta)\frac{M_d(x_d)}{\delta}\right]f(x_d)$$

对 x 求一阶导数可得：
$$M_d(x_d)/\delta - C_d = (\sigma-1)C_d \tag{11-A18}$$

因此临界企业的授信额度为：
$$M_d(x_d)/\delta = \sigma C_d \tag{11-A19}$$

授信额度 σC_d 等于式(11-A19)中 Melitz(2003)计算的非信贷约束下临界企业的全部成本，因为国内企业面临信贷约束，因此生产量小于最优量。我们的模型证明，银行向 Melitz(2003)临界生产率以上的企业提供贷款。① 将临界企业的授信额度代入式(11-A14)，我们得到临界企业的贷款利率和贷款安排，$x \in [x_d, x_e]$：

$$I_d(x) = (\bar{\Phi}_d - 1)\frac{M_d(x)}{\delta} \tag{11-A20}$$

对 x_e 求一阶导数略为复杂：
$$\int_{x_e}^{\infty}\left(\frac{\mathrm{d}I_e(x_e)}{\mathrm{d}x_e} - (\bar{\Phi}_e - 1)\frac{1}{\delta}\frac{\mathrm{d}M_e(x_e)}{\mathrm{d}x_e}\right)f(x)\mathrm{d}x$$
$$= ((I_e(x_e) - \mathrm{i}\tau_d M_e^d(x_e) - \mathrm{i}\tau_e M_e^e(x_e))$$
$$- (I_d(x_e) - \mathrm{i}\tau_d M_d(x_e)))f(x_e) \tag{11-A21}$$

与 x_d 的结果类似：
$$\int_{x_e}^{\infty}\left(\frac{\mathrm{d}I_e(x_e)}{\mathrm{d}x_e} - (\bar{\Phi}_e - 1)\frac{\mathrm{d}M_e(x_e)}{\mathrm{d}x_e}\frac{1}{\delta}\right)f(x)\mathrm{d}x$$
$$= \left(\frac{\bar{\Phi}_e}{\theta}(M_e(x_e)/\delta - C_d - C_e) - \frac{\bar{\Phi}_d}{\theta}(M_d(x_e)/\delta - C_d)\right)f(x_e)$$
$$= \left(\frac{\bar{\Phi}_e}{\theta} - \frac{\bar{\Phi}_d}{\theta}\left(\frac{\bar{\Phi}_d}{\bar{\Phi}_e}\right)^{-\sigma}\eta_d\right)(M_e(x_e)/\delta - C_d - C_e)f(x_e)$$

其中，第一个等式成立，因为：
$$\frac{\mathrm{d}I_e(x_e)}{\mathrm{d}x_e} = \left(\frac{\sigma \bar{\Phi}_e}{\sigma-1} - 1\right)\frac{1}{\delta}\frac{\mathrm{d}M_e(x_e)}{\mathrm{d}x_e} - \frac{\bar{\Phi}_d}{(\sigma-1)\delta}\frac{\mathrm{d}M_d(x_e)}{\mathrm{d}x_e}$$

---

① 将式(11-19)、(11-9)合并，得到生产率 $x_d = W\left(\left(\frac{\sigma}{\sigma-1}\right)\left(\frac{(\sigma-1)C_d}{YP^{\sigma-1}}\right)^{\frac{1}{\sigma}}\bar{\Phi}_d\right)^{\frac{\sigma}{\sigma-1}}$。$\bar{\Phi}_d > 1$ 意味着这个临界生产率高于 Melitz(2003)，后者是在 $\bar{\Phi}_d = 1$ 条件下得到的。

且
$$\frac{\mathrm{d}M_e(x_e)}{\mathrm{d}x_e} = \frac{(\sigma-1)}{x_e}(M_e(x_e)/\delta - C_d - C_e)\delta$$

第二个方程成立是因为
$$\frac{M_d(x_e)/\delta - C_d}{M_e^d(x_e)/\delta - C_d} = \left(\frac{\bar{\Phi}_d}{\bar{\Phi}_e^d}\right)^{-\sigma}$$

根据式(11-9)，
$$(M_e^d(x_e)/\delta - C_d) = \eta_d (M_e(x_e)/\delta - C_d - C_e)$$

因为
$$\frac{M_e^e(x)/\delta - C_e}{M_e^d(x)/\delta - C_d} = \frac{\eta_e}{\eta_d} \tag{11-A22}$$

忽略 $f(x_e)$，式(11-A21)式的右手边可以写成：

$$(I_e(x_e) - \mathrm{i}\tau_d M_e^d(x_e) - \mathrm{i}\tau_e M_e^e(x_e)) - (I_d(x_e) - \mathrm{i}\tau_d M_d(x_e))$$

$$= \frac{\sigma \bar{\Phi}_e}{\sigma - 1}(M_e(x_e)/\delta - C_d - C_e) - (1 + \mathrm{i}\tau_d)M_e^d(x_e)$$

$$- (1 + \mathrm{i}\tau_e)M_e^e(x_e) - \frac{\sigma \bar{\Phi}_d}{\sigma - 1}(M_d(x_e)/\delta - C_d)$$

$$+ (1 + \mathrm{i}\tau_d)M_d(x_e) - \frac{(1-\delta)}{\delta}(M_e(x_e) - M_d(x_e))$$

$$= \left(\frac{\sigma \bar{\Phi}_e}{\sigma - 1} - 1 - \mathrm{i}\delta(\tau_d \eta_d + \tau_e \eta_e)\right)(M_e(x_e)/\delta - C_d - C_e) - (1 + \mathrm{i}\delta\tau_e)C_e$$

$$- \left(\frac{\sigma \bar{\Phi}_d}{\sigma - 1} - 1 - \mathrm{i}\delta\tau_d\right)\left(\frac{\bar{\Phi}_d}{\bar{\Phi}_e}\right)^{-\sigma}\eta_d(M_e(x_e)/\delta - C_d - C_e)$$

将上述等式联立，利用式(11-18)的方法，我们得到出口临界企业的贷款额度为：

$$M_e(x_e)/\delta = (\Delta(\sigma - 1) + 1)C_e + C_d \tag{11-A23}$$

其中 Δ 定义为：

$$\Delta \equiv \left(\frac{1 + \mathrm{i}\delta\tau_e}{1 + \mathrm{i}\delta(\tau_d \eta_d + \tau_e \eta)}\right)\left(1 - \left(\frac{1 + \mathrm{i}\delta(\tau_d \eta_d + \tau_e \eta_e)}{1 + \mathrm{i}\delta\tau_d}\right)^{\sigma - 1}\eta_d\right)^{-1}$$

为了解释这个参数，考虑 $i=0$。因此我们发现 $\Delta = 1/\eta_e$，或者出口市场相对规模的倒数。可以证明式(11-A23)中的授信额度 $M_e^e(\underline{x}_e)/\delta$ 恰好等于 Melitz(2003)模型中临界出口企业的出口成本。但是由于相同的原因，我们模型的临界生产率高于 Melitz(2003)模型,因为企业受到信贷约束。[①] 将临界企业的授信额度代入式(11-16),化简可得临界出口企业的贷款利率为:

$$I_e(x_e) = (\bar{\Phi}_e - 1)\frac{M_e(x_e)}{\delta} + i\Theta \qquad (11\text{-}A24)$$

第二项,$i\Theta$ 由下式得出:

$$\begin{aligned}
i\Theta &= I_e(x_e) - [\bar{\Phi}_e - 1]M_e(x_e)/\delta \\
&= \bar{\Phi}_e C_e\left(\left(1-\left(\frac{\bar{\Phi}_e}{\bar{\Phi}_d}\right)^{\sigma-1}\eta_d\right)\Delta - 1\right) - (\bar{\Phi}_e - \bar{\Phi}_d)C_d \\
&= \frac{i\delta(\tau_e - \tau_d)}{\left(1 - \frac{\sigma-1}{\sigma\delta}\right)}(\eta_d C_e - \eta_e C_d)
\end{aligned}$$

其中,第一个等式是通过将临界出口商的利率式(11-16)、国内企业财务费用式(11-20)、临界出口企业授信额度代入后得到。第二个等式通过代入 Δ 得到。

三、用 Olley-Pakes (1996) 方法估计 TFP

假设预期未来生产率冲击 $x_{jt+1}, x_{jt+2}, \cdots$ 决定于当期值,企业 j 的投资 V_{jt} 是当期生产率 x_{jt} 和固定资产对数 $\ln K_{jt}$ 的增函数。根据 Amiti and Konings (2007) 和 Keller and Yeaple (2009) 的方法,Olley-Pakes 方法中加入企业出口决策和 WTO 虚拟变量,得到:

$$V_{jt} = h_1(x_{jt}, \ln K_{jt}, X_{jt}, \text{WTO}_t)$$

其中,X_{jt} 是出口虚拟变量,衡量企业 j 是否在 t 年从事出口业务。WTO_t 是虚拟变量,2001 年以后为 1,之前则为 0。因此,对投资方程取逆,我们得到[②]:

$$\text{TFP2}_{jt} \equiv x_{jt} = h_1^{-1}(V_{jt}, \ln K_{jt}, X_{jt}, \text{WTO}_t) \qquad (11\text{-}A25)$$

给定生产函数:

$$\ln Y_{jt} = \gamma_k \ln K_{jt} + \gamma_l \ln L_{jt} + x_{jt} + \varepsilon_{jt} \qquad (11\text{-}A26)$$

定义 $h_2(\cdot)$ 为

[①] 临界出口企业的生产率为 $\underline{x}_e = w\left(\left(\frac{\sigma}{\sigma-1}\right)\left(\frac{\Delta(\sigma-1)C_e}{YP^{\sigma-1}+Y^*P^{*\sigma-1}}\right)^{\frac{1}{\sigma}}\bar{\Phi}_e\right)^{\frac{\sigma}{\sigma-1}}$。由于 $\bar{\Phi}_e > 1$,且在我们假设 $\tau_e > \tau_d$ 条件下,Δ 随 i 递增,因此临界生产率高于 Melitz(2003)模型水平,后者是在 $\Delta = 1/\eta_e$, $\bar{\Phi}_e = 1$ 条件下得到。

[②] Olley and Pakes (1996) 证明,在企业生产技术的一些假设下,投资需求是生产率冲击 x_{jt} 的单调增函数。

$$\gamma_k \ln K_{jt} + h_1^{-1}(V_{jt}, \ln K_{jt}, X_{jt}, \text{WTO}_t)$$

则劳动力的参数 γ_1 估计值为：

$$\ln Y_{jt} = \gamma_l \ln L_{jt} + h_2(V_{jt}, \ln K_{jt}, X_{jt}, \text{WTO}_t) + \varepsilon_{jt} \quad (11\text{-A27})$$

第二步为了得到参数 γ_k 的无偏估计量，Olley-Pakes 利用如下方程估计：

$$\ln Y_{jt} - \hat{\gamma}_l \ln L_{jt} = \gamma_k \ln K_{jt} + E(x_{jt} \mid x_{jt-1}, pr_{j,t})$$
$$+ [x_{jt} - E(x_{jt} \mid x_{jt-1}, pr_{j,t})] + \varepsilon_{jt} \quad (11\text{-A28})$$

其中，等式左边代入劳动力的参数估计值，式(11-28)中生产率的预期值是滞后项的多项式，即 $(h_{2j,t-1} - \gamma_k \ln K_{j,t-1})$。企业存活到 t 年的概率 $pr_{j,t}$ 决定于 $t-1$ 年的信息，并通过 Probit 模型估计得到。① $[x_{jt} - E(x_{jt} \mid x_{jt-1}, pr_{j,t})]$ 是存活企业的生产率冲击，但是不影响投资和退出的选择，因此可以被视作误差项。

我们利用中国企业数据对式(11-A26)的 TFP1 和(式 11-A25)的 TFP2 进行估计。TFP 衡量需要企业投入要素(劳动力和资本)和产出的真实值，我们因此选择不同的价格水平对名义值进行平减。投入品价格指数、产出品价格指数与 Brandt, Van Biesebroeck and Zhang（2012）有所不同，后者利用《中国统计年鉴》的价格信息计算投入品价格指数，利用国家投入产出表（2002）计算产出品价格指数。② 此外，Olley-Pakes（1996）方法还需要计算真实投资量。我们利用永续盘存法来计算投资和固定资产的真实值。我们利用企业数据中③的实际折旧数据计算折旧，而不是随意假设折旧率。

由于一些行业生产技术不同，因此我们分行业估计量投入弹性 γ_l 和 γ_k（Pavcnik, 2002）。④ 表 11-A1 第 1—2 列报告了中国 13—42 共 30 个制造业行业的劳动力弹性和资本弹性的估计值，行业分类根据 2002 年使用的调整后的工业分类法（GB/T 4754）。大多数行业的劳动力和资本的弹性估计值之和，基本符合规模报酬不变。⑤ 我们在第 3—4 列报告了行业平均 TFP1 和 TFP2，在第 5—6 列报告了 TFP1 和 TFP2 的方差。

---

① 注意此处利用非线性最小二乘法来估计式(11-28)，因为此处要求资本对数在第一项和第二项的系数估计值一致(Pavcnik, 2002)。

② 资料参见 http://www.econ.kuleuven.be/public/N07057/CHINA/appendix/。

③ 如果中国允许某些行业和企业采取特殊的折旧政策，那么会计政策的折旧率会造成误差。但是，因为制造业企业折旧政策在 1993 年全部实行，因此上述情况并非普遍存在。尽管如此，作为稳健性鉴定，我们对几种折旧率(4%，5%，10%)进行了检验，结果发现 TFP 估计量并未有明显改变。

④ 2002 年前的企业数据聚类到旧行业层面。我们这样做是为了使得 2002 年前后数据一致。

⑤ 注意烟草行业具有规模报酬递增的特点。

利用表 11-A1 中的 2 位行业代码,我们画出了企业营业收入和财务费用的关系图,观察值为样本期间 2 位行业的均值。

四、求解海外业务占比的二阶矩

Heckman 方法中,我们用 X_{jt} 表示潜在变量的实现值(0 或 1)

$$X_{jt} = \begin{cases} 1, & \alpha' Z_{jt} + \mu_{jt} > 0 \\ 0, & \alpha' Z_{jt} + \mu_{jt} \leqslant 0 \end{cases} \quad (11\text{-}A29)$$

其中,μ_{jt} 是正态分布,Z_{jt} 表示变量向量,包括常数、企业预期生产率 x_{jt}、其他外生变量。我们因此使用 Probit 作为 Heckman 估计的第一步:

$$\Pr(X_{jt} = 1 \mid Z_{jt}) = \Pr(\alpha' Z_{jt} + \mu_{jt} > 0) = \Phi[\alpha' Z_{jt}]$$

第二步 Heckman 回归中,企业海外业务收入模型为:

$$\eta_{jt} = X_{jt} \cdot y_{jt}, \quad y_{jt} = \beta' Z_{jt} + u_{jt} \quad (11\text{-}A30)$$

其中,我们选择 $\beta_i = 0$ 作为预期生产率的参数,我们假设 u_{jt} 服从正态分布。$\hat{\eta}_{jt}$ 表示海外业务收入占比的估计值,并在接下来的回归中用到:

$$\hat{\eta}_{jt} \approx E(\eta_{jt} \mid Z_{jt}) = \Pr(X_{jt} = 0 \mid Z_{jt}) \cdot 0 + \Pr(X_{jt} = 1 \mid Z_{jt})$$
$$\cdot E(y_{jt} \mid Z_{jt}, X_{jt} = 1) \quad (11\text{-}A31)$$

如果我们对海外业务收入占比估计值取平方,可以得到:

$$\hat{\eta}_{jt}^2 \approx [E(\eta_{jt} \mid Z_{jt})]^2 = [\Pr(X_{jt} = 1 \mid Z_{jt})]^2$$
$$\cdot [E(y_{jt} \mid Z_{jt}, X_{jt} = 1)]^2 \quad (11\text{-}A32)$$

注意,取平方项后会在方程中引入概率的平方项$[\Pr(X_{jt}=1 \mid Z_{jt})]^2$。相反,我们更希望得到 $\hat{\eta}_{jt}^2$:

$$\hat{\eta}_{jt}^2 \approx E(\eta_{jt}^2 \mid Z_{jt}) = \Pr(X_{jt} = 0 \mid Z_{jt}) \cdot 0 + \Pr(X_{jt} = 1 \mid Z_{jt})$$
$$\cdot E(y_{jt}^2 \mid Z_{jt}, X_{jt} = 1) \quad (11\text{-}A33)$$

为了从式(11-A32)得到式(11-A33),我们得到:

$$\hat{\eta}_{jt}^2 \simeq E(\eta_{jt}^2 \mid Z_{jt}) = \Pr(X_{jt} = 1 \mid Z_{jt}) \cdot E(y_{jt}^2 \mid Z_{jt}, X_{jt} = 1)$$
$$= \frac{[\Pr(X_{jt} = 1 \mid Z_{jt})]^2 [E(y_{jt} \mid Z_{jt}, X_{jt} = 1)]^2}{[\Pr(X_{jt} = 1 \mid Z_{jt})]}$$
$$\cdot \frac{E(y_{jt}^2 \mid Z_{jt}, X_{jt} = 1)}{[E(y_{jt} \mid Z_{jt}, X_{jt} = 1)]^2}$$
$$\simeq \frac{\hat{\eta}_{jt}^2}{[\Pr(X_{jt} = 1 \mid Z_{jt})]} \cdot \left[1 + \frac{\text{Var}(y_{jt} \mid Z_{jt}, X_{jt} = 1)}{[E(y_{jt} \mid Z_{jt}, X_{jt} = 1)]^2}\right] \quad (11\text{-}A34)$$

其中,我们利用:

$$\text{Var}(y_{jt} \mid Z_{jt}, X_{jt} = 1)$$

$$= E(y_{jt}^2 \mid Z_{jt}, X_{jt} = 1) - [E(y_{jt} \mid Z_{jt}, X_{jt} = 1)]^2$$

我们从估计值的平方项 $\hat{\eta}_{jt}^2$ 出发,可以通过以下步骤得到海外业务占比的估计值平方:① 我们首先将 Probit 模型分解,之后 $[\Pr(X_{jt}=1 \mid Z_{jt})]<1$;② 随后乘以式(11-A34)括号中的项。Probit 模型已经在第一步中得到,为了得到括号中的项,我们用条件于 Z_{jt} 和 $X_{jt}=1$ 的预期值替换为只条件于 $X_{jt}=1$ 的预期值。换言之,我们用:

$$\text{Var}(y_{jt} \mid X_{jt} = 1) / [E(y_{jt} \mid X_{jt} = 1)]^2$$

估计括号中的比率,即海外业务占比方差除以均值平方,所有项都条件于出口。

表 11-A1　中国企业全要素生产率 (2000—2008)

调整后的企业行业 2位行业	劳动力系数	资本系数	均值		方差	
			TFP1	TFP2	TFP1	TFP2
食品加工(13)	0.438	0.467	3.215	3.370	1.496	1.288
食品制造(14)	0.438	0.388	3.585	3.467	1.308	2.205
啤酒制造(15)	0.466	0.509	2.460	2.276	1.381	1.639
烟草制造(16)	0.441	0.668	0.645	2.080	1.241	4.768
纺织行业(17)	0.433	0.290	4.328	4.487	1.084	0.567
服装、鞋帽制造(18)	0.498	0.355	3.408	3.275	1.023	0.379
皮革制造(19)	0.475	0.421	3.160	3.346	1.191	0.567
木材、木、竹、藤、棕、草制品制造(20)	0.436	0.546	2.598	2.518	1.323	2.019
家具制造(21)	0.559	0.375	3.147	2.958	1.225	0.773
造纸业(22)	0.472	0.359	3.564	3.417	1.167	0.525
印刷、复制记录媒体(23)	0.417	0.340	3.869	3.615	1.033	0.708
文化、教育和体育活动制造(24)	0.493	0.245	4.257	4.366	0.963	0.727
石油加工、炼焦、燃料(25)	0.234	0.568	2.901	3.150	1.593	3.301
化工原料制造(26)	0.307	0.446	3.823	3.675	1.258	1.019
医药制造业(27)	0.414	0.333	4.291	4.556	1.249	0.467
化学纤维制造业(28)	0.383	0.488	2.998	3.563	1.437	1.848
橡胶制造(29)	0.377	0.368	3.995	3.798	1.106	1.227
塑料制造(30)	0.414	0.478	2.993	2.819	1.218	1.445
非金属矿物产品制造(31)	0.311	0.468	3.521	3.577	1.260	1.498
黑色金属冶炼业(32)	0.452	0.453	3.214	3.371	1.544	1.599
有色金属的冶炼业(33)	0.367	0.332	4.400	4.834	1.299	0.806
钢制品制造(34)	0.413	0.389	3.774	3.865	1.228	0.916
通用设备制造(35)	0.401	0.387	3.849	3.573	1.158	0.860
专用设备制造(36)	0.402	0.421	3.575	3.462	1.181	1.217
交通运输设备制造(37)	0.460	0.447	3.107	3.000	1.237	0.840
电气机械及器材制造业(39)	0.451	0.403	3.723	3.301	1.209	0.671

(续表)

调整后的企业行业 2位行业	劳动力系数	资本系数	均值		方差	
			TFP1	TFP2	TFP1	TFP2
电脑和其他电子设备制造(40)	0.491	0.263	4.526	4.812	1.258	1.110
计量器具和办公用品制造(41)	0.407	0.450	3.451	3.665	1.332	2.061
工艺品制造(42)	0.462	0.398	3.364	3.793	1.180	1.005

注：注意我们并未报告系数的标准误，读者可以向我们索取。非国有企业分行业的生产率对数(TFP1和TFP2)通过加总的Olley-Pakes方法得到。劳动力和资本的系数利用行业均值计算，TFP1和TFP2利用企业层面增加值、固定资产、劳动力计算得到。最后4列分别报告了行业均值、方差，TFP1、TFP2的对数方差。

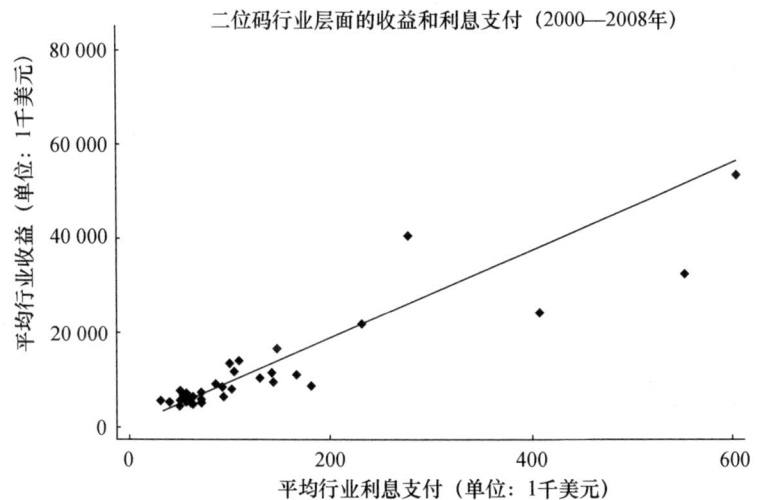

图11-A1 中国企业营业收入和财务费用(2位行业)

注：行业平均营业收入和平均财务费用利用2000—2008年2位行业计算。表11-2提供了每个行业的具体数据描述。

参 考 文 献

Ahn, J. , A. K. Khandelwal and S. J. Wei, 2001, "The Role of Intermediaries in Facilitating Trade", *Journal of International Economics*, 84(1), 73—85.

Ahn, J. , 2011, "A Theory of Domestic and International Trade Finance", International Monetary Fund WP/11/262.

Alvarez, Fernando and Robert E. Lucas Jr. , 2007, "General Equilibrium Analysis of the Eaton-Kortum Model of International Trade", *Journal of Monetary Economics*, 54, 1726—1768.

Amemiya, T. , 1985, *Advanced Econometrics*. Cambridge, Mass. : Harvard University Press.

Amiti, M. and A. K. Khandelwal, 2013, "Import Competition and Quality Upgrading", *Review of Economics and Statistics*, 95(2), 476—490.

Amiti, M. and D. Weinstein, 2011, "Exports and Financial Shocks", *Quarterly Journal of Economics*, 126 (4), 1841—1877.

Amiti, M. and J. Konings, 2007, "Trade Liberalization, Intermediate Inputs, and Productivity: Evidence from Indonesia", *American Economic Review*, 97(5), 1611—1638.

Amiti M. , C. Freund, 2010, "The Anatomy of China's Export Growth", in *China's Growing Role in World Trade*, 35—56.

Amiti, M. , O. Itskhoki and J. Konings, 2014, "Importers, Exporters, and Exchange Rate Disconnect", *American Economic Review*, 104(7), 1942—1978.

Anderson, J. and D. Marcouiller, 2002, "Insecurity and the Pattern of Trade: An Empirical Investigation", *Review of Economics and Statistics*, 84(2), 342—352.

Anderson, J. , 1979, "A Theoretical Foundation for the Gravity Equation", *American Economic Review*, 75 (1), 178—190.

Anderson, J. E. and E. V. Wincoop, 2003, "Gravity with Gravitas: A Solution to the Border Puzzle", *American Economic Review*, 93(1), 170—192.

Anderson, T. W. and H. Rubin, 1949, "Estimation of the Parameters of a Single Equation in a Complete System of Stochastic Equations", *Annals of Mathematical Statistics*, 20, 46—63.

Anderson, T. W. , 1984, *Introduction to Multivariate Statistical Analysis*, 2nd ed. New York: John Wiley and Sons.

Antoine, B. and L. Fontagne, 2013, "How Do Multi-product Exporters React to a Change in Trade Costs?", *The Scandinavian Journal of Economics*, 115, 326—353.

Antras, P. and E. Helpman, 2004, "Global Sourcing", *Journal of Political Economy*, 112(3), 552—580, June.

Antràs, P. , 2003, "Firms, Contracts, and Trade Structure", *Quarterly Journal of Economics*, 118 (4), 1375—1418.

Arpita, C. , R. Dix-Carneiro and J. Vichyanond, 2013, "Multi-Product Firms and Exchange Rate Fluctuations", *American Economic Journal: Economic Policy*, 5, 77—110.

Asian Development Bank (ADB). ADB's Infrastructure Operations-Responding to Client Needs. Manila: ADB. 2007.

Asian Development Bank Institute, 2010, "Estimating Demand for Infrastructure in Energy, Transport, Telecommunications, Water and Sanitation in Asia and the Pacific: 2010—2020", ADBI Working Paper Series, 9, No. 248.

Auer, R. and T. Chaney, 2009, "Exchange Rate Pass-Through in a Competitive Model of Pricing-to-Market", *Journal of Money, Credit and Banking*, 41(s1), 151—175.

Auer, R. , T. Chaney and P. Sauré, 2014, "Quality Pricing-to-Market", CEPR Discussion Papers.

Aziz, J. and X. Li, 2007, "China's Changing Trade Elasticities", Working Paper, IMF.

Baier, L. S. and J. H. Bergstrand, 2001,"The Growth of World Trade: Tariffs, Transport Costs, and Income Similarity", *Journal of International Economics*, 53, 1—27.

Bajona, C. and T. Chu, 2004, "China's WTO Accession and Its Effect on State-owned Enterprises", East-West Center Working Paper, No. 70.

Baldwin, J. and Wulong Gu, 2009,"The Impact of Trade on Plant Scale, Production-Run Length, and Diversification", in *Producer Dynamics: New Evidence from Micro Data*,ed. T. Dunne, J. B. Jensen and M. J. Roberts, University of Chicago Press.

Barrell, R. and N. Pain, 1996, "An Econometric Analysis of US. Foreign Direct Investment", *Review of Economics and Statistics*, 297—308.

Barrell, R. , S. D. Gottschalk and S. G. Hall,2004,"Foreign Direct Investment and Exchange Rate Uncertainty in Imperfectly Competitive Industries", Discussion paper No. 220 National Institute of Economic and Social Research(NIESR) working paper.

Bas, M. and V. Strauss-Kahn, 2015, "Input-trade Liberalization, Export Prices and Quality Upgrading", *Journal of International Economics*, 95(2), 250—262.

Bastos, P. and J. Silva, 2010, "The Quality of a Firm's Exports: Where You Export to Matters", *Journal of International Economics*, 82(2), 99—111.

Baum, C. F. , M. E. Schaffer and S. Stillman, 2007, "Enhanced Routines for Instrumental Variables/GMM Estimation and Testing", *Stata Journal*, 7(4), 465—506.

Beck, T. , 2002, "Financial Development and International Trade: Is There a Link?", *Journal of International Economics*, 57, 107—131.

Behrens, Kristian, Gregory Corcos and Giordano Mion, 2010, "Trade Crisis? What Trade Crisis?", NBB Working Paper. No. 195.

Bellone, F. , P. Musso, L. Nesta and S. Schiavo, 2010, "Financial Constraints and Firm Export Behavior", *The World Economy*, 33(3), 347—373.

Berger, A. and G. Udell, 1998, "The Economics of Small Business Finance: The Roles of Private Equity and Debt Markets in the Financial Growth Cycle", *Journal of Banking and Finance*, 22(6), 613—673.

Bergin Paul R. and Robert C. Feenstra, 2008, "Pass-through of Exchange Rates and Competition Between Floaters and Fixers", *Journal of Monetary Economics*, forthcoming.

Bergin, Paul R. , Robert C. Feenstra and Gordon H. Hanson, 2009, "Offshoring and Volatility: Evidence from Mexico's Maquiladora Industry", *American Economic Review*, 99, 1664—1671.

Berman, N. and J. Héricourt, 2010, "Financial Factors and the Margins of Trade: Evidence from Cross-country Firm-level Data", *Journal of Development Economics*, 93(2), 206—217.

Berman, N. , José De Sousa, P. Martin and Thierry Mayer, 2012, "Time to Ship during Financial Crises", NBER working paper, No. 18274.

Berman, N. , P. Martin and T. Mayer, 2012, "How Do Different Exporters React To Exchange Rate Changes? Theory, Empirics And Aggregate Implications", *Quarterly Journal of Economics*, 127(1), 437—492.

Bernard, A. and Bradford Jensen, 1999, "Exceptional Exporter Performance: Cause, Effect, or Both?", *Journal of International Economics*, 47, 1—25.

Bernard, A. B. , J. B. Jensen, S. J. Redding and P. K. Schott, 2010, "Wholesalers and Retailers in US Trade", *American Economic Review: Papers & Proceedings*, 100(2), 408—413.

Bernard, A. B. , J. Eaton, J. B. Jensen and S. Kortum, 2003, "Plants and Productivity in International Trade", *American Economic Review*, 93(4), 1268—1290.

Bernard, A. , B. Jensen, S. J. Redding and P. K. Schott, 2009, "The Margins of US Trade", *American Economic Review P&P*, 99, 487—493.

Bernard, A. , B. Jonathan, J. Eaton, Bradford Jensen and Samuel S. Kortum, 2003, "Plants and Productivity in International Trade", *American Economic Review*, 93, 1268—1290.

Bernard, A. B. , M. Grazzi and C. Tomasi, 2011, "Intermediaries in International

Trade: Direct Versus Indirect Modes of Export", Working Paper 17711 (Cambridge, MA: NBER).

Bernard, A., Bradford Jensen, S. Redding and P. Schott, 2007, "Firms in International Trade", *Journal of Economic Perspectives*, 21(3), 105—130.

Bernard, A., S. J. Redding and Peter, K. Schott, 2011, "Multiple-Product Firms and Trade Liberalization", Quarterly Journal of Economics, 126, 70—97.

Bhattacharya, R., I. Patnaik and A. Shah, 2012, "Export Versus FDI in Services", *The World Economy*, 35, 1, 61—78.

Bilkey, W. and G. Tesar, 1977, "The export behavior of smaller-sized Wisconsin manufacturing firms", *Journal of International Business Studies*, 8(1), 93—98.

Blonigen, B. A., 2005, "A Review of the Empirical Literature on FDI Determinants", *Atlantic Economic Journal*, 33, 383—403.

Blonigen, B. A., 1997, "Firm-specific Assets and the Link between Exchange Rates and Foreign Direct Investment", *American Economic Review*, 87: 447—465.

Blonigen, B. A., 2001, "In Search of Substitution between Foreign Production and Exports", *Journal of International Economics*, 53(1), 81—104.

Blundell, R., S. Bond, M. Devereux and F. Schiantarelli, 1992, "Investment and Tobin's Q: Evidence from company panel data", *Journal of Econometrics*, 51(1), 233—257.

Bolton, Partrick and David S. Scharfstein, 1990, "A Theory of Predation Based on Agency Problems in Financial Contracting", *American Economic Review*, 80 (1), 93—106.

Bottazzi, G., A. Secchi and F. Tamagni, 2014, "Financial Constraints and Firm Dynamics", *Small Business Economics*, 42(1), 99—116.

Brainard, L. S., 1997, "An Empirical Assessment of the Proximity-Concentration Trade-off Between Multinational Sales and Trade", *American Economic Review*, 87, 520—544.

Brainard, S. Lael, 1993, "A Simple Theory of Multinational Corporations and Trade with a Trade-Off Between Proximity and Concentration", NBER Working Paper No. 4269.

Brandt, L., J. Van Biesebroeck and Y. Zhang, 2012, "Creative Accounting or Creative Destruction? Firm-level Productivity Growth in Chinese Manufacturing", *Journal of Development Economics*, 97(2), 339—351.

Brandt, L., J. Van Biesebroeck and Y. Zhang, 2011, "Creative Accounting or Creative Destruction? Firm-Level Productivity Growth in Chinese Manufacturing", *Journal of Development Economics*, forthcoming.

Breinlich, H. and C. Criscuolo, 2011, "International Trade in Services: A Portrait of Importers and Exporters", *Journal of International Economics*, 84, 2, 188—206.

Broda, C. and D. E. Weinstein, 2006, "Globalization and the Gains from Variety",

Quarterly Journal of Economics, 121(2), 541—585.

Broda, Christian and David E. Weinstein, 2010, "Product Creation and Destruction: Evidence and Price Implications", *American Economic Review*, 100, 691—723.

Bruderl, J., P. Preisendorfer and R. Ziegler, 1992, "Survival Chances of Newly Founded Business Organizations", *American Sociological Review*, 57(2), 227—241.

Buch, C., I. Kesternich, A. Lipponer and M. Schnitzer, 2014, "Financial Constraints and Foreign Direct Investment: Firm-level Evidence", *Review of World Economics*, 150(2), 393—420.

Buch, C., I. Kesternich, A. Lipponer and M. Schnitzer, 2008, "Real versus Financial Barriers to Multinational Activity", mimeo, University of Tuebingen.

Buch, C. M., C. T. Koch and M. Koetter, 2011, "Size, Productivity, and International Banking", *Journal of International Economics*, 85, 2, 329—334.

Buckley, P. J., L. J. Clegg, A. R. Cross, X. Liu, H. Voss and P. Zheng, 2007, "The Determinants of Chinese Outward Foreign Direct Investment", *Journal of International Business Studies*, 38(4), 499—518.

Cai, H. and Q. Liu, 2009, "Competition and Corporate Tax Avoidance: Evidence from Chinese Industrial Firms", *Economic Journal*, 119(537), 764—795.

Cameron, Colin and Pravin Trivedi, 2005, *Microeconometrics: Methods and Applications*. Cambridge University Press.

Campa, J. and L. Goldberg, 1995, "Investment in Manufacturing, Exchange Rates and External Exposure", *Journal of International Economics*, 38, 297—320.

Campa, J., 2004, "Exchange Rate And Trade: How Important Is Hysteresis In Trade", *European Economics Review*, 48(3), 527—548.

Campa, J. M. and Linda S. Goldberg, 2005, "Exchange Rate Pass-Through into Import Prices", *Review of Economics and Statistics*, 87, 679—690.

Caves, R., 1971, "International Corporations: the Industrial Economics of Foreign Investment", *Economica*, 38(149), 1—27.

Chandler, A. D., 1977, *The Visible Hand: The Managerial Revolution in American Business*. Cambridge, Mass.: Belknap Press.

Chaney, T., 2005, "Liquidity Constrained Exporters", mimeo, University of Chicago.

Chaney, T., 2013, "Liquidity constrained exporters", NBER Working Paper No. w19170.

Chen, N. and L. Juvenal, 2016, "Quality, Trade, and Exchange Rate Pass-through", *Journal of International Economics*, 100(5), 61—80.

Chen, W. and H. Tang, 2014, "The Dragon is Flying West: Micro-level Evidence of Chinese Outward Direct Investment", ADB working paper.

Chen, W. and Tang, H., 2013, "Export Promotion of ODI from Emerging Markets-

Transaction-level Evidence from China", Johns Hopkins University memo.

China's National Bureau of Statistics, 2007, *China Statistical Yearbook*. China Statistics Press.

Chirinko, R. S. and H. Schaller, 1995, "Why Does Liquidity Matter in Investment Equations?", *Journal of Money, Credit and Banking*, 27(2), 527—548.

Chor, Davin and Kalina Manova, 2012, "Off the Cliff and Back? Credit Conditions and International Trade during the Global Financial Crisis", *Journal of International Economics*, 87(1),117—133.

Claessens, Stijn and Konstantinos Tzioumis, 2006, "Measuring Firms' Access to Finance", mimeo, World Bank and Brooking conference paper.

Cleary, S., 2006, "International Corporate Investment and The Relationships Between Financial Constraint Measures", *Journal of Banking & Finance*, 30(5), 1559—1580.

Cleary, S., 1999, "The Relationship Between Firm Investment and Financial Status", *The Journal of Finance*, 54(2), 673—692.

Clementi, Gian Luca and Hugo A. Hopenhayn, 2006, "A Theory of Financing Constraints and Firm Dynamics", *Quarterly Journal of Economics*, 121(1), 229—265.

Coe, D. and A. Hoffmaister,1999, "North-South Trade: Is Africa Unusual", *Journal of African Economics*, 8(2), 228—256.

Cragg, J. G. and Donald S. G., 1993, "Testing Identfiability and Specification in Instrumental Variables Models", *Econometric Theory* 9, 222—240.

Cressy, R., 2002, "Funding Gaps: A Symposium", *The Economic Journal*, 112(477), 1—16.

Crozet, M., Head, K. and Mayer, T., 2012, "Quality Sorting and Trade: Firm-level Evidence for French Wine", *Review of Economic Studies*, 79(2), 609—644.

Cull, R. and L. C. Xu, 2005, "Institutions, Ownership, and Finance: The Determinants of Profit Reinvestment Among Chinese Firms", *Journal of Financial Economics*, 77(1), 117—146.

Cushman, David O., 1985, "Real Exchange Rate Risk, Expectations, and the Level of Direct Investment", *The Review of Economics and Statistics*, 67, 297—308.

Cushman, David O., 1988, "U. S. Bilateral trade Flows and Exchange Risk During the Floating Period", *Journal of International Economics*, 24(3—4), 317—330.

Dai, M., M. Maitra, and M. Yu, 2016, "Unexceptional Exporter Performance in China? The Role of Processing Trade", *Journal of Development Economics*, 121, 177—189.

Daniels, J. D. and J. Bracker, 1989, "Profit Performance: Do Foreign Operations Make a Difference?", *Management International Review*, 29(1), 46—56.

Davies, Ronald B., AmÈlie Guillin, 2011, "How Far Away is an Intangible? Services

FDI and Distance", working paper.

Dees, S. , 2001, "The Real Exchange Rate and Types of Trade: Heterogeneity of Trade Behaviors in China", Working Paper.

De Loecker, J. and Frederic Warzynski, 2012, "Markups and Firm-level Export Status", *American Economic Review*, 102, 2437—2471.

De Loecker, J. , 2011, "Product Differentiation, Multiproduct Firms, and Estimating the Impact of Trade Liberalization on Productivity", *Econometrica*, 79(5), 1407—1451.

Eaton, Jonathan, Samuel Kortum and Francis Kramarz, 2011, "An Anatomy of International Trade: Evidence From French Firms", *Econometrica*, 79,1453—1498.

Eckel, C. and J. P. Neary, 2010, "Multi-product Firms and Flexible Manufacturing in the Global Economy", *Review of Economic Studies*, 77, 188—217.

Egger, Peter and Christian Keuschnigg, 2011, "Access to Credit and Comparative Advantage",ETH Zuerich and University of St. Gallen.

Etemad, H. , 2004, "Internationalization of Small and Medium-sized Enterprises: A Grounded Theoretical Framework and an Overview",*Canadian Journal of Administrative Sciences*, 21(1), 1—21.

Fan, H. , and G. Guo, 2015, "Relationship between Export Price, Export Quality, and Productivity: Evidence from China", *Journal of World Economy*, 2, 58—85. (in Chinese)

Fan, H. , Li, Y. A. and Yeaple, S. R. , 2015, "Trade Liberalization, Quality, and Export Prices", *Review of Economics and Statistics*, 97(5), 1033—1051.

Fazzari, S. M. , R. G. Hubbardand B. P. Petersen, 1988, "Financing Constraints and Corporate Investment", Brookings Papers on Economic Activity, 1, 141—195.

Feenstra, R. and G. Hanson,2004,"Intermediaries in Entrepôt Trade: Hong Kong Re-Exports of Chinese Goods", *Journal of Economics & Management Strategy*, 13(1), 3—35.

Feenstra, R. and G. Hanson, 2005, "Ownership and Control in Outsourcing to China: Estimating the Property-Rights Theory of the Firm", *Quarterly Journal of Economics*, 120(2), 729—762.

Feenstra, R. and H. Ma,2008,"Optimal Choice of Product Scope for Multiproduct Firms under Monopolistic Competition", in E. Helpman, D. Marin and T. Verdier, eds. , *The Organization of Firms in a Global Economy*. Harvard University Press.

Feenstra, R. C. , 2003, *Advanced International Trade: Theory and Evidence*. Princeton University Press.

Feenstra, R. C. and J. Romalis, 2014,"International Prices and Endogenous Quality", *Quarterly Journal of Economics*, 129(2), 477—527.

Feenstra, R. C. and Shang-Jin Wei, 2009, Introduction to "China's Growing Role in

World Trade", *National Bureau of Economic Research Working paper*, No. 14716.

Feenstra, R. C., 2002, "Border Effects and the Gravity Equation: Consistent Methods for Estimation", *Scottish Journal of Political Economics*, 49, 491—506.

Feenstra, R. C., 1998, "Integration and Disintegration in the Global Economy", *Journal of Economic Perspectives*, 12, 31—50.

Feenstra, R. C., 2010, Offshoring in The Global Economy: Microeconomic Structure and Macroeconomic Implications. Cambridge, MA: Mit Press.

Feenstra, R. C., 1989, "Symmetric Pass-through of Tariffs and Exchange Rates under Imperfect Competition: An Empirical Test", *Journal of International Economics*, 27, 25—45.

Feenstra, R., Z. Li and M. Yu, 2011, "Exports and Credit Constraints under Incomplete Information: Theory and Evidence from China", NBER Working Paper, No. 16940.

Feenstra, R., Z. Liand M. Yu, 2014, "Exports and Credit Constraints under Incomplete Information: Theory and Evidence from China", *Review of Economics and Statistics*, 96(4), 729—744.

Feenstra, R., Z. Li and M. Yu, 2013, "Exports and Credit Constraints under Private Information: Theory and Application to China", *Review of Economics and Statistics*, forthcoming.

Forbes, K., 2002, "How Do Large Depreciations Affect Firm Performance", NBER Working Paper, No. 9095.

Froot-Stein, Froot, Kenneth and Stein, Jeremy, 1991, "Exchange Rates and Foreign Direct Investment: An Imperfect Capital Markets Approach", *Quarterly Journal of Economics*, 196, 1191—1218.

Fung, L., 2008, "Large Real Exchange Rate Movements, Firm Dynamics And Productivity Growth", *Canadian Journal of Economics*, 41(2), 391—424.

Garetto, S., 2014, "'Firms'Heterogeneity and Incomplete Pass-Through", Boston University, No. WP2014006.

Gereffi, Gary, and Olga Memedovic, 2003, *The Global Apparel Value Chain: What Prospects for Upgrading by Developing Countries*. Vienna: United Nations Industrial Development Organization.

Girma, S., R. Kneller and M. Pisu, 2005, "Exports versus FDI: An Empirical Test", *Review of World Economics*, 141(2), 193—218.

Glenn, Ellison, Edward Glaeser, and William Kerr, 2010, "What Causes Industry Agglomeration? Evidence from Coagglomeration Patterns", *American Economic Review*, 100(3), 1195—1213.

Goldberg, Linda, S. and Charles D. Kolstad, 1995, "Foreign Direct Investment,

Exchange Rate Variability and Demand Uncertainty", *International Economic Review*, 36, 855—873.

Goldberg, P. K., A. Khandelwal, N. Pavcnik and P. Topalova, 2008, "Multi-product Firms and Product Turnover in the Developing World: Evidence from India", *Review of Economics and Statistics*, 92, 1042—1049.

Goldberg, P. K., and M. M. Knetter, 1997, "Goods Prices and Exchange Rates: What Have We Learned?", *Journal of Economic Literature*, 35(3), 1243—1272.

Goldberg, P. K and M. M. Michael, 1997, "Goods Prices and Exchange Rates: What Have We Learned?", *Journal of Economic Literature*, 35(3), 1243—1272.

Goldberg, P. K., and Verboven, F., 2001, "The Evolution of Price Dispersion in the European Car Market", *Review of Economic Studies*, 68(4), 811—848.

Gopinath, Gita, and Roberto Rigobon, 2008, "Sticky Borders", *Quarterly Journal of Economics*, 123, 531—575.

Gorg, H. and K. Wakelin, 2001, "The Impact of Exchange Rate Volatility on US Direct Investment", GEP Conference on FDI and Economic Integration, University of Nottingham, June 29—30.

Greenaway, D. and R. Kneller, 2007, "Firm Heterogeneity, Exporting and Foreign Direct Investment", *Economic Journal*, 117(517), 134—161.

Greenaway, David, Alessandra Guariglia, and Richard Kneller, 2007, "Financial Factors and Exporting Decisions", *Journal of International Economics*, 73, 377—395.

Gross, Till and Stéphane Verani, 2012, "Financing Constraints, Firm Dynamics, and International Trade", Finance and Economics Discussion Series 2012-68. Board of Governors of the Federal Reserve System.

Hadlock, C. J. and J. R. Pierce, 2010, "New Evidence on Measuring Financial Constraints: Moving Beyond the KZ Index", *The Review of Financial Studies*, 23(5), 1909—1940.

Hallak, J. C., and P. K. Schott, 2011, "Estimating Cross-Country Differences in Product Quality", *Quarterly Journal of Economics*, 126(1), 417—474.

Hallak, J. C., 2006, "Product Quality and the Direction of Trade", *Journal of International Economics*, 68(1), 238—265.

Hall, R. Alastair, 2004, *Generalized Method of Moments*. Oxford University Press.

Harrison, Ann E. and Margaret S. McMillan, 2003, "Does Direct Foreign Investment Affect Domestic Credit Constraints?" *Journal of International Economics*, 61, 73—100.

Head, K. and J. Ries, 2003, "Heterogeneity and the FDI versus Exports Decision of Japanese Manufacturers", *Journal of the Japanese and International Economies*, 17(4), 448—467.

Head, K. and J. Ries, 1999, "Rationalization Effects Of Tariff Reductions", *Journal* of International Economics, 47(2), 295—320.

Head, K., T. Mayer and J. Ries, 2009, "How Remote is the Offshoring Threat?", European Economic Review, 53(4), 429—44.

Heckman, James and Edward Vytlacil, 1998, "Instrumental Variables Methods for the Correlated Random Coefficient Model: Estimating the Average Rates of Return to Schooling when the Return is Correlated with Schooling", The Journal of Human Resources, 33(4), Autumn, 974—987.

Heckman, J., 1979, "Sample Selection Bias as a Specification Error", Econometrica, 47(1), 153—161.

Helpman, E., 1984, "A Simple Theory of International Trade with Multinational Corporations", Journal of Political Economy, 92(3): 451—471.

Helpman, Elhanan, Marc Melitz, and Yona Rubinstein, 2007, "Estimating Trade Flows: Trading Partners and Trading Volumes", Quarterly Journal of Economics, 123, 441—487.

Helpman, E., M. J. Melitz and S. R. Yeaple, 2004, "Export versus FDI with Heterogeneous Firms", American Economic Review, 94(1), 300—316.

Hook, R. and M. Czinkota, 1988, "Export activities and prospects of Hawaiian firms", International Marketing Review, Winter, 51—57.

Hoshi, T., A. Kashyap and D. Scharfstein, 1991, "Corporate Structure, Liquidity, and Investment: Evidence from Japanese Industrial Groups", The Quarterly Journal of Economics, 106(1), 33—60.

Héricourt, Jerome and Sandra Poncet, 2009, "FDI and Credit Constraints: Firm-level Evidence from China", Economic Systems, 33, 1—21.

Hsieh, C. T., and P. J. Klenow, 2009, "Misallocation and Manufacturing TFP in China and India", Quarterly Journal of Economics, 124(4), 1403—1448.

Huang Y. and B. Wang, 2013, "Investing Overseas without Moving Factories Abroad: The Case of Chinese Outward Direct Investment", Asian Development Review, 30(1), 85—107.

Hubbard, R. G., A. K. Kashyap and T. M. Whited, 1995, "Internal Finance and Firm Investment", Journal of Money, Credit and Banking, 27(3), 683—701.

Hummels, D. and P. Klenow, 2005, "The Variety and Quality of a Nation's Exports", American Economic Review, 95, 704—723.

Hummels, David, Jun Ishii, and Kei-Mu Yi, 2001, "The Nature and Growth of Vertical Specialization in World Trade", Journal of International Economics, 54, 75—96.

Irarrazabal, A., A. Moxnes, and L. D. Opromolla, 2015, "The Tip of the Iceberg: A Quantitative Framework for Estimating Trade Costs", Review of Economics and Statistics, 97(4), 777—792.

Jaffee, D. M. and T. Russell, 1976, "Imperfect Information, Uncertainty, and Credit Rationing", *The Quarterly Journal of Economics*, 90(4), 651—666.

Jagdish, Bhagwati, 1958, "Immiserizing Growth: A Geometrical Note", *The Review of Economic Studies*, 25, 201—205.

Jefferson Gary, Thomas G. Rawski and Yifan Zhang, 2008, "Productivity Growth and Convergence Across China's Industrial Economy", *Journal of Chinese Economic and Business Studies*, 6(2), 121—140.

Jin, H. and Y. Qian, 1998, "Public versus private ownership of firms: Evidence from rural China", *The Quarterly Journal of Economics*, 113(3), 773—808.

Johnson, Robert C., and Guillermo Noguera, 2012, "Accounting for Intermediates: Production Sharing and Trade in Value Added", *Journal of International Economics*, 86, 224—236.

Kaplan, S. N. and L. Zingales, 1997, "Do Investment-cash Flow Sensitivities Provide useful Measures of Financing Constraints?" *The Quarterly Journal of Economics*, 112(1), 169—215.

Karolina, Ekholm, Andreas Moxnes, and Karen Helene Ulltveit-Moe, 2009, "Manufacturing Restructuring and the Role of Real Exchange Rate Shocks", working paper.

Kashyap, A. K., O. A. Lamont and J. C. Stein, 1994, "Credit Conditions and the Cyclical Behavior of Inventories", *The Quarterly Journal of Economics*, 109(3), 565—592.

Kee, Hiau Looi, and Heiwai Tang, 2016, "Domestic Value Added in Exports: Theory and Firm Evidence from China", *American Economic Review*, 106(6), 1402—1436.

Keller, Wolfgang, Stephen R. Yeaple 2009, "Gravity in the Weightless Economy", NBER working paper 15509, National Bureau of Economic Research, Inc.

Khandelwal, A. K., P. K. Schott, and S. J. Wei, 2013, "Trade Liberalization and Embedded Institutional Reform: Evidence from Chinese Exporters", *American Economic Review*, 103(6), 2169—2195.

Khandelwal, A. K., 2010, "The Long and Short (of) Quality Ladders", *Review of Economic Studies*, 77(4), 1450—1476.

Kimura, F. and H.-H. Lee, 2006, "The Gravity Equation in International Trade in Services", *Review of World Economics*, 142(1), 92—121.

Kindleberger, C. P., 1969, *American Business Abroad: Six Lectures on Direct Investment*. New Haven, CT: Yale University Press.

Kindleberger, C. P., 1970, *The International Corporation*. Cambridge: MIT Press.

Kleibergen, Frank and Richard Paap, 2006, "Generalized Reduced Rank Tests Using the Singular Value Decomposition", *Journal of Econometrics*, 133(1), 97—126.

Kletzer, Kenneth and Pranab Bardhan, 1987, "Credit Markets and Patterns of

International Trade", *Journal of Development Economics*, 27 (1—2), 57—70.

Koopman, Robert, Zhi Wang and Shang-Jin Wei, 2012, "How Much of Chinese Exports Is Really Made in China? Assessing Domestic Value-added When Processing Trade is Pervasive", *Journal of Development Economics*, 99, 178—189.

Koopman, Robert, Zhi Wang and Shang-Jin Wei, 2014, "Tracing Value-added and Double Counting in Gross Exports", *American Economic Review*, 104, 459—494.

Krugman, Paul R., 1979, "Increasing Returns, Monopolistic Competition, and International Trade", *Journal of International Economics*, 9, 469—479.

Kugler, M., and E. Verhoogen, 2012, "Prices, Plant Size, and Product Quality", *Review of Economic Studies*, 79(1), 307—339.

Lamont, O., C. Polk and J. Saa-Requejo, 2001, "Financial Constraints and Stock Returns", *Review of Financial Studies*, 14(2), 529—554.

Lerner, A., 1944, "The Economics Of Control", The Macmillan Corporation, New York.

Levchenko, Andrei A., Logan T. Lewis and Linda L. Tesar, 2010, "The Collapse of International Trade During the 2008—2009 Crisis: In Search of the Smoking Gun", NBER Working Papers, No. 16006.

Levinsohn, James and Amil Petrin, 2003, "Estimating Production Functions Using Inputs to Control for Unobservable", *Review of Economic Studies*, 70(2), 317—341.

Li, H., H. Ma, and Y. Xu, 2015, "How Do Exchange Rate Movements Affect Chinese Exports? A Firm-level Investigation", *Journal of International Economics*, 97(1), 148—161.

Lin and Chen, 2009, Campa, J. and L. Goldberg, 1995, "Investment in Manufacturing, Exchangerates and External Exposure", *Journal of International Economics*, 38, 297—320.

Lin, Justin Yifu, 2003, "Development Strategy, Viability, and Economic Convergence", *Economic Development and Cultural Change*, 51(2), 277—308.

Lin, Justin Yifu, 2003, "Development Strategy, Viability, and Economic Convergence", *Economic Development and Cultural Change*, 51(2), 277—308.

Lin, J. Y., F. Cai and Z. Li, 1998, "Competition, Policy Burdens, and State-owned Enterprise Reform", *American Economic Review*, 88(2), 422—427.

Lu, Dan, 2011, "Exceptional Exporter Performance? Evidence from Chinese Manufacturing Firms", mimeo, University of Chicago.

Lu, J. W. and P. W. Beamish, 2001, "The Internationalization and Performance of SMEs", *Strategic management journal*, 22(6—7), 565—586.

Luo, Y., H. Zhao, Y. Wang and Y. Xi, 2011, "Venturing abroad by Emerging Market Enterprises", *Management International Review*, 51(4), 433—459.

Makino, S., C. M. Lau, R. S. Yeh, 2002, "Asset-exploitation versus Asset-seeking: Implications for Location Choice of Foreign Direct Investment from Newly Industrialized Economies", *Journal of International Business Studies*, 33(3), 403—421.

Manop Udomkerdmongkol, Oliver Morrissey, and Holger Görg, 2015, "Exchange rates and Outward Foreign Direct Investment: US FDI in Emerging Economies", Helsinki: UNU-WIDER working paper.

Manova, Kalina, 2008, "Credit Constraints, Heterogeneous Firms and International Trade", NBER Working Paper, No. 14531.

Manova, Kalina, 2012, "Credit Constraints, Heterogeneous Firms and International Trade", *Review of Economic Studies*, forthcoming.

Manova, Kalina, Shang-Jin Wei, and Zhiwei Zhang, 2011, "Firm Exports and Multinational Activity under Credit Constraints", NBER working paper, No. 16905.

Manova, K., and Z. Zhang, 2012, "Export Prices across firms and destinations", *The Quarterly Journal of Economics*, 127, 379—436.

Manova, K., 2008, "Credit Constraints, Equity Market Liberalizations and International Trade", *Journal of International Economics*, 76(1), 33—47.

Manova, K., S. J. Wei and Z. Zhang, 2011, "Firm Exports and Multinational Activity under Credit Constraints", NBER working paper No. w16905.

Markusen, James R. and Anthony J. Venables, 2000, "The Theory of Endowment, Intra-industry and Multi-national Trade", *Journal of International Economics*, 52: 209—234.

Markusen, J. R., 2002, Multinational Firms and the Theory of International Trade. Cambridge, MA: MIT Press.

Marquez, J. and J. Schindler, 2007, "Exchange-Rate Effects On China's Trade", *Review of International Economics*, 15(5), 837—853.

Marshall, A., 1923, *Money, Credit And Commerce*. The Macmillan Corporation, London.

Mathews, J. A., 2006, "Dragon Multinationals: New Players in 21st Century Globalization", *Asia Pacific Journal of Management*, 23(1), 5—27.

Matsuyama, Kiminori, 2005, "Credit Market Imperfections and Patterns of International Trade and Capital Flows", *Journal of the European Economic Association*, 3(2—3), 714—723.

Mayer, T., M. J. Melitz, and G. I. Ottaviano, 2014, "Market Size, Competition, and the Product Mix of Exporters", *American Economic Review*, 104(3), 495—536.

Meese, Richard A. and Kenneth Rogoff, 1983, "Empirical Exchange Rate Models of the Seventies: Do They Fit Out of Samples?", *Journal of International Economics*, 14(1), 3—24.

Melitz, M. J., and S. Polanec, 2015, "Dynamic Olley-Pakes Productivity Decomposition with Entry and Exit", *RAND Journal of Economics*, 46(2), 362—375.

Melitz, M. J., 2003, "The Impact of Trade on Intra-industry Reallocations and Aggregate Industry Productivity",*Econometrica*, 71(6), 1695—1725.

Melitz, Ottaviano, 2008, "Market Size,Trade ,and Productivity", *Review of Economic Studies*, 75,295—316.

Minetti, R. and S. C. Zhu, 2011,"Credit Constraints and Firm Export: Microeconomic Evidence from Italy", *Journal of International Economics*, 83(2), 109—125.

Modigliani, F. and M. H. Miller 1958,"The cost of Capital, Corporation Finance and the Theory of Investment", *The American Economic Review*, 48(3), 261—297.

Muûls, Mirabelle, 2008, "Exporters and Credit Constraints: A firm-level Approach", National Bank of Belgium working paper, No. 139.

Musso, P. and S. Schiavo, 2008, "The Impact of Financial Constraints on Firm Survival and Growth",*Journal of Evolutionary Economics*,18(2), 135—149.

Myers, S. C., 1984, "The Capital Structure Puzzle", *The Journal of Finance*, 39(3), 574—592.

Naughton, Barry, 2006, *The Chinese Economy: Transitions and Growth*. MIT Press.

Nicolas Berman, Philippe Martin and Thierry Mayer, 2012, "How Do Different Exporters React to Exchange Rate Changes?", *Econometrica*, 127, 437—492.

Oldenski, L., 2012, "Export Versus FDI and the Communication of Complex Information",*Journal of International Economics*,87, 312—322.

Olley, G. S., and A. Pakes, 1996, "The Dynamics of Productivity in the Telecommunications Equipment Industry", *Econometrica*, 64(6),1263—1297.

Osinubi, Tokunbo S., Lloyd A. Amaghionyeodiwe, 2009, "Foreign Direct Investment and Exchange Rate Volatility in Nigeria", *International Journal of Applied Econometrics and Quantitative Studies*, V6-2.

Paola, Conconi Andre Sapir and Maurizio Zanardi, 2014, "The Internationalization Process of Firms:from Exports to FDI", working paper.

Poncet, Sandra, Walter Steingress and Hylke Vandenbussche, 2009, "Credit Allocation in China: Firm-Level Evidence", MET 17(2), 3—7.

Qiu, D. Larry and Miaojie Yu, 2013, "Exporter Scope, productivity and trade liberalization: theory and evidence from China", mimeo, Peking University.

Qiu, D. Larry and Wen Zhou, 2013, "Multiproduct Firms and Scope Adjustment in Globalization", *Journal of International Economics*, 91,142—153.

Qiu, Larry D., 1999, "Credit Rationing and Patterns of New Product Trade", *Journal of Economic Integration*, 14(1), 75—95.

Ramasamy, B. and M. Yeung, 2010, "The Determinants of Foreign Direct Investment in Services", *The World Economy*, 33, 4, 573—96.

Rauch, J. E., 1999, "Networks versus Markets in International Trade", *Journal of International Economics*, 48(1), 7—35.

Roberts, M. J. and Tybout, J. R., 1997, "The Decision to Export in Colombia: An Empirical Model of Entry with Sunk Costs", *The American Economic Review*, 87(4), 545—564.

Rodríguez-López, J. A., 2011, "Prices and Exchange Rates: A Theory of Disconnect", *Review of Economic Studies*, 78(3), 1135—1177.

Rose, A. K., 2004, "Do We Really Know That the WTO Increases Trade?", *The American Economic Review*, 94(1), 98—114.

Rose, Andrew K. and van Wincoop, Eric, 2001, "National Money as a Barrier to International Trade: The Real Case for Currency Union", *American Economic Review*, 91(2): 385—390.

Rose, Andrew K., 2004, "Do We Really Know That the WTO Increases Trade?", *American Economic Review*, 94(1), 98—114.

Samuelson, Paul, 1952, "The Transfer Problem and Transport Costs: The Terms of Trade When Impediments are Absent", *Economic Journal*, 62, 278—304.

Schott, Peter K., 2008, "The Relative Sophistication of Chinese Exports", *Economic Policy*, 23, 5—49.

Shi, B., and Shao, W., 2014, "Measuring Chinese Exporter's Export Quality and Determinants: Micro-level Perspective of Cultivating New Export Competitive Advantage", *Management World*, 9, 90—106. (in Chinese)

Shi, B., 2013, "Heterogeneity of Chinese Exporter's Export Quality: Measurement and Facts", *China Economic Quarterly*, 13(1), 263—284. (in Chinese)

Silva, J. M. C. Santos and Tenreyro, Silvana, 2006, "The Log of Gravity", *Review of Economics and Statistics*, 88(4), 641—658.

Stiglitz, J. E. and Weiss, A., 1981, "Credit Rationing in Markets with Imperfect Information", *The American Economic Review*, 71(3), 393—410.

Tanaka, 2015, "Firm Heterogeneity and FDI in Distribution Services", *The World Economy* doi: 10.1111/twec.12252

Tanaka, Kiyoyasu A., 2013, "Firm Productivity and Exports in the Wholesale Sector: Evidence From Japan", Discussion Paper. 13-E-007 (Tokyo: RIETI).

Tang, H. and Zhang, Y., 2012, "Exchange Rates And The Margins Of Trade: Evidence From Chinese Exporters", *CESifo Economic Studies*, 58(4), 671—702.

Tang, M. and Yu, C.-J., 1990, "Foreign market entry: Production-related strategies", *Management Science*, 36(4), 476—489.

Thorbecke, W. and G. Smith, 2010, "How Would An Appreciation Of The RMB And

Other East Asian Currencies Affect China's Exports", *Review of International Economics*, 18(1), 95—108.

Tinbergen, Jan, 1962, *Shaping the World Economy*. New York: Twentieth Century Fund.

Todo, Y. 2011, "Quantitative Evaluation of the Determinants of Export and FDI: Firm-level Evidence from Japan", *The World Economy*, 34(3), 355—381.

Tolentino, Paz Estrella, 2010, "Home Country Macroeconomic Factors and Outward FDI of China and India", *Journal of International Management*, 16(2), 102—120

Topalova, Petia and Amit Khandelwal, 2011, "Trade Liberalization and Firm Productivity: The Case of India", *Review of Economics and Statistics*, 93(3), 995—1009.

United Nations Industrial Development Organization, 2013, *Industrial Development Report: Sustaining Employment Growth: The Role of Manufacturing and Structural Change*.

Verani, Stéphane, 2011, "Aggregate Consequences of Firm-Level Financing Constraints", Board of Governors of the Federal Reserve System.

Verhoogen, E. A., 2008, "Trade, Quality Upgrading, and Wage Inequality in the Mexican Manufacturing Sector", *Quarterly Journal of Economics*, 123(2), 489—530.

Wang X. and Y. Huang, 2012, "Outward Direct Investment: A Financial Repression Perspective", Presented at International Workshop on Chinese Outward Direct Investment, Peking University, Beijing, China.

Wang, Zhi, and Shang-Jin Wei, 2008, "What Accounts For The Rising Sophistication of China's Exports?", National Bureau of Economic Research Working Paper. No. 13771.

Wesson, T., 1999, "A Model of Asset-seeking Foreign Direct Investment Driven by Demand Conditions", *Canadian Journal of Administrative Sciences*, 16(1), 1—10.

Wheeler, David and Ashoka Mody, 1992, "International Investment Location decisions: The Case of U. S. Firms", *Journal of International Economics*, 33, 57—76.

Whited, T. and G. Wu, 2006, "Financial Constraints Risk", *Review of Financial Studies*, 19(2), 531—559.

Whited, T., 1992, "Debt, liquidity constraints, and corporate investment: Evidence from panel data, *The Journal of Finance*, 47(4), 1425—1460.

Whited, T., 2006, "External Finance Constraints and the Intertemporal Pattern of Intermittent Investment", *Journal of Financial Economics*, 81(3), 467—502.

Wooldridge, Jeffery M., 2002, *Econometric Analysis of Cross Section and Panel Data*. MIT Press.

World Trade Organization. Country Profile. Retrieved January 2016. http://stat.wto.org/CountryProfile/WSDBCountryPFHome.aspx?Language=E.

Xing, Yuqing, 2012, "Processing Trade, Exchange Rates and China's Bilateral Trade

Balances", *Journal of Asian Economics*, 23, 540—547.

Yeaple, Steven R., 2009, "Firm Heterogeneity and the Structure of US Multinational Activity", *Journal of International Economics*, 78(2), 206—215.

Yeaple, Steven R., 2003, "The Complex Integration Strategies of Multinationals and Cross Country Dependencies in the Structure of FDI", *Journal of International Economics*, 60(2), 293—314.

Yu, Miaojie, 2012, "Does Revaluation Of The Chinese Yuan Decrease Imports To The U.S. From China", *Contemporary Economic Policy*, 30(4), 533—547.

Yu, Miaojie, 2011, "Processing Trade, Firm Productivity, and Tariff Reductions: Evidence from Chinese Products", CCER Working Paper, No. E201006, Peking University.

Yu, Miaojie, 2015, "Processing Trade, Tariff Reductions, and Firm Productivity: Evidence from Chinese Firms", *Economic Journal*, 125(June), 943—988.

Yu, Miaojie, 2009, "Revaluation of the Chinese Yuan and Triad Trade: A Gravity Assessment", *Journal of Asian Economics*, 20, 655—668.

Yu, Miaojie, 2010, "Trade, Democracy, and the Gravity Equation", *Journal of Development Economics*, 91(2), 288—300.

Zhang, R., and Zhang, X., 2016, "Capital Structure Premium in Multinational SOEs: Evidence from China", *Review of Development Economics*, 20(1), 283—293.

毕玉江、朱钟棣,2006:《人民币汇率变动的价格传递效应——基于协整与误差修正模型的实证研究》,《财经研究》第 7 期,第 53—62 页。

卜永祥,2001:《人民币汇率变动对国内物价水平的影响》,《金融研究》第 5 期,第 78—88 页。

陈斌开、傅雄广、万晓莉,2010:《人民币汇率、出口品价格与中国出口竞争力》,《金融研究》第 12 期,第 30—42 页。

陈六傅、刘厚俊,2007:《人民币汇率的价格传递效应——基于 VAR 模型的实证分析》,《金融研究》第 4A 期,第 1—13 页。

陈学彬、李世刚、芦东,2007:《中国出口汇率传递率和盯市能力的实证研究》,《经济研究》第 12 期,第 106—117 页。

戴觅、徐建炜、施炳展,2013:《人民币汇率冲击与制造业就业——来自企业数据的经验证据》,《管理世界》第 11 期,第 14—27 页。

戴觅、余淼杰、Madhura Maitra,2014:《中国出口企业生产之谜:加工贸易的作用》,《经济学季刊》第 2 期,第 675—698 页。

戴翔,2014:《生产率与中国企业"走出去":服务业和制造业有何不同?》,《数量经济技术经济研究》第 6 期。

戴祖祥,1997:《我国贸易收支的弹性分析:1981—1995》,《经济研究》第 7 期,第 55—

62页。

邓新明、熊会兵、李剑峰、侯俊东、吴锦峰,2014:《政治关联、国际化战略与企业价值——来自中国民营上市公司面板数据的分析》,《南开管理评论》第1期。

樊海潮、郭光远,2015:《出口价格、出口质量与生产率间的关系:中国的证据》,《世界经济》第2期。

封北麟,2006:《汇率传递效应与宏观经济冲击对通货膨胀的影响分析》,《世界经济研究》第12期,第45—51页。

封思贤,2007:《人民币实际有效汇率的变化对我国进出口的影响》,《数量经济技术经济研究》第4期,第3—13页。

葛顺奇、罗伟,2013:《中国制造业企业对外直接投资和母公司竞争优势》,《管理世界》第6期,第28—42页。

谷任、吴海斌,2007:《汇率变动、市场份额与中国纺织品服装出口竞争力》,《世界经济》第3期,第41—48页。

国家统计局贸易外经统计司,2009:《中国贸易外经统计年鉴》,中国统计出版社。

国家统计局,2007:《中国统计年鉴2007》,中国统计出版社。

海闻、沈琪,2006:《中国进出口弹性实证分析:1999—2003年》,《经济与管理研究》第1期,第34—36页。

贺力平,2008:《人民币汇率与近年来中国经常账户顺差》,《金融研究》第3期,第13—27页。

胡兵、涂春丽,2012:《人民币汇率与中国对外直接投资——基于跨国面板数据的实证分析》,《当代经济研究》第11期,第77—82页。

胡冬梅、潘世明、郑尊信,2010:《汇率传递与出口商品价格决定:基于深圳港2000—2008年高度分解面板数据的经验分析》,《世界经济》第6期,第45—59页。

胡晓群,2007:《人民币实际有效汇率变动对我国机电产品进出口影响的实证分析》,《数学的实践与认识》第6期,第18—23页。

黄孟复,2010:《中国小企业融资状况调查》,中国财政经济出版社。

江小涓,2001:《"十五"我国对外投资趋势研究:全球背景、投资规模与重点选择》,《管理世界》第1期,第62—70页。

江小涓,2006:《中国对外开放进入新阶段:更均衡合理地融入全球经济》,《经济研究》第3期。

蒋冠宏、蒋殿春、蒋昕桐,2013:《我国技术研发型外向FDI的"生产率效应"——来自工业企业的证据》,《管理世界》第9期,第44—54页。

金洪飞、周继忠,2007:《人民币升值能解决美国对华贸易赤字吗?——基于1994—2005年间月度数据的贸易弹性分析》,《财经研究》第4期,第4—17页。

康荣平、柯银斌,2002:《华人跨国公司的成长模式》,《管理世界》第2期,第103—109页。

李宏彬、马弘、熊艳艳、徐嫄,2011:《人民币汇率对企业进出口贸易的影响》,《金融研究》第 2 期,第 1—16 页。

李志远、余淼杰,2013:《生产率、信贷约束与企业出口:基于中国企业层面的理论和实证分析》,《经济研究》第 6 期,第 85—99 页。

栗书茵、张正平,2009:《汇率风险管理理论与实证研究》,知识产权出版社。

梁琦、徐原,2006:《汇率对中国进出口贸易的影响——兼论 2005 年人民币汇率机制改革》,《管理世界》第 1 期,第 48—56 页。

林毅夫、蔡昉、李周,1999:《比较优势与发展战略——对"东亚奇迹"的再解释》,《中国社会科学》第 5 期,第 4—20 页。

林毅夫、李志赟,2005:《中国的国有企业与金融体制改革》,《经济学(季刊)》第 4 期,第 913—936 页。

刘荣茂、何亚峰、黄烁,2007:《人民币汇率波动对我国国际收支调节的有效性分析》,《金融研究》第 4A 期,第 30—40 页。

刘小玄,2000:《中国工业企业的所有制结构对效率差异的影响》,《经济研究》第 2 期。

刘尧成、周继忠、徐晓萍,2010:《人民币汇率变动对我国贸易差额的动态影响》,《经济研究》第 5 期,第 32—40 页。

卢向前、戴国强,2005:《人民币实际汇率波动对我国进出口的影响:1994—2003》,《经济研究》第 5 期,第 31—39 页。

罗进辉,2013:《"国进民退":好消息还是坏消息》,《金融研究》第 5 期,第 99—113 页。

MBA 智库,"人民币离岸市场",http://wiki.mbalib.com/wiki/人民币离岸市场。

聂辉华、方明月、李涛,2009:《增值税转型对企业行为和绩效的影响》,《管理世界》第 5 期,第 17—24 页。

欧阳晓,2005:《中国民营企业跨国经营的优势分析》,《管理世界》第 5 期,第 150—151 页。

钱学峰、王胜、陈勇兵,2013:《中国的多产品出口企业及其产品范围》,《管理世界》第 1 期,第 9—27 页。

强永昌、吴兢、陈爱玮、胡晓华,2004:《有关人民币汇率问题的对外贸易分析》,《世界经济研究》第 8 期,第 4—9 页。

乔琳,2011:《我国人民币汇率与 OFDI、IFDI 的互动效应实证研究》,《中央财经大学学报》第 8 期,第 23—28 页。

人民网,"亚洲基础设施投资银行正式成立",http://politics.people.com.cn/n1/2015/1225/c1001-27978075.html。

商务部数据中心,"中国对外直接投资",http://data.mofcom.gov.cn/channel/includes/list.shtml?channel=dwjjhz&visit=A。

商务部、统计局和外汇管理局,2010:《2009 年度中国对外直接投资统计公报》,中国统计出版社。

商务部、统计局和外汇管理局,2014:《2012年度中国对外直接投资统计公报》,中国统计出版社。

盛丹、王永进,2012:《中国企业低价出口之谜——基于企业加成率的视角》,《管理世界》第5期,第8—23页。

施炳展、邵文波,2014:《中国企业出口产品质量测算及其决定因素:培育出口竞争新优势的微观视角》,《管理世界》第9期,第90—106页。

施炳展、王有鑫、李坤望,2013:《中国出口产品品质测度及其决定因素》,《世界经济》第9期,第69—93页。

宋海英,2005:《人民币汇率变动影响中国农产品出口贸易的实证研究》,《农业经济问题》第3期,第9—13页。

孙雷、杨舜贤,2005:《浅析人民币升值对FDI可能形成的影响》,《经济前沿》第8期,第58—61页。

田巍、余淼杰,2017:《汇率变动、贸易服务与中国企业对外直接投资》,《世界经济》,已接受。

田巍、余淼杰,2012:《企业生产率和企业"走出去"对外直接投资:基于企业层面数据的实证研究》,《经济学(季刊)》第2期,第383—408页。

Wind数据库,对人民币海外债券发布的记录(Wind客户端—债券—海外市场);最终来源市场。

Wind数据库(2),人民币在全球市场交易中的市场份额。最终来源为SWIFT环球同业银行金融电讯协会。

王碧珺,2013:《被误读的官方数据——揭示真实的中国对外直接投资模式》,《国际经济评论》第1期,第61—74页。

王碧珺、谭语嫣、余淼杰、黄益平,2015:《融资约束是否抑制了中国民营企业对外直接投资?基于制造业企业层面数据的经验研究》,《世界经济》第12期,第54—78页。

王凤丽,2008:《人民币汇率对我国对外直接投资的影响——基于ECM模型的检验》,《经济问题探索》第3期,第134—137页。

王胜、陈继勇、吴宏,2007:《中美贸易顺差与人民币汇率关系的实证分析》,《国际贸易问题》第5期,第34—40页。

王雅琦、戴觅、徐建炜,2015:《汇率、产品质量与出口价格》,《世界经济》第5期,第17—35页。

魏锋、刘星,2004:《融资约束,不确定性对公司投资行为的影响》,《经济科学》第2期,第35—43页。

文争为,2010:《中国制造业出口中PTM行为的经验研究》,《世界经济》第7期,第82—95页。

冼国明、杨锐,1998:《技术积累、竞争策略与发展中国家对外直接投资》,《经济研究》第11期,第56—63页。

谢建国、陈漓高,2002:《人民币汇率与贸易收支:协整研究和冲击分解》,《世界经济》

第9期,第27—34页。

谢千里、罗斯基、张轶凡,2008:《中国工业生产率的增长与收敛》,《经济学(季刊)》第3期,第809—826页。

许家云、佟家栋、毛其淋,2015:《人民币汇率、产品质量与企业出口行为》,《金融研究》第3期,第1—17页。

阎大颖,2013:《中国企业对外直接投资的区位选择及其决定因素》,《国际贸易问题》第7期,第128—135页。

阳佳余,2012:《融资约束与企业出口行为:基于工业企业数据的经验研究》,《经济学(季刊)》第3期,第1503—1524页。

姚洋、杨汝岱,2008:《有限赶超与经济增长》,《经济研究》第8期,第29—41页。

姚洋、章林峰,2008:《中国本土企业出口竞争优势与技术变迁分析》,《世界经济》第3期,第3—13页。

姚洋、章奇,2001:《中国工业企业技术效率分析》,《经济研究》第10期,第13—19页。

于洪霞、龚六堂、陈玉宇,2011:《出口固定成本融资约束与企业出口行为》,《经济研究》第4期,第55—67页。

余淼杰、崔晓敏,2017:《人民币汇率和加工出口的国内附加值:理论及实证研究》,《经济学(季刊)》,已接受。

余淼杰,2008:《发展中国家间的民主进步能促进其双边贸易吗?》,《经济学(季刊)》第7卷第4期,第1167—1190页。

余淼杰,2013:《加工贸易与中国企业生产率——企业异质性理论和实证研究》,北京大学出版社。

余淼杰、李乐融,2015:《贸易自由化和进口中间品质量升级:来自中国海关产品层面的证据》,《经济学(季刊)》第15卷第3期,第1011—1028页。

余淼杰、梁中华,2014:《人民币升值与中国出口企业盈利能力:基于面板数据的实证分析》,《金融研究》第7期,第1—13页。

余淼杰、田巍,2012:《人民币升值与中美贸易:基于引力模型的理论与实证研究》,《中大管理研究》第7卷第2期,第47—65页。

余淼杰、王雅琦,2015:《人民币汇率变动与企业出口产品决策》,《金融研究》第4期,第19—33页。

余淼杰、张睿,2016:《国际贸易中的产品质量研究:一个综述》,《宏观质量研究》第3期,第23—31页。

余淼杰、张睿,2017:《人民币升值对出口质量的提升效应:中国企业的经验实证》,《管理世界》,已接受。

余淼杰、张睿,2017:《中国制造业出口质量的准确衡量:挑战与解决方法》,《经济学(季刊)》第2期,第463—484页。

余淼杰,2010:《中国的贸易自由化与制造业企业生产率:来自企业层面的实证分析》,《经济研究》第 12 期,第 97—110 页。

余淼杰,2009:《中国外外贸改革 30 年》,收于《中国经济改革三十年:变与常》,郑伟硕、罗金义主编,第三章,香港城市大学出版社。

张帆、余淼杰,2011:《人民币汇率调整对外贸相关企业和行业的影响》,收于《汇率博弈》,中国发展出版社,第 92—123 页。

张帆、余淼杰、俞建拖,2017:《"一带一路"与人民币国际化》,《人民论坛学术前沿》,已接受。

张明、王永中,2014:《中国海外投资国家风险评级报告(CROIC-IWEP)》,中国社会科学出版社。

张曙光,2005:《人民币汇率问题:升值及其成本收益分析》,《经济研究》第 5 期。

赵春明、何艳,2002:《从国际经验看中国对外直接投资的产业和区位选择》,《世界经济》第 5 期,第 38—41 页。

肇越、闫奕锦,"人民币国际化:一场刚刚开幕的大戏",《清华经济评论》2014 年 3 月 18 日,http://www.thfr.com.cn/post.php? id=105。

中国人民大学国际金融研究所,2015:《2015 人民币国际化报告》,中国人民大学出版社。

中国人民银行,《金融机构人民币信贷收支表》。

中国人民银行,《金融统计数据报告》(2014 年,2015 年)。

中国人民银行,《中国人民银行和其他中央银行或货币当局双边本币互换一览表》(截至 2015 年 12 月)。

宗芳宇、路江涌、武常岐,2012:《双边投资协定、制度环境和企业对外直接投资区位选择》,《经济研究》第 5 期,第 71—82 页。

图书在版编目(CIP)数据

人民币汇率、信贷约束与国际贸易/余淼杰著. —北京:北京大学出版社,2017.11

ISBN 978-7-301-28944-0

Ⅰ. ①人… Ⅱ. ①余… Ⅲ. ①国际贸易—研究—中国 Ⅳ. ①F752

中国版本图书馆 CIP 数据核字(2017)第 266956 号

书　　　名	人民币汇率、信贷约束与国际贸易 Renminbi Huilü、Xindai Yueshu yu Guoji Maoyi
著作责任者	余淼杰 著
责 任 编 辑	杨潇宇 李娟
标 准 书 号	ISBN 978-7-301-28944-0
出 版 发 行	北京大学出版社
地　　　址	北京市海淀区成府路 205 号　100871
网　　　址	http://www.pup.cn
电 子 信 箱	em@pup.cn　　QQ:552063295
新 浪 微 博	@北京大学出版社　@北京大学出版社经管图书
电　　　话	邮购部 62752015　发行部 62750672　编辑部 62752926
印 　刷 　者	涿州市星河印刷有限公司
经 销 者	新华书店
	730 毫米×1020 毫米　16 开本　20.25 印张　352 千字 2017 年 11 月第 1 版　2017 年 11 月第 1 次印刷
定　　　价	68.00 元

未经许可,不得以任何方式复制或抄袭本书之部分或全部内容。
版权所有,侵权必究
举报电话: 010-62752024　电子信箱: fd@pup.pku.edu.cn
图书如有印装质量问题,请与出版部联系,电话: 010-62756370